毛泽东读四大名著

读《西游记》

◎董志新 著

北方联合出版传媒（集团）股份有限公司
万卷出版公司

ⓒ 董志新　2011

图书在版编目（CIP）数据

毛泽东读《西游记》/董志新著. —沈阳：万卷出版公司，2011.1
（2024.5重印）
（毛泽东读四大名著）
ISBN 978-7-5470-1297-0

Ⅰ．①毛… Ⅱ．①董… Ⅲ．①毛泽东（1893—1976）—评论—西游记
Ⅳ．①A841.691②I207.419

中国版本图书馆CIP数据核字（2010）第220844号

出 品 人：王维良
出版发行：北方联合出版传媒（集团）股份有限公司
　　　　　万卷出版公司
　　　　　（地址：沈阳市和平区十一纬路29号　邮编：110003）
印 刷 者：辽宁新华印务有限公司
经 销 者：全国新华书店
幅面尺寸：170mm×240mm
字　　数：438千字
印　　张：25.25
出版时间：2011年1月第1版
印刷时间：2024年5月第4次印刷
责任编辑：王会鹏　朱婷婷
封面设计：刘萍萍
版式设计：万晓春
责任校对：高　辉
ISBN 978-7-5470-1297-0
定　　价：78.00元

联系电话：024—23284090
邮购热线：024—23284050
传　　真：024—23284448

常年法律顾问：王　伟　　版权所有　侵权必究　举报电话：024-23284090
如有印装质量问题，请与印刷厂联系。联系电话：024-31255233

内 容 提 要

毛泽东曾经引用马克思的话说:"最好的神话具有'永久的魅力'"。在"四大名著"中,毛泽东少年时代最早读的就是具有永久魅力的神魔小说《西游记》。晚年的毛泽东对其依然兴趣盎然,还将各种版本的《西游记》对照着读。在毛泽东读书生活中,解读《西游记》具有新奇的感受和特殊的地位。

毛泽东十分赞赏唐僧师徒西天取经的坚定信念,把这种对事业的执着信念引申到革命实践中来,是他解读《西游记》的"主旋律"。唐僧的坚定方向,不怕挫折,矢志取经,历经九九八十一难而志愈坚;孙悟空的好挑战、反权威的战斗精神,蔑视规范、洒脱无拘的自由个性,忠于取经事业、不怕任何艰难险阻和妖魔鬼怪的无畏气概;猪八戒艰苦奋斗、遵循三规五戒和多劳多得;白龙马的脚踏实地、任劳任怨和不计名利;以及释迦牟尼、观音菩萨的"救苦救难,普度众生"……这些活跃于神话世界的精神幽灵,都被毛泽东给予"革命性改造"而借用到事业的新长征中来,发挥了催征战鼓和冲锋号角的作用。

《毛泽东读〈西游记〉》围绕毛泽东对唐僧师徒在西天取经过程中所形成的"西游信念"的解读和阐释,梳理相关文献材料,组成著作框架,全书分为三个单元。第一单元是毛泽东对《西游记》文本的阅读、对小说作者的评论;第二单元是毛泽东对唐僧师徒坚定信念、斗争精神、党性与个性以及内部建设的提炼、分析和运用;第三单元是对具备神魔性、社会性、动物性小说人物的评论、漫议和征引。全书详尽、具体地展示了毛泽东解读《西游记》的新鲜经验和独到见解。

"千日行善，善犹不足；一日行恶，恶常有余。"乡愿思想也。孙悟空的思想与此相反，他是不信这些的，即是说作者吴承恩不信这些，他的行善，即是除恶。他的除恶，即是行善。所谓"此言果然不差"，便是这样认识的。

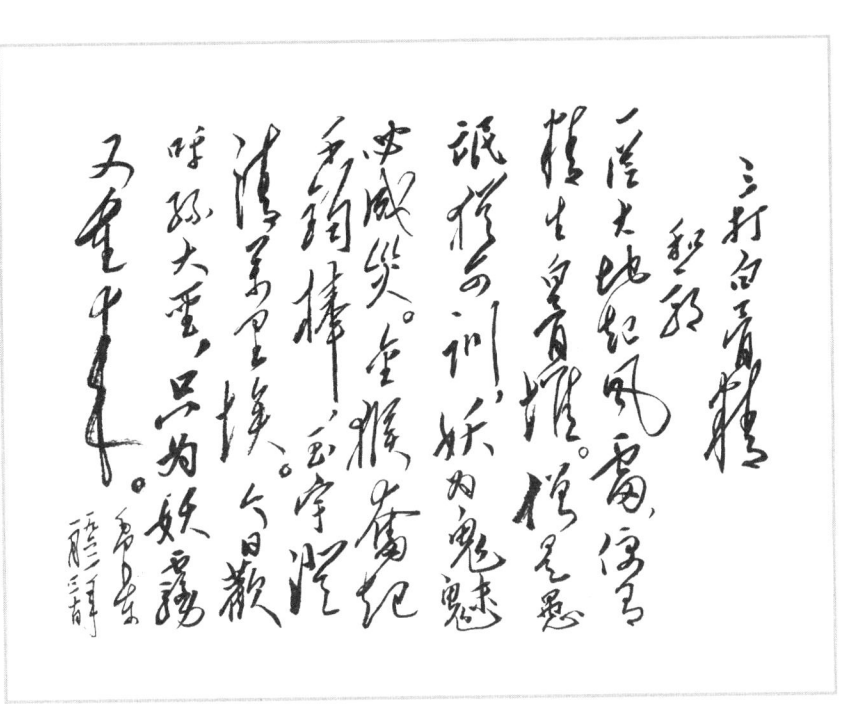

三打白骨精
和郭

　　一从大地起风雷,便有精生白骨堆。僧是愚氓犹可训,妖为鬼魅必成灾。金猴奋起千钧棒,玉宇澄清万里埃。今日欢呼孙大圣,只为妖雾又重来。

毛泽东
一九六一年一月三十日

目 录

毛泽东与西游信念（自序） 001

原来是一本《西游记》 001

  在课桌下面用纸做菩萨 001
  原来是一本《西游记》 002
  有意找"蓬莱仙岛" 004
  讲孙猴子大闹天宫的故事 005
  国文节选《西游记》的篇章 006
  趁着酒兴讲《西游记》 007
  会客厅里放着五种版本的《西游记》 008
  圈画研究论文集 009

吴承恩的"民主文学" 011

  生活在"十六世纪" 011
  晚年境遇凄凉 017
  作者吴承恩不信这些 019
  以花果山为背景写了《西游记》 021
  《西游记》影响对人民的教育 023

听说胡适改写了八十一回（难） 030

要看到唐僧师徒的坚强信仰　037

抗大教育方针与唐僧师徒优缺点　042

唐僧师徒的党性与个性　048

不要采取"鲤鱼精"的态度　055

第七回以后章节与农民起义规律　061

没有过不去的火焰山　067

青牛精与事物本质　072

唐三藏万里长征去取经（唐僧之一）　078
　　人的脑力能够有很大的发展　079
　　学外国比后代困难得多　083
　　为我们国家争了光　090
　　赞赏玄奘带回六百多卷佛经　097
　　青年玄奘创立新教派　099
　　对唐代文化发展产生了极大影响　101

唐僧就是一个大翻译家（唐僧之二）　105
　　学个唐三藏　做翻译工作　105
　　中国历史上也有翻译工作　114
　　玄奘翻译的《心经》比较好读　118

他的方向是坚定不移的（唐僧之三）　122
　　一心一意去西天取经　122
　　唐僧跋山涉水到印度取经　126
　　争取和平需要唐僧那种信念　128
　　提倡唐僧西天取经精神　130

唐僧是伯恩斯坦（唐僧之四） 132

缺点：警惕性不高 132
少些唐僧的愚气 135
唐僧是伯恩斯坦 136
唐僧的乡愿思想 140

僧是愚氓犹可训（唐僧之五） 144

我们要学习孙悟空的本领（孙悟空之一） 152

上天入地　变化多端 152
很灵活　很机动 155
与"乡愿思想"相反 157
激励孙行者 159
今日欢呼孙大圣 160

大闹反动统治者的天宫（孙悟空之二） 164

把天兵天将打个落花流水 164
《大闹天宫》是大家赞成的 167
有个最革命的孙猴子 168
我们不会像孙悟空大闹天宫那样 169
有大闹天宫的势头 171
叫孙悟空大闹天宫 175

为什么把孙猴子封为"弼马温"？（孙悟空之三） 177

却连弼马温也不给我们做 177
搞个弼马温就说是毒草 180
玉皇大帝不公平 182

孙猴子把尾巴变旗杆（孙悟空之四） 184

尾巴是藏不住的 185
把尾巴变成个旗杆 188
翘得像孙行者的尾巴那样高 189

孙悟空七十二变（孙悟空之五） 192

  七十二变与矛盾转化　193
  七十二变与革命两手　195
  七十二变与演活英雄　196

孙行者对付铁扇公主（孙悟空之六） 198

  钻进铁扇公主的肚子里　198
  小人物钻进肚子里闹天宫　200
  你真是个"孙悟空"呀！　202
  有孙行者对付铁扇公主为例　203
  钻进铁扇公主肚子里造反　204
  孙行者钻肚皮兴妖作怪　206
  借芭蕉扇扇灭了火　207

比孙行者的金箍还硬（孙悟空之七） 209

  "紧箍儿咒"里面有句叫"写笔记"　209
  孙悟空没有紧箍儿咒不行　211
  戴上紧箍儿反教条主义就剩一半了　213

在八卦炉里锻炼（孙悟空之八） 215

孙悟空会腾云驾雾（孙悟空之九） 219

  我们不会腾云驾雾　219
  像孙悟空一样翻过来　220
  借兵器与"出妖怪"　221
  孙悟空式的危险　222
  不像孙猴子吃铁砂拉铁屎　223

虎气为主　猴气为次（孙悟空之十） 225

  来了"哲学虎"艾思奇　225
  猴气与"驱张运动"　227
  在我身上也有些猴气　229

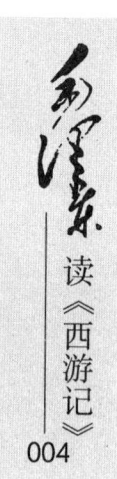

多劳应当多得（猪八戒之一） 233

有个优点就是艰苦 233
多劳应当多得 236
必要的清规戒律 240

长征路上的"猪八戒"（猪八戒之二） 244

一辈子是个自由主义者（猪八戒之三） 248

猪八戒那个通天河（猪八戒之四） 257

猪八戒吃蜜桃（猪八戒之五） 261

沙和尚是不是你的本家？ 264

白龙马的无名英雄精神 268

释迦牟尼主张普度众生（如来佛之一） 273

"被压迫民族的人" 274
创立佛教是青年时候的事 277
释迦牟尼的经典比孔夫子著的书还多吧？ 279
主张普度众生 282
你们可以学释迦牟尼的办法 285
宗教家释迦牟尼"则自神奇之" 288
释迦死年亦高 291
释迦牟尼的"博士之实" 293

我之包围好似如来佛的手掌（如来佛之二） 296

有如来佛的本事 298
跳出如来掌心的孙悟空 300
如来手掌化成五行山 303
敌对分子是在如来佛手掌中 305

认为观音是大慈大悲救苦救难的神　307

　　童年随母拜观音　308
　　恺恻慈祥　感动庶汇　314
　　观音大士不曾打倒土豪劣绅　317
　　真有点慈悲为怀普度众生的样子　319
　　你母亲一定信佛吧？　322
　　你们是"大慈大悲的人们"　324
　　女身·母爱·观音菩萨　325
　　单唱一本《香山记》　330

玉皇大帝是很专制的　332

　　玉皇大帝、神仙系统和神权　332
　　"不犯错误的人"　335
　　犹如玉皇大帝偶尔不下雨　336
　　玉皇大帝不帮忙　339
　　他的官僚主义很厉害　340
　　玉皇大帝管的范围　342
　　我们国家的上帝　343
　　天堂也要划分势力范围　345
　　告"玉皇大帝"的状　346

社会主义世界是这些人当阎王　349

　　阎罗天子、阴间系统与神权　351
　　当马克思做阎王的时候　353
　　现在分两个地狱　354
　　阎王不叫自己去　356

用龙王桌上能抢到的东西来满足需要　359

　　国民党·国王·龙王　360
　　龙这个东西是不存在的　361
　　龙王菩萨是他们的"保险公司"　363
　　龙王对农民的关系密切　364

飞起玉龙三百万　366

主要参考文献资料　368

后　记　372

丛书后记　375
　　——我这样写毛泽东读"四大名著"

毛泽东与西游信念

（自序）

历史上有两次可以相媲美、可以相比拟的"远征"：一次是人们耳熟能详的20世纪30年代中期红军的两万五千里长征；另一次要前推一千三百多年，是盛唐高僧玄奘用十七年时间行程数万里，遍游西域诸国，终于从天竺（今印度）取来佛教经卷，沟通了大唐与西域的联系，为中外文化交流写下了辉煌的一笔。

六百年前，明代伟大小说家吴承恩依据唐僧取经这个足令炎黄子孙骄傲的历史事件所衍生的故事，创作成不朽的神魔小说《西游记》。

组织和领导了红军长征的毛泽东，对描写唐三藏（玄奘法师）西天取经的小说《西游记》情有独钟。在古典小说"四大名著"中，毛泽东少年时代最早阅读的就是神魔小说《西游记》。晚年的毛泽东对其依然兴趣盎然，还将各种版本的《西游记》对照着读。

毛泽东曾经引用马克思的话说："最好的神话具有'永久的魅力'。"在他读书生活中，解读《西游记》具有新奇的感受和特殊的地位。

研究毛泽东的专家陈晋说："在毛泽东的眼里，《西游记》的故事主脉，同他所领导的反帝反封建的革命运动几乎有着异乎寻常的同构关系。中国共产党为实现推倒三座大山这一目标，如同唐僧师徒四人为实现西天取经的目标一样，要经历许许多多的艰难曲折的过程。在这一过程中，进取者队伍中的各色人等的信仰、意志、毅力、作风、胆识、智慧及其相互关系，都必然要经受九九八十一难的考验。"（《毛泽东之魂》修订本，中央文献出版社1997年9月版，第143页）

毛泽东十分赞赏唐僧师徒西天取经的坚定信念，把这种对事业的执着信念引申到革命实践中来，是他解读《西游记》的"主旋律"。坚定的信念，坚强的意志，坚决的毅力，唐僧的远征需要，红军的长征需要，新的长征仍然需要。

（一）

自古以来，凡能克大难者必有大志，有大志者遂下深功，下深功者乃成大事。所谓大志，即今人所说的理想信念。

解读《西游记》，毛泽东从唐僧师徒的精神世界提取营养，首重这支队伍目标明确，方向坚定，有理想信念。他说："唐僧这个人，一心一意去西天取经，遭受了九九八十一难，百折不回，他的方向是坚定不移的。"（牛克伦：《熔炉》，《回忆毛主席》，人民文学出版社1977年9月版，第245—246页）

无论是历史上西行求法的陈玄奘，还是神话中西天取经的唐三藏，有一点是大体上一致的，虽然万里迢迢，备受磨难，却是信念坚如磐石、方向坚定不移的佛教薪火传播者。唐僧自从踏上西行征程，就义无反顾，绝不退缩。他有明确的取经目的，虽然身为僧徒，但他忠君报国，取经的直接目的是为了唐王朝"江山永固"；他有奋不顾身的斗争精神，在困难和妖魔面前，始终保持了不为威武所屈、不为艰险所迫的品质，虽然慈眉善目，似乎软弱无能，内心却无比坚毅，是虔诚而又意志坚定的宗教信徒；他有不为荣华富贵、美女绝色所动的佛格修养，不仅威武不屈、贫贱不移，而且还富贵不淫。以富贵相邀，以美色相诱，唐长老的态度一贯是："我们是个出家人，岂以富贵动心，美色留意，成得个什么道理。"第九十九回写八大金刚将唐僧四众从空中坠落下地，已完成八十一难处作者用诗句点缀："九九归真道行难，坚持笃志立玄关。"意思是取经得道之难，难在少一难即功亏一篑。必须立定志向，坚持到底，方能成功。这是对《西游记》主题、对唐僧师徒精神境界的一种点睛之笔。

毛泽东曾经借鉴唐僧万里长征，不怕艰险，认准目标坚定向前的奋斗精神，鼓舞人们努力拼搏去争取革命胜利。抗日战争胜利后，争取国内和平困难重重，毛泽东告诉同盟者和同志们："唐僧去西天取经，还要经受九九八十一难；我们要争取和平，也不是一朝一夕就可以得来，也需要唐僧那种百折不回、坚定不移的信念。"（吴黔生、高保华、李新乐：《肝胆相照》，军事科学出版社1993年10月版，第237—238页）战争转化为和平，是一个艰难的历史过程，毛泽东又深知蒋介石所代表的国民党右派没有和谈的诚意，只是把"重庆谈判"当作一种政治姿态，一种笼络人心的策略，甚至是调兵遣将完成向解放区进攻的军事部署的掩护手段。但是，和平之路再艰难，毛泽东认为也要像唐僧取经那样去争取。历史事实证明了毛泽东判断的准确性，自恃兵力强大又有美帝国主义作后盾的蒋介石，终于走上内战的战场。经历了四年艰苦卓绝流血牺牲的解放战争，中国人民才迎来了和平的曙光。

"没有过不去的火焰山！"这是因《西游记》情节而产生的一句俗语。这句俗语所表达的是在信念坚定基础上所产生的对克服困难成就事业的充分信心。毛泽东通常也用这句俗语表达自己对革命前途信心十足："好么！只要我们上下齐心，就没有过不去的火焰山！我相信，革命总会成功的！"（邸延生：《历史的真迹——毛泽东风雨沉浮五十年》，新华出版社2002年7月版，第297页）既承认困难，又战胜困难；既敢于斗争，又敢于胜利，没有克服不了的困难，没有过不去的难关，没有战不胜的敌人。这就是毛泽东的意志，这就是毛泽东的品格。

（二）

信念坚定产生于信仰明确。唐僧师徒作为宗教团体，虽然团体成员有其个性差异，但更有维系团体的向心力和凝聚力，这就是团体的共同信仰。这是其团结内部，形成强势，增添力量，使其成功履行使命的要素和条件。

毛泽东以其犀利的目光看透了这一点。他在谈党性与个性的统一时，谈到了取经集团的信仰："唐僧取经，经过九九八十一难才回来……讲他们的个性也是典型。唐僧、孙猴子、猪八戒、沙僧，他们的个性各个不同。他们那个集团的党性，就是信佛教。"（陈晋：《毛泽东之魂》修订本，中央文献出版社1997年9月版，第143—144页）唐僧师徒作为一个宗教集团，既有每个成员表现出来的差别性，即集团成员的个性；又有共同特征，即他们的党性。这个集团的"党性"，毛泽东明确说是"信佛教"，也就是信仰释迦牟尼主义。这个集团是为着"求取真经，永传东土，劝众生化"（第八回）的目的组织起来的。这个集团从其领袖唐僧到每个普通成员，都自称"出家人"或"取经人"，对自己队伍的性质有自觉的、明确的认知和界定，他们的旗帜和纲领上明确写着"佛教"两个大字。这个微型宗教集团以佛教教义作为自己的行为准则，尤以普度众生为其旨归。最终，唐僧一伙人人成佛。总之，投身沙门，诚敬迦持，皈依佛法，信奉佛教，历经劫难，求取真经，终成正果，就是西行取经集团的"党性"。

圣人孔子说过:"道不同不相为谋。"共同的信仰是集团巩固内部、凝聚力量、整齐步伐、共同奋进的前提和保证。毛泽东在总结党的组织建设的经验教训时,从正面举到唐僧集团"有坚强信仰"的例子:"要看到他们有个坚强的信仰。唐僧、孙悟空、猪八戒、沙和尚,他们一起上西天去取经,虽然中途闹了点不团结,但是经过互相帮助,团结起来,终于克服了艰难险阻,战胜了妖魔鬼怪,到达了西天,取来了经,成了佛。"(薄一波:《毛泽东二三事》,《中国出了个毛泽东》,解放军出版社1991年4月版,第230页)毛泽东在批判长征路上张国焘的分裂行为时,不无感慨地说:"唐僧西天取经,谁最坚定?唐僧。谁最动摇?猪八戒。""他就是长征路上的猪八戒!"(陈贵斌:《掌握历史趋势的伟人》,辽宁人民出版社1992年版,第426页)任何集团,无论是唐僧师徒这样的宗教集团,还是共产党这样的政治集团,所秉持的主义相同,所信仰的学说一致,所遵从的观念统一,才可能步伐整齐,组织严密,力量集中,形成坚不可摧的战斗整体。否则,主义歧异,信仰混乱,观念芜杂,会同舟共济履艰险、同仇敌忾胜强敌吗?!

毛泽东曾经说过取经集团"是个小党"。"麻雀虽小,五脏俱全";"小党"虽微,但其经历经验借鉴作用则大。毛泽东解读《西游记》,慧眼独具,发现了这个"小党"的秘密,恰到好处地用来说明了"我们党"的同类问题。虽然不可能是全面的类比,只是某一点上的取譬和参照,但已十分醒人耳目了。

(三)

坚定信念和美好理想的实现靠顽强的奋斗,靠勇敢的拼搏。毛泽东解读《西游记》,十分赞赏唐僧师徒尤其是孙悟空为着实现理想、自由的反抗精神和达到取经目标的战斗精神。

《西游记》中,无论是前七回"大闹天宫"故事,还是后八十八回"唐僧取经"故事,都体现苦难深重的人民群众企图摆脱压迫,要求征服自然,掌握自己命运的强烈愿望。这种愿望是通过描写孙悟空的藐视神权,敢于反抗,张扬个性,追求自由,以及描写唐僧师徒取经路上的血战苦斗,死打硬拼,斩妖除怪,为民除害的顽强斗争表现的。小说在不胜枚举充满斗争的幻想情节中,意味深长地寄寓了广大人民为实现美好理想而反抗恶势力,要求战胜自然、克服困难的乐观精神。孙悟空面对穷凶极恶的妖怪,总是抱有必胜的信心,乐观积极,兴高采烈,无忧无虑,不怕困难,敢做敢当。即使一时失利被擒,也毫不在乎,更不消极,设计脱身,上天入地,寻根究底,查清妖精来历,几经周旋,终获胜利。永远前进,不思后退。他又是见义勇为,济困扶危,路见不平,举棒便打的英雄。

韶山纪念馆研究人员高菊村等人,在分析毛泽东受到故土文化影响时,指出毛泽东接触最早并熟谙于心的中国古典名著是《西游记》《水浒传》《三国演义》。他们的结论有一条是:"从个性来说,毛泽东很像《西游记》中的孙悟空——他的聪明与好动,他的疾恶如仇,如果说,早期的毛泽东还是不成熟的孙悟空,成年以后的毛泽东则是已握有金箍棒,具有巨大威力的孙悟空了!"(高菊村、龙剑宇、陈高举、刘建国:《毛泽东故土家族探秘》,西苑出版社1993年9月版,第254页)

毛泽东推崇孙悟空的战斗精神。

扯旗造反走上井冈山,新老军阀"敌军围困万千重",毛泽东想到神通广大的孙悟空:

"我们要学习孙悟空的本领,上天入地,变化多端,大闹天宫,推翻反动统治和整个旧社会。"(纪锜、钟村:《上将交往录》,四川人民出版社1994年版,第16—17页)

倭寇犯境,神州陆沉,遍地狼烟,生灵涂炭。抗日军兴,举国讨贼,毛泽东以孙悟空为号召:"孙猴子大闹天宫,把天兵天将打个落花流水。我们要学孙悟空,大闹反动统治者的天宫……"(《忆董老》第2辑,湖北人民出版社1982年版,第66页)

革命胜利,人民当家做主,中华人民共和国成立。可是,国际强权政治、大国沙文主义、现代修正主义种种妖风不时袭来。面对形同五行山的巨大压力,孙大圣激起毛泽东的反抗豪情,他挥洒如椽巨笔,雄风万丈地写道:"金猴奋起千钧棒,玉宇澄清万里埃。今日欢呼孙大圣,只缘妖雾又重来。"(《毛泽东诗词集》,中央文献出版社1996年9月版,第124页)

毛泽东自踏上征程,孙大圣就如影随形一路走来。横扫千军,所向披靡。蒋帮、日寇、美帝、苏修,打遍天下无敌手!毛泽东的文化符号何尝不是毛大圣。只要提到毛泽东的名字,人民个个敬佩,敌人无不胆寒。毛泽东成为20世纪中国崛起、民族复兴的象征。

可毛泽东不认为自己神通广大,他从来强调人民群众是历史前进的真正动力。他认为:"孙行者很多的,就是人民。"(陈晋:《毛泽东之魂》修订本,中央文献出版社1997年9月版,第143页)

（四）

唐僧不仅信念坚定，而且视野开阔。唐僧取经的壮举，浪漫西游的故事，还包含着一层思想价值：走出国门向西方学习的开放意识。

从信念的角度看，唐僧的西行，红军的北上，都是在向西方人寻求真理：唐僧寻求的是救苦救难普度众生的释迦牟尼主义，红军寻求的是解放全人类的马克思主义。

毛泽东说："在封建时代、唐朝兴盛的时候，我国曾经和印度发生密切的关系。我们的唐三藏法师，万里长征去取经，比较后代学外国困难得多。有人证明，我们现在用的乐器大部分是西域来的，就是从新疆以西的地区来的。我们这个民族，从来不拒绝接受别的民族的优良传统。"（《毛泽东文集》第六卷，人民出版社1999年6月版，第263—264页）

毛泽东说：唐代的玄奘赴印度取经，其经历的艰难险阻，不弱于中国工农红军的两万五千里长征。他带回了印度佛教的经典，对唐代文化的丰富和发展，都产生了极大的影响。（林克：《我所知道的毛泽东》，中央文献出版社2000年2月版，第142页）

毛泽东说："中国历史上也有翻译，如唐僧取经，经过九九八十一难才回来，唐僧就是一个大翻译家，取经回来后就设翻译馆，就翻译佛经。唐僧不是第一个留学生也是第二个留学生。"（陈晋：《毛泽东之魂》，中央文献出版社1997年9月版，第143—144页）

毛泽东说："为全党着想，与其做地方工作，不如做翻译工作，学个唐三藏及鲁迅，实是功德无量的。"（《毛泽东书信选集》，人民出版社1984年8月版，第202页）

向外国学习，唐三藏真可谓坚毅执着。他的一生，走出国门，取经不避艰险；回归故园，译经死而后已。对唐代以后的文化发展产生了重大影响，给历史以巨大贡献。

向外国学习，毛泽东多次讲了唐三藏的榜样。他甚至由此得出结论："我们这个民族，从来就是接受外国的先进经验和优秀文化的"；"我们这个民族，从来不拒绝接受别的民族的优良传统"。毛泽东思接千载，强调唐三藏的学习外国比后代学习外国"困难得多"，话中的意思是今天人们学习外国，要比玄奘取经容易多了，方便多了，对国家繁荣富强的实际价值也大多了，并以此说服人们克服学习中各种困难。唐三藏在如此艰难的情况下能向西方取经，现实中的人们在如此顺境下向外国学习有什么办不到的呢？！

向外国学习，毛泽东还辩证地考虑到问题的另一面。就是要加以区分，择其善者而从之，其不善者而改之。不要见什么学什么，犯教条主义错误。他把机械照搬外国经验的现象斥之为"像孙悟空翻斤斗云"，即跌跟头，犯错误。

（五）

鲁迅说过："我们从古以来，就有埋头苦干的人，有拼命硬干的人，有为民请命的人，有舍身求法的人，这就是中国的脊梁。"（《中国人失掉自信力了吗！》，《鲁迅全集》卷六《且介亭杂文》）唐三藏无疑包括在鲁迅先生所肯定的人物之中，他是当之无愧的"中国的脊梁"。从总体上看，从结局上看，《西游记》中所描写的唐僧师徒，都体现了"中国的脊梁"的某些方面。

毛泽东看到了他们每个人精神境界中的"闪光点"：唐僧的坚定方向，不怕挫折，矢志取经，历经九九八十一难而志愈坚；孙悟空的好挑战、反权威的战斗精神、蔑视规范、洒脱无拘的自由个性、忠于取经事业、不怕任何艰难险阻和妖魔鬼怪的无畏气概；猪八戒的艰苦奋斗、遵循三规五戒和多劳多得；白龙马的脚踏实地、任劳任怨和不计名利；以及释迦牟尼、观音菩萨的"救苦救难，普度众生"……这些活跃于神话世界的精神幽灵，都被毛泽东给予"革命性改造"，而借用到事业的新长征中来，发挥了催征战鼓和冲锋号角的作用。

毛泽东解读《西游记》，提倡唐僧取经精神，赞赏他那种百折不回、坚定不移的信念，不仅对争取革命和建设的成功有借鉴价值，而且这也是人们成就一切事业的精神力量。这种不立下志向、不经过磨难就不能成就大业的思想，体现了积极乐观的生活态度，体现了吃苦耐劳、百折不挠的精神传统。历经劫难而永不沉沦的精神品格，给予人们的社会实践以深刻的影响。这正是毛泽东肯定并倡导唐僧取经精神在今天和今后生活中的价值所在。

生活哲学告诉人们：社会在矛盾中前进，人类在斗争中发展，没有坚定的方向，没有执着的信仰，没有明确的目标，不进行艰苦的努力，不付出沉重的代价，就不能创造新的生活，就不能成就宏伟的事业，也不能带来自身的发展。

所以，每个想有成就有作为的人，做每件有价值有意义的事，都应该有生活的理想，都应该有奋斗的目标。树立了理想，看准了目标，就要"咬定青山不放松",朝着理想目标前进,"艰难困苦,玉汝于成"。这种积极乐观带有浪漫气质的生活态度,是唐僧取经故事所渗透的人文精神,也是成功立业的基本前提。可以说,这是毛泽东解读《西游记》留给后人最珍贵最重要的启迪。

原来是一本《西游记》

> 毛泽东随手拿了一本书递给李敏，这是一本《西游记》。为了提高李敏阅读的兴趣，他还讲了几段故事给她听。毛泽东讲的第一个故事就是孙悟空大闹天宫。
>
> 王行娟：《李敏·贺子珍与毛泽东》，中国文联出版公司1993年4月版，第169页

鲁迅先生说："我们从幼小以来，就受着对于意外的事情，变化非常的事情，绝不惊奇的教育。那教科书是《西游记》，全部充满着妖怪的变化。"(《鲁迅论中国古典文学》，福建人民出版社1979年10月版，第130页) 对意外的变化非常的事情绝不惊奇，这是成熟的表现，是老练的表现，是通权达变的表现，是洞明世事的表现。《西游记》这部神魔小说到处是对妖魔鬼怪魑魅魍魉无穷变化即人间万象的描写，足以为人生指南。这种"绝不惊奇"的教育开始于"幼小以来"，教科书正是《西游记》！

在毛泽东的阅读视野里，《西游记》正是这样一部认识人生认识社会的教科书。因此，他终生喜读这部神奇的古典小说。

在课桌下面用纸做菩萨

少年毛泽东读《西游记》早于读《三国演义》和《水浒传》。这话是毛泽东少年时代的朋友、东山学堂读书时的同学萧三讲的：

> 他非常喜欢旧中国流行的许多小说：《精忠传》啦，《说唐》啦，《西游记》啦，《封神榜》啦，后来就是《水浒传》啦，《三国演义》啦……，他都读了又读。他读完经书之后，和别的小学生一样，把小说藏在经书底下偷着看。(萧三：《毛泽东同志的青少年时代

和初期革命活动》，中国青年出版社1980年版，第14页）

　　萧三讲的是毛泽东在私塾读书时的故事。那时毛泽东为了满足自己的求知欲，他便设法寻找各种书籍，大量诵读那些当时被人们认为是"歪门邪道"的杂书，中国古典小说，如《西游记》《水浒传》《三国演义》等。他在读这些书时极其用功，也像"正课"一样分别打上圈圈点点，写上批语，记录当时的体会。他的记忆力很强，小说中的人物和情节大都记得清清楚楚，平时给别人讲故事或写文章，都能灵活运用，讲得（或写得）活灵活现。上课时，他听着听着，便偷偷地看起古典小说来，有时，他还在课桌下面用纸做菩萨，菩萨全是书中的"舶来品"，比如刘备、宋江、孙悟空……若干年后，他回忆说："我熟读经书，可是不喜欢它们。我爱看的是中国旧小说，特别是关于造反的故事。我很小的时候，尽管老师严加防范，还是读了《精忠传》《水浒传》《隋唐》《三国》和《西游记》。""许多故事我们几乎背得出，而且反复讨论了许多次。"

　　在课桌下面用纸做菩萨，做孙悟空，这在今天看来也是一种"淘气"，一种"妄为"，一种"恶作剧"，但是无可否认，正是这种为私塾先生所不允许的行为，使少年毛泽东开始了文学启蒙，把书本上的文学形象化做了自己身边的生活具象。纸菩萨和纸孙悟空无疑表达着这位少年对神魔精灵的初始理解。或许，这是他对书本知识的温习和复读，并开始了一种可以称之为"再创造"的思维活动。

原来是一本《西游记》

　　少年毛泽东在十四五岁的时候，停学在家务农。白天同成年人一起在田间劳动，晚间替父亲记账。虽然辍学，仍旧继续读书。读当时在村里和亲戚朋友处找到的一切书籍，常常读到深夜。在挑灯夜读中，毛泽东喜欢看时人认为是不正经的"杂书"。白天下地劳动了一天，晚上还要帮父亲记账、算数，实在有点累。可是，像《西游记》《三国演义》《水浒传》一类的中国旧小说，只要拿起来，就舍不得放下，常常看得津津有味，毫无睡意。父亲毛顺生和母亲文七妹带着弟弟毛泽覃，住在隔壁房间，经常看见毛泽东的窗口还有灯光，就催促他早点休息。母亲担心他长期熬夜，会把身体搞垮，就催促他快点睡觉。尽管如此，毛泽东还是继续读他的书。每天夜里，他都要坐在小油灯下读书至深夜。好多次都是父母亲催促过两三遍他才上床。

为了避免父母的催促,他经常佯装已经睡觉,却用自己床上的那条老蓝花布印花被单,遮住窗户,不让灯光照射出去。他父亲是个十分精明的人,一点点响声都瞒不过他,虽然看不见灯光,却听见了儿子翻书的沙沙声。一次,他悄悄地从床上爬起来,披上衣服走到外边,掀开那块遮挡的被单,看见毛泽东还在读书,认为他浪费了灯油,一下火冒三丈,几步冲进儿子的卧室,一把夺过毛泽东手上的书,气冲冲地对毛泽东说:"哪里这样不听话,一夜熬掉我一盏桐油,一个月就是几百文铜钱,这样下去,一份家当可能就败在你手里!"父亲边说边看书的封面,原来是一本《西游记》。这本书的内容他以前听人家讲过,说的是孙悟空、猪八戒、沙僧保唐僧去西天取经的故事。他历来不信佛,凡是念经拜佛的事,他一概不喜欢。现在看见儿子在看唐僧取经的故事,他越发生气了。浪费了灯油且不说,看的又是这种"邪书",他实在无法容忍。正当父亲要大发脾气的时候,毛泽东母亲文氏也走过来了,她站在丈夫和儿子中间,设法平息这场风波。她一边劝说孩子莫看书了,一边连推带劝把丈夫拉了出去。直到儿子卧室里熄灭了灯,确实已经睡觉了,他们才放下心来。

在这场小小的冲突之后,父亲也略改变了态度:只要儿子白天努力劳动,傍晚做完交代的事后,也就不再过分管儿子看书了。在这停学的几年中,毛泽东不读四书五经了,中国的古典小说,成了他主要的精神食粮。三更灯火五更鸡,他一直是这样坚持着,每天日耕夜读,一点也不觉得疲倦。韶山冲的书看完了,他就到外地去借。这时他看

▎猿熟马驯方脱壳　功成行满见真如

过的书有：《说岳全传》《水浒全传》《三国演义》《封神演义》《西游记》《岳飞传》等历史小说和神话故事。这些书籍，精华与糟粕并存，他有时候非常喜欢，有时候又令他气愤。他很喜欢李逵、武松、鲁智深这些不畏强暴的英雄好汉，十分痛恨高俅、童贯、蔡京这些欺压良民的奸臣贼子。他认为牛皋比岳飞有气魄，岳飞却比不上他。岳飞明知秦桧要害他，却偏要跑到风波亭去送死；牛皋的胆子大得多，他敢于拉起人马，上太行山落草……

在贪读这些神话故事和传奇小说的过程中，少年毛泽东逐渐完成了文学启蒙教育。即使辍学在家，他也不间断这种教育。

有意找"蓬莱仙岛"

1918年冬天，青年毛泽东与同学萧三等到北京发动驱逐湖南军阀张敬尧的运动。据萧三回忆：冬天到了，他和毛泽东都想到，没有见过大海是一大憾事。因此决定到天津附近大沽口去看看。他们乘火车到了天津，然后又转车去大沽口。但下车后走到海滨一看：哪里有万顷波涛，连水都没有！只见前面白茫茫的一片，原来是一个冰的世界！他们于是相约：两人各向一方走去，绕它一周，然后回到原地来集合。毛泽东向西，萧三往东。但毛泽东回来得迟，萧三等了许久许久，觉得脚都冻了。萧三问他，哪去了？他笑道，我有意找"蓬莱仙岛"的，谁知什么也没找到……后来，1939年萧三从苏联回延安在毛泽东处吃饭时，毛泽东还回忆起这次"旅行"，并对人们说：

> 那个时候我还相信旧小说所写的蓬莱仙岛哩……我八岁的时候，非常信神，我父亲不信，我和母亲还认为不对，会对家里不吉利哩！有人说我从小不信神，那是讲错了……（孙琴安、李师贞：《毛泽东与名人》，江苏人民出版社1993年2月版，第481、486页）

这里提到的"旧小说"，大约就是《西游记》了。"蓬莱仙岛"，传说为神仙聚居之地。《西游记》第二十六回《孙悟空三岛求方 观世音甘泉活树》中描写："（孙悟空）在半空中，快如掣电，疾如流星，早到蓬莱仙境。"

读神话小说，想到书中所描写的蓬莱仙境去游览体验一番，只有充满好奇心而如痴如醉者，才能有如此行为。读其书，入其地，也是人生趣事快事。在毛泽东，这样的举动可谓屡见不鲜：读《三国演义》，他到曹操战吕布的徐州去巡游；读《红楼梦》，他愿意到建筑美好类如大观园的杭州刘庄去居住；

读《西游记》，他"真希望"找到"蓬莱仙岛"。

讲孙猴子大闹天宫的故事

1927年8月，毛泽东在汉口出席了党史上十分著名的八七会议以后，回到湖南板仓杨家，准备告别妻子杨开慧和毛岸英、毛岸青、毛岸龙三个儿子，去领导湖南的秋收起义。

利用出发前的时间，毛泽东和杨开慧在清泰乡进行了六天深入调查走访，撰写了《土地革命纲领》一文，然后，毛泽东准备到长沙去参加省委扩大会议。

吃罢晚饭，毛泽东抱着出生不久的小儿子岸龙，拉着岸青，叫岸英搬一把椅子，带儿子们到禾坪上去乘凉。这时虽说立秋已过，但据湖南的气候规律，还有24个秋老虎。幸好不时山风习习，带着一阵阵凉意。

月亮初上，繁星满天。田野传来阵阵虫鸣。杨开慧洗罢碗筷，也来到禾坪。当家人就要离开板仓，回长沙去领导秋收起义，这一走，不知什么时候能够团聚。三个孩子并不知道这些，在禾坪上打闹过一阵，围在父亲身旁，要听故事。那晚，毛泽东兴致很好，问孩子们要听什么故事。岸英说讲"孙猴子"的，岸青说要讲很长很长的。毛泽东对妻子说："你讲罢，孩子们喜欢听你的。"

杨开慧笑道："今晚是岸英他们要你讲，你就讲一个吧！"

"好，我给你们讲孙猴子大闹天宫的故事。"岸英、岸青连忙坐在小板凳上，伏在爸爸的膝上，静静地听着。

听完故事，孩子们好不高兴。岸英捡起一截竹竿，在月光下飞舞起来："我是孙悟空，我是孙悟空。"岸青跟在后面，口里也叫："我要做孙猴子。"被抱在臂弯里的小岸龙，看见哥哥们这样高兴，也手舞足蹈起来。（毛新宇：《我的伯父毛岸英》，长城出版社2001年1月版，第84页）

像许多父亲那样，毛泽东也喜欢给儿子们讲《西游记》的故事，尤其是讲孙猴子的故事。神话对富于幻想的儿童来说，更有魅力，更有吸引力。

毛泽东不但把孙猴子的故事讲给儿子们听，也常把这个故事讲给女儿听。不过那是在建立了新中国，走进了中南海以后的时候。女儿李敏是在苏联长大的，回国后语文课学得不够好。

毛泽东重点帮助李敏提高中文水平。到了暑假，毛泽东常常请来两位老师，语文老师帮助李敏补习语文，数学老师则帮助李讷补习数学。

毛泽东领着李敏走进他的书房，指着屋里的一架架书说：

"读书破万卷，下笔如有神。你要突破语文这一关，得下个决心，一架书一架书地去读，读完一架读另一架，你会有进步的。"

毛泽东随手拿了一本书递给李敏，这是一本《西游记》，为了提高李敏阅读的兴趣，他还讲了几段故事给她听。毛泽东讲的第一个故事就是孙悟空大闹天宫。毛泽东是用一种赞美的口吻描述孙悟空造玉皇大帝反的经过的。（王行娟：《李敏·贺子珍与毛泽东》，中国文联出版社1993年4月版，第169页）

国文节选《西游记》的篇章

毛泽东读《西游记》等古典小说，是不把它当"闲书""杂书"看待的。他认为优秀的古典小说是文化的精品，不仅可以登大雅之堂，而且可以进入课堂，作为教材让学生们学习赏鉴。

1941年7月1日，按照毛泽东《改造我们的学习》的报告精神，中共中央把马列学院改组为中央研究院。毛泽东指定担任该院中国历史研究室主任的范文澜负责编选一本国文选，还定了一些需要节选的文章，如《聊斋志异》和《西游记》中的一些篇章。（《延安中央研究院回忆录》，中国社会科学出版社、湖南人民出版社1984年版，第75页）

笔者手头没有延安中央研究院《国文选》的资料，说不清其中选编了《西游记》的哪些章节。但是毛泽东将优秀古典小说一些篇章作为国文教材的指示精神，是被贯彻了，尤其是中华人民共和国成立以后，从中学到大学的语文教材中，都节选了《西游记》等优秀古典小说中的精彩片段，如"孙悟空大闹天宫""三打白骨精""三调芭蕉扇（火焰山）"等。毛泽东身后，这个传统更为之发扬光大，教育部指定中学生必读的30种文学名著中，就包括《西游记》。

趁着酒兴讲《西游记》

推杯换盏之时,茶余饭后之际,与工作人员和身边人员漫侃闲聊"四大名著",是毛泽东持之以恒的"业余爱好",他常常乐此不疲。

1959年3月,毛泽东在武汉听取黄克诚(总参谋长)、张经武(中央驻西藏代表)、张国华(西藏军区司令员)和雷英夫等就达赖集团在拉萨发动全区性的武装叛乱的汇报,当汇报结束,毛泽东对于西藏问题的大政方针确定后,请他们吃饭。席间,毛泽东情绪很高,分别给他们敬酒。毛泽东当时有些感冒,他有了小病小灾不太吃药,但相信酒可以治感冒,于是他破例干了几杯。趁着酒兴,毛泽东论《三国演义》,析《红楼梦》,讲《西游记》,评《水浒传》,上下几千年,纵横十万里,讲得大家如醉如痴。(雷英夫、陈先义:《统帅部参谋的追怀》,江苏文艺出版社1994年版,第233页)

毛泽东的这个"爱好",使他身边的人不能不认真对待。他们怕自己的知识面太窄,不是毛泽东谈话的对手,于是他们不得不认真研究"对策"。据毛泽东医疗组汤沛回忆:一次吃饭时毛泽东对他们说:"你们这些学医的,不能光看医学书籍,要多看些其他书籍。"并进一步教导他们:

> 我们中国人要关心祖国的优秀文化遗产,一定要精读《红楼梦》《水浒传》《三国演义》《西游记》等名著。(汤沛:《建国初期的毛泽东》,《中华儿女》1995年第9期)

毛泽东兴趣所至,在餐桌上深入浅出地给他们讲解这些书中的某些片段和情节以及它们的意义。周末的晚餐桌上成了毛泽东考身边人员的场所。当然这也是他身边人员增长知识的机会。此后,工作人员一有空闲就抓紧时间循序渐进地阅读这些书,并努力将其中情节、背景、来龙去脉以及其意义弄清楚,并熟记之。开始,他们还分了工,若毛泽东问有关《红楼梦》《三国演义》的问题就由汤沛回答,若问《水浒传》《西游记》的问题由吴旭君回答。否则,回答不出除弄得脸红外还很丢面子的。毛泽东看出他们的心情,每次都诱导式地和他们一起讨论,一块儿说笑,很是轻松,事情并不像身边人员考虑得那么紧张。

会客厅里放着五种版本的《西游记》

无情岁月催人老，毛泽东也有他的暮年时期。暮年的毛泽东却仍然保持着阅读《西游记》的兴趣。据为晚年毛泽东管理图书的徐中远介绍：

毛泽东晚年在中南海住地的会客厅里，也就是他晚年的书房里，一直放着五种不同版本的《西游记》：

《西游记》，世界书局版（上下册）

《绣像绘图加批西游记》，上海广益书局1924年版（1—16册）

《绘图增像西游记》，上海广百宋斋光绪庚寅（1890）校印（1—20册）

《绘图增像西游记》，上海广百宋斋光绪辛卯（1891）校印（1—10册）

《西游记》，人民文学出版社1972年4月版（上、中、下册）

根据当时的记录，进入70年代之后，毛泽东先后有两次要过《西游记》。

一次是1971年8月初，他要看《西游记》和《西游真诠》。《西游记》是从中央办公厅图书馆找出来的，大字线装本，上海广益书局出版的《绣像绘图加批西游记》。《西游真诠》线装本，全20册，清代悟一子（陈士斌）撰，康熙丙子（1696）刊本，是从北京市文物管理处借来的。毛泽东翻阅后，大约一个多星期就还了。《绣像绘图加批西游记》因为是线装本，装帧也较别致，字也比较大，毛泽东很喜爱，一直放在身边。

第二次是1973年3月上旬，这一次毛泽东指名要的是人民文学出版社1972年新出版的平装本《西游记》。毛泽东身边已经有了大字线装本《西游记》，为什么又要新出版的平装本呢？后来秘书徐业夫告诉徐中远，线装本有个别地方字看不清，凡是遇到这种情况，首长就翻看平装本，用平装本来补线装本的不足。

据徐中远等人记录，1973年4月5日，毛泽东又一次要《西游真诠》和《西游原旨》。《西游真诠》还是从北京市文物管理处借来的，《西游原旨》则是从中国书店购买来的，是清代刘一明撰，嘉庆二十四年（1819）刊本，全24册，字也比较大，毛泽东很喜爱，后来一直放在书房里。

伴随着毛泽东度过终生的诸多图书中，上述几种不同版本的《西游记》和这部《西游原旨》是格外引人注目的。

会客厅里放着的五种不同版本的《西游记》，毛泽东晚年曾多次阅读过。毛泽东在阅读《绘图增像西游记》时还写下了批语。这种版本的《西游记》，装帧倒不怎么讲究，字也不是很大，但字印得很清楚，与32开本差不多大，每册很轻，看起来很方便，所以毛泽东很爱看。

圈画研究论文集

作为思想家的毛泽东具有强烈的学术自觉。这表现在阅读文学作品方面，不仅喜爱呼之欲出的文学形象，而且喜欢做深入的理性探索，下很大的抽象思维工夫。他读古典小说，也读研究小说的学术文章。读《西游记》也是如此。

从20世纪50年代初开始，我国的一些报刊先后发表了一些《西游记》研究文章。1957年，作家出版社将几年来国内报刊上先后发表的研究《西游记》的文章，汇集编辑出版了《西游记研究论文集》一书。共收论文十七篇，附录一篇，约十三点五万字。毛泽东曾经用心阅读过这本书，还写下了一些批注，画上了密密麻麻的道道和圈圈。

徐中远曾经查阅了这本论文集。首篇是现代著名作家张天翼的《〈西游记〉札记》。毛泽东在张天翼文章篇首写下的批注"1954年，2月，人民文学"非常醒目。批注的意思是说张天翼的这篇论文原载1954年2月号《人民文学》杂志。标题的左边，毛泽东用黑铅笔连画了三个大圈，格外引人注目。"张天翼"三字下面还画两条横道。全文从头到尾几乎逐段逐句都画上了横道、浪线和圈圈。圈画的种种符号表明，张天翼的这篇文章毛泽东是逐字逐句阅读的，看得很细，是十分用心的。张文分为两大部分，第一部分是"关于题材、主题和作者的态度"。对张天翼的分析和看法，毛泽东似乎很有兴趣，在阅读的时候又圈又画。在谈到对吴承恩创作《西游记》的评价时，张天翼写了这样一段话："这以前，还没有见过哪一家写幻想的神魔故事能写得像这么生动，这么艳异多彩，而又这么亲切，这么吸引我们的。"毛泽东似乎对这段话有同感，或者似乎对这段话比较欣赏，所以在阅读的时候，每句话下面，他都用黑铅笔画了两条横道。使人一看就知道，他读这段话时是引起一定的思维活动的，是颇有感触的。第二部分是"关于现实性和幻想、寓意等等"。毛泽东在读这一部分的时候，圈画的符号比第一部分还多还密。在这一部分中，对孙悟空这个人物的看法，张天翼写了这样一段话："孙悟空之所以败于玉帝他们之手，难道是由于孙悟空作了什么'恶'而得报应吗？我们说一点也不是。作者笔底下的孙悟空，是一个现实性的具体的'人'（并不是一个抽象的概念的恶魔化身），使我们了解他的性格，思想，感情，欲求，活动；我们不但不觉得他这是'恶'，而且还觉得他可爱，同情他，心向着他。

他的失败,更不是什么'恶'不敌'善',只是由于种种原因,力量不敌而已。"这段话的每一句下面,毛泽东在阅读的时候都画上了一条横道。最后的一句"力量不敌而已"画了两条横道。段末还画一个大圈。对这样的专题研究论文,毛泽东都看得这样细,看得这样用心,由此可以看出毛泽东对《西游记》学术研究是多么关注和重视。

张天翼这篇文章的后面还有一个附注,共三条约两千字,是用六号宋体字排印的。1957年,毛泽东已经六十四岁,对一个已经年过花甲的老人来说,六号字看起来显然是很吃力了,然而,毛泽东如同读正文一样,也还是一句一句,一段一段都画上了道道、圈圈。字排得小了,圈画的种种符号就更显得突出了。圈圈画画,密密麻麻,满页皆是。

这部论文集中,还有沈玉成、李厚基的《读〈西游记〉札记》,沈仁唐的《〈西游记〉试论》,李大春的《读〈西游记〉的几点心得》,等等,毛泽东在阅读过程中也有许多圈画。

毛泽东解读《西游记》的故事,似乎不像解读《三国演义》《水浒传》《红楼梦》的故事那样多,只有这八九个读书生活的片断。但是,透过这些定格在历史深处的读书场景,我们还是可以十分清晰、十分深切地感触到:毛泽东读《西游记》,痴迷如醉;讲《西游记》,乐此不疲;推荐《西游记》,不遗余力;研讨《西游记》,兴趣盎然……

吴承恩的"民主文学"

> 毛泽东嘱咐胡耀邦在上海会议结束后,顺便路过连云港看看孙猴子老家,并告诉他:
>
> 　　身处封建时代的吴承恩怀才不遇,只做到七品芝麻官,晚年境遇凄凉,到南京写字为生。后来,隐居连云港云台山脉,以花果山为背景写了《西游记》。
>
> 　　　　许耀林:《永远不可磨灭的记忆》,《毛泽东在江苏》,中共党史出版社1993年9月版,第132页

　　明代天启《淮安府志》卷十九载:"吴承恩《射阳集》四册四卷,《春秋列传序》,《西游记》。"这条文献资料表明吴承恩是《西游记》的作者。

　　尽管一些人提出这样那样的理由,试图在吴承恩之外找出《西游记》的作者,但是,在绝大多数小说史家、文学评论家和广大读者那里,吴承恩对这部小说的著作权是无法剥夺的。因为吴承恩创作了《西游记》这个结论,不仅是几代学人持续不断考证、研究的成果,也是各级人民政府文化机构几次组织调查的结果。所以,依据现有材料,只能断定吴承恩是《西游记》的唯一作者。当然,不排斥有人继续探索《西游记》作者这个问题,学术自由嘛!

　　毛泽东也相信《西游记》的作者是吴承恩。现在披露的资料表明,他从来没有否定过吴承恩是这部神话小说的创作者。尽管毛泽东对吴承恩的评论不是很多。

生活在"十六世纪"

　　中国的文学评论从战国前期的孟子开始,就特别强调"知人论世"。不了解作家的生活时代,就很难了解作家的思想感情和作品的思想倾向。

吴承恩（约1500—约1582），字汝忠，号射阳山人。先世为江苏涟水人，后徙山阳（今属江苏淮安）。

吴承恩生活的时间段大体上相当于明朝的明孝宗朱祐樘（弘治）、明武宗朱厚照（正德）、明世宗朱厚熜（嘉靖）、明穆宗朱载垕（隆庆）、明神宗朱翊钧（万历）当皇帝的时候。对吴承恩的生活时代，毛泽东没有直接的评论材料可供分析研究，但有些间接材料却可说明他对这个问题的关注。

1957年4月，作家出版社编辑出版了《〈西游记〉研究论文集》。其中有童思高的论文《试论〈西游记〉

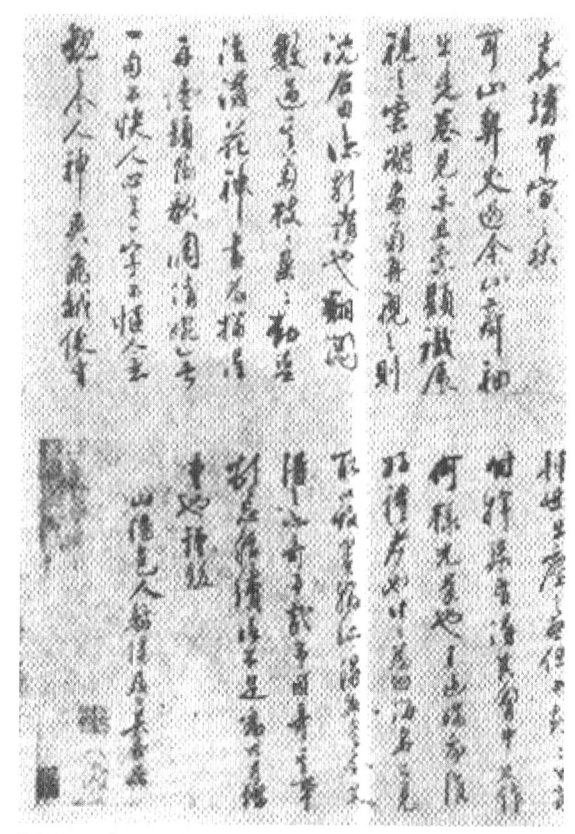
吴承恩跋画墨迹

的主题思想》。毛泽东阅读过童思高这篇论文，并做了圈画。为晚年毛泽东整理图书的徐中远回忆道：

> 文章一开头，有毛泽东写的"十六世纪"四个字，这是毛泽东对本文第一句"《西游记》作者吴承恩出生于明代中叶（约公元一五一〇年——一五八二年）"的批注。接着本文作者写道："正是明成祖制定严刑峻法，残酷迫害人民的时代"这一句话下面，毛泽东画了两条横道，句末还连画了两个圈。我们知道，毛泽东读古典小说，不仅当作小说看，而且当作历史看。他是很注意作品和作者的社会背景的。这里的圈画，至少也表明了这一点。

《〈西游记〉研究论文集》中，还有一些文章谈到吴承恩和他创作《西游记》的社会背景。毛泽东在阅读过程中都一一圈画。徐中远介绍道：

萧歌、竞华的文章（指《〈西游记〉读后的一些体会》——引者注）中是这样写的："吴承恩生于公元一五〇〇年，卒于一五八二年。这一段时间内，明朝的皇帝换了五个（孝宗、武宗、世宗、穆宗、神宗）。从当时的阶级斗争来看，武宗正德年间是明朝农民暴动范围最广、斗争最强烈的时期……除去农民暴动之外，还有许多次城市居民的暴动……从封建王朝的内部来看，帝王荒淫无道，委政权奸，朋党对立，互相倾轧。历史上遗臭万年的奸臣、阉党都产生在这个时代。例如：正德年间的刘瑾；嘉靖年间的严嵩、严世蕃。直言极谏，肯为人民着想的政府官吏，先后被奸官的特务、钢刀、监狱和酷刑夺去了生命。能够在朝做官的，多半是权奸的奴才，不然就是噤若寒蝉，混吃等死的傀儡。吴承恩就生活在这样一个时期，这样的社会现实，已足以使他愤世嫉俗……"这些文字，毛泽东在阅读中差不多都画上了横道道。

对吴承恩创作《西游记》的社会背景，沈仁康《〈西游记〉试论》一文中，论述得更为详尽，从政治说到经济，从农业说到商业，对朱明王朝的专制独裁、奢侈腐朽、荒淫无耻、昏聩平庸、残害人民、疯狂掠夺、无恶不作等都做了分析。最后，作者指出："总之，农民、市民与进入垂死阶段的封建势力，形成了尖锐的矛盾。这就是《西游记》产生的时代特征。"这篇文章，虽然作者已经在文后说明有"不少错误"，但是毛泽东还是从头至尾，又读又画，圈画符号密密麻麻。（徐中远：《毛泽东读评五部古典小说》，华文出版社1997年1月版，第229、251页）

吴承恩之所以能够写出这样一部杰出的浪漫主义的神话小说，是有他的时代背景的。毛泽东读《〈西游记〉研究论文集》的圈画，表明他对吴承恩生活时代即16世纪中国社会状况的认知。

元末明初，朱元璋篡夺了元末农民大起义的胜利果实以后，建立了高度中央集权的明王朝。明初的统治者，如明太祖朱元璋、明成祖朱棣，还比较有本事，他们从本身的利益出发，为了巩固新建立起来的封建帝国，在元代残暴统治所造成的中国社会经济严重破坏的情况下，采取了一些发展经济的措施，如移民垦荒、兴修水利、实行军屯以及解放工奴、简约商税，扶持工商业等，因而使农业生产和手工业、商业都得到了很快的恢复和发展，社会经济曾一度出现比较繁荣的局面。

但是，中国社会发展到了明代，已经进入封建社会的末期，封建社会的一切腐朽性，从各个方面严重地暴露出来。极端的君主专制制度，造成了封建社会政治上的更加腐败和黑暗。特别是到了明代中叶以后，皇帝一个不如一个，封建统治阶级更趋于腐化堕落。许多昏庸暴虐的皇帝滥施淫威，穷奢极欲；宦官窃权专政，胡作非为；特务横行，道路以目。如武宗在位十六年，一次也没有召见大臣。他除了在宫内奢侈淫乐外，还四处巡游，所到之处劫掠财物，抢夺妇女，以至"市肆萧然，白昼闭户"。有一次他要到江南游玩，朝臣一百零七人因谏阻被罚跪午门五日，五日后，又各责杖三十；继起谏阻者受杖四十、五十不等：先后被廷杖者一百四十六人，死者十一人。世宗的任意责打和诛杀大臣，比起武宗来只有过之而无不及。他迷信道教，整天炼丹学道，祈求长生，在位四十多年，竟有二十多年不理朝政。很多权贵与道士勾结在一起，同恶相济，荼毒生灵。宦官和奸臣把持朝政，钩心斗角。严嵩父子专权二十多年，给人民带来了深重的灾难。嘉靖末年，社会上已经呈现出一个政治败坏、经济破产的局面。到了万历中期之后，以神宗为首的上层统治集团更加腐朽不堪，吏治腐败达到极点，人民所遭受的痛苦也达到极点，社会阶级的矛盾愈趋尖锐，明王朝已经进入覆灭阶段。

16世纪明王朝的政治状况黑暗腐朽，每况愈下，毛泽东读《明史》对此有明确的认识，透彻的分析：

1951年的一天，毛泽东轻车简从，由北京来到昌平县十三陵，在护陵工作人员王有富的引导下巡视——"逛陵"。在埋葬嘉靖皇帝朱厚熜的永陵，毛泽东向王有富和随员介绍说：

> 这个皇帝特别迷信，二十载不亲朝政，偏听偏信，重用奸臣严嵩达二十年之久，还将清官海瑞下了大牢。这个皇帝死后，他的儿子隆庆皇帝才放出海瑞。

下了永陵，毛泽东又来到埋葬神宗皇帝朱翊钧的定陵。他绕着墓碑走了一圈，感慨地说：

> 定陵葬的是万历皇帝，他叫朱翊钧，就是京戏唱《二进宫》的李艳妃抱的小皇帝。他十岁登基，这个人长大了，酒色财气都好，

极度奢侈腐败，长期荒政。他是明亡的种子，是个无道昏君。他当了四十八年皇帝，是明朝当皇帝年头最长的一个，也是失民心最严重的一个。（吴晓梅：《毛泽东视察全国纪实》，湖南文艺出版社1999年9月版，第17页）

1964年2月13日，毛泽东在北京召开教育工作座谈会（春节座谈会）。他在会上说：

明朝搞得好的只有明太祖、明成祖两个皇帝，一个不识字，一个则识字不多。以后到嘉靖，知识分子当政，反而不成了，国家就管不好。（《晚年毛泽东》，第257—258页）

同年5月12日，毛泽东在一次谈话中说：

明朝除了明太祖、明成祖两个皇帝搞得比较好，明武宗、明英宗还稍好些以外，其余的都不好，尽做坏事。（赵以武：《毛泽东评说中国历史》，广东人民出版社2000年3月版，第446页）

毛泽东在谈话中说，自己被书迷住了，正在读二十四史。又说：

看了《明史》最生气，做皇帝的大多搞得不好，尽做坏事。（《毛泽东的文艺美学活动》，第225页）

明英宗，即朱祁镇（1427—1464），明朝第六个皇帝。明武宗，即朱厚照（1491—1521），明朝第十个皇帝。

明朝皇帝，除了前期有几个"比较好"和"稍好些"外，其余的都"搞得不好，尽做坏事"！这就是吴承恩生活时代最高统治者的状况。"上梁不正下梁歪"，皇帝们"尽做坏事"，大臣们结党营私、贪赃枉法，整个社会岂能不一团糟！

从经济生活上看，明代经济发展中有了新的因素——资本主义生产关系的萌芽开始出现，并得到发展，这同时标志着封建社会历史的进入末期。明代的手工业和商业空前的发展，不仅纺织、冶铁、造船、制盐等手工业生产有了新的更大的发展，就是以前不很发达或根本没有的行业如造纸、印刷、制糖、轧棉等也有了迅速的成长。商人到市里做生意的,"白银动以数万计,多或数十万两,少亦以万计"。商品经济的出现和发展,进一步刺激了官僚、地主,特别是最高统治者及其皇亲贵戚们对于奢侈品的追求,农产品的商品化更引起这些人对土地的疯狂掠夺与兼并。他们侵占官地、强夺民田,横征暴敛,敲诈勒索,杀人夺产,弄得"农商交困"。在这种破产流亡,无法生存下去的情况下,人民都纷纷起来反抗,大规模的农民起义相继出现。成化(宪宗)年间已有刘通、李原等领导的流民暴动,起义群众达到一百多万。武宗时,农民起义的规模更大,范围更广,斗争十分激烈,几乎倾覆了明王朝的统治。例如刘六、刘七领导的农民暴动,自北京附近攻入山东、河南,转进湖北、湖南、江西、安徽、江苏等地,纵横数千里,历时三年之久。农民阶级与地主阶级矛盾的激化,引起了统治阶级内部某些人产生改良政治的愿望,也促进了统治集团内部的矛盾。

政治生活的激烈动荡和经济生活形态发生质的变异,必然引起思想文化领域的变化。由于手工业和商业的发达,商品经济的市场更加扩大,开始逐渐破坏封建主义自给自足的自然经济。城市经济繁荣,人口迅速增加,市民阶层的力量不断增长,市民意识日益抬头,由此产生要求民主平等、要求个性解放的思想意识,在思想文化领域各个方面反映出来。哲学思想的标新立异,教育的革故鼎新、激浊扬清,文学创作向表现市民生活方向发展,成为混乱社会生活笼罩下的巨大潜流。明代中叶以后,特别是嘉靖、万历年间,文学创作出现了一个崭新的局面。这一时期,小说、戏曲等通俗文学和现实的关系十分密切,它们或显或隐、或多或少、或深或浅地反映了当时的现实。其中有的描写阶级压迫和剥削的情况,有的反映世态炎凉的社会风气,有的通过历史题材猛烈地抨击当时的社会丑恶和黑暗,有的运用浪漫主义的手法热情地歌颂反对封建礼教和追求婚姻自主的要求,有的曲折地揭露、讽刺封建统治阶级的种种罪恶,有的直接表现民主平等、个性解放等市民的思想感情。由于这些作品表达了当时时代的思想潮流,因而受到了广大群众的欢迎和进步文人的支持。而且小说、戏曲的形式比起正统的诗文来要自由、活泼,更适宜于反映当时丰富、复杂的生活,特别是语言的通俗、浅近,容易为广大群众所接受;加之这时印刷术的空前发达,又为它们的广泛流传提供了有利的条件。

文学作品(自然包括小说)是一定的社会时代的产物,作品创作总是与作者所处的社会环境和生活实际相联系的。历史演义小说是这样,像《西游记》这样的神魔小说也是这样。只不过它反映历史时代和社会生活是曲折的、间接的而已。毛泽东特意标出"十六世纪",表明吴承恩就生活在那样一个时代,《西游记》就产生于那样的时代背景,表明毛泽东解读《西游记》也从"知人论世"入手。

晚年境遇凄凉

毛泽东关注吴承恩的生活时代,明于"论世";也关注他的身世经历和思想感情,明于"知人"。了解小说家的身世经历,无疑是透彻解读和惬意欣赏小说的前提条件之一。

20世纪60年代初,毛泽东有一次对吴承恩一生经历的叙述。

1962年12月,中共江苏连云港市委书记许耀林作为市党代表参加了江苏省第四届党代大会。在会议上,受到毛泽东的接见。当时,毛泽东巡视各地途经南京。省委第一书记江渭清邀请毛泽东接见正在开会的党代会人员。

接见时,会堂沸腾起来。毛泽东迈着稳健的步伐走到主席台前,省委一位领导拿起话筒请毛泽东讲话。他操着浓重的湖南口音讲了两句话:"团结起来,努力奋斗,克服困难,争取胜利。"

许耀林在回忆录中写道:"明代的吴承恩以连云港花果山为背景,写出中国四大古典文学名著之一《西游记》的来龙去脉,我是在这一次毛主席接见后才得知的。"

当时,担任团中央第一书记的胡耀邦去上海开会前请示毛泽东,毛泽东嘱咐胡耀邦在上海会议结束后,"顺便路过连云港看看孙猴子老家",并告诉他:

> 身处封建时代的吴承恩怀才不遇,只做到七品芝麻官,晚年境遇凄凉,到南京写字为生。后来,隐居连云港云台山脉,以花果山为背景写了《西游记》。(许耀林:《永远不可磨灭的记忆》,《毛泽东在江苏》,中共党史出版社1993年9月版,第132页)

毛泽东论述吴承恩生平经历,话语不多,但几乎囊括其一生主要活动和状况。

吴承恩曾祖吴铭,为余姚训导。祖父吴贞,任仁和教谕。两代人相继"为学官,皆不显"。父亲吴锐"颠沛宦游,归益贫",以致"社学先生不教先君书"。(吴承恩:《先府君墓志铭》)吴锐娶徐氏后,就继承了岳父家的事业——做小生意，弃儒经商，经营彩缕文縠（彩色绉纱），一直到七十三岁时死去。吴锐是小商人，闲时喜欢读书，具有正义感，这对吴承恩不无影响。可是在官府和社会的欺凌面前，小商人吴锐只能逆来顺受、忍气吞声地生活。

家境的贫困，使吴承恩在少年时代便遭市人欺凌，被称作"痴人家儿"，回家来便"恚啼不欲饮"。但他不同于自己的父亲，因为他将所受的心灵创痛，发泄在一些诗文的嬉笑怒骂之中，而不是缄口无言，默默以终。

吴承恩少年时代聪明好学，后人吴国荣说他"髫龄（童年）即以文鸣（著名）于淮（安）"（《射阳先生存稿跋》），因此受到点过探花的本乡名人蔡昂的赏识："昔受公知，昉（始）于童孺；登门识李，即以斯文见赏"（《鹤江先生诔》）。少年吴承恩的一大爱好，就是酷爱神怪故事、野史稗文。他因偷看《玄怪录》《酉阳杂俎》等书，多次受到私塾老师的训斥。但是，吴承恩仍执迷不悟，一有机会就与好友一起四处搜罗这类三教九流的书，阅读这类书，为吴承恩日后写作《西游记》奠定了基础。吴承恩博览群书，过目不忘，下笔如有神助。他擅长写谐剧、杂剧，名冠四方。

由于吴承恩才情并茂，异于常人，所以当时的一些名士如沈卓亭、朱应登、蔡昂等人都乐于与他交往。吴承恩对此颇为自得，这是养成他孤高气质的重要因素之一。他一方面浪漫不羁，恃才傲物；一方面生活贫寒，遭人白眼。吴承恩年约二十二岁时，与名门之媛叶氏完婚，夫妻恩爱无比，却不能根除贫寒之苦。个中缘由就在于吴承恩在科举之途，屡试不中。吴承恩对此也十分苦恼。

为了养家糊口，才华卓绝的吴承恩被迫在科举道路上奔走。五十岁时，吴承恩中了淮安府学岁贡。五十四岁时，他走进南京国子监，成为老大不小的太学生。六十二岁时，"贡监"吴承恩获得到北京谒选的资格，但两手空空而归。六十四岁时，白发苍苍的吴承恩再度进京到吏部候选，结果获得了浙江长兴县丞的卑微官职。县丞是知县的助手，正八品官，与主簿"分掌粮马，巡捕之事"。吴承恩的思想性格与这种职务实在太不协调了，所以他这一次入仕，大约仅仅一年就结束了。作吏仅一年，连三年一任都没有做满就拂袖而归了。原因是"耻折腰"（天启《淮安府志》卷十六）。即使在那一年中，他也是感慨系之地说过："悠悠负夙心，作吏向风尘。"（《春晓邑斋作》）看来，吴承恩实在不愿改变自己的傲岸性格以屈从长官意志。尔后他还得到过一个"荆府纪善之补"的闲职，未到任便退官回淮安了。一说他到任了，任职三年，留下几首诗词，并在任上创作了《西游记》。多是推论之词，有点证据，为数不多。六十八岁时，吴承恩解职归田。

吴承恩"性敏而多慧，博极群书，为诗文下笔立成"，古文诗词应该写得不错。而他从长兴县丞任上归田后，"益以诗文自娱"。他死后，其表外孙丘度"遍索先生遗稿，将汇而刻之"，成为今天人们所能见到的《射阳先生存稿》四卷（《射阳先生存稿跋》）。吴承恩的老友陈文烛在《吴射阳先生存稿叙》里对吴承恩推崇备至，比拟为陆贾、枚乘、匡衡、陈琳、鲍照、赵嘏和张耒，称吴承恩为"文潜以后，一人而已，真大河韩山之所钟哉"！

正如毛泽东所说，吴承恩"晚年境遇凄凉"。他老年无子，大约逝世于万历十年（1582）。晚年，吴承恩靠为人写墓志铭、寿启、幛词、颂文等谋生。他是否在云台山隐居，是否此时写下《西游记》，学术界见解不同。有确实证据的是他曾经模仿唐人传奇，作志怪小说集《禹鼎志》，此书今已亡佚。从留传下的《禹鼎志序》来看，此书作于"既壮"，即三十岁左右。至于他作《西游记》在何地何时，无论本人或他人都没有留下任何可考的线索。《射阳先生存稿》中一篇《二郎搜山图歌》，仅告诉人们其作意与《西游记》颇多相通之处，却无从以此考定《西游记》的写作地点和时间。

值得注意的是吴承恩在他的《禹鼎志序》中，说自己"幼年即好奇闻"，"每偷市野言稗史"，"迨于既壮，旁求曲致，几贮满胸中矣"，"国史非余敢议，野史氏其何让焉"。这种对"稗史""野史"即小说的爱好，自然成了吴承恩著《西游记》的一个证明。而他说："吾书名为志怪，盖不专名鬼，时纪人间变异，亦微有鉴戒寓焉。"以志神名鬼来记载"人间变异"，这似乎也与《西游记》借神魔写人情、借天界写人间、借西行写东土的特点相符合。

作者吴承恩不信这些

毛泽东对吴承恩的人生经历，能够整体把握；对吴承恩的思想感情，他也重视分析。有时，他从作品中来了解吴承恩。

毛泽东读《绘图增像西游记》，读到第二十八回《花果山群妖聚义 黑松林三藏逢魔》，联系唐僧规劝悟空"千日行善，善犹不足；一日行恶，恶常有余"的话，毛泽东写了下面一段批语：

> "千日行善，善犹不足；一日行恶，恶常有余。"乡愿思想也。孙悟空的思想与此相反，他是不信这些的，即是说作者吴承恩不信这些。他的行善，即是除恶，他的除恶，即是行善。所谓"此言果然不差"，便是这样认识的。（《毛泽东读文史古籍批语集》，

中央文献出版社1993年11月版，第74—75页）

毛泽东这个批注，就千百年来争论不休的善恶问题，否定唐三藏，肯定孙悟空。同时他认为这个情节，也表明了作者的善恶观，就是吴承恩不信唐僧"千日行善，善犹不足；一日行恶，恶常有余"的糊涂观念。

小说人物的思想并不就是小说作者的思想，这是文学常识。但是，小说的主导思想倾向，却往往是作者思想主张的表现，当然这种表现许多时候是隐藏在情节、故事或人物形象的背后，很隐蔽，很潜在，并不表现得那么直接，那么显露，这也是文学常识。因此，毛泽东依据《西游记》一个贯穿故事始终的思想线索，来分析吴承恩的思想主张，无疑是认识作家的一条途径。

拿《西游记》来说，后八十八回历经四十余次降妖除怪，孙悟空一反唐僧的迂腐说教，见了那些害人的妖魔鬼怪，不管他变成什么样的"好人""善人"，举棒就打，撵到天涯海角，也一定除恶务尽。因为"行善就是除恶，除恶就是行善"的观念支配着他的行动，这贯彻到西行路上的全过程，也贯彻到小说故事的始终。这个善恶观体现了吴承恩的思想主张。

了解《西游记》作者的思想感情，除了从小说情节中透视外，毛泽东也注意从文学评论家的分析中拓展视野。徐中远曾经介绍过毛泽东阅读萧歌、竞华的评论《〈西游记〉读后的一些体会》的圈画情况：

在谈到吴承恩创作时的思想感情时，作者还引了吴承恩的诗："……民灾翻出衣冠中，不为猿鹤为沙虫，坐观宋室用五鬼，不见虞廷诛四凶。野夫有怀多感激，抚事临风三叹息，胸中磨损斩邪刀，欲起平之恨无力……"这首诗揭露了豺狼当道的黑暗局面，表现了作者胸中的愤慨，毛泽东很爱读，每一句下面都画了浪线。接着，为了帮助读者进一步了解吴承恩，本文作者又引了吴承恩的一首《满江红》词："穷眼摩挲，知见过，几多兴灭。红尘内，翻翻复复，孰为豪杰？傀儡排场才一出，要知关目须听彻。纵饶君局面十分赢，须防劫！"词中，吴承恩对统治阶级的骄傲、虚伪、昏庸、愚昧，作了无情的揭露和严正的警告。这首词的后半阕，作者嘲笑那些贪图高官厚禄、封子荫妻的士大夫们。吴承恩写道："身渐重，头颅别，手可炙，门庭热。旋安排娇面孔，冷如冰铁。尽着机关连夜使，一锹一个黄金穴，被天公赚得鬼般忙，头先雪。"吴承恩的这首《满江红》，毛泽东很喜爱，句句画上了浪线，每一句后面还画一个圈。看得出，这首词，他读得是非常认真的。(《毛泽东读评五部古典小说》，华文出版社1997年1月版，第234—235页)

萧歌、竞华论文中引证吴承恩一诗一词，分析作者创作时的思想感情，其结论很有说服力。从中可以看出吴承恩对豺狼当道、暗无天日的明王朝是持批判态度的，这与他在《西游记》中对天上人间的统治者多有冷嘲热讽的文心主旨是一致的。所以毛泽东"读得非常认真"。

以花果山为背景写了《西游记》

1955年10月中旬，参加完中共中央七届六中扩大会议的江苏省镇江地委书记陈西光，从北京回到镇江。约在11月初的一天，他接到江苏省委书记江渭清从南京打来的电话，通知说："毛主席明天早晨乘火车到达镇江火车站，要听你们汇报工作，你同高俊杰专员准备一下，一起去向主席汇报。"接完电话后，陈西光和高俊杰感到既兴奋又紧张。

翌晨天色未明，待陈、高二人赶到火车站时，毛泽东乘坐的专列已停在月台边。专列工作人员即带他们上了车。车厢布置得像个会议室，中间有张长条桌，两边放着座椅。片刻，见毛泽东从车厢顶头向两人走来，亲切地同他们一一握手，而后招呼他们坐下，自己也在条桌北面坐下来。

"你们多大年纪了？"主席问。"三十八岁。"两人同时答道。

"好，都是三十八岁，年轻有为，好好干。"毛泽东笑盈盈地鼓励说。

毛泽东问高俊杰："你是哪里人？""南通人。"高俊杰答。

"清末的状元张謇和你是同乡？"

"是的。我家在二甲镇，离张謇家很近。"

"你们这位老乡对发展民族工业是很有贡献的。"毛泽东十分肯定地说。

毛主席又问："你们知道《西游记》里写的那座花果山在哪里？"

他俩没有贸然作答。

毛主席说："就在你们江苏嘛，连云港。你们年轻的同志都应该上去转转，说不准会碰到孙悟空。"(陈西光:《一次难忘的会见》

《毛泽东在江苏》,中共党史出版社1993年9月版,第50页;吴晓梅:《毛泽东视察全国纪实》,湖南文艺出版社1999年9月版,第54页)

毛泽东这几句幽默风趣的话,引得两位年轻的客人都笑起来了。

看来,毛泽东相信花果山就在连云港的传说,前面引述毛泽东嘱咐胡耀邦的话里,也有与陈、高两人谈话中相同的意思:路过连云港看看孙猴子老家。

吴承恩后来隐居连云港云台山脉,以花果山为背景写了《西游记》。

《西游记》一开篇,便讲美猴王出生在东胜神洲傲来国花果山。这花果山风光秀丽,景色宜人:"瑶草奇花不谢,青松翠柏长春。仙桃常结果,修竹每留云。一条涧壑藤萝密,四周原堤草色新。"如此美景,堪称人间仙境。

这个花果山是有原型的。据专家考证,它就是今连云港市东南约十五公里处的苍梧山,现即称花果山,为云台山诸峰之一,海拔六百二十五米,是江苏的最高峰。

云台山自古就有"东海胜景"的美誉,花果山尤甚。花果山上不仅有古银杏树,还生长着种类繁多的樱桃、枣、栗子等果树。到了农历九月,还有那种传说是王母娘娘派仙人种植的"冬季桃"成熟。正如小说中所说的那样:"四季好花常开,八节鲜果不断。"

有了花果山,自然不能少了水帘洞。水帘洞是孙悟空作为齐天大圣,管理群猴的殿堂。水帘洞极其宽阔,内中"容得千百口老小",孙悟空就在此处与群猴嬉戏过活,自在逍遥,无拘无束。很凑巧,连云港的花果山上竟然也有一窟水帘洞。它坐落在花果山之巅,洞中宛如堂奥,一股清泉纷挂,如同一道帘子;洞口崖缝滴水,点点坠落,恰似水晶玉球,串成珠帘,真可谓"花果山福地,水帘洞洞天",与《西游记》中描写的非常相似。此洞至晚在明代就已被发现,这在和吴承恩同时代的文人张朝端所题的碑记里有详细的记载。胡适在《〈西游记〉考证》中说:"花果山是后来小说有的;紫云洞,后来改为水帘洞了。"这一点也有踪迹可寻。《淮安志·艺文》里面有"朱世臣题云台山水帘洞"的标题。清代嘉庆《海州志》卷第十一"山川"载:姚陶《登云台山记》:"……夜半,呼仆夫乘月登山,观日出。由殿东石径上一里许,为水帘洞;洞中石泉极浅,冬夏不竭,泉甚甘美。云为三元弟兄修真处。"可见,吴承恩极有可能以此洞为原型,安排了小说中花果山上的水帘洞。

连云港花果山怪石林立,天然形成各种石像,其中就有唐僧师徒的"原型"：

云台山上有座三元宫，三元宫有三元殿，殿内供有唐僧父母及兄弟三人的佛像。

小说中写到花果山山顶有一块仙石，美猴王便孕育其中。云台山上的花果山（苍梧山）山顶也有一块巨石，高五米，宽七米，中开一缝，缝内夹着一块一米长的椭圆形石块。据说它是女娲补天时所剩，因无所用，被弃置在花果山，恰好夹在两块大石中间。紧靠"娲遗石"的是一块表面光滑的卵状石头，颇似半个蛋壳，看去宛如一个猴头模样。据说这就是吴承恩写《西游记》石猴出世的原始资料和基地。云台山北山顶上有一个半身猴石像，尖嘴瘦腮，酷似猴头，端坐朝北，其背后与峰顶裂开一缝。游人在海拔四百米处的三元宫以西的东秃沟，还可以看到孙悟空的"如意金箍棒"高耸在那里，这本是一块上粗下细，高达六米的柱形石。

青峰顶上有一个自然的贪吃懒散的猪八戒头像，头戴僧帽，拱嘴向东，双眼眯缝，大耳敛于腮作鼾呼之态，后背似披袈裟。

云台山大自然的鬼斧神工，人世间的名胜古迹，就成为吴承恩创作《西游记》的一部分生活素材。他据此勾画花果山，刻画美猴王，铸造遗响千古的神话故事。

吴承恩对猴子情有独钟，不仅把孙猴子写得英雄无比，就连这石猴的诞生地花果山也被描绘得精彩绝伦。

这猴，乃吴承恩之猴；这山，乃吴承恩之山。

不过，毛泽东很相信：花果山就在连云港，吴承恩以花果山为背景创作了《西游记》。

《西游记》影响对人民的教育

吴承恩的《西游记》在文学史上有何地位？如何评价它的思想倾向？毛泽东只用"民主文学"四个字就回答了这两个问题。

1958年，毛泽东在审阅陆定一《教育必须与生产劳动相结合》一文时，加写了一段话。陆定一的这篇文章发表在《红旗》杂志1958年第7期上。毛泽东的这段话是：

中国教育史有人民性的一面。孔子的有教无类，孟子的民贵君轻，荀子的人定胜天，屈原的批判君恶，司马迁的颂扬反抗，王充、范缜、柳宗元、张载、王夫之的古代唯物论,关汉卿、施耐庵、吴承恩、曹雪芹的民主文学,孙中山的民主革命,诸人情况不同,许多人并无教育专著,然而上举那些,不能不影响对人民的教育,谈中国教育史,应当提到他们。(毛泽东:《关于中国历史上的民主文学》,《毛泽东文艺论集》,中央文献出版社2002年4月版,第191页)

毛泽东这段话,有两点十分重要:《西游记》是"民主文学";《西游记》"影响对人民的教育"。前者事关《西游记》的思想主题,后者事关《西游记》的地位影响。

民主是属于政治范畴的概念,它是封建专制的对立面。"民主文学"是针对专制文学而言的。任何时代的思想都是统治阶级的思想,封建时代的专制文学较多的主体反映的是封建统治者、压迫者、剥削者的意识形态,而封建时代产生的"民主文学",虽然不可避免地夹杂着封建统治阶级的思想毒素,如迷信思想、宿命观念、封建礼教等,但它主要的则是表现了处于这个社会底层的人民大众的理想、愿望和呼声。《西游记》正是一部这样的文学作品。这部神魔小说以浪漫主义的创作方法,通过幻想的形式,曲折地反映和歌颂了劳动人民蔑视神权、反抗压迫、坚决同一切邪恶势力做斗争的精神,揭露和抨击了作者所处的封建社会的丑恶现实,同时也表达了勤劳勇敢的人民大众征服自然和战胜困难的伟大理想和信心。

《西游记》思想主题和社会内容,鲁迅曾有过评述。他认为,这部神魔小说"讽刺揶揄则取当时世态"。"虽述变幻恍惚之事,亦每杂解颐之言,使神魔皆通人情,精魅亦通世故"。(《中国小说史略》,人民文学出版社1976年版,第136、139页)从这个角度上说,神魔小说亦是社会小说、人情小说。"当时世态"即作者吴承恩所生活的明代中期社会的病态情景,"人情世故"即黑暗社会各个层面、各种类型人物形象、内心世界的刻画与展示,"变幻恍惚之事"中掺杂"解颐之言"即神话故事中渗透出解剖那个丑恶社会的真理之光,"讽刺揶揄"则表明吴承恩持现实批判主义的态度。总之,《西游记》中揭露黑暗,歌颂反抗,张扬个性,在一定程度上具有反封建的民主思想的光芒。

说《西游记》是"民主文学",首先是它对黑暗现实的大胆描写和深刻揭露,批判了封建社会的丑恶现实和统治阶级的昏庸腐朽。小说里所描写的天上人间、冥府龙宫、山洞地窟的统治者,身上充满着腐败和堕落、凶残和血腥、阴谋和贪欲的种种秽行，在他们占据的领域内见不到一处光明、温暖、舒心的地方。

天宫，最高统治者玉皇大帝是个外表庄严，其实昏庸，色厉而内荏，暴虐而无能的昏君。凤仙郡郡侯"十分清正贤良，爱民心重"，只因偶一不慎推倒供桌，触犯了玉帝的尊严，他便罚全郡大旱三年，造成"十门九户俱啼哭"，"三停饿死二停人，一停还似风中烛"的悲惨情景。从中可以看出这个天上最高统治者是何等残暴和专横！

阴司，十代冥王是作威作福、欺软怕硬的坏家伙。唐太宗魂游地府时，判官崔珏竟因为生前是"太上先皇帝驾前之臣"，又与魏徵是"八拜为交，相知甚厚"，故在收到当朝宰相魏徵的求情信后，立即私改生死簿，给唐太宗增添阳寿二十年。

水府，四海龙王是凶暴狡狯而又懦弱无能的霸主；虾兵蟹将都是些狐假虎威、为虎作伥的东西。

山洞，取经路上的各色妖怪，个个张牙舞爪，面目狰狞，凶狠狡猾，粗暴残忍。他们横行人间，称霸一方，吃人肉，逞淫欲，谋财害命，杀人盗宝，霸占人妻，劫掠人女，敲诈勒索，祸国害民，阻挠取经事业进行，给下界百姓带来了无穷的灾难。

佛国，本是庄严神圣之域，可是小说结尾也出现了一个如来佛祖身边的阿傩、伽叶向唐僧师徒索取"人事"（伸手要贿赂）的场面。因为没啥钱财给"人事"，阿傩、伽叶便给了无字之经。唐僧只好把"唐王亲手所赐"，叫他们"沿路化斋"用的紫金钵盂奉上，才算了事。孙悟空到如来面前上告"捐财作弊之罪"，如来竟说："我还说他们忒卖贱了，教后代儿孙没钱使用。"唐僧垂泪对悟空等人说："徒弟呀！这个极乐世界，也还有凶魔欺害哩！"这件丑事发生在西天佛祖身边身上，真是撕尽了一切神圣庄严、至尊至高者的假面！

    毛泽东对《西游记》中这一段的描写看得很细。对阿傩丑态描写，都画上了道道或浪线，在"只是拿着钵盂不放"这句话后连画了三个圈圈。对唐僧说的"这个极乐世界,也还有凶魔欺害哩"这两句话下面分别画上两条粗粗的横道，末尾还画上了两个大圈。（徐中远：《毛泽东读评五部古典小说》，华文出版社1997年1月版，第219页）

毛泽东所以对这段描写看得很细,并多有圈画,在于这些描写实际上反映了封建社会徇私舞弊、贪赃枉法等黑暗腐败现象。上述天宫、阴司、水府、山洞里种种人物形象,都带着浓厚的人间色彩,实际上都是封建帝王、权奸佞臣、土豪恶霸们种种罪恶的写照,明显地反映出封建社会中统治阶级腐朽阴暗一面的种种特色。

吴承恩的种种揭露,虽然故事虚幻恍惚,可并非向壁虚构,是有他的实际观察亲身体验在其间的。他曾经在京城候选三年,这正是奸相严嵩当国炙手可热之时,他与小儿子严世蕃操纵政柄,胡作非为。明世宗佞道,根本不理朝政,只在西苑修道祷天;并任用道士做大官,把国家政治弄得乌烟瘴气。《西游记》里那些迷信道术的帝王,那些哄骗帝王的道士,那些因帝王的昏庸而倾覆邦国的事件,正是吴承恩亲见亲闻的黑暗政治的种种折光。

说《西游记》是"民主文学",其次是它用幻想的形式曲折地反映了封建社会劳动人民蔑视封建统治,不畏暴力强权,勇敢地反抗统治者、反抗邪恶势力的斗争,歌颂了人民的英雄主义精神,表现了人民征服自然战胜困难的伟大理想。提到这一点,许多评论家愿意举孙悟空的例子,这是不错的,因为美猴王的大闹天宫战胜天兵天将、保护圣僧西天取经斗败众鬼群魔,最能体现反抗精神和战斗精神。但是,其他一些人物也不是没有这方面的表现。唐僧的方向明确,意志坚定,九死一生而犹未悔,在一片"吃唐僧肉"的叫嚣中矢志西行;猪八戒的牵马挑担,吃苦耐劳,上阵助威,拱泥蹚路,九齿钉耙一举,谁不说是一员干将;沙僧的看堆守摊,照顾师父,甘当配角,踏踏实实,勤勤恳恳,分配什么干什么,干什么都专心致志,也是西行路上不可缺少的一员;还有那位"大慈大悲,救苦救难"的菩萨观世音,每到关键时刻就亮相出场,虽然只是助上一臂之力,却往往起到决定性作用。所以,《西游记》小说讴歌了一个战天斗地的群体,代表了各种各类人员所组合成的人民大众的反抗、战斗洪流。在中世纪封建专制黑幕的遮蔽下,这个群体反抗传统、征服自然的英雄主义精神,无疑是新的带有民主思想色彩的一道曙光。当然,就其内部差异性来说,后几人的战斗精神多些,而孙悟空的反抗精神和战斗精神都多些。

说《西游记》是"民主文学",还在于它的张扬个性,追求自由平等,是对封建礼教、传统意识的束缚在一定程度上的挣脱。前面已经提到《西游记》写于明末资本主义萌芽时期,那时市民阶层走上了社会生活的舞台,不论吴承恩自觉与否,书中对于个性解放的要求,对于人们为争取自由和幸福所做的斗争,对于人的主观能动作用,力量和智慧,都是热情而大胆地作了肯定和歌颂的。孙悟空追求自由的精神可说是与生俱来的。他无拘无束，潇洒浪漫，活泼爽快，敢作敢为。刚当上无甚本领的美猴王，便"不伏麒麟辖，不伏凤凰管，又不伏人间王位所拘束，自由自在"。与天庭对抗时，自称"齐天大圣"，要与玉帝平起平坐。被天宫招安，玉帝问："哪个是妖仙？"他挺身答道："老孙便是！"语惊四座，声调铿锵，藐视礼法，傲视群仙。取经途中上天宫查访妖精来历，只对玉帝唱个喏，不无调侃地说："老官儿，累你！累你！"他后来虽然皈依了佛门，但对神佛不以为然，常常有意冒犯其尊严，说如来是"妖精的外甥"，诅咒观音"该她一世无夫"。他不受阎王束缚，抡起金箍棒打进森罗殿，生死簿上一笔勾掉猴属之类，然后丢下簿子道："了账！了账！今番不伏你管了。"他不受唐僧束缚，五百年炼狱刚结束，孙悟空被迫皈依佛门，但他一出五行山，马上抽出金箍棒，兴奋地说："这宝贝，五百余年不曾用着它，今日拿他出来挣件衣服穿穿。"遂一连打死了一只老虎和六个强盗。唐僧指责他违背佛家"不杀生"戒条，他一怒之下，纵云便走。金箍儿和紧箍儿咒，虽为佛祖、菩萨与唐僧合伙束缚他的一个法宝。但孙悟空一路上总与之做不懈的斗争，指责菩萨"你怎么生方法儿害我"，并以不再护送唐僧西天取经相威胁，直到菩萨许他叫天天应、呼地地灵，又送他三根救命毫毛，以自己的一点不自由换取任意指挥天地的自由，孙悟空这才答应继续做护法弟子，西行取经。小说在行将结束时，孙悟空还念念不忘解脱"紧箍儿咒"：

> 诸佛赞扬如来的大法。孙行者却又对唐僧道："师父，此时我已成佛，与你一般，莫成还戴金箍儿，你还念甚么紧箍儿咒捆勒我？趁早儿念个松箍儿咒，脱下来，打得粉碎，切莫叫那甚么菩萨再去捉弄他人。"

已经成佛的孙悟空，并没有消释心头对束缚的积怨，对限制过他自由的金箍儿仍然耿耿于怀。他最终关心的并不是什么"大法"，而是他始终追求的潇洒自由。孙悟空为了求得自身的自由和解放，从始至终进行了不懈的斗争，而一切美好的人情人性也在这种斗争中受到锻炼，更臻完善。从思想发展史的角度说，《西游记》小说中所反映的这种解放个性、追求自由和争取民主的精神，对于冲破封建专制的牢笼，打碎其精神枷锁，有其开启肇始之功，无疑是难能可贵的。

说到《西游记》"影响对人民的教育"，还要提到鲁迅先生的议论。他在《上海所感》一文中就涉及这一点。他说：

> 我们从幼小以来，就受着对于意外的事情，变化非常的事情，绝不惊奇的教育。那教科书是《西游记》，全部充满着妖怪的变化。例如牛魔王呀，孙悟空呀……就是。据作者所指示，是也有邪正之分的，但总而言之，两面都是妖怪，所以在我们人类，大可以不必怎样关心。然而，假使这不是书本上的事，而自己也身历其境，这可颇有点为难了。以为是洗澡的美人罢，却是蜘蛛精；以为是寺庙的大门罢，却是猴子的嘴，这教人怎么过。早就受了《西游记》教育，吓得气绝是大约不至于的，但总之，无论对于什么，就都不免要怀疑了。（《鲁迅全集》第7卷，第410页）

鲁迅先生讲对"意外的事情""非常的事情"绝不惊奇，是因为从幼小以来就"受了《西游记》教育"，这本书中"全部充满着妖怪的变化"。鲁迅的话，大有深意，那意思是不管当权者对立的双方怎样变换面孔，变化招法，"两面都是妖怪"，统治者的反动本质和吃人本性，万变不离其宗。所以，对于他们的"变化"，不惊奇，更没有吓得气绝，而且要持"怀疑"态度，就是不相信他们会变好，他们的"变"，其实就是骗，本质还是"妖怪"。这就是鲁迅先生观察十里洋场上海滩的感受。

鲁迅称懂得这些生活真理的"教科书是《西游记》"。先生无意当中说出一个基本事实：《西游记》对国民教育影响甚大！毛泽东曾经说过他与鲁迅的心是相通的。在《西游记》影响对人民的教育这点上，两人又有了契合之处。

《西游记》问世四百余年，不胫而走，流传广泛，影响既深且巨。它在我国是家喻户晓，妇孺皆知。石猴出世、大闹天宫、火焰山、通天河等故事，孙悟空、猪八戒、牛魔王、白骨精、太上老君、如来佛等人物，被人民大众津津乐道。《西游记》还被改编为京剧、木偶戏、皮影戏、电影和电视剧，人们还依据孙猴子、猪八戒、唐三藏人物形象特征，创造出"猪八戒上墙——倒打一耙"等众多俗语、歇后语，活跃于人们口头舌尖。现在，《西游记》精彩片断编入了教科书。《西游记》对人民大众广泛而深远的影响，只有《三国演义》《水浒传》和《红楼梦》可以与之相比。而在青少年读者中，《西游记》的影响更是首屈一指，要用别的文学作品的什么形象去取代孩子们心目中的孙悟空和猪八戒的地位，那大概只有年龄的增长才能做到。有文献表明,毛泽东和鲁迅两人,也都是在少年时代就开始阅读《西游记》的。

当然,《西游记》是以文学这种特殊的形式,影响到对人民的教育的。"《西游记》是中国最优秀的神魔小说",这个赞誉是当之无愧的,这个判断是准确无误的。无论在评论界,还是在读者群,都没有任何疑义。它以想象奇瑰、思想深邃、笔法超绝的自身价值,取得了中国文学史上无可争议的辉煌地位,同时赢得人们对它经久不衰的热爱。它用孙悟空的反抗形象鼓舞人民向封建主义和邪恶势力战斗,它的天才讽刺和幽默机智,它形象描写的斗争方法和制胜手段,启迪了几世纪以来人民的智慧,它的艺术形象教导人们去认识生活,它在形象创造及描写手法等方面的艺术成就至今仍在滋润着笔耕者的文心笔法。

毛泽东的教育观,是一种着眼历史、总揽全局、囊括万物、承认事物普遍联系的大教育观。他天才地指出《西游记》在教育发展史上的地位和作用,把没有教育著作、没有教育实践、只当过几年小官的吴承恩与孔子、孟子、荀子、屈原、司马迁、王充、范缜、柳宗元、张载、王夫之、关汉卿、施耐庵、曹雪芹、孙中山这些中华文化巨人宗匠并置一处,把《西游记》与《论语》《离骚》《史记》《红楼梦》等皇皇巨著放在一个水平线上,称其文学创作是"民主文学",在中国教育史上占有重要一席。吴承恩终身科举、铨选未果,《西游记》在清代列为禁毁小说,却能在死后四百年得到一位革命领袖的赏识,这无疑提升了《西游记》在中国文学史、文化史上的地位,扩展了这部小说的社会教育作用。

听说胡适改写了八十一回（难）

> 听说胡适把《西游记》八十一回改写了，我也未看。请找找《胡适文存》，看有没有。
>
> 陈晋：《毛泽东与文艺传统》，中央文献出版社1992年3月版，第30页

从二十世纪二三十年代起，对古典小说"四大名著"的考证和评论，就从来没有间断过。其中对神话小说《西游记》的研究，相对其他三部书要薄弱一些。已披露的文献资料中，仅就小说的评论史而言，关于《西游记》，毛泽东发表的意见几乎见不到。但也不是绝对没有。在晚年的一次谈话中，毛泽东就谈起过胡适的《西游记》考证：

听说胡适把《西游记》八十一回改写了，我也未看。请找找《胡适文存》，看有没有。胡适无非是说共产党没有学术考证，郭沫若驳斥他说，群众不拥护你胡适，为什么单单拥护鲁迅呢？（陈晋：《毛泽东与文艺传统》，中央文献出版社1992年3月版，第30页）

据考，胡适改写的不是"《西游记》八十一回"，而是小说中唐僧师徒所经历的第"八十一难"。这一难，在小说的第九十九回。

胡适改作的题目是"《西游记》的第八十一难"。

因为这件事毛泽东只是"听说"，胡适的改文他也"未看"，所以有些话说得不准确不足为怪。

胡适关于古典章回小说的"学术考证"，集中体现在《中国章回小说考证》一书中。

《中国章回小说考证》原由实业印书馆于1942年出版。该书收录了1920至1927年间亚东图书馆出版的胡适撰著的章回小说考证或序文，即关

于《水浒传》《水浒续集》《红楼梦》《西游记》《三国志演义》《三侠五义》《官场现形记》《儿女英雄传》《海上花列传》《镜花缘》等十种通俗小说的研究文章。该书可说汇集了胡适通俗小说研究的大多数重要成果，问世后颇受文化学术界和读者欢迎。上述各文也曾经分别收入《胡适文存》（初集、二集、三集）与《胡适论学近著》。

看来，毛泽东是知道《胡适文存》的。

《中国章回小说考证》中关于《西游记》的考证文章，只收入两篇：

一篇是胡适作于1923年2月4日的《〈西游记〉考证》。

另一篇是附录，是董作宾写于1923年2月5日的《读〈西游记考证〉》，意在为胡适的《〈西游记〉考证》补充材料。胡适为此写了两篇《后记》，感谢董作宾的"厚意和助力"。

胡适《〈西游记〉的第八十一难》一文没有收入《胡适文存》，而是收入了商务印书馆1925年12月出版的《胡适论学近著》第一集。近年来，江西教育出版社出版的《经典丛话·西游故事》和辽海出版社出版的《鲁迅、胡适等解读〈西游记〉》两书，都收有该文。

《西游记》第九十九回是《九九数完魔灭尽 三三行满道归根》，而胡适改后的回目是《观音点簿添一难 唐僧割肉度群魔》。胡适在小序中说：

> 十年前我曾对鲁迅先生说起《西游记》的第八十一难（九十九回）未免太寒伧了，应该大大的改作，才衬得住一部大书。我虽有此心，终无此闲暇，所以十年过去了，这件改作《西游记》的事终未实现。前几天，偶然高兴，写了这一篇，把《西游记》的第八十一难，完全改作过了。自第九十九回"菩萨将难簿目过了一遍"起，到第一百回"却说八大金刚使第二阵香风，把他四众，不一日，送至东土"为止，中间足足改换了六千多字。因为《学文月刊》的朋友们要稿子，就请他们把这篇"伪书"发表了。现在收在这里，请爱读《西游记》的人批评指教。
>
> 二十三，七，一，胡适记。

民国二十三年即1934年，前推10年即1924年。也就是说，胡适"有心"改作第八十一难，把最初的动议说与鲁迅时，是在1924年的某一个时间。

胡适为什么"改作"第八十一难？从小序中看，起因很简单：这位大学者认为吴承恩的第九十九回"太寒伧"，衬不住《西游记》这部大书，因此要"大大的改作"。这改作的原因,主要是在于小说艺术方面,即艺术的结构。胡适那意思,是说吴承恩小说的倒数第二回不是"压轴戏",压不住场,要推倒重来。这说的也不是外行话,因为胡适不仅是考据家,而且也作过小说。1920年年底以后一段时间,毛泽东等人在长沙办文化书社,就曾经销售过《胡适短篇小说》《胡适尝试集》(白话诗集)等胡适的文学作品。

　　胡适"改作"得到底怎样?比较一下吴承恩的原文和胡适的改文,也就清楚了。

　　先看原文。九十九回说观音菩萨将唐僧"灾难的簿子"即"难簿目"看了一遍,上面只记八十难,急传法旨给护送唐僧师徒回东土的八大金刚:"佛门中'九九'归真。圣僧受过八十难,还少一难,不得完成此数。"八大金刚领旨,将唐僧等人抛降通天河西岸,当年驮唐僧渡河的白头老鼋,又来济渡,可靠近东岸时,因老鼋询问"归着之事",唐僧在佛祖如来处意只在取经,"专心拜佛",把老鼋所托之事给忘了,老鼋一翻身将四人"淬下水去"。幸得四人都已脱胎成道,不曾沉底,登上东岸。但经包、衣物却湿了。可是此时狂风大作,走石飞沙,风、雾、雷、闪等阴魔乘夜来夺经包,被唐僧、悟空等护住。天明,通天河东岸陈家庄庄户陈澄、陈清赶来将师徒四人接入庄内,感谢当年唐僧师徒救儿女之恩,好生款待。唐僧一行以为"道成事完",不便打搅,便乘庄人熟睡之机连夜离去。

▎玄奘秉诚建大会

如此看来，所谓"八十一难"，小说中"白鼋淬水，阴魔暗夺"八字即可概括。其"难"也是有惊无险，与前八十难的有些"难"的艰险程度不可同日而语。从这个侧面来说，胡适说此回"太寒伧"，即分量太轻，也不是没有道理。

但是，从思想寓意来说，本回是为"九九数完"的归结八十一难而设，"九九八十一难"之数并不是毫无意义的随意拼合。"九"的数象图案在易学、道学、佛学中的意义可谓大同小异，核心之点就是喻多，喻至最高境界，喻功德圆满。"八十一"为九九之积，主要言其数目之多，寓意唐僧所经历的灾难之多。"九九"不但表示数目之多，并且含有合天道的玄理。《西游记》第九十九回的回目叫"九九数完魔灭尽，三三行满道归根"，吴承恩用含有佛门禅机的数字"九九"、"三三"来表示唐僧灾难的"数完"和功德的"行满"，使小说具有浓厚的宗教色彩，表达了作者的佛教观，可谓用心十分良苦。至于胡适说其衬不住一部大书，则可讨论。

再看胡适的改文。起首也是观音菩萨看了唐僧的"灾难簿子"，说了"九九归真"等语，降法旨命八大金刚"还生一难"。众金刚闻命，将师徒四人降落在婆罗涅斯国的殑伽河边的"三兽窣堵波"旁，即"三兽塔"旁。这本是佛祖如来在过去劫初修菩萨行时烧身供养天帝释之处。唐僧意外到此佛教圣地，心里高兴，决心乘月夜扫塔，并给徒弟讲

金㠂王

了《杂宝藏经》中的如来故事：劫初之时，如来投生为白兔，两个同伴为一狐一猿。天帝释化作病重老人来试验他们的修行功夫。狐献鱼，猿献果，救助老人。白兔无以奉献，投火自焚，舍身救人。完成最完满的"真菩萨行"。天竺国人为纪念这个烧身玉兔而建塔，就是"三兽窣堵波"。唐僧讲完故事扫完塔，命三个徒弟下塔看守经卷，自己在塔上"打一回坐，定一定心"。不想入定后却做了一梦：西行路上被打死的成千上万的妖魔鬼怪从四面八方齐喊："唐僧还我命来！"

唐僧在半空中看了那几万个哀号的鬼魂，听了那惨惨凄凄的哭声，他的恐惧之心已完全化作慈悲不忍之心。他想到今天说过的白兔舍身的故事，想到佛家"无量慈悲"的教训，想到此身本是四大偶然和合，原无足系念。他主意已定，便自定心神，在石磴上举起双手，要大众鬼魂安静下来。

唐僧徐徐开言道："列位朋友！贫僧上西天求经，一路上听得纷纷传说：'吃得唐僧一块肉，可以延寿长生。'非是贫僧舍不得这副臭皮囊：一来，贫僧实不敢相信这几根骨头，一包血肉，会真个有延年长命的神效；二来，贫僧奉命求经，经未求得，不敢轻易舍生。如今贫僧已求得大乘经典，有小徒三人可以赍送回大唐流布。今天难得列位朋友全在此地，这一副臭皮囊既承列位见爱，自当布施大众。惟愿各山洞主，各地魔王，各路冤魂，受此微薄布施，均得早早脱离地狱苦厄，超升天界，同登极乐！"

唐僧将身上的肉一块块割下，送给众鬼神吃下，"心里只觉得快活，毫不觉得痛苦"。天亮之时，只听半空中一声喊："善哉！是真菩萨行！"唐僧醒来，原是一梦。身旁立着八大金刚，齐声向唐僧道喜，说道："恭贺圣僧一夜之中，了得西来公案，圆成九九劫数！一念无量慈悲，三千大千诸佛菩萨同声赞叹。可贺，可贺！"

胡适的改文，应该说比吴承恩的原文更有特色，更有寓意。

更有特色是其想象奇妙，神韵奇绝。"唐僧割肉"故事比"白鼋淬水"故事，更富于想象力，更有悲剧色彩，更有神话特质。与前八十难比较，故事情节不雷同，其艰险程度有过之而无不及，把西游故事中的矛盾发展推向了高潮。

更有寓意是其思虑周密，思想深邃。"白鼋淬水"故事给人印象只是填够八十一难，思想显得苍白，未给作为佛门虔诚教徒唐僧的形象以丰采，相反，忘记白鼋所托之事，倒有损唐三藏功德圆满的圣僧形象。而"唐僧割肉度群魔"故事，以"白兔舍身"为导引，层层深入导出佛家"无量慈悲"的大道理，唐僧不仅自己功德圆满，而且勇于舍身度人，使"群魔"亡灵得到超度，"早早脱离地狱苦厄，超升天界，同登极乐"！

从小说结构周密、情节发展、形象丰满、思想深刻的角度说，胡适的《〈西游记〉的八十一难》确有可取之处。但是这种改写古人作品的事，往往只是续改者的一厢情愿，很难得到读者和社会认可。胡适自己的行为就可证明此点，改文出现七十年了，尽管改得有些道理，也没有任何一种版本的《西游记》将其顶替第九十九回。况且，即使是中国古典小说名著，也大都存在"前紧后松"的现象，结末的情节衬不住一部大书。《红楼梦》后四十回的故事比前八十回逊色多了，《三国演义》诸葛亮死后的故事已无精彩可言，《水浒传》梁山英雄排座次以后的故事使读者提不起精神，这几乎可说是共识。胡适的改作之于《西游记》的意义，充其量只能是一种以文学作品形式出现的"文本考证"而已。想以此"衬得住一部大书"，也只是胡适的主观愿望罢了。吴承恩的《西游记》作为古典小说文本，永远定格在他生活的那个历史空间，任何改作都是后人的认识和文字技巧，已不再是《西游记》的组成部分。

毛泽东在谈话中，还提到胡适改作《西游记》第八十一难的学术（党派）立场，提到一代文豪鲁迅和郭沫若。历史真是巧得很，当年胡适动议改作八十一难，就是首先与鲁迅商量的。毛泽东却在鲁迅与胡适的比较中，对胡适的考据有非难之语，批评其得不到群众拥护，考据的用意"无非是说共产党没有学术考证"。毛泽东此次谈话，原是漫谈，对胡适的学术（党派）立场的评价，大概不是只就《〈西游记〉的八十一难》一文来讲的，而是就胡适某个历史阶段（比如胡适为蒋介石政治集团任"驻美大使"时期）来说的，他引用后来郭沫若的话就是证据。

单就胡适动议改作《西游记》八十一难的1924年前后的学术（党派）立场来看，那时胡适还是与共产党合作的"非革命民主派"。这个评价正是毛泽东本人作出的。1923年4月10日，《新时代》杂志创刊号发表了毛泽东撰著的《外力、军阀与革命》一文，其中写道：

> 把国内各派势力分析起来，不外三派：革命的民主派，非革命的民主派，反动派。革命的民主派主体当然是国民党，新兴的共产派是和国民党合作的。非革命的民主派，以前是进步党，进

步党散了,目前的嫡派只有研究系。胡适、黄炎培等新兴的知识阶级派和聂云台、穆藕初等新兴的商人派也属于这派。反动派的范围最广,包括直、奉、皖三派(目前奉、皖虽和国民党合作,但这是不能久的,他们终久是最反动的东西)。三派之中,前二派在稍后的一个期内是会要合作的,因为反动势力来得太大了,研究系、知识派和商人派都会暂放弃他们非革命的主张去和革命的国民党合作,如同共产党暂放弃他们最急进的主张,和较急进的国民党合作一样。所以以后中国政治的形势将成为下式:一方最急进的共产派和缓进的研究系、知识派、商人派都为了推倒共同敌人和国民党合作,成为一个大的民主派;一方就是反动的军阀派。中国政治的结局是民主派战胜军阀派……(《毛泽东文集》第一卷,人民出版社1993年12月版,第10—11页)

1923年,胡适等民主派(知识派)的政治立场与共产党一样,都是"为了推倒共同敌人和国民党合作",那时三派是"一个大的民主派",并不存在党派立场(包括学术立场)的互相敌视。至于国民党叛变革命成为新军阀,胡适重整新月社,主张"全盘西化",政治立场上趋向与共产党对立,那是1927年"四一二"反革命事变乃至更为靠后的事情。

真是世事沧桑,变化多端。毛泽东晚年漫谈胡适考据《西游记》,改作八十一难,给予我们多少话语空间。这件事至少表明,暮年的毛泽东在身负重任、年老多病的状况下,思绪仍然常常徘徊在学术大师之间,保持着浓厚的学术兴趣,对考证《西游记》一类话题不绝于口。

要看到唐僧师徒的坚强信仰

> 谈到《西游记》，毛泽东说："要看到唐僧师徒的坚强信仰。唐僧、孙悟空、猪八戒、沙和尚，他们一起上西天去取经，虽然中途闹了点不团结，但是经过互相帮助，团结起来，终于克服了艰难险阻，战胜了妖魔鬼怪，到达了西天，取来了经，成了佛。"
>
> 薄一波：《毛泽东二三事》，《中国出了个毛泽东》，解放军出版社1991年4月版，第230页

侯波是毛泽东身边的摄影师，常随从毛泽东巡视外出。

1953年底，毛泽东第一次到杭州，一住两个多月，说是休假，其实是带人在那里起草中华人民共和国第一部宪法。

这次杭州之行，随员中也有侯波。

工作之余，毛泽东喜欢带着随从人员爬山。杭州西湖岸边有的是山，又不太高，很适合锻炼身体。爬山途中，毛泽东好说古论今，尤其好谈古典小说。

有一次，爬五云山。毛泽东谈完《红楼梦》，又接着谈《西游记》。侯波在回忆录中写道：

> 他还给我讲《西游记》，说唐僧、孙悟空、猪八戒、沙和尚，一块去西天取经，中途发生了矛盾，闹不团结，但经过互相帮助，战胜了妖精鬼怪，到了西天，取回了经，成了佛。说我们革命不怕有不同意见，只要大家朝着一个目标，团结一致，目的就一定能达到。这些话，现在看来可能是指高、饶问题说的。可我当时不知道，只是"嗯、嗯"地答应着，心想，旧小说里还有这么些大道理，怪新鲜的。（侯波：《毛泽东身边二三事》，《毛泽东与浙江》，中共党史出版社1993年11月版，第132页）

1960年12月初,毛泽东与薄一波也说过类似的话。

一天,毛泽东和薄一波在颐年堂谈话,谈起了中国历史上的著名小说。谈到《西游记》,毛泽东说:

> 要看到唐僧师徒的坚强信仰。唐僧、孙悟空、猪八戒、沙和尚,他们一起上西天去取经,虽然中途闹了点不团结,但是经过互相帮助,团结起来,终于克服了艰难险阻,战胜了妖魔鬼怪,到达了西天,取来了经,成了佛。这里主要讲的是不要怕有不同意见,不要怕有争论,只要朝着一个目标,团结一致,坚持奋斗,最后总是会成功的。(薄一波:《毛泽东二三事》,《中国出了个毛泽东》,解放军出版社1991年4月版,第230页)

毛毛泽东这两次谈话讲到的西游故事大同小异,思想主旨大体一致,所针对都是如何对待党内意见分歧,争取全党团结的问题。

这两次谈话的时间段是从1953年到1960年。侯波回忆时猜测"这些话,现在看来可能是指高、饶问题说的。"此其间,除了"高、饶问题"外,党内决策层还发生了"反冒进"与"反反冒进"(1955)、"反'左'倾"与"反右倾"(1959)、"三年困难"是"天灾"还是"人祸"(1959—1961)的矛盾、分歧和斗争。那时,社

唐僧

会主义事业才刚刚起步，建设中的许多新问题还处于探索阶段，党内及决策层出现意见分歧是正常的。

今天看来，在处理这些党内重大分歧的过程中，有经验亦有教训，付出了学费和代价。但毛泽东在处理党内矛盾时，始终贯彻一个指导方针，那就是"团结胜利"的原则。

早在全面抗战的初期，毛泽东就明确提出："只有经过共产党的团结，才能达到全阶级和全民族的团结，

▎径回东土

只有经过全阶级全民族的团结，才能战胜敌人，完成民族和民主革命的任务。"（毛泽东：《为争取千百万群众进入抗日民族统一战线而斗争》（一九三七年五月八日），《毛泽东选集》第一卷，人民出版社1991年7月版，第278页）

到了抗日战争接近胜利的党的第七次全国代表大会上，这个思想正式形成了党的团结胜利路线。毛泽东在"七大"会议上提出："我们大会的方针是什么呢？应该是：团结一致，争取胜利。简单讲，就是一个团结，一个胜利。胜利是指我们的目标，团结是指我们的阵线，我们的队伍。"（毛泽东：《中国共产党第七次全国代表大会的工作方针》（一九四五年四月二十一日），《毛泽东文集》第三卷，人民出版社1996年8月版，第287页）

即使到了社会主义建设时期，我们党仍然保持和发扬着这个光荣传统。1956年召开党的"八大"会议，毛泽东在阐述大会选举方针时，忆往鉴今，很感慨地指出："我们这次大会跟七大有相同的性质。那一次，为了革命在全国的胜利，我们开了一个团结的大会。那一次对政治问题的解决、对党内历史问题的解决，那一次的选举，达到了团结全党、使革命在全国胜利

的目的。"(毛泽东:《关于第八届中央委员会的选举问题》(一九五六年九月十日),《毛泽东文集》第七卷,人民出版社1999年6月版,第100页)

在处理具体的党内分歧时,毛泽东也注意最终达到增强团结取得胜利的目的。如在"高、饶问题"之时,1954年2月,就是根据毛泽东的建议,在北京召开了七届四中全会,讨论并一致通过了《关于增强党的团结的决议》。毛泽东在修改《决议草案》时,郑重地加上了"党的团结的利益高于一切,因此应当把维护和巩固党的团结作为指导自己言论和行动的标准""党的中央委员会和省(市)委员会以上的负责干部和武装部队的高级负责干部的团结,尤其是决定革命胜利的最主要的关键"。

再如在"三年困难"时期,面对严重的党内关于困难是"天灾"还是"人祸"的思想分歧,毛泽东主张充分发扬党内民主,以达到统一思想,团结同志,战胜困难,振兴事业的目的。他在七千人大会上说:"有些同志还没有民主集中制的思想,现在就要开始建立这个思想,开始认识这个问题。我们充分地发扬了民主,就能把党内、党外广大群众的积极性调动起来,就能使占总人口百分之九十五以上的人民大众团结起来。做到了这些,我们的工作就会越做越好,我们遇到的困难就会较快地得到克服,我们事业的发展就会顺利得多。"(毛泽东:《在扩大的中央工作会议上的讲话》(一九六一年一月三十日),《毛

▎唐僧的三个徒弟和白龙马

泽东文集》第八卷，人民出版社1999年6月版，第311页）

任何集团，无论是唐僧师徒这样的宗教集团，还是共产党这样的政治集团，由于其成员的政治视野、思想水平、修养程度、实践经验的差异，队伍内部总会产生矛盾，产生不同意见。西行路上，白虎岭尸魔白骨夫人一变化，唐僧说她是好人，以之为友，孙悟空火眼金睛识她为妖精，以之为敌。取经队伍在决策层和主力部队之间发生严重意见分歧，行动方针南辕北辙，恼得唐长老念紧箍儿咒，气得孙行者回花果山。多么触目惊心：取经队伍分裂了！

因此，"不要怕有不同意见，不要怕争论"，要在互相帮助中团结起来共同战胜困难和敌人，最后总能取得事业成功。唐僧集团虽然暂时各奔东西，可后来在小白龙、猪八戒的撺掇下，接回了被赶离队的孙大圣，救出了被黄袍怪擒拿的唐长老，师徒重归于好，又西行上路去取经了。

当然，能否团结关键在于有没有共同的思想基础，有没有共同的奋斗目标。古人曰："道不同不相为谋。"也是讲的这个道理。西行路上唐僧师徒之所以分而能合，散而能聚，是因为他们是"朝着一个目标"前进的，是因为他们有誓到西天取来真经的"坚定信仰"！信仰产生信念，信仰产生信心，"坚定信仰"是分散主义、分裂主义的克星，是团结对敌、齐心胜敌的原动力！

摄影的侯波听了毛泽东讲述西游故事，只觉得旧小说里这些大道理"怪新鲜的"；身在其中、受过磨难的政治家薄一波更能体会毛泽东的用意。化解矛盾团结起，携手并肩胜强敌。四个人的小队伍是这样，成千累万的大部队何尝不是如此？这虽然是神话，可寓意却普遍适用。

抗大教育方针与唐僧师徒优缺点

> 唐僧这个人,一心一意去西天取经,遭受了九九八十一难,百折不回,他的方向是坚定不移的。但他也有缺点:麻痹,警惕性不高,敌人换个花样就不认识了。猪八戒有许多缺点,但有一个优点,就是艰苦。臭柿胡同就是他拱开的。孙猴子很灵活,很机动,但他最大的缺点是方向不坚定,三心二意……
>
> 牛克伦:《熔炉》,《回忆毛主席》,人民文学出版社1977年9月版,第245—246页

"坚定正确的政治方向,艰苦朴素的工作作风,灵活机动的战略战术。"许多人都知道,这是在抗日战争初期,毛泽东为抗日军政大学制定的校风。但是,许多人并不知道,毛泽东曾经以《西游记》中唐僧师徒的优缺点为比喻,深入浅出引人入胜地阐述过"抗大校风"。

那是1938年的春天。经过半年多学习和锻炼,抗大第三期学员就要结业了。考试、鉴定都已做过了,由学员大队女同志提议发动的爱护母校的劝募运动正在开展,部分提前分配工作的同志已经整装待发……一切都已经准备停当,只要一声令下,便可以奔赴前方。但是,人们心里都还有一件事放不下。在毕业的时候,毛泽东主席会不会再来给学员讲话?

这一期,毛泽东虽然没有亲自给学员们讲课,只作过关于持久战问题的专题讲演,但平时,当学员们在北门外山坡上演习的时候,也常见到毛泽东在菜地上,拿着水瓢浇菜;当学员夜间站岗时,常常看到全城灯火都已熄灭,而毛泽东办公的那孔窑洞却总是闪耀着亮光。这些,都使学员们得到深刻的教育,增添了斗争的勇气和力量。现在就要离开母校,离开延安,奔赴敌后了,谁不希望再见见毛泽东主席,再聆听一次他的教诲呢!

毛泽东好像知道学员们的心思,正当他们各方猜测、四处打听的时候,

消息传来:毛泽东主席要来讲话了。

四月初,一个晴朗的上午,毛泽东在城外一个傍山的广场里接见了抗大全校两千多人。毛泽东的讲话是从第三期学员毕业谈起的。他微笑着说:你们到抗大来学习,有三个阶段,要上三课:从西安到延安,八百里,这是第一课;在学校里住窑洞,吃小米,出操上课,这算第二课;现在第二课上完了,但是最重要的还是第三课,这便是到斗争中去学习。毛泽东为学

九九数完魔灭尽

员们仔细讲解了在斗争中学习、向实际学习的重要,接着又谈到了敌后各战场的斗争形势。

最后,毛泽东又要求学员们努力学习和掌握:坚定正确的政治方向,艰苦朴素的工作作风,灵活机动的战略战术。

毛泽东对这三条指示作了具体的阐述。他引用古典小说《西游记》中的人物作譬喻说:

> 唐僧这个人,一心一意去西天取经,遭受了九九八十一难,百折不回,他的方向是坚定不移的。但他也有缺点:麻痹,警惕性不高,敌人换个花样就不认识了。猪八戒有许多缺点,但有一个优点,就是艰苦。臭柿胡同就是他拱开的。孙猴子很灵活,很机动,但他最大的缺点是方向不坚定,三心二意……

毛主席还特地提到了那匹白马,说:

你们别小看了那匹小白龙马,它不图名,不为利,埋头苦干,把唐僧驮到西天,把经取了回来,这是一种朴素、踏实的作风,是值得我们取法的。(牛克伦:《熔炉》,《回忆毛主席》,人民文学出版社1977年9月版,第245—246页)

毛泽东的话不时引起全场的掌声、笑声,给学员们留下了难忘的印象。

抗大第三期的学员们听过毛泽东的报告,带着毛泽东的指示,走出了抗大这个伟大时代的革命熔炉,奔向敌后各个战场,开始了向斗争中学习、在斗争中锻炼的新的历程。

在这次讲话以后,抗大便将这三句话确定为全校的教育方针。这三条加上校训"团结、紧张、严肃、活泼"八个字,成为抗大的传统作风。1939年5月26日。毛泽东在《抗大三周年纪念》一文中指出:"抗大的教育方针是:坚定正确的政治方向,艰苦朴素的工作作风,灵活机动的战略战术。"这是抗日军政大学全体职员、教员和学员从事教育和学习的根本指导方针。毛泽东指出:"这三者是造成一个抗日的革命的军人所不可缺少的。"

从1938年年初到1939年5月,毛泽东在抗大的演说或讲话中对"抗大的教育方针"曾多次强调,

玄奘秉诚建大会　观音显像化金蝉

并作了科学论述：

坚定正确的政治方向。革命者不但要有正确的政治方向，而且这个方向还应该是坚定不移的。其基本内容是：用马克思主义的世界观与方法论，充分认识中国半殖民地半封建社会的性质，坚持反帝、反封建，实行社会主义革命的总方向；坚持全中华民族抗日救国的宗旨，深刻认识为什么要打日本、怎么样打日本和为什么日本帝国主义一定能打倒的道理，树立民族革命战争必胜的信心；认真贯彻党的总路线总政策，深入发动全国民众团结抗战，坚持持久战，坚持统一战线和全面抗战方针；要有坚定的革命意志，在强敌进攻、天灾人祸等困难面前，不怕牺牲，不当逃兵，不当汉奸，永不动摇，等等。坚定正确的政治方向，是中国共产党及其领导下的人民军队斗争历史经验的科学总结，它既是抗日军政大学的教育方针，也是全军和全国人民战胜日本帝国主义的政治准则和根本指导方针。

艰苦朴素的工作作风。基本含义是：共产党人和人民军队，必须理论联系实际，不仅会说，而且要做，有勇于实践的求实作风；善于吃苦耐劳，艰苦奋斗，不怕挫折，有敢于向一切困难做坚决斗争的作风；在强敌面前，不怕流血牺牲，英勇善战，战略上藐视敌人，战术上重视敌人，有敢于胜利的作风；坦白、诚实、敢讲真话，敢于向一切不良倾向做斗争，有自觉服从党和人民的利益的作风；不为名，不为利，不贪污，不腐化，生活简朴，反对自私自利，保持共产党人廉洁奉公的作风；有自觉的组织纪律，讲团结，讲友爱，谦虚谨慎，不骄不躁，永远和人民群众保持密切联系的作风。

灵活机动的战略战术。一切从实际出发，实行灵活机动的战略战术，是毛泽东军事思想的活的灵魂，是中国共产党人战争实践活动的主要特点，是人民军队战争经验的科学总结。它是围绕人民军队具有高度政治觉悟，官兵之间相互了解与团结，并与广大人民群众相结合，在人民战争基础上创造出来的唯物主义的用兵方法。其核心思想是，必须根据敌我双方的实际情况，找出其行动规律，并应用这些规律于自己的行动。即灵活地使用兵力，灵活地确定和变换战略战术。

毛泽东对抗大学员们说："你们在这里要学到坚定正确的政治方向，艰苦奋斗的工作作风，加上灵活的战略战术。有了这三样东西，我们便能够最后战败敌人。"

一般来说，"抗大教育方针"也就是干巴巴的那么几条原则。可是，到了毛泽东的嘴里，就变成活脱脱、水灵灵、光鲜鲜的东西。抗日战争要战胜日本侵略者、汉奸卖国贼、反动顽固派这些妖魔鬼怪，就要拿起正确方向、优良作风和灵活战术这些"法宝"。毛泽东从《西游记》中请出唐僧师徒，用他们的优缺点作比喻，可知可感、可触可摸地让抗大学员懂得这几件"法宝"的灵光和神威。

说到方向坚定，你看唐三藏那西行的决心、取经的意志、跋山涉水的毅力，多么坚决，多么坚定，多么坚挺，终于到得西天，取来真经，而大徒弟孙猴子虽然勇猛强悍，却三心二意，中途两次跑回花果山。方向不明确怎么得了，明确了不坚定也难达目的。

说到作风优良，你看猪二哥，担沉负重，拱臭蹚秽，登梯下井，下脚活、低贱差，干了不少，你再看白龙马，蹚水爬坡，脚踏实地，驮人载物，埋头苦干。西行路上，披荆斩棘，筚路蓝缕，多少艰难困苦，靠这种作风硬挺过去了！

说到战术灵活，你看孙大圣火眼金睛，七十二般变化，一着不成再来一着，一计不行又生一计，地涌夫人着着失策，铁扇公主连连上当。一路之上，妖凶魔狠，鬼诡怪乖，可就是斗不过"很灵活，很机动"的猴头。正是凭此，"八十一难"化险为夷，如履平川。

抗大学员们听了这样的演讲，怎能不记忆牢固烙印深刻？怎能不欢欣鼓舞群情振奋？

毛泽东所规定的"抗大教育方针"，所进行的妙语连珠的演讲，所生发的贴切自然的比喻，在抗大学员中产生了不可估量的精神激励作用。

抗大师生遵照毛泽东的指示，一面学习，一面生产，实行教育与生产劳动相结合。抗大学员入学的第一课，是扛着镢头上山开荒种地，抡起镐头挖窑洞建校舍。抗大创建之时，没有校舍，没有教学设施，教材、教员也很缺乏。衣食住行都很困难。但是大家豪迈地说："雪山、草地、腊子口，穿着草鞋照样走，这点困难怕什么！"这些经过长征的干部、学员打着赤脚，卷着衣袖，清马厩、修旧庙为宿舍。食堂是最"新式"的建筑，梁柱是木头的，顶棚是蒿草的，墙壁是秫秸的，饭桌椅子是土块砌的。在最艰苦的时候，学习用品也是自制的，用子弹壳或木棒做蘸水笔，熏烟做墨，桦树皮做纸。毛泽东写信鼓励说，在共产党和红军面前，一切普通所谓困难是不存在的，最严重的困难也能克服，红军在世界上是无敌的。

抗大师生还遵照毛泽东"从战争中学习战争"的教导，不仅在延安窑洞里学，而且在硝烟弥漫的战场上学。抗大经常组织学员到斗争最前线去学习和锻炼，到群众斗争的大风大浪中去见世面。1938年年底，在毛泽东的"抗大抗大，越抗越大"的号召下，抗大根据党中央决定，派出一部分同志，奔赴晋察冀和晋东南。接着总校也于1939年7月，分批离开延安挺进到敌后办校。在敌后办校过程中，学员、干部在对日寇、伪军和国民党反动派的错综复杂的斗争中，进一步坚定了无产阶级立场，迅速成长起来。无论派出武工队深入敌后，发动群众，袭击敌人，还是帮助地方空室清野，参加群众减租减息斗争，抗大学员都把尖锐复杂的斗争当作最好的课程。

西行路上的唐僧师徒，通过毛泽东的介绍，有幸成为抗大学员的学习样板，成为"抗大教育方针"的示范，岂不幸哉！

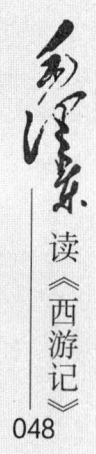

唐僧师徒的党性与个性

> 唐僧取经，经过九九八十一难才回来，……讲他们的个性也是典型。唐僧、孙猴子、猪八戒、沙僧，他们的个性各个不同。他们那个集团的党性，就是信佛教。
>
> 陈晋：《毛泽东之魂》，吉林人民出版社1993年10月版，第72—73页

在《西游记》的解读史上，还没有谁把唐僧师徒作为政治党派、宗教团体来看待，从中去发现团体成员的个性差异，以及维系团体向心力和凝聚力，使其成功履行使命的要素和条件。

毛泽东以其犀利的目光看到了这一点。

那是在中共党史上最为著名的第七次全国代表大会上。

此前，国民党的一些右翼理论家、宣传家和无党派自由主义者、无政府主义者，攻击共产党的一条口实就是"束缚自由，扼杀个性"，或者说共产党人"没有独立人格，没有个性"。

1945年5月31日，毛泽东在七大会议作"结论"报告。在谈党内若干思想政策问题时，他谈到党性与个性的关系。显然，这是针对共产党扼杀个性、没有个性的无稽之谈而言的。毛泽东说：

> 唐僧取经，经过九九八十一难才回来，……讲他们的个性也是典型。唐僧、孙猴子、猪八戒、沙僧，他们的个性各个不同，他们那个集团的党性，就是信佛教。（陈晋：《毛泽东之魂》，吉林人民出版社1993年10月版，第72—73页）

所谓党性和个性，是政治哲学的概念。它们是哲学上共性和个性概念的派生物。共性指不同事物的共同性，个性指各个事物的特殊性。共性存在于

个性之中，个性表现并丰富共性。比如，所有共产党员都要承认党的纲领，贯彻党的宗旨，执行党的纪律，这是他们的共性，也就是党性。但是，每个党员在实践党的纲领、宗旨、纪律时，又表现出不同的形式、内容和特征，这是他们的个性。一切事物，总是既包含共性，又包含个性。共产党人承认所有党员的共同性，即全党的党性，同时也绝不否认每个党员所表现出的差别性，即党员的个性。

▎陷虎穴金星解厄　双叉岭伯钦留僧

唐僧师徒作为一个宗教集团，既有共同特征，即他们的党性；又有每个成员表现出来的差别性，即集团成员的个性。

先说这个集团的"党性"。毛泽东明确说是"信佛教"。真是一语中的。这个集团是为着什么目的组织起来的？是因为佛祖如来看到"那南赡部洲者，贪淫乐祸，多杀多争"，所以派观音菩萨"去东土寻一个善信，教他苦历千山，询经万水，到我处求取真经，永传东土，劝众生化，却乃是个山大的福缘，海深的善庆"（第八回）。也就是说，西行取经集团是如来佛祖为了解救东土民众出苦海，而派人寻找"善信"领头组织起来的。这个集团从其领袖唐僧到每个普通成员，都自称"出家人"或"取经人"，对自己队伍的性质有自觉的、明确的认知和界定,他们的旗帜和纲领上明确写着"佛教"两个大字。这个微型宗教集团以佛教教义作为自己的行为准则,尤以普度众生为其旨归,一事当前,唐僧不是口念"阿弥陀佛",就是唱"出家人慈悲为怀"的调子,通天河解救童男童女,凤仙郡求雨抗旱除灾,都体现了这个宗旨。最终,唐僧一伙人人成佛。如来加升唐僧为"旃檀功德佛",加升孙悟空为"斗战胜佛",加升猪八戒为"净坛使者",加升沙和尚为"金身罗汉",加升白龙马为"八部天龙"(第一百回)。总之,投身沙门,诚敬迦持,皈依佛法,信奉佛教,历经劫难,求取真经,终成正果,就是西行取经集团的党性。

再说这个集团成员的个性。毛泽东说唐僧师徒的个性,一曰"也是典型",二曰"各个不同"。怎样典型,怎样不同,毛泽东没有细说。唐僧等人的个性,可以体现在多方面,出身的、心理的、修炼程度的、行事方式的,等等。但是,我们细读毛泽东这段话,不难品出,他所指的唐僧师徒的典型个性,还是就取经过程中表现出的差异性而言的。信仰佛教并为之奋斗,这是师徒四众的共性。但是这个共性内容是丰富的,它融合了每个人的不同表现:

唐僧是这个集团的主脑,西天取经他是坚定不移的。许之以高官,诱之以美色,迫之以烹煮,加之山高路远,妖凶魔狠,都不能动摇他西行取

玄奘取经

经的意志。没有他，这个队伍组织不起来，组织起来也到不了西天。但是，唐僧眼不尖、耳不灵。眼不尖看不清谁是妖魔，谁是好人；耳不灵听不明哪是正确意见，哪是打小报告扯老婆舌。这使他纵然有惩恶扬善之心，但好犯教条主义错误，一弄就把妖怪当好人，把谎话当真言。他还有个弱点，或是突然遇精魔，或是猛然遭事变，不是乱颤筛糠，就是一筹莫展。

孙猴子个性鲜明，他是这个集团的战斗骨干，是西行路上百战百胜的主力部队。总体上说，他忠诚于取经事业，护保圣僧尽心尽力，降妖除怪每战必临，斗勇不惧一切，斗力横扫千军，斗智则玩妖怪于股掌之上。对佛教教义，一般能够奉行，也不做坏事恶事。但他不搞教条主义，如对妖魔鬼怪害人虫，他就毫不手软，大开杀戒，唐僧劝阻也不听。对佛祖如来和观音尊者，知道其是佛教阵线的首领，遇到难题劲敌，常请他们排忧解难，但也时不时调侃、嘲讽，甚或责难、顶撞。若不是头上有"紧箍儿"，说不定他对这几个上司会怎么样。

猪八戒的个性有自己的特色，他说不上是主力队员，也说不上虔心向佛，他的入伙是被收降的，也就是被迫的。但西行队伍里少不了此人。他不是主力，但是助力。每次临敌，有时他与孙大圣、沙和尚同时上阵。有时猴王主攻，八戒助攻，配合也算默契。对敌斗争也还坚决，被抓被

唐三藏不忘本

捕，常常骂不绝口。偶尔出卖战友，也不是真心资敌，不过是玩弄小聪明坑人害己而已。平时负重挑担，牵马引路，化斋取饭，跋山涉水，也还勤快。偶或发点小牢骚，痛快痛快嘴，也无碍取经大局，而且牢骚发完，活也干完了。他的毛病主要表现在对内上，修习水平不高，佛心佛性短练。对佛教戒律，他从没有明着反对，但是暗中常常违规。除了口壮身慵，好吃懒做之外，就是顽心不改，色情未泯，出家后念念不忘高老庄的高翠兰且不论，更严重的是他见了女妖也凡心大动，色胆陡壮，不仅自己要成其好事，还要拉唐僧当"倒插门女婿"，暂时把取经置诸脑后。更有甚者，一遇挫折失败，就嚷嚷散伙。经不起风浪考验，经不住失败打击。需要别人拉一把，击一掌，才能挺起腰杆，鼓起信心。

沙和尚原来对"取经人"是敌视态度。他本是天庭的"卷帘大将"，只因在王母娘娘的蟠桃会上失手打碎玉玻璃盏的小错误，被谪贬下界到流沙河为妖，变成了"吃人精"。渡河西行的取经和尚多被他吃掉。他项下带着九个穿在一处的骷髅，就是做恶吃人的证据。可是，这样一位杀人不眨眼的妖怪，皈依唐僧后，一改昔日风貌，态度来个一百八十度大转弯，不拈轻，不怕重，不说咸，不扯淡，变成了默默耕耘、任劳任怨、忠厚善良的苦行僧。他唯法是求，唯师是尊，唯和是贵，唯正是尚，是这个集团的向心力，不像孙猴子那样爱出风头，不像猪呆子那样爱发牢骚，表现出高度的团队意识和集体精神，尽管在降妖捉怪中战功不多，但他在团结内部方面的作用不容低估。

唐、孙、猪、沙取经四众，并不因为他们有共同的"党性"，而淡化了他们的个性，事实恰恰相反，他们的个性是如此鲜明、如此丰富、如此典型。毛泽东选用这个典故，来阐述共产党提倡党性与个性统一的思想观点，确实找到了内容丰富、形象生动的活材料。

毛泽东在七大会议上讲党性与个性问题，他首先把党性与个性问题定义为"是普遍性与差别性的问题，集体与个人关系的问题"，前者是从哲学层面定义的，后者是从组织层面定义的。接着他分析了在当时中国社会具体的历史条件下，个性产生的经济基础和政治基础，认为"在我们党内，在我们解放区，人民有了比较充分的自由，有独立性和个性……在中国的封建制度下，广大人民也没有独立性和个性，原因是他们没有财产。独立性、个性、人格是一个意义的东西，这是财产所有权的产物。中国的地主阶级、资产阶级有财产所有权，他们使大批的人破产，使农民和小资产阶级破产，财产集中在他们手里，他们自己就有独立性、个性、自由，而广大人民丧失了财产所有权也就没有个性、独立性、自由，或者是削弱了。因此要恢复他们的个性，就要进行革命斗争，比如我们组织工会，在资本家的工厂里把工人组织起来，在解放区搞减租减息，建立人民的武装和政权，这就使人民有了个性、自由和人格"。

毛泽东的结论是个性的有无取决于财产的所有权，无产阶级和广大劳动人民只有通过斗争、通过社会变革才能解放个性、获得个性、发展个性。进而毛泽东论述了共产党员在获取个性方面与人民的一致性：

"至于我们党，它本来就是人民的一部分，当然不会使工人、知识分子、农民出身的党员没有人格。人民有人格，我们党也就有，人民都没有，我们党哪里会有呢？我们要向党员进行教育，使他们自觉，懂得社会上还有很多人没有人格，没有自由，要为他们的自由而奋斗。在我们党领导的解放区，不仅社会上的人都有人格、独立性和自由，而且在我们党的教育下，更发展了他们的人格、独立性和自由。这个问题，马克思在《共产党宣言》里讲得很清楚，他说：'每个人的自由发展是一切人的自由发展的条件。'不能设想每个人不能发展，而社会有发展，同样不能设想我们党有党性，而每个党员没有个性，都是木头，一百二十万党员就是一百二十万块木头。……什么都是一样的，那就不好了。其实人有各种各样的，只要他服从党纲、党章、党的决议，在这个大原则下，大家发挥能力就行了。讲清楚这一点，对于党的进步，对于全体党员积极性的发挥是会有好处的。"

对个性的作用，毛泽东也作了一分为二的分析。他把个性区分为两种：即创造性的个性和破坏性的个性。"创造性的个性是什么呢？比如模范工作者、特等射击手、发明家、能独立工作的干部，不但党外斗争有勇气，党内斗争也有勇气；盲目性少，不随声附和；搞清楚情况再举手，这就是创造性的个性，它同党性是完全一致的，完全统一的。另一种个性，是带破坏性的、个人主义的，把个人利益放在第一位……而一致的行动，一致的意见，集体主义，就是党性。我们要使许多自觉的个性集中起来，对一定的问题、一定的事情采取一致的行动、一致的意见，有统一的意志，这是我们的党性所要求的。"（《毛泽东文集》第三卷，第415—416页）

个性有创造和破坏两种作用，这个观点也可以被唐僧师徒的个性表现所验证。唐三藏的坚定佛教信仰，矢志西天取经；孙行者的敢斗敢胜，藐视困难，有我无敌；猪悟能的涉远担重，憨直幽默；沙悟净的不计名利，精诚团结：这些个性特征显然是创造性的、建设性的。另一方面，唐长老的目光迟钝，遇事惊慌，死守教条；孙大圣的目无尊长，个人英雄，无法无天；猪呆子的嘴勤身懒,寡人之疾,离心倾向;沙和尚的唯唯诺诺,没有棱角,晦气温暾:这些个性特征显然是陈旧的、破坏性的。当然,取经集团成员的两种个性,前者是主流,占主导地位,因此他们功德圆满,取回了真经。

毛泽东所以运用《西游记》唐僧师徒党性与个性的典故,来形象地阐明个性存在的客观性和两重性,当然有易于使人懂得、易于使人接受的考虑。但是,更为重要的原因,是这个问题不仅具有理论意义,而且具有实践意义。是因为有人攻击共产党"忽视和压制个性",而新民主主义革命必须包括解放与发展个性的内容。毛泽东对这个问题早就予以关注。

1944年8月,延安《解放日报》拟就一篇社论草稿,题目为"把新民主主义社会的基础建立在家庭里"。毛泽东在审阅修改这篇社论时,在给社长博古的信中写了这样一段话:"我在改文中加上了解放个性,这也是民主对封建革命必然包括的。有人说我们忽视或压制个性,这是不对的。被束缚的个性如不得解放,就没有民主主义,也没有社会主义。"(《毛泽东书信选集》,第239页)

1945年4月24日,毛泽东在七大作《论联合政府》的政治报告,其中讲道:"没有一个新民主主义的联合统一的国家,没有新民主主义的国家经济的发展,没有民族的科学的大众化的文化即新民主主义文化的发展,没有几万万人民的个性的解放和个性的发展,一句话,没有一个由共产党领导的新式的资产阶级性质的彻底的民主革命,要想在殖民地半殖民地的废墟上建立起社会主义社会来,那只是完全的空想。"(《毛泽东选集》第三卷,第1060页)

把解放和发展个性作为反封建革命的必然内容,这是五四精神的发扬,是新民主主义社会的应有之义,即实现新民主主义的政治、经济和文化的发展,完成整个新民主主义革命任务,必须以几万万人民个性的解放和发展为前提。毛泽东把解放"被束缚的个性"同民主主义尤其是社会主义的命运联系起来,这也就动态地、前瞻地、历史地解决了精神解放、思想解放同社会改造、社会进步的关系。

毛泽东曾经说过取经集团"是个小党"。党虽小,但全党有党性,党员有个性。毛泽东解读《西游记》,慧眼独具,发现了这个"小党"的秘密,恰到好处地用来说明了"我们党"的同类问题。虽然不可能是全面的类比,只是某一点上的取譬和参照,但已十分醒目了。

不要采取"鲤鱼精"的态度

> 毛主席在讲话中再次强调……不要像《西游记》中的鲤鱼精,吃了唐僧的经,打一下,吐一字。只有内力、外力合作,整风才会有成效。
>
> 胡乔木:《胡乔木回忆毛泽东》,人民出版社1995年5月版,第289—290页

共产党人的"延安整风",各级领导干部充分发扬批评和自我批评的精神,坦诚地承认自己以往工作中的缺点和错误,主动地承担造成损失和危害的责任,分清路线是非,总结经验教训,为其显著特色。可也有人思想僵化,固执错误,有责人之心,无查己之意,不作自我检查,或者迫于形势,勉强说点不痛不痒的问题。毛泽东把这称之为鲤鱼精吃经——打一下吐一字。

据胡乔木回忆:1943年10月6日,政治局召开扩大会议。毛泽东首先通报了书记处会议关于整风检查暂停,高级干部先行学习的决定。在讲话中,毛泽东肯定了9月的会有收获,许多以前未注意的问题引起了注意。接着,他回顾错误路线发展的历史,指出:

过去错误路线有一个大宗派在实行篡党,至遵义会议受到打击。遵义会议后这个集团分化了,但至六中全会前仍有些同志未改变立场。六中全会在政治路线上是克服了他们的错误,但未作结论,组织问题也没有提出,目的是希望他们慢慢觉悟。但到1941年5月我作《改造我们的学习》报告,竟毫无影响。6月后编了党书(即《六大以来》——引者)。党书一出,许多同志解除武装,故才能开前年的"九月会议"。这时,大家才承认路线错误。这一改变是很困难的,因为现在的中央是以王明、博古时代为基础的。六大选出的中央委员还有五个人,只有少奇同志和我是受他们反对的,其他是拥护王明、博古路线的。要改造中央,就非经过各种步骤,使大家觉悟成熟不可。六中全会时可以改造,但那时条件不成熟,犯错误的同志还

没认识自己的错误。1941年"九月会议"是改造的关键，否则我是不敢到中央党校去作整风报告的，审查干部也会很困难。另一关键是上月的会议与现在的学习。

毛泽东在讲话中再次强调：

斗争的性质是两条路线的斗争，错误路线以米夫、王明、博古为首。整风学习的目的是打碎两个宗派，教条宗派是头，经验宗派是脚。教条宗派是经验宗派的灵魂，故克服前者，后者再加马列，事情就差不多了。这些宗派也可以说无组织系统，但有思想方法、政治路线为纲领。我们打碎的方法，是改造思想，以马列为武器，批判自己，批判别人。书记处提议，在整风期间，凡参加学习者，人们希望各人扩大自己头脑中的马列根据地，缩小宗派的地盘。以灵魂与人相见，把一切不可告人之隐都坦白出来，不要像《西游记》中的鲤鱼精，吃了唐僧的经，打一下，吐一字。只有内力、外

群魔

力合作，整风才会有成效。(《胡乔木回忆毛泽东》，人民出版社 1995 年 5 月版，第 289—290 页)

《西游记》里闹大乱子的妖怪中，似乎没有鲤鱼精。出现在小说第四十九回，即在通天河里兴风作浪、金秋飘雪的那个"灵感大王"，是个金鱼精。可这个故事发生在唐僧去西天的路上，那时佛经还没有取回来，所以吴承恩不能写出鱼精"吃经书"的情节。唐僧取来真经已是小说结尾，只是再渡通天河时，白头老鼋作祟，将人、马、经包翻落水中，湿了经卷，唐僧等人只好放到石头上晾晒。但这也不是鱼精"吃经书"的故事。鱼精"吃经书"的故事，很可能出现在《西游记》续书中，或者出现在别的佛教故事中。

可是，毛泽东相信它在《西游记》中。1962 年 9 月一次会议上，当他谈到"惩前毖后，治病救人"时说：

> 但是，是非要搞清楚，不能吞吞吐吐，敲一下，吐一点，不能采取这样的态度。为什么和尚念经要敲木鱼？《西游记》里讲，取回的经被鲤鱼精吃光了，敲一下，吐一个字，就是这么来的。不要采取这种态度，和鲤鱼精一样，要好好想想。(王兴国：《毛泽东与佛教》，中国书籍出版社 1996 年 1 月版，第 208 页)

美国人 R. 特里尔是毛泽东生平的研究者和传记的作者，他在《毛泽东传》中也记下了这件事：1962 年，在一次会议上，毛泽东向大家发问：

> "和尚念经为什么要敲木鱼呢？"当时他正在重读《西游记》。原来，唐僧从印度西天佛国取来的真经被黑鱼精吞掉了，敲一下它才肯吐一字。毛泽东接着严肃地指出："我们的同志不要采取这种态度和黑鱼精一样。"([美] R. 特里尔：《毛泽东传》，河北人民出版社 1991 年 5 月版，第 362 页)

《西游记》中有"黑鱼精"，在小说第四十三回，吴承恩写道：

> 行者即驾云，径至西洋大海。按筋斗，捻了避水诀，分开波浪；正然走处，撞见一个黑鱼精捧着一个浑金的请书匣儿，从下流头似箭如梭钻将上来，被行者扑个满面，掣铁棒分顶一下，可怜就

打得脑浆迸出,腮骨查开,咕都的一声,飘出水面。他却揭开匣儿看处,里边有一张简帖……

原来,这黑鱼精本是黑水河妖鼍的信使,不过命短,撞上孙大圣的铁棒,一命归西。吃经、吐经,再没他的份。

这次毛泽东提到"和尚敲木鱼",当然这与鱼精"吐经"有关。不过这是神话传说,在佛教实践中,和尚为什么敲木鱼另有原因。

木鱼是一种佛教法器。木制,刳木为鱼形,中凿空洞,扣之作声。为圆形,刻有鱼鳞,诵经时叩之,以调音节。《百丈清规·法器章》:"相传云,鱼昼夜常醒,刻木象形,击之,所以惊昏惰也。"原来,这木鱼取"昼夜常醒"之意,诵经时敲叩,防止有口无心的和尚昏沉懒惰。

毛泽东两次讲"敲鱼吐经"的西游故事,都在于嘲讽挖苦没有真诚自我批评精神的领导者。给他们画像:像那个"敲一下,吐一字"的鲤(黑)鱼精。批评,尤其是自我批评,"把一切不可告人之隐都坦白出来",是要有相当党性修养的人才能自觉做到的。批评与自我批评的精神,是革命队伍靠自身力量纠正缺点错误,达到健康发展的内动力。共产党人是不怕批评的,无论是党的整

圣僧恨逐美猴王

体或者党员个人,都要自觉地实行批评和自我批评,才能防止和抵制各种错误思潮的影响和侵袭。没有批评和自我批评,一支队伍的生机也就没有了。

毛泽东两次讲"鱼精吐经"故事,都在于提倡认真的批评与自我批评,其背景都是共产党总结历史经验教训的重要时期。

1942年开始的延安整风,旨在给予党内历次路线斗争以总结,尤其是克服"左"倾教条主义错误。毛泽东1942年2月1日在中共中央党校开学典礼上的演讲中即强调:

> 我们反对主观主义、宗派主义、党八股,有两条宗旨是必须注意的:第一是"惩前毖后",第二是"治病救人"。对以前的错误一定要揭发,不讲情面,要以科学的态度来分析批判过去的坏东西,以便使后来的工作慎重些,做得好些。这就是"惩前毖后"的意思。但是我们揭发错误、批判缺点的目的,好像医生治病一样,完全是为了救人,而不是为了把人整死……对待思想上的毛病和政治上的毛病,决不能采用鲁莽的态度,必须采用"治病救人"的态度,才是正确有效的方法。(《整顿党的作风》,《毛泽东选集》第三卷,人民出版社1991年6月版,第827—828页)

二十年后的1962年,党和政府带领人民群众刚刚走出"三年困难时期"的困境,迎来了经济复苏和社会的再次安定,这时党中央召开中央扩大会议,有七千多人参加。这次会议发扬民主,畅所欲言,开展批评与自我批评,总结经验教训,以便调动党内党外各方面建设社会主义的积极性。毛泽东在会上特别强调发扬民主,诚恳作了自我批评:

> 有了错误,自己不讲,又怕群众讲。越怕,就越有鬼。我看不应当怕。有什么可怕的呢?我们的态度是:坚持真理,随时修正错误。
>
> 有了错误,一定要作自我批评,要让人家讲话,让人批评。去年六月十二号,在中央北京工作会议的最后一天,我讲了自己的缺点和错误。我说,请同志们传达到各省、各地方去。事后知道,许多地方没有传达。似乎我的错误就可以隐瞒,而且应当隐瞒。同志们,不能隐瞒。凡是中央犯的错误,直接的归我负责,间接的我也有份,因为我是中央主席。我不是要别人推卸责任,其他

一些同志也有责任,但是第一个负责的应当是我。

要发扬民主,要启发人家批评,要听人家的批评。自己要经得起批评。应当采取主动,首先作自我批评。有什么就检讨什么,一个钟头,顶多两个钟头,倾箱倒箧而出,无非是那么多。如果人家认为不够,请他提出来,如果说得对,我就接受。让人讲话,是采取主动好,还是被动好?当然是主动好。……总之,让人讲话,天不会塌下来,自己也不会垮台。不让人讲话呢?那就难免有一天要垮台。(《在扩大的中央工作会议上的讲话》,《毛泽东著作选读》下册,人民出版社1986年8月版,第816、822、837—838页)

批评要"倾箱倒箧而出",不要像敲木鱼,"敲一下,吐一字"。

正确地开展对缺点和错误的批评(无论是对人还是对己),都使人们的心灵得到洗礼、思想得到纯粹,积极性得到提升,事业得到发展。

和尚敲击木鱼,可以惊昏醒惰;领导干部真诚主动地批评与自我批评,可以振聋发聩!

第七回以后章节与农民起义规律

毛泽东提出:不读《西游记》第七回以后章节,不足以总结农民起义的规律和经验教训。

陈晋:《毛泽东与文艺传统》,中央文献出版社 1992 年 3 月版,第 184 页

    尽人皆知,神话小说《西游记》写的是唐僧师徒西天取经的故事。它与《水浒传》的内容完全不同,里面似乎找不到与封建时代的农民起义农民战争相联系的任何情节。

    但是,有的小说评论家却不这么看。他们把社会批判性引入《西游记》研究,从这个角度切入,在神仙与妖魔的斗争中,去寻求和总结封建时代农民阶级与地主阶级斗争的经验教训。

    著名作家张天翼在 1954 年 2 月号《人民文学》上发表了一篇《〈西游记〉札记》的长篇论文。他在论文写道:《西游记》中的神魔故事——不论作者自己有没有意识到——总会或多或少,或显或隐,或深或浅,或正确或歪曲地反映出某一时代社会生活的某些方面:而这,当然是通过当时某一阶级或阶层人的思想感情来反映的,因此这些故事里面同时也就表现了某一阶级或阶层的感情态度(爱什么,憎什么)和批评态度(肯定什么,否定什么),或是表现了他们的理想(例如一个好天堂之类)。张天翼分析说:

    这取经故事里所写的:一边是神,神是高高在上的统治者,上自天界,下至地府,无不要俯首听命;一边是魔——偏偏要从那压在头上的统治势力下挣扎出来,直立起来,甚至于要造反。天兵天将们要去收伏,魔头们要反抗,就恶斗起来了。

    这就使我们联想到封建社会的统治阶级与人民——主要是农民——之间的矛盾和斗争。

张天翼在把神与魔作了是统治阶级与被压迫阶级的划分之后，进一步分析了被压迫的魔头们斗争的出路与前途。他提出了这样两个问题：孙悟空是怎样胜利的？而胜利之后又将怎样？他认为这是《西游记》作者"不得不首先搞清楚的问题"。他继续写道：

> 我们假如批评那些参与《西游记》的创作的民间作者，说他们本应该让孙悟空去明确地知道农民革命的目标和依靠什么阶级，那是可笑的。我们知道，那时的历史还没有发展到可以使他们创造出这样的人物来。那时（鸦片战争以前）的农民起义，还往往只是自发性的行动，起义的农民往往提不出一个明确的要求，当然更无从自觉到自己就是历史的真正创造者了。
>
> 因此《西游记》的作者们只会让孙悟空去闹天宫。而究竟要闹出怎样一个局面来，起先连孙悟空自己都也模里模糊。直到如来佛问起他，他这才忽然想到了玉帝的尊位（第七回）——"只教他搬出去，将天宫让与我，便罢了"。
>
> 这就不难明白第二个问题（胜利之后又将怎样）了：假如孙悟空闹成了功，那也不过是玉皇大帝改姓了孙，就像刘邦、朱元璋之乘着农民起义运动的高潮而爬上了龙位一样——自己成了地主头儿和统治者，而农民又照样被那换了姓的主子剥削着压迫着，终至于又闹造反。
>
> 那时的作者们从历史上所能见到的，不过如此。至于每次的农民起义战争在历史上多少会起些什么进步作用，他们是还看不出来的。
>
> 那么，这些作者即使来一个翻案，写孙悟空闹天宫胜利了，成功了，那也不过是把"正统"从失去宝座的那位玉帝那里夺过来，捧给新登宝座的这位玉帝而已：那仍旧成了卫护封建正统的故事主题。那么，还是不可能解决这部作品的矛盾。
>
> 现在孙悟空造反不成，作者们就只看见有这么两条路摆在孙悟空面前：或者是像赤眉、黄巾、黄巢、方腊他们那样，被地主统治阶级血腥镇压下去了；或者是像《水浒》（百回本或百二十回本等）里所写的宋江他们那样，受了地主统治阶级的"招安"。
>
> 《西游记》写孙悟空走了后一条路。

当然，至于投降以后又怎么样，则各有不同。比如，《水浒》是写宋江他们征了辽，为"朝廷"出了许多力，立了功之后，一百单八弟兄中间起了分化，而居官的宋江吴用他们终于为统治阶级所害。而《西游记》——却写孙悟空三弟兄终于成了"正果"，只是在成"正果"的过程中，展露出一些矛盾，把诸天佛神那些统治者的面貌勾下来，嘲笑了一番而已。（转引自《经典丛话西游故事》，第70—74页）

张天翼论文中的观点，在二十世纪五六十年代的《西游记》研究领域，是很有代表性的。即持社会批判性立场的评论家，力图用历史唯物主义观点来解释神话世界同现实社会的"同构"关系。《西游记》描写了神仙、妖魔之间叛逆与收服的斗争，人们十分自然地用历史唯物主义中的阶级斗争观点来比附。

毛泽东看到了这篇论文，特别欣赏。本书首篇《原来是一本〈西游记〉》一文中已作过介绍，毛泽东读张天翼的文章，做了不少标记，可见读

尸魔三戏唐三藏

得十分认真。他还根据张文的一个重要观点，进一步提出：

> 不读第七回以后的章节，不足以总结农民起义的规律和经验教训。（陈晋：《毛泽东与文艺传统》，中央文献出版社1992年3月版，第184页）

张天翼对《西游记》的评论观点，恰恰吻合毛泽东关于神话传说的一贯看法，所以引起他的兴趣，并进一步发表评论意见，在情理之中。毛泽东曾经说过："（历代农民起义和农民战争）只是由于当时还没有新的生产力和新的生产关系，没有新的阶级力量，没有先进的政党，因而这种农民起义和农民战争得不到如同现在所有的无产阶级和共产党的正确领导，这样，就使当时的农民革命总是陷于失败，总是在革命中和革命后被地主和贵族利用了去，当作他们改朝换代的工具。"（《毛泽东选集》第二卷，第625页）

张天翼认为，《西游记》第七回以后的孙悟空与《水浒传》第七十回以后的宋江一样，"受了地主统治阶级的'招安'"。孙悟空的反抗斗争只有两条路，一条是像方腊等人那样被镇压，一条是像宋江等人那样被"招安"。而孙悟空"走的是后一条路"。《西游记》前七回写孙悟空大闹天宫与后八十八回写他保护唐僧西天取经，所表现的思想主旨是不一样的，后者表明孙悟空"投降了神"，"保唐僧到西天去取经，一路上和他过去的同类以至同伴作恶斗"，就"像《水浒》（百回本或百二十回本等）里所描写的宋江他们那样，受了地主统治阶级的'招安'"。

张氏的观点并非无稽之谈，它的出现至少有两条原因：

一是当时学术思潮的影响。史学界讨论农民起义和农民战争问题是其学术热点之一，其学术论文和学术专著一时出现不少，文学评论界也有人把《水浒传》称许为"农民战争的史诗"，对宋江是怎样一位农民领袖争论不休。在这样的学术背景下，张天翼乃至毛泽东从总结农民起义规律的角度解读《西游记》，重新评价第七回以后孙悟空形象的认识价值，不仅是完全可以理解的，而且不能不说是解读文学经典作品的一个新的有价值的角度。

二是《西游记》文本自身提供的客观材料。小说第三回，当龙王和阎王向玉帝奏本，报告孙悟空大闹龙宫冥府后，玉帝传旨"遣将擒拿"孙猴子——

> 玉帝道："哪路神将下界收伏？"言未已，班中闪出太白长庚星，俯伏启奏道："上圣三界中，凡有九窍者，皆可修仙。奈此猴

乃天地育成之体，日月孕就之身，他也顶天履地，服露餐霞；今既修成仙道，有降龙伏虎之能，与人何以异哉？臣启陛下，可念生化之慈恩，降一道招安圣旨，把他宣来上界，授他一个大小官职，与他籍名在箓，拘束此间；若受天命，后再升赏；若违天命，就此擒拿。一则不动众劳师，二则收仙有道也。"玉帝闻言甚喜，道："依卿所奏。"即着文曲星官修诏，着太白金星招安。

金星领了旨，出南天门外，按下祥云，直至花果山水帘洞。对众小猴道："我乃天差天使，有圣旨在此，请你大王上界。快快报知！"洞外小猴，一层层传至洞天深处，道："大王，外面有一老人，背着一角文书，言是上天差来的天使，有圣旨请你也。"美猴王听得大喜，道："我这两日正思量要上天走走，却就有天使来请。"叫："快请进来！"猴王急整衣冠，门外迎接。金星径入当中，面南立定道："我是西方太白金星，奉玉帝招安圣旨下界，请你上天，拜受仙箓。"悟空笑道："多感老星降临。"教："小的们！安排筵宴款待。"金星道："圣旨在身，不敢久留；就请大王同往，待荣迁之后，再从容叙也。"悟空道："承光顾，空退！空退！"即唤四健将，分付："谨慎教演儿孙，待我上天去看看路，却好带你们上去同居住也。"四健将领诺。这猴王与金星纵起云头，升在空霄之上。

以玉皇大帝为领袖的天国政府，对于反叛的孙悟空所采取的手段不外两种：武力"剿灭"，遣将擒拿，下界收伏；政治收买，招安诱降，给予官职和俸禄。其实，交替使用武力"剿灭"和政治招安两种手段，正是历朝历代统治者对付农民起义和农民战争的基本策略。我们在天宫统治者身上，所看到的压迫手段，与人间的统治者并无二致。

太白金星充当"招安"使臣，他的计划只是部分地执行了，他的目的只是短时间内实现了，被"招安"后的孙猴子因嫌"弼马温"官小位卑，再次造反，打出天宫。可是到了小说第七回，他在把天宫闹得一塌糊涂之后，却被佛祖如来压在五行山下。五百年后，有观音菩萨和取经人陈玄奘指点迷津，救他出来，从此"再莫行凶，皈依佛法"。更有甚者，是孙悟空被戴上"紧箍儿"以后，反抗精神确实大为降格。毛泽东曾经评论：

猴子反教条主义，戴了紧箍儿，就剩下一半了。（陈晋：《毛泽东之魂》修订本，中央文献出版社1997年9月版，第153页）

毛泽东的这个判断，可以作为读《西游记》七回以后情节总结农民起义经验教训的评论的注脚和补充。后八十八回，孙悟空不仅要冒着生死艰难降妖除怪，而且头上还戴着受制的紧箍儿，偶一不慎还要被唐僧念咒惩罚，真是屈居人下，大有被征服者的味道。在孙悟空的这种遭遇里，不能说没有渗透着失败者的悲剧气氛。神话世界是现实世界的折射与抽象，说孙悟空由于头脑被禁锢而削弱了反抗精神正是农民反抗挣脱不了封建意识枷锁的曲折表现，是不能被认为没有一点道理的。毛泽东解读《西游记》，将孙悟空的反抗天庭压迫与农民阶级的反抗封建压迫联系起来，思考历史上农民革命成败的重大问题，应该是进入小说认识价值的一个崭新的视角。

当然，神话世界并不等同现实世界，生硬地把孙行者与农民造反者之间画等号，也是一种幼稚。孙悟空的反抗斗争与农民的反抗斗争只是在某些方面有同构关系，其不同点则更多。

拿《西游记》中孙悟空形象所表达的思想主题来说，就具有两重性。前七回"大闹天宫"的故事突出了反抗传统势力的战斗性主题，体现着苦难深重的人民企图摆脱封建压迫，要求征服自然，掌握自己命运的强烈愿望。从第十三回到全书结束的第八十八回，写孙悟空被迫皈依佛教，保护唐僧取经，作品则转入了另一个主题：要实现美好理想，要完成伟大事业，必须不怕任何艰难险阻，不惧任何妖魔鬼怪，勇敢战胜困难，胜利终会到来。在作品的实际描写中，孙悟空的保护唐僧去取经这个目的，远不如孙悟空为达到这一目的而表现出的顽强斗争精神来得重要。在取经路上，孙悟空与妖魔的殊死斗争不只是为了取经，而且也是为民除害。在无数充满斗争的幻想情节中，意味深长地寄寓了广大人民反抗恶势力，要求战胜自然、克服困难的乐观精神。

还要看到，后八十八回的斗争性质和矛盾都发生了变化，转入了另一个主题，即取经神话的主题，孙悟空皈依佛门并不是简单的战败投降，也是作者出于小说主题转化的需要而设计的人物生活轨迹。

所以，把描写神魔斗法的《西游记》等同于描写江湖好汉农民起义的《水浒传》，把皈依佛教的猴王等同于接受招安投降朝廷的宋江，把大闹天宫以后的情节等同于梁山英雄排座次以后的情节，则是思想肤浅的简单类比。

没有过不去的火焰山

> 毛泽东有些放心了:"好么!只要我们上下齐心,就没有过不去的火焰山!我相信,革命总会成功的!"
>
> 邸延生:《历史的真迹——毛泽东风雨沉浮五十年》,新华出版社2002年7月版,第297页

《西游记》中唐僧师徒过火焰山的故事给读者留下的印象太深了,以至于久而久之形成一句口头禅:没有过不去的火焰山!用以比喻没有克服不了的困难,没有过不去的难关,没有战不胜的敌人。

毛泽东也愿意用这句俗语表达自己的坚强意志和战胜敌人的坚定信心。

1928年3月16日,根据湘南特委的指示,毛泽东被迫率领工农革命军离开井冈山向湘南挺进。本来,毛泽东主张巩固井冈山根据地,弱小的革命军轻易离开有群众依靠的根据地,很容易招致失败。但湖南省委和湘南特委不听毛泽东的正确主张,还是命令工农革命军向湘南出击。行军路上,许多干部、战士想不通,毛泽东向大家解释说:"下级服从上级,这是我们党的纪律。但我还是师长嘛,我相信我们还会打回来的!"

3月18日,毛泽东率部队进驻湖南西南部的酃县地界,在农村开始了打土豪、分田地的实际行动。

在酃县南部中村宿营时,毛泽东强压着心中的郁闷,召集了部队的一些同志开座谈会,鼓励大家说:"革命要有根据地,就好像人要有屁股。人若没有屁股,便不能坐下来;要是总走着,总站着,定然不会持久;腿走酸了,站软了,整个身子就会倒下来。革命有了根据地,才能够有地方休整,恢复气力,补充力量,再继续战斗,扩大发展,走向最后胜利。大家不要灰心,井冈山的根据地是我们辛辛苦苦创建起来的,几个县的老百姓都站在我们这一边,根据地不会丢的!"

座谈中,毛泽东见大家的情绪渐渐被调动起来,又说:"上级让我当师长,

但是，本人'军旅之事，未之学也'；可是，中国有句俗语，叫作'一个篱笆三个桩，一个好汉三个帮'，还说'三个臭皮匠，赛过诸葛亮'。我们有这么多的战士，这么多干部，大家都来当参谋长，大家都来当师长，只要群策群力，不愁打不好仗！"

何长工也说："这次到湘南，先打几仗再说！打胜了，可以扩大革命军的影响；打败了，我们再回井冈山！"

王佐说："只要跟着毛委员，让我打到哪里都行！"

见到王佐能这样讲，毛泽东有些放心了：

好么！只要我们上下齐心，就没有过不去的火焰山！我相信，革命总会成功的！

袁文才也说："想当年李自成也是打遍了大半个中国，最后才打到北京去的嘛！我们今日跟着毛委员，从小也会打到大，要打遍全中国！"

听了袁文才的话，在座的人们都笑了，毛泽东却说："我们不要学李自成，要学就学刘备，先建立根据地，后学朱元璋，打遍全天下！"

王佐拍了拍大腿说："我们都听你的，先建立根据地，然后打遍全天下！"

袁文才问王佐："打了天下你做什么？"

孙悟空

王佐看了毛泽东一眼，回答袁文才说："我还回井冈山！"

一句话，说得人们都大笑起来。

3月下旬，为了强调纪律，更好地提高部队的战斗力，毛泽东向部队正式颁布了"三大纪律，六项注意"。

3月末，毛泽东得到朱德和陈毅领导的湘南起义失败的消息，立刻率领部队继续向湘南疾进，以接应和掩护朱德、陈毅的部队和湘农军向井冈山转移。

进入4月，经过20多天的辗转战斗，毛泽东的部队终于策应湘南起义失败的部队转移到了赣西南。

4月28日这一天，中国历史上一个伟大的时刻终于到来了！

当天上午，朱德、陈毅和毛泽东率领的两支工农革命军先后到达了宁冈县城砻市镇，实现了中国革命历史上著名的"井冈山会师"。

这天，毛泽东刚刚远征归来，听说朱德、陈毅等人已经到了宁冈县城龙江河畔的龙江书院，立即策马匆匆赶到龙江书院来与他们见面；这时，朱德已经等候在那里了，两位神交已久的伟人早已互相倾慕，此时相见更是心潮起伏、激动万分。

毛泽东下马后快步走到龙江书院的状元桥头，朱德抢先几步，毛泽东也加快脚步，两个人同时伸出手来奔向对方；刹那间，两位巨人的双手紧紧地握在了一起……

面对此情此景，跟随在毛、朱身后的人们也都激动起来。双方各自介绍完随行的干部之后，毛泽东和朱德两人并肩而行，走下状元桥，径直向龙江书院后面走去。

龙江书院在清朝曾是湘赣边界宁冈、酃县、茶陵三县的最高学府，占地面积很大，分前、中、后三进，中间均有天井，两边各有厢房。身后是三层楼房，名"文星阁"，是书院的中心。毛泽东和朱德穿过厅堂，登上文星阁，居高远眺，宁冈的百里风光尽收眼底。

"真是个好地方！"朱德赞叹道。

"山水相宜，名不虚传啊！"随后上楼来的陈毅也高兴地说。

"龙争虎斗，以此为家！"毛泽东笑道，"这里就是我们革命军的大本营了！"

说话间，走上楼来的人们一个个高兴地依次坐下来，互相谈论起了军情，气氛显得十分热烈而融洽。

交谈中，朱德盛赞毛泽东领导湖南省前委开辟了这样好的一个革命根据地。

《西游记》第五十九回《唐三藏路阻火焰山 孙行者一调芭蕉扇》中描写：

> 师徒四众，进前行处，渐觉热气蒸人。三藏勒马道："如今正是秋天，却怎返有热气？"……老者道："敝地唤做火焰山。无春无秋，四季皆热。"三藏道："火焰山却在那边？可阻西去之路？"老者道："西方却去不得。那山离此有六十里远，正是西方必由之路，却有八百里火焰，四周围寸草不生。若过得山，就是铜脑盖，铁身躯，也要化成汁哩。"三藏闻言，大惊失色……

对火焰山奇景的描写，并不是小说家吴承恩的向壁虚构，他是有实际生活依据的。

蒋瑞藻在《小说考证》中说：小说家所言，亦皆有本。如《西游记》之火焰山，在吐鲁番道中。在我国，其实有多处火焰山，它们乃因红色岩石反射阳光类似火焰而得名。而最著名的火焰山是新疆吐鲁番盆地中北部的克孜勒格塔山，意即火山。《隋书》作赤石山，该山东西长约100公里，南北宽约10公里，海拔约500米，形似一条赤色巨龙卧于大戈壁滩上。这里夏季温度高达47℃，最热处达70℃。当强烈的阳光照射时，红色砂岩熠熠发光，如阵阵烈焰直冲云霄，景色极其壮观。唐代诗人岑参有诗云："火山突兀赤亭口，火山五月火云厚。火山满天凝未开，飞鸟千里不敢来。"形象地描绘了火焰山的景观。克孜勒格塔山一带无疑是我国最热的地方，因而向有"火洲"之称。它又横亘在古丝绸之路上，即唐玄奘西行天竺求法的路上，因而学者们多认为《西游记》里的火焰山，应该是以此山为原型而加工创作的。

自然界的火焰山已是高温难耐；神话里的火焰山更是烈焰熊熊，走兽远避，飞禽绝踪。还有罗刹女、牛魔王独霸一方，借高温酷热压迫百姓，勒索贡物，搜刮钱财。铁扇公主只有在百姓送来"四猪四羊，花红表里，异香时果，鸡鹅美酒"时，才肯拿出芭蕉扇，"一扇熄火，二扇生风，三扇下雨"，使"五谷养生"，依时收种，百姓有活路（第五十九回）。看来，这经济剥削的火焰，远盛于那八百里火海的炙烤。可唐僧师徒不怕这些，智取罗刹女，力胜牛魔王，三调芭蕉扇，"孙大圣执着扇子，行近山边，尽气力挥了一扇，那火焰山平平息焰，寂寂除光；行者喜喜欢欢，又煽一扇，只闻得习习潇潇，清风微动；第三扇，满天云漠漠，细雨落霏霏"。（第六十一回）

1928年3月毛泽东率领的工农革命军面对的"火焰山"也烈焰腾腾：

且不说千把人的起义队伍对阵湘、赣两省的数万敌军，又承受着党内"左"倾机会主义者"盲人骑瞎马，夜半临深池"的胡乱指挥，还有起义军队伍在强大敌人进攻面前，有人叛变，有人投敌，有人落荒而逃……但是，毛泽东毫不气馁，毫不动摇，他坚信没有战不胜的困难和敌人，他也借来了"芭蕉扇"，那就是何长工、袁文才、王佐等人对他的拥护和服从，上下团结一心；那就是朱毛红军的历史性会师，增强了红军"反围剿"的力量；那就是进可以攻退可以守，群众基础好，党团组织作用强的井冈山根据地。有了这三把"芭蕉扇"，任凭什么魔火、鬼火、邪火，是都可以扇灭的。

"没有过不去的火焰山！"这是唐僧师徒的修炼经历，这是毛泽东的革命意志。既承认困难，又战胜困难；既敢于斗争，又敢于胜利——这就是毛泽东的品格。

抗日战争时期，面对气势汹汹的倭寇，他说："革命斗争的某些时候，困难条件超过顺利条件，在这种时候，困难是矛盾的主要方面，顺利是其次要方面。然而由于革命党人的努力，能够逐步地克服困难开展顺利的新局面，困难的局面让位于顺利的局面。"（《毛泽东选集》第一卷，人民出版社1991年6月版，第324—325页）

解放战争初期，面对国民党军的大举进犯，毛泽东指出："中国共产党依据马克思列宁主义的科学，清醒地估计了国际和国内的形势，知道一切内外反动派的进攻，不但是必须打败的，而且是能够打败的。当着天空中出现乌云的时候，我们就指出：这不过是暂时的现象，黑暗即将过去，曙光即在前头。"（《毛泽东选集》第四卷，1991年6月版，第1245—1246页）

没有毛泽东过不去的"火焰山"。十四年抗战，民族敌人被扫地出门；三年解放战争，残敌只好远遁海岛。

青牛精与事物本质

> 他讲起《西游记》第五十二回"悟空大闹金䥥洞　如来暗示主人公"里的故事,有一段调侃已被神化的老子——太上老君的话:"老子住在这三十三重天上面的兜率宫里,不问政治,不参加玉皇大帝的国家组织,不做官,只炼丹,研究自然科学。结果是他的烧火娃娃青牛精偷跑下凡来作怪。"
>
> 陈晋:《毛泽东之魂》,吉林人民出版社1993年10月版,第296页

　　毛泽东是哲学大师,臧否人物,谈论事物,常常提到哲学高度评论功过,判断是非。

　　他讲哲学,不讲死教条,多引活材料。《水浒传》《三国演义》中的故事,时不时信手拈来,《西游记》中的神魔争斗也不在话下。

　　1959年9月,他为了解释庐山会议的斗争性质,为了讲清透过现象抓本质的哲学观点,就曾讲到《西游记》中"青牛精"的故事。

　　这年七八月间,党中央在庐山召开了政治局扩大会议和八届八中全会,史称"庐山会议"。会议前期,是继续贯彻1958年11月第一次郑州会议以来的精神,纠正"大跃进"和人民公社化运动中的"左"倾错误。可是到了7月14日,因为彭德怀的一封批评"左"的错误的信,会议转向反右倾,错误地发动了对彭德怀的批判。会议作出了《关于以彭德怀同志为首的反党集团的错误的决议》。会后,会议精神首先传达到全体党员,而后传达到党外。

　　9月15日,毛泽东出席各民主党派负责人座谈会,通报了刚刚结束的"庐山会议"的情况。他讲起《西游记》第五十二回《悟空大闹金䥥洞　如来暗示主人公》里的故事,引出一条哲学原理:

《西游记》上许多故事都讲到，开始时不知道是什么精在作怪，是蝎子精，还是蜘蛛精，还是从太上老君那里跑掉的一匹青牛？就是搞不清楚。只看现象，就搞不清本质；搞不清本质，就无法降妖捉怪。比如那条青牛，多厉害呀！（你们回去可请秘书找那个故事来看看）请来如来佛，他都没办法，他说他也不清楚，不是他那里的。玉皇大帝也没有办法。后来说到三十三重天的兜率宫那里去问问吧。太上老君住在这三十三重天上，不问政治，不参加玉皇大帝的国家组织，不做官，只炼丹，研究自然科学。结果是他的烧火娃娃青牛精偷跑下凡来作怪。查到这个原因，才整住他，请太上老君自己下来，把青牛收回去。这是讲《西游记》，单看现象是不能解决问题的，要抓问题的本质。（陈晋：《毛泽东读书笔记》上册，广东人民出版社1994年版，第459页）

《西游记》描写，金㒵洞兕角大王来历不明，且十分厉害，他用金刚琢把唐僧、八戒和沙僧掳去，还把孙悟空的金箍棒和众天神的兵器圈走。没办法，孙悟空只好去查兕魔的"角色"来踪，启奏玉帝。满世界"更无一

小圣施威降大圣

点踪迹",孙悟空又到西天佛祖如来处寻其"乡贯住居":

如来听说,将慧眼遥观,早已知识。对行者道:"那怪物我虽知之,但不可与你说。你这猴儿口敞,一传道是我说他,他就不与你斗,定要嚷上灵山,反遗祸于我也。我这里着法力助你擒他去罢。"行者再拜称谢道:"如来助我甚么法力?"如来即令十八尊罗汉开宝库取十八粒"金丹砂"与悟空助力。

孙悟空与十八罗汉运用十八粒"金丹砂",也没有战胜咒怪,如来佛又派降龙、伏虎二罗汉转告孙悟空上离恨天兜率宫太上老君处寻找妖怪的踪迹。

好行者,说声去,就纵一道筋斗云,直入南天门里……不上灵霄殿,不入斗牛宫,径至三十三天之外离恨天兜率宫前,见两仙童侍立,他也不通姓名,一直径走,慌得两童扯住道:"你是何人?待往何处去?"行者才说:"我是齐天大圣,欲寻李老君哩。"仙童道:"你怎这样粗鲁?且住下,让我们通报。"行者那容分说,喝了一声,往里径走。忽见老君自内而出,撞个满怀。行者躬身唱个喏道:"老官,一向少看。"老君笑道:"这猴儿不去取经,却来我处何干?"行者道:"取经取经,昼夜无

乱蟠桃大会

停；有些阻碍，到此行行。"老君道："西天路阻，与我何干？"行者道："西天西天，你且休言；寻着踪迹，与你缠缠。"老君道："我这里乃是无上仙宫，有甚踪迹可寻？"

行者入里，眼不转睛，东张西看。走过几层廊宇，忽见那牛栏边一个童儿盹睡，青牛不在栏中。行者道："老官，走了牛也！走了牛也！"老君大惊道："这孽畜几时走了？"正嚷间，那童儿方醒，跪于当面道："爷爷，弟子睡着，不知是几时走的。"老君骂道："你这厮如何盹睡？"童儿叩头道："弟子在丹房里拾得一粒丹，当时吃了，就在此睡着。"老君道："想是前日炼得'七返火丹'，吊了一粒，被这厮拾吃了。那丹吃一粒，该睡七日哩。那孽畜因你睡着，无人看管，遂乘机走下界去，今亦是七日矣。"即查可曾偷甚宝贝．行者道："无甚宝贝，只见他有一个圈子，甚是利害。"

老君急查看时，诸般俱在，止不见了"金刚琢"。老君道："是这孽畜偷了我'金刚琢'去了！"行者道："原来是这件宝贝！当时打着老孙的是他！如今在下界张狂，不知套了我等多少物件！"

孙悟空和太上老君来到金峨山，老君请猴头诱阵，引那青牛精出来：

老魔道："这贼猴又不知请谁来也。"急绰枪带宝，迎出门来。行者骂道："你这泼魔，今番坐定是死了！不要走！吃吾一掌！"急纵身跳个满怀，劈脸打了一个耳括子，回头就跑。那魔抢枪就赶，只听得高峰上叫道："那牛儿还不归家，更待何日？"那魔抬头，看见是太上老君，就唬得心惊胆战道："这贼猴真个是个地里鬼！却怎么就访得我的主公来也？"

老君念个咒语，将扇子扇了一下，那怪将圈子丢来，被老君一把接住；又一扇，那怪物力软筋麻，现了本相，原来是一只青牛。老君将"金钢琢"吹口仙气，穿了那怪的鼻子，解下勒袍带，系于琢上，牵在手中。

毛泽东向民主党派负责人讲青牛精的故事，显然是为了说清庐山会议这场斗争的性质，亦即所谓"彭德怀反党集团"的"右倾实质"。这在今天看来当然是历史的误读，讲起这个话题依然很沉重。即使在当时，党内一些领导干部和各民主党派负责人对革命猛将彭德怀元帅何以一夜间就成了

"右倾机会主义者"也大惑不解。毛泽东的讲话正想解开这个思想扣子。历来,毛泽东的讲话都有十分明确的针对性,谈古说今有具体的现实指向。他说玉皇大帝和如来佛都搞不清青牛是从哪里来的,都拿他"没办法",显然暗示以往只看现象,没有搞清"右倾机会主义者"的本质;他说太上老君在三十三重天上不问政治只研究自然科学,是否含有含蓄告诫与会者不能不问政治,以便清醒认识"庐山会议"这场斗争的性质的意思,这似乎是不言而喻的。

毛泽东进一步把青牛精的神话故事引申到哲学层面上来,用以说明现象与本质的关系。仅从一般的哲学原理出发,毛泽东所论列的观点是不错的。本质与现象是唯物辩证法的一对基本范畴。所谓本质,就是指事物的根本性质,即指构成这个事物的内在的固有的本性。所谓现象,则是指事物的外部联系和表面特征,也就是事物本质的外部表现。任何事物都有本质和现象两个方面,既没有不表现为现象的本质,也没有不表现事物本质的现象,任何事物的本质都要通过一定的现象表现出来,而任何现象又都是从某一个特定的角度或方面来反映事物的一定的本质。这就是本质与现象的统一关系。本质与现象还有对立的一面。现象虽然表现本质,但不是事物的本质,本质也不直接等于现象。它们之间的对立关系,一般表现为:现象是个别的、片面的、表面的、外露的、纷繁杂乱的、变化不定的;本质则是比较一般的、共同的、内在的、深刻的、相对稳定的。此外,本质与现象最尖锐的对立,表现在假象问题上。一般说来,本质与现象的关系,是比较一致的,通过现象能够直接地认识本质。但是有时候,现象对本质的表现往往又通过歪曲的形式表现出来。这种对本质的歪曲的表现,就是假象,也就是虚假的现象。它给人们一种与事物本质完全相反的印象,使人们不易正确地认识本质。假象是事物的本质在一定条件下的特殊表现。同样是为事物的本质所决定的,并且是事物的本质在特殊情况下的表现。列宁说过:"假象的东西是本质的一个规定,本质的一个方面,本质的一个环节。"(《列宁全集》第三十八卷,第137页)毛泽东讲青牛精的故事,在于说清只有搞清了他的来龙去脉,查明原因,才能抓住本质,才有办法"降妖捉怪"。

毛泽东在常委会上的谈话,给彭德怀定了性。这个定性显然不符合彭德怀的"本质"。彭大将军是革命的元勋,是人民的功臣,是民族的栋梁,他写长信给党的主席,符合组织原则,代表人民心声,体现了共产党人的正气。二十年后,《关于建国以来党的若干历史问题的决议》正确指出:"庐山会议后期,毛泽东同志错误地发动了对彭德怀同志的批判,进而在全党错误地开展了'反右倾'斗争。八届八中全会关于所谓'彭德怀、黄克诚、张闻天、周小舟反党集团'的决议是完全错误的。这场斗争在政治上使党内从中央到基层的民主生活遭到严重损害,在经济上打断了纠正"左"倾错误的进程,使错误延续了更长时间。"

说到底,庐山会议上的彭德怀不是"青牛精",他理应是"孙大圣"。毛泽东主观上想透过现象抓本质,调侃不问政治逃走了"青牛精"的太上老君。这不能不说是他对《西游记》的误读错用。看来,正如毛泽东自己所说,谁发现了事物本质,不依主观认定,关键在客观检验。历史做出了公正裁决:彭老总耿耿丹心,殷殷忠魂,与日月同辉,与天地共存。

应该说,毛泽东与民主党派负责人座谈"青牛精"故事,讲得还是那样潇洒,哲学道理讲得还是那样深刻,并没有失却伟人、哲人、文人的风范,但是,这一次他却讲错了,不是他讲的知识错了,而是他的结论错了,是"左"的错误遮蔽了他的视野,影响了他的判断。每思及此,足令后人扼腕叹息而又惕然警觉。

唐三藏万里长征去取经

（唐僧之一）

> 我们这个民族，从来就是接受外国的先进经验和优良文化的。在封建时代，唐朝兴盛的时候，我国曾经和印度发生密切的关系。我们的唐三藏法师，万里长征去取经，比较后代学外国困难得多。
>
> 毛泽东：《毛泽东文集》第六卷，人民出版社1999年6月版，第264页

《西游记》虽然是神话小说，但西天取经故事却是实有其事；孙悟空、猪八戒、沙和尚和龙太子（白龙马）虽然是虚构的神魔人物，但唐僧唐三藏却是实有其人。

唐三藏（602—664），俗姓陈，名祎，出家后法号玄奘，到印度取经求学成名时，升级为"三藏"，是佛学造诣高深的标识称谓。佛教史著一般称其为"玄奘法师"。那时，人们把西行求法的人统称为唐僧（东土大唐的僧人），后来因玄奘表现最为突出，贡献最为杰出，故"唐僧"一名成为他的专称，《西游记》一书，使其更为推广，可谓家喻户晓，人人皆知。

唐代"贞观盛世"，文化政策较为开放，西行求法一时达到高潮。高僧玄奘脱颖而出，成为著名旅行家、佛学家和翻译家。它是我国历史上屈指可数的大思想家、大翻译家、大文化人，也是伟大的爱国者。

玄奘西行至天竺（古印度）拜佛求法的史实，无疑是小说《西游记》唐僧师徒西天取经故事的源头。对于我国历史上这位对中西文化交流做出巨大贡献的文化伟人，毛泽东在许多场合，给予了历史唯物主义的评价，并提出借鉴他的做法和精神，发展民族自身的东西，创造新民主主义和社会主义的新文化。

人的脑力能够有很大的发展

玄奘赢得了生前死后的名声。更为有幸的是，他的生平事迹有较详细的记载，被流传下来。正史的《旧唐书·方伎》，佛教史的《唐高僧传》，个人专史的《大唐慈恩寺三藏法师传》，他口述弟子记载的《大唐西域记》，都翔实准确地录写着他的行状史实，后人较容易一睹这位佛学大师的风采。毛泽东熟读史传，对玄奘生平可谓了如指掌。玄奘的佛学启蒙教育很早，他的佛学知识很多内容是靠自学获得的，这一条使毛泽东颇为关注。1957年10月9日，他在中共八届三中全会上讲话。他讲整风，讲农业，讲人口问题，最后讲到学习，他说：

> 振作精神，下苦功学习，十年学会马列、技术科学、哲学、文学、艺术学、新闻学、教育学。打纸牌、下棋、看电影、跳舞也要一点，但不可着迷，把主要精力放在工作、学习二件上，玩是需要的，但是第三位。人的脑力能够有很大的发展。萧楚女、齐白石、高尔基、玄奘、惠能、梁鸿、富兰克林为例。(《建国以来毛泽东文稿》第6册，中央文献出版社1992年1月版，第595页)

毛泽东谈到人的脑力发展，即大脑的智力开发，一连举了七个人的例子，玄奘的例子除外，其他6人的情况是：萧楚女，中国共产党早期青年运动领导人之一。齐白石，中国现代画家、篆刻家，中华人民共和国成立后曾任中国画院名誉院长、中国美术家协会主席。高尔基，苏联著名作家。惠能，唐朝高僧，禅宗的实际创立者。梁鸿，东汉文学家、诗人。富兰克林，美国独立战争时期的民主主义者，科学家。

这七个人，高尔基和富兰克林是外国人，玄奘、惠能和梁鸿是古代人，萧楚女和齐白石是现代人。他们虽然职业不同，专业不同，有作家、画家、政治家、文学家、科学家和佛学家，但是他们有一个共同点，那就是"振作精神，下苦功学习"，在开发大脑潜能的工夫和功效上是一样的。这里我们重点看一下少年玄奘（那时他的名字叫陈祎）的情况。

玄奘，是汉代太丘长陈寔的后裔。曾祖陈钦，在北魏做过上党太守。祖父陈康，凭学问在北齐做过国子博士，食邑在周南，子孙因而定居这里，所以又成了缑氏人。父亲陈慧，才华英发，举止风雅，年轻时就通经术。玄祎是他的第四子。

陈祎幼年就人品出众,聪慧超群。八岁时,父亲坐在几旁向他传授《孝经》,讲到其中曾子避席一节时,他忽然整好衣服,离座肃立。父亲问他干什么,他回答道:"曾子接受老师的教诲时要离开坐席,我如今听父亲的训导,又怎能安坐不动呢?"父亲十分高兴,知道他一定会有成就。陈祎就是这样的早慧。以后他通读经典,爱古尚贤,不是正经的书不看,不是圣哲的行为不学,不去喧闹的场所,即使大街上钟鼓震响,坊巷里百戏喧嚣、男女云集,他还是连门都不出。

陈祎的二哥陈素先已出家,住在东都洛阳净玉寺,看到陈祎可以传授佛法,就带他到道场,教授他诵习佛经。不久朝廷下令,要在洛阳剃度陈素等二十七名僧侣,当时学业优秀者有数百人,陈祎因年龄幼小没有入选,站在公衙门边。

当时隋朝被委派主持此事的大理卿郑善果善于识别人才,见到陈祎神态不凡,问道:"你是谁家的孩子?"陈祎回答了自己的家族。郑善果又问:"你是要求剃度吗?"陈祎回答:"是的,只是由于修习为时短暂,学业肤浅,没能获准参加这次选拔。"郑善果又问:"你出家为了什么?"陈祎回答道:"我想

官拜弼马温

继承如来的业绩，在当今光大佛法！"郑善果对他的志向极为欣赏，又看上他的气度相貌，因而破格录取了他。并且对旁边的官员们说："诵读好佛经容易，像这样的风度气骨实在难得。如果剃度了这位少年，他一定会成为佛门的大器，只怕我与诸公看不到他飞升云霄，普济天下了。何况他又身出名门，决不能把他漏掉。"

陈祎得以出家之后，和二哥同在一寺。当时寺里有景法师讲授《涅槃经》，他伏案捧读，废寝忘食。又从严法师学《摄大乘论》，更为爱好。听过就能掌握要旨，再看一遍就完全理解。大家感到惊异，就让他升座复述，他的语调抑扬流畅，与老师毫无出入。嘉名美誉，从此播扬，当时陈祎年仅十三岁。

此后隋朝统治崩溃，天下大乱。东都成为桀、跖的巢穴，河、洛成为豺狼的洞窟。陈祎对二哥说："这里虽是父母之乡，但是已丧乱至此，怎能坐而待毙？我听说唐主李渊已率晋阳之众，据有长安，天下依归如投奔父母。我愿意和你一起前去投靠。"他二哥同意了，就和他一起到长安，这时已是唐高祖武德元年（618）了。

当时唐朝草创，忙于用兵，孙武、吴起的兵学是当务之急，儒家、释家的学说还无暇顾及，因此京中未开讲席，陈祎深为感叹。蜀成为高僧集中之地。于是陈祎对二哥说："长安这里不讲佛法，不可虚度光阴，该去蜀中求学。"二哥听从了他的建议。两兄弟经过子午谷，来到汉川，遇到了空、景两位法师，都是道场高僧，相见后悲喜交集。两兄弟在这里停留了一个多月，每天都向这二位法师问求教，然后前往成都。成都集中了许多高僧，大开讲席。于是法师又听了道基、宝暹法师讲授的《摄论》《毗昙》，震法师讲授的《迦延》。他珍惜时光，苦学不倦，二三年里，就精通了各部经典。当时天下饥荒动乱，只有蜀中丰收宁静，四方僧侣多来到这里，讲座下面的听众常有几百人。法师的智慧才学都远远超过他们，吴、蜀、荆楚都知道他的声名。此时，陈祎已经超凡脱俗，神游天地，妙极玄理，志通宇宙，追踪圣贤，志振佛法，匡救世俗，经历风波而意志不倦，面对人君而节操逾高。

陈祎年满二十，唐高祖（李渊）武德五年（622）在成都受具足戒，学习戒律，五篇七聚的宗旨，一遍之后就都能领悟。蜀中所传经论研究探讨已毕，又想到京城求问更高深的学问。因受朝廷条令的约束，又为二哥所劝，没能如愿。于是私下和商人结伴，乘船穿三峡，沿江而下，来到荆州天皇寺。当地僧侣士庶早已知道陈祎的大名，现在亲临，就都请他讲经。陈祎给他们讲说《摄论》《毗昙》，从夏天讲到冬天，各讲了三遍。当时汉阳郡王李瓘是李唐宗室，德高望重，坐镇荆州，得知陈祎来临，十分欣喜，亲自拜谒。

开讲之日，率领属下官员和僧俗懂得佛理的，都来观看。当时听讲者提出种种疑问，陈祎答疑解难，提问者无不辞穷心服。其中有真领会要旨的，更为之感泣。汉阳郡王也极为称赏，施舍的东西堆积如山，陈祎一件也不领受。

在荆州讲论结束，陈祎又去北方游学，访求先辈高僧。到达相州，拜见体法师，质难问疑。又到赵州，谒见深法师，从学《成实论》。又入长安，住进大觉寺，跟岳法师学《俱舍论》。都是一遍就能穷尽要旨，过目就牢记在心，僧侣中即使饱学高年者也比不过他。至于深入探讨，宣发要旨，常人所看不到而为陈祎所领悟出来的深文奥义，更何止一处。

当时长安有法常、僧辩两位高僧，深解大小二乘，精通佛教三学，是京师法门宗匠，为僧俗所皈依，道振中国，名播海外，求学者云集门下。这二位博通众经，专讲《摄大乘论》。陈祎在吴、蜀已下过功夫，到长安后又追随二位询问采择，对二位的独到之处也就全部吸取。二位法师极为赞赏，说："你真称得上是佛门的千里驹，重振佛法就得靠你了。"从此求学者对陈祎刮目相看，他誉满京师。

从隋朝大业三年（607）到唐朝的贞观元年（627），陈祎从六岁到二十五岁这二十年，经历了佛学启蒙到海内四处求学、升座讲经到誉满佛门的奋斗历程。他在著名法师的点拨和个人超常努力的合力作用下，已经成为国内佛学闻人。他青少年时代的经历证明，人只要方向明确，工夫到位，脑力开发会获得很大发展。现代脑科学研究表明，每个智力正常、脑体健康的人，大脑经过自己有意识的开发，如强化知识灌输，尤其是自己勤奋的学习实践活动，都会有效地开发大脑的潜能，表现出超常的智力和能力。像一代国画大师齐白石、驰名世界的发明家富兰克林等人那样，玄奘的经历是人的脑力有很大发展的很好证明。

当共产党人面对崭新的、艰巨的社会主义建设任务的时候，毛泽东要求人们以十年为期，振作精神，下苦功夫，学习社会科学和自然科学。他认为娱乐活动"要有一点，不可着迷"，人们要把主要精力放在工作和学习上。韩愈曾说："业精于勤荒于嬉。"古人玄奘青少年时就很少嬉戏而精勤于佛理。毛泽东自己也是这样做的，无论是在戎马倥偬的战争年代，还是在日理万机的建设时期，他几乎总是手不释卷，没有一日不读书，他的博览群籍，贯通古今，令接触过他的每个人肃然起敬，尊为师长。为了说服人们能够坐下来，钻进去，他举玄奘等人的例子以为楷模，殷殷之心，昭昭可见，听者谁不为之动容，谁还能无动于衷？

学外国比后代困难得多

1953年2月7日，毛泽东在政协第一届委员会第四次会议上讲话，其中第二个问题是"关于学习苏联"。那时，新中国处于初建阶段，外交政策"一面倒"，学习苏联的建设经验是不二选择。为了这项事业毛泽东不能不做思想发动工作，他先从认识问题入手：

> 我们要进行伟大的五年计划建设，工作很艰苦，经验又不够，因此要学习苏联的先进经验。在这个问题上，共产党内、共产党外，老干部、新干部、技术人员、知识分子、工人群众、农民群众，他们中间都有一些人是有抵触的。他们应该懂得，我们这个民族，从来就是接受外国的先进经验和优秀文化的。

讲到这里，毛泽东采用了他十分熟悉的办法，到历史中寻找证据，他首先想到了"西天取经"的唐三藏：

> 在封建时代、唐朝兴盛的时候，我国曾经和印度发生密切的关系。我们的唐三藏法师，万里长征去取经，比较后代学外国困难得多。有人证明，我们现在用的乐器大部分是西域来的，就是从新疆以西的地区来的。我们这个民族，从来不拒绝接受别的民族的优良传统。

他把历史的视距拉近，讲到19世纪末中日甲午战争后中国向外国学习的情况：

> 在帝国主义压迫我们的时候，特别是中日战争我国失败到辛亥革命那一段时间，就是说从1894年到1911年那一段时间，全国学习西方资本主义的文化，学习资产阶级的民主主义，学习他们的科学，有一个很大的高潮。那时，我们的先辈（在座的也有）很热诚地参加学习西方的活动，许多留学生到日本、到西洋去。那一次学习，对我们国家的进步是有很大的帮助的，特别是在自然科学方面，现在还给我们留下了很大一批自然科学工作者，一

批宝贵的遗产。

讲历史当然是古为今用，毛泽东的思路又回归到现实中来，继续强化"学习苏联"的道理：

> 我讲的古代和近代这两次学习外国，比较现在我们学习苏联的规模，学习苏联先进经验的效用，那是要差得远的。那末，我们现在学习苏联，广泛地学习他们各个部门的先进经验，请他们的顾问来，派我们的留学生去，应该采取什么态度呢？应该采取真心真意的态度，把他们所有的长处都学来，不但学习马克思列宁主义的理论，而且学习他们先进的科学技术，一切我们用得着的，统统应该虚心地学习。对于那些在这个问题上因了解不了而产生抵触情绪的人，应该说服他们。就是说，应该在全国掀起一个学习苏联的高潮，来建设我们的国家。（《毛泽东文集》第六卷，人民出版社1999年6月版，第263—264页）

向外国学习，毛泽东一连讲了古代、近代和当代这三次，对其学习的对象、目的、规模、历史作用进行了比较，特别指出"我们这个民族，从来就是接受外国的先进经验和优秀文化的"；"我们这个民族，从来不拒绝接受别的民族的优良传统"。

在这个比较中，毛泽东特别指出，唐三藏到古印度的取经求法"比较后代学外国困难得多"，是"万里长征"。这指出了唐三藏学习外国的艰巨性。

在国内佛学界已经有了很大名气的玄奘法师，所以要西行求法，是有缘由的。当他深入各类佛学经典深思细究时，他发现佛教内部思想分歧甚大，各持己说，争执不休，"验之圣典，亦隐显有异，莫知适从"。这些情况令他感到失望和不满，决心"誓游西方，以问所惑"（《三藏法师传》），以释众疑，导利群生，使佛法一流，完成他的夙愿。

佛教最初形成时，尊释迦牟尼为唯一教主，提倡按照佛教的道德修养作个人苦修，最后修成阿罗汉。后来佛教中又出现了一个新教派，认为只要修行，人人都能成佛，修行的人不仅自己要遵守佛教的道德规范，刻苦修行，还要把普度众生，建立佛国净土极乐世界，作为最高奋斗目标。用一句通俗的话说，就是要大慈大悲，广行善事。这个教派形成后，自称为"大乘"，而把以前的教派称为"小乘"。所谓"乘"，就是乘船、乘车的意思。

大乘，表示自己的教法能运载无量众生从生死大河的这一边达到涅槃成佛的另一边。这两个教派在古印度斗争得很激烈，几乎到了誓不两立的程度。最早传入中国的主要是小乘教派，到南北朝后期，大乘教派也在中国的佛教徒中传播开来。大乘和小乘教派在中国的斗争虽然不像在印度那么激烈，但在佛教内部还是有明显分歧的。

玄奘越来越觉得佛经中有很多理论不能贯通，这其中有宗派的差别，也有翻译的问题。当时佛经的翻译主要是西域僧人根据梵文完成的，由于各人的理解不同，翻译的标准不统一，翻译者汉语水平有很大的差异，每人的翻译方式也不一样，所以同一种佛经就有不同的说法，更别提佛经本身所造成的困难。在这种情况下，玄奘产生了去印度求取真经，传播于后世的想法。

说来也巧，当时印度高僧波顿密多逻从海路来到长安，他是印度佛教权威学者——那烂陀寺戒贤法师的弟子。他告诉玄奘："如果要去印度，就一定要去那烂陀寺；如果要搞通佛学精义，就一定要向戒贤法师求教。戒贤法师精通《十七地论》，这一学说总摄三乘，更是大乘瑜珈宗的要典。"这样，玄奘就把自己去印度的最终目的地定在了中印度的那烂陀寺——相当于《西游记》中的西天灵山雷音寺。

玄奘法师发誓亲自到西方向人求教疑难之处，同时取得《十七地论》来解众疑，这《十七地论》就是后来的《瑜伽师地论》。玄奘法师还说："过去法显、智严也是一时英杰，都能西去求法以救度众生，怎能使他们的高迹无人追踪，他们的清风就此断绝？大丈夫应当继续他们的业绩。"于是，他与志同道合者联名向朝廷上表请求西行，朝廷下诏不许。其他人都不干了，只有玄奘法师不为所屈。

玄奘既然准备单身远行，又得知西去道路艰险，于是先磨炼意志，设想人间种种苦况，感到自己都能承受而不退缩，然后才进入佛塔表明心愿，恳请众圣于暗中保佑，使他往来不要遇到阻碍。

贞观三年（629）八月，玄奘动身西行，时年二十六岁。取经之举并非如《西游记》中所写的那样是为唐太宗效忠而深得天恩眷顾的。唐太宗贞观年间，有诏严禁国人出境，因为当时唐朝建立未久，全国尚未统一，突厥时时侵入河西走廊一带，故朝廷对出国西行控制颇严。玄奘不畏艰险，矢志西征。他混在西域商人的队伍中，偷偷跑了出去。

从此，玄奘开始了取经行程，前后历时十七年，往返途中和在天竺国（古印度）求学期间，艰苦备尝。其人所罕知的艰险，归纳起来有三点：

其一，躲过朝廷和边军的追捕射杀。

玄奘经秦州、兰州，到达凉州。凉州是河西的重要都市，控制西蕃、葱右各国，唐朝西部边陲各州，都知道朝廷严禁百姓出境入蕃。李大亮时任凉州都督，已奉到禁令，因此防范特严。吏人向李大亮报告说："有个僧人从长安前来，要去西国，不知想干什么。"李大亮十分紧张，把玄奘找来追问来由，玄奘回答说："要去西方求法。"李大亮逼令玄奘返回长安。当地有位慧威法师，是河西地区的佛教领袖，此人聪明睿智，看重玄奘的文辞哲理，知道他一心求法，十分喜悦，秘密派遣两个弟子送行。从此他们不敢公开露面，白天躲起来，黑夜才赶路，这样到达瓜州。瓜州刺史独孤达知道法师来到，大为欣喜，从厚款待。玄奘探询西去的路程，有人说："从此北行五十余里有条瓠芦河，河边设有玉门关，西行必经此关，是大唐西境的门户。关外西北还有五个烽，驻有军队守望，各烽之间相去百里，其间更无水草。五烽之外是莫贺延沙碛，过去之后才到达伊吾国境。"玄奘听后极其忧愁，所乘的马又死了，一时无计可施，只得在这里默默停了一个来月。玄奘还没有动身，凉州追访的公文又到了，上面写道："有个僧人名叫玄奘，要去西蕃，各州县应严加搜捕。"瓜州有个州吏叫李昌，崇信佛教，对玄奘产生怀疑，私下把公文拿给他看，并问道："法师是不是此人？"玄奘迟疑没敢答复，李昌又说："请法师说实话，如果真是，弟子当为法师设法。"玄奘于是如实相告，李昌听后，对玄奘这种非常人所能企及的行动极为赞叹，说道："法师真是这样，我为法师销毁文书。"当面把公文撕掉，并说："法师务必及早动身。"

玄奘夜渡瓠芦河，偷过玉门关，走了八十多里，见到第一烽，怕被守卫者看到，就藏身在沙沟中，到夜晚才出发。到烽西见到泉水，下马来喝了水洗了手，准备拿出皮囊盛水，忽然一箭飞来，差点射中膝盖，接着又飞来一箭，玄奘知道已被发现，就大叫道："我是僧人，从京城来，切莫射我！"牵马向烽走去，烽上的人也开门出来，看到确是僧人，就带去见校尉王祥。王祥叫人点火照看，说："不是我们河西的僧人，确实像是从京城来的。"又询问玄奘要去何处，玄奘答道："校尉听到凉州有人说起有僧人玄奘要去婆罗门国求法吧？"王祥回答道："听说玄奘法师已经东回，怎么会来到这里？"玄奘引他去看了马上带的章疏和姓名，他才相信，但仍说："西去道路遥远艰险，法师终难到达，如今也不把法师治罪，弟子是敦煌人，打算送你去敦煌，那里有位张皎法师，钦贤尚德，见到法师必然喜欢，还是请法师到他那里去。"玄奘回答道："玄奘故乡在洛阳，从小就仰慕佛法，两京通达佛理的宗匠，吴、蜀有一艺的僧人，我无不带上书籍跟他们学习，通晓了他们的学问，谈论起佛学来也可算是一时的宗师了，要是只为一己的声名，在内地难道比不上您所说的敦煌吗？只恨佛陀去后中土经典不全，义理有缺，所以不惜性命，不畏艰险，誓往西方，寻求遗法。您既不相勉励，还一意劝我归还，这能说是同厌尘世俗累，共树涅槃因缘吗？如果定要拘留，可听任您施加刑罚，但玄奘终不东移一步以负本愿。"王祥听了很同情，说："弟子有幸遇上法师，怎敢不高兴，法师已疲倦请先休息，待天明后我自当给法师送行，指示路途。"到天明，法师吃罢饭，王祥派人盛好水备了饼，亲自送出十多里外，说："法师从这条路直接去第四烽，那里的守候者也有向善之心，又是弟子的本家，姓王名伯陇，到那里后可说是弟子让法师去找他的。"挥泪拜谢而别。玄奘前行，当夜到了第四烽，怕被留难，想悄悄地取了水就过去，到水边还未下马，箭又飞来，玄奘还像上次那样通报身份，赶到烽下，烽上的人也下来，引玄奘入烽，烽官询问玄奘，玄奘回答道："要去印度，路过这里，是第一烽王祥校尉让我打这里通过。"烽官听说后很高兴，留玄奘住宿，又送给玄奘盛水的大皮囊和马、麦子，说："法师不要去第五烽，那里的人粗鲁，怕有恶念，可从这里西去百里到野马泉取水。"

其二，挺过沙漠和雪山的渴死冻亡。

玄奘西行求法往返行程，据他自己在回来时上唐太宗的表中说，有五万余里。这五万余里是从长安开始，经新疆吐鲁番、焉耆、库车，进入今吉尔吉斯斯坦共和国，又经乌兹别克斯坦、塔吉克斯坦、阿富汗、巴基斯坦等国，最后才到达目的地天竺国（古印度），其间耗时约三年。

到达天竺的三年行程，几乎全是在戈壁、荒漠、雪山、草原中完成的，而且大部分时间是玄奘一人完成的，其艰难程度可想而知。据玄奘自己描述，沿途随处可见累累白骨，其中就有西天取经的殉难者。而玄奘本人也是在狂风、沙暴、断水、缺粮等种种灾难中经历九死而侥幸求得一生的。

在天竺，玄奘在求学过程中又巡游了各国（割据的小国家），东到今天的孟加拉国，南与斯里兰卡隔海相望，北近尼泊尔，西至巴基斯坦腹地，历时十年以上。

最后，玄奘又从天竺出发，经巴基斯坦、阿富汗，到达新疆的于阗，经丝绸之路南线返回长安。由于沿途有了陪送，行程要顺利得多，大约用了不到两年的时间。但尽管如此，在翻越大雪山时，仍差点被雪崩埋在异乡。据统计，玄奘沿途共经过了一百三十八个国家。

万里长征，玄奘艰险万分、生死莫测的故事太多了，这里仅举几个例子：

一个是过了五烽以后，单人独马闯过号称八百里的"莫贺延碛"大沙漠。这里古称沙河，上无飞鸟，下无走兽，更没有水草。这时玄奘孤身一人，只看到自己的影子。走出百余里后，迷失了方向，没有找到野马泉。取下水准备喝，皮囊沉重，失手掉在地上，把准备跋涉千里沙漠的贮水，一下都流光了。加之迷路盘旋，不知该从哪里走好，于是打算向东返回第四烽再说。走了十多里，自思："我当初发愿，若不到天竺，终不东归一步，如今怎么往回走？宁可向西而死，怎能东归而生。"于是拨转马头，向西北前进。这时四顾茫然，不见人迹鸟兽，夜间妖魑举火，明若繁星，白昼狂风挟沙，散如急雨，对这些玄奘心里并不畏惧，只是苦于水尽，渴得走不动。经历了四夜五日，滴水不曾沾唇，口干腹焦，几乎倒毙，无法前进，只好躺倒在沙土上默念观音，纵使困顿也念个不停，同时启请菩萨道："玄奘此行不求财利，不为名誉，只为求得无上正法才前来。菩萨慈念众生，一心救苦，我如今已够困苦了，菩萨难道不知道？"就这样一心祈告，毫不止息。到第五天夜半，忽然凉风吹到身上，清凉得像用冷水沐浴一样，眼睛能够张开来，马也能站起，体力既有所恢复，就安眠片刻，醒后马上进发，走了近十里，马忽然走上岔路，拉都拉不回，这样又走了几里路，忽然看到几亩青草，玄奘下来让马吃饱。离开草地十来步远，又遇到一池，池水甘美清澈，玄奘下马取饮，才保住了性命，人和马都恢复了元气。在水草边休息了一天，然后盛水取草前进，又经过两天，方才走出流沙到达伊吾国。

一个是玄奘在众人的帮助下过雪山的例子。玄奘从高昌国（今新疆吐鲁番）出发时，高昌国国王特为玄奘剃度了四个小和尚，又派了二十五个人护送，希望能一路平安地到达天竺。结果三十个人出发，仅仅翻越新疆的乌什别迭里山口（旧称凌山），就在冰冷崎岖的山路上死了近三分之一的人。他们有的被雪崩压死，有的被狂风吹起的大冰凌砸死，有的失足落进了万丈深渊，还有的陷进深不见底的冰洞……凡此种种，不一而足。玄奘从天竺返回时，途经瞿卢萨谤城，与国王告别继续北行。国王派大臣率领着一百多人，护送法师翻越雪山，背负着畜草粮食以备供给。走了七天，才来到山顶。这座雪山峰峦重叠，参差陡峭，登攀艰辛，难以尽述。在这里无法骑马，只能拄着手杖前进。让当地人乘着山驼引路，这里多雪涧冰溪，如果不依靠当地人做向导，怕要跌下去。到天大亮后才翻过这座冰山，这时只剩下七个僧人和二十多个雇来的人，损失人马三分之二。

其三，斗过强盗和劫匪的绑架抢夺。

在天竺各国寻师问法期间，有一次，玄奘和他的随行人员走进原始森林，突然遇上了几十名强盗。强盗捉住他们，剥光衣服，搜走全部财物，又把他们赶进一个干涸的池塘里，准备全部杀死。池塘里长满了荆棘，下面的淤泥深及膝盖，玄奘和大家只得泡在泥水里等死。幸而一个十分机敏的小和尚发现池塘岸边有个小洞，可爬进一两个人，便悄悄地扯了玄奘一把，趁着人声嘈杂，两人偷偷地爬进了小水洞。这个小水洞又通向山那边。他们在黑黝黝的小水洞里爬了二三里路，终于到了一个村庄，刚巧碰上一个正在耕田的农民。玄奘把遭遇强盗的事情告诉农民，那农民即刻吹号角告警，许多农民闻声而至，玄奘便带领这群人将强盗赶走，救出遇难的同伴。如果当时不是因为强盗们分赃不均引起争吵，没顾得上及时下手，玄奘和他的随行人员恐怕就难逃此劫了。

还有一次，玄奘和他的同伴乘船在印度河上航行时又遇上强盗。这一次强盗不仅是为了钱财，还要绑架一个体格健壮、容貌端庄的人祭神。这些人信奉的是突伽天神，每到秋季就要挑选一个质状端美的人，采其血肉以祭祀之。他们发现玄奘法师仪容伟丽，体骨相当，就想用他来充当祭品。玄奘警告强人：他是来请问佛法的，杀了他不吉利。贼人不予理睬，拔刀牵着他上了祭坛。到了这时候，玄奘反而毫无惧色。他对强盗说："你们既是祭神，就不要相逼太急，让我安心欢喜地为你们的神服务。"说完，从容地盘腿而坐，口中喃喃念诵起佛祖和菩萨的名号。同伴们急得大哭起来，他却丝毫不为所动。正当强盗们等着玄奘念经而不耐烦时，突然狂风骤起，雷声大作，暴风吹折了大树，卷起遍地风沙，河中强盗们的小船立即被掀翻了好几条。强盗们不知出了什么事，全部抱头伏在地下。好半天，才想到可能是触犯了天神，问："这坛上的和尚是什么人？"一个大胆的同伴趁机叫道："他是东土大唐来求法的玄奘法师。你们如果杀害他，必为佛所不容。难道你们还不知道天神已经发怒了吗！"强盗们很畏惧天神，此刻不由得不信，连忙向玄奘叩头谢罪。不是佛祖菩萨保佑，而是天然的巧合，突起的狂风飞沙，救了玄奘等人的命。

玄奘西行求法，面对的社会与自然环境极其险恶，可以说吉凶难测，前程渺茫，九死一生，历经劫难。《西游记》里标榜"九九八十一难"，历史事实上的艰难有过之而无不及。但玄奘笃信佛法，胆略过人；虔诚苦行，矢志不渝；勇敢坚毅，决不退却；奋不顾身，不畏生死。毛泽东说玄奘取经是"万里长征"，多次将其与中国工农红军的长征相提并论，在两者所经历的艰难险阻和表现出的牺牲精神、奋斗意志等方面，确有相似之处。

1934年红军的长征既不是一般意义上的"行军"，也不是一场声势浩大的战役，而是一曲人类的求生之歌，是一场生死攸关、征途漫漫的大转移，是一次险象环生、火烧眉睫的战斗。这是一次痛苦而豪迈的征程，也是一次付出巨大收获伟大的征程。走在这支队伍前列的人们，以执着的信念、勇敢的精神、卓越的智慧、无私的胸怀和兄弟般的情谊，带领这支队伍，从千山万水中走过来、从围追堵截中冲出来，也冲出了自身的错误、迷茫，走向成熟，走向独立，走向团结，走向壮大。诚如美国记者斯诺所言："这是一次可浓墨重彩、大书特书的远征。冒险、探索、发现、人的勇气和胆怯、狂喜和胜利；痛苦、牺牲和忠诚，而烈焰一般贯穿这一切的是那千万个青年的不息的热情、永不泯灭的希望和惊人的革命乐观主义，他们从不向人，或自然，或上帝，或死亡认输——所有这一切和更多的东西，都已载入了这部无与伦比的现代史诗中了。"

"红军不怕远征难，万水千山只等闲"的诗句，写尽了毛泽东面对艰险的乐观情怀。当他把眼光投向历史的时候，看到能与红军长征相匹敌相媲美的历史事件，唯有玄奘的西行取经了，他是将其引为同调的。从文化选择上来说，红军的长征也是向西方取经，是对西方马克思主义的具体实践。当然，毛泽东思接千载，强调唐三藏的学习外国比后代学习外国"困难得多"，话中的意思是今天人们学习苏联，要比玄奘取经容易多了，方便多了，对国家繁荣富强的实际价值也大多了，并以此说服人们以克服"抵触情绪"。唐三藏在如此艰难的情况下能向西方取经，现实中的人们在如此顺境下向苏联学习有什么办不到的呢？

为我们国家争了光

1962年，中印边境局势紧张起来。印度当局乘中国"三年困难时期"，想得到中国的领土，在中印近三百公里边界线上制造事端。鉴于中印关系一直比较友好，毛泽东对周恩来总理说：

"尼赫鲁是我们的老朋友，他是同我们建交的第二个国家，为新中国在世界地位的提高出过力，我们不能对不起人家。他不谈判，不要紧，我们可以等。谈判的大门，不能从我们这边关上。电告西藏张国华、新疆何家产，在边境纠纷中，我们坚持不先放一枪，不先伤一人，尽量避免流血事件的发生。但我们不能退，退了没得理讲。犬牙可以交错，要准备长期武装共处。总之，我们不想打仗，再做最后一次努力，让尼赫鲁走到谈判桌上来……"

可惜，印度无视中国的友谊和警告，1962年10月3日，印军考尔中将乘一架美国直升机从新德里军用机场飞抵前线，开始了大规模的调兵遣将。

中国边防部队将敌情变化紧急情况报告中央军委。同时，在前线开展了山地大练兵运动。

10月7日，中国外交部部长陈毅同印度大使班纳吉作双方交战前的最后一次会谈，会谈气氛紧张，隐带火药味。

10月8日，印度总理尼赫鲁乘坐专机飞往提斯浦尔，亲临前线去慰问大战前的印军官兵。考尔中将雄心倍增，自信果决地说："叔伯，我想把全线反击的日期定在10月20日，在这之前，做好一切准备。当然，不排除为争夺有利进攻出发地域而进行的局部战斗。不管怎么样，我将把最后的胜利——大印度完整、统一的版图奉献给您。"

尼赫鲁满意地点点头："很好，我的山鹰，这，我就放心了。"

这时的北京，香山，双清别墅。周恩来引导众将帅鱼贯进入会客厅，在这里举行战前重要会议——西山军事会议。会议由毛泽东主持，参加会议的有：国务院总理周恩来，外交部部长陈毅，国防部长林彪，叶剑英元帅，刘伯承元帅，总参谋长罗瑞卿大将，副总参谋长杨成武上将，总政治部主任肖华上将，总后勤部部长邱会作上将，西藏军区司令员张国华中将，新疆军区副司令员何家产少将……

毛泽东将烟蒂掐灭，说："今天找大家来，是开一个军事会议，我们和印度的边境纠纷，闹了好多年了，我们不想打仗，原来想通过谈判解决。可是尼赫鲁不想谈，调集了不少部队，硬逼着要和我们打一架。现在看来，不打是不行了。可打，怎么个打法？打成个什么样子？还请大家献计献策！下面，先请陈毅把外交斗争的情况介绍一下。"

陈毅介绍完情况后说："我们外交部虽然做了多种努力，但是尼赫鲁就是不肯坐下来谈，他尝到了'前进政策'的甜头，要硬着头皮走下去。看来，只好战场上见了。"

毛泽东说：

> 中印两国打仗，实在是很不幸的事情，最近我看了些有关印度的书，印度古代文明确实值得骄傲。唐僧西天取经嘛，六百七十五部经文就是从印度取回来的，陈玄奘也是为我们国家争了光的。当时有个婆罗门和尚写出印度教教义四十条，悬挂在他修行的那烂陀寺门口，扬言谁能破得一条，愿以头颅相谢，大有点拼命的味道。陈玄奘将其教义一条条破掉，从而赢得"大乘天"

威名，还骑着大象巡行观彩哩！（陈贵斌：《把握历史趋势的伟人》下卷，辽宁人民出版社1992年12月版，第1178—1179页）

毛泽东插话完毕，副总参谋长杨成武公布了当前敌情：

"印度于1954年成立东北边境特区后，不断增兵，加强中印边界的军事力量。同时修筑了边境公路、兵营和机场。现在，西段之敌有一个旅部、六个步兵营、一个机枪营及若干配属分队，共计五千六百余人，其中在侵入我国境内的四十三个据点上部署了一千三百余人。东段是印军准备向我大举进攻的主要方向，计有印第七旅的四个营，炮四旅二个营，第五旅的八个营。东段的兵力合计一个军部、一个师部、三个旅部、十五个步兵营，约一点六万余人，东西两段共集结二点二万人。另据情报，印正将东部印巴边界的两个师调往东北特区，不久，印军总数将突破五万人。现在，他们在我国境内部署据点一百余个，有的离我哨所只有几米远，有的揳入我边防哨所之间，有的甚至插到了我们背后。另据情报，印军10月初拟定'里窝那'计划，准备大举进攻，尼赫鲁已公开授命前线总指挥官考尔中将，让他'将中国军队驱逐出去'。"

毛泽东诙谐地插话说："剑英，那个新任命的前线指挥官，不是给你表演过进攻战术吗？能不能谈谈观感，让我们也开开眼界。"

叶剑英回忆说："五年前我带军事代表团访问印度。考尔那时还是第四师少将师长。他年轻时从英国的圣德赖斯特皇家军事学院毕业，二次大战中可能在缅甸参加过战斗，但没有实战经验，在同行中被讥笑为没打过仗的将军。我们访问时，他之所以要表演进攻战术，从某种意义上说，可能是为了改变自己的形象吧。

"那次他的表演可以说是圆满,很严密,几乎没有什么漏洞。正因为如此，我觉得太像演戏了，他把整个作战计划的每一个细节都背在脑子里。在这点上，我佩服他的聪明、刻苦。

"我和考尔接触得不多，总的感觉是刚愎自用，盛气凌人。他能倾听士兵的意见，却听不进将军的意见，这是他的致命伤。他喜爱音乐、戏剧，也爱好登山，经常在大雪封山的季节去巡视高山哨所，有许多冒险的经历，吹捧他的人称他为'胆大鬼'，是印度一个传奇式的人物。去年被尼赫鲁亲自授予维希特塞瓦一级勋章，好不风光哪！"

毛泽东说："好，这回就让他再风光一次。"

接着张国华中将、何家产少将介绍了面对之敌的态势和己方部队反击作战的具体部署及一些困难。关键问题是：东段之敌相对比较多，西藏军区难以再抽调部队加强作战力量。

周恩来说："可否从其他军区调一个军过去，最好有高原作战的经验，而且驻地离战区也不太远，便于迅速开进接敌。"

毛泽东又燃着一支烟，问："瑞卿，考虑好了没有，调哪个军上去？"

罗瑞卿说："我的意见是调五十四军上去，一来他们驻地在四川嘉江、雅安一带，离战区较近；二来他们有西藏平叛的高原作战经验。"

刘伯承插话说："主席，还记得腰折国民党七军的'丁大胆'叭，军长就是那个丁盛。"

毛泽东拍拍脑门："记得，记得，衡宝战役嘛！那是1949年和白崇禧打的一仗。白崇禧摆了个布袋阵，用七个师把突前的丁盛一个师团团围住，也想打个歼灭战哩。没想到牙口不过硬，被丁盛部的战斗小分队冲了个七零八落，白崇禧被粘了牛皮糖，甩又甩不掉，咽又咽不下，最后七个师被一锅端掉了。好，就用他，'丁大胆'与'胆大鬼'看看谁能碰过谁？"

西山军事会议确定了中国的边境反击战计划，后来的战争结果已世人皆知，山鹰"胆大鬼"考尔中将折断了翅膀，他没有也不可能把"最后的胜利"献给他的叔伯尼赫鲁总理。

毛泽东真是精通军事、挥洒自如、游刃有余的大政治家，在充满火药味的军事会议上他却大谈中印的传统友谊，谈印度值得骄傲的古代文明，谈万里长征到天竺国求法取经的陈玄奘为国争光的逸闻趣事。毛泽东讲的婆罗门和尚挑战陈玄奘，玄奘赢得"大乘天"威名，则是玄奘光耀佛界的两件大事。

唐太宗贞观五年（631），玄奘抵达中印度摩揭陀国那烂陀寺。这里不仅是当时印度规模最大的佛教寺院，也是一所培养佛教人才的最高学府，印度各地的求学僧徒纷纷汇集到这里。那烂陀寺是印度学术文化中心，聚集着大批最优秀的学者。不但保存有大量大、小乘佛教经典，而且存有许多天文、地理、医药书。那烂陀寺有僧众一万多人，每天有一百多场讲座。玄奘到达那烂陀寺时，一千多人手执幢盖、华香夹道欢迎。戒贤大师是该寺的住持，也是当时印度佛学界的泰斗，声望极高。玄奘到达后，戒贤热情地接待他，在生活上给予玄奘以上宾的待遇，还打破多年来不讲学的惯例，为玄奘讲了十五个月的《瑜伽论》。

为了满足强烈的求知欲望，他还到印度各地巡礼求学，掌握了印度各地方言，成为当时最博学的大学问家。他遍览各种佛教经典，遍学大小乘各种佛教教义；广游各地，遇名师便从听讲。他无书不读，兼容并包，天竺佛学的要义几乎被他吸收殆尽，故学问造诣之深，难有人望其项背。一时之间，声名鹊起，远播印度四方。

玄奘先后周游了印度五部的一百一十个小国家，他在那揭罗国参观了为佛教鼻祖释迦牟尼所建造的三百多尺高的宝塔；在乌仗那国见到了阿罗汉所造的百尺木菩萨像；在磔迦国跟一老婆罗门学《经百论》和《广百论》；在至那仆底国跟毗腻多钵腊婆学《对法论》。最后，玄奘来到摩揭陀国的那烂陀寺。

玄奘勤奋好学，谦恭有礼，深得戒贤真传。在戒贤大师的启发指点下，玄奘学业大有长进，成为第一流的佛教学者，玄奘以精通五十部经论的成绩取得了"三藏法师"的地位。当时那烂陀寺包括玄奘在内总共只有"三藏法师"十人。玄奘加入"三藏"行列，已经为国争光不少。

《西游记》中写到，唐太宗送玄奘远行时问："御弟雅号甚称？"玄奘道："贫僧出家人，未敢称号。"太宗道："当时菩萨说，西天有经三藏。御弟可指经为号，号作'三藏'何如？"

其实，"玄奘"就是法号，而"三藏"是对玄奘的尊称。《西游记》作者把三藏的来源说成指经称号，实在是误解。

佛教典籍共分三类：（1）素怛缆藏，意为"经藏"，乃释迦牟尼指导弟子修行时所说的教法；（2）毗奈耶藏，意为"律藏"，是释迦牟尼为其信徒制定的戒律；（3）阿毗达磨藏，意为"论藏"，为释迦牟尼弟子及后世高僧等解释经义、辩论法相的论著。藏的原意指盛放东西的竹箧，佛教中用来概括全部佛教典籍，有"包含万有"的意思；由于佛典分为经、律、论三部分，所以通常又叫三藏，而对那些通晓这些典籍的高僧，人们也就称为"三藏法师"。

"三藏法师"的称号来得实在不容易。通晓五十部经、律、论的人才可称为三藏法师。可不要小看"五十部"这个数字，因为每部经、律、论都有成千上万颂，一颂就是四句，一句就是三至七字，折算下来，一部经、律、论就是几十万字。而且都艰深难解，如前面提到的《瑜伽师地论》这一部佛经，就讲了十五个月。那烂陀寺成千上万僧众中，精通二十部经、律、论的有一千多人，精通三十部的有五百多人，精通五十部可称为三藏法师的在玄奘到达前仅有九人。按照那烂陀寺的寺规，那里应有十名三藏法师，但那么多年来寺里偏偏就补不齐这最后一名。后来，还是玄奘刻苦钻研，取得了这最后一个名额，正式成为一名三藏法师，其艰难程度，与《西游记》中皇帝轻飘飘地加封赐号，真有天壤之别。

玄奘法师学问造诣日益精进，不但以睿识渊学著称于世，更以博大通达令人服膺。当时五天竺佛教学派纷繁，法师虽多留心瑜伽宗，但并不鄙薄非难其他学派。他多次参加大、小乘教派的辩论会，只在取得教义的贯通，并不妄自尊大，因而多次获得殊荣。公元642年，玄奘周游百余小国后回到那烂陀寺，为全寺僧众讲经，并几次参加高僧论辩，学问得到公认。但是有个顺世外道的婆罗门不服气，铺述了四十条教义，悬挂在寺院门口，说："要是有人驳倒其中的一条，我愿斩首自责。"寺里的印度僧人都不敢出去揭榜应答。玄奘见此，便派仆人撕下条文，迎接挑战。顺世外道和玄奘法师往返辩驳几个月，终于理屈词穷，默然无对，只好说："愿依前约斩首相谢。"玄奘法师说："佛门弟子从不害人。"顺世外道又要求做奴仆，法师不肯，只收他做学生。以后，他又请这个被收做学生的婆罗门替自己讲解小乘的《胜论》。顺世外道惶恐不安，说："我如今是你的学生，怎么敢为您讲解经义？"法师说："这是别的学派，我没有学过，你但说无妨。"玄奘听了顺世外道的解说，疑惑处顿然冰释。对他说："前次论辩，你理屈词穷，现在替我解惑祛疑，一洗前耻，你可以不必再做我的学生了，何去何从，随你自便吧。"由此可见玄奘法师襟怀坦荡，不耻下问，从善如流。在场的人都为他的学问所惊叹，也钦佩他的度量。

公元640年，在印度也很有影响的一位小乘教派正量部大师名叫般若毱多的写了一篇《破大乘论》，声称大乘教派无人能驳倒其中的一个字，口气十分狂妄。他把论文拿到当时北印度的羯若鞠阇国戒日王那里，公然向那烂陀寺的大乘教派学说挑战。戒日王便命令那烂陀寺选派四名代表应战。那烂陀寺主持戒贤大师从众僧中选出四位学问最佳者，其中之一就是玄奘。论战刚开始，其他三位代表胆怯，说话吞吞吐吐，只有玄奘信心百倍，口若悬河。玄奘用梵文写了一篇《制恶见论》，针锋相对地驳斥了小乘教的观点，众人听了无不叹服。终于玄奘以雄辩的口才驳得般若毱多张口结舌，大乘教因此而取胜。

戒日王为玄奘的精妙议论深深折服，决定在首都曲女城举行规模空前的学术辩论大会，即印度历史上著名的曲女城法会，恭请玄奘为论主，使印度佛教的不同教派的僧侣集会，聆听玄奘的精辟议论。

会前，戒日王看了《制恶见论》，大为高兴，对本国的佛界领袖门师们说："弟子听说日光既出则萤火失明，天雷轰鸣则锤凿无声。师等所守之宗，他已都破了，师等可再匡救。"门师们无人敢应声，戒日王又对玄奘法师说："法师的《制恶见论》好极了，弟子和这些僧人都已信服，只怕其他家的小乘外道还执迷不悟,准备在曲女城为法师举行一次大会,叫来五印度的僧人及婆罗门、外道等,宣扬大乘的精微,以断绝他们的诽谤之心,显示法师的盛德,以摧垮他们的骄慢之意。"这清楚地表明,戒日王兴办曲女城法会,是为了平息教派纷争,高扬大乘教义。

公元641年春,辩论大会正式开始。曲女城法会,《三藏法师传》有详细记载。到会的有五印度中十八国的国王,精通大小乘的僧侣三千多人,婆罗门和露形外道三千多人,那烂陀寺僧一千多人。这些人都学识广博,能言善辩,想聆听法音,所以都来到会场,来到会场的还有他们的侍从,有的驭象,有的驾车,有的举幢,有的擎幡,各自围绕着,一簇簇的,好像云兴雾涌,充塞方圆几十里之地。

曲女城法会,玄奘作为主讲人,称颂大乘,讲述作《制恶见论》的要旨,又叫那烂陀寺明贤法师当众宣读。另外叫人抄写了一本《制恶见论》文悬挂在会场门外让大家看,倘若其中有一个字没有道理能被人驳倒,玄奘法师自愿斩首谢罪。这样到了晚上,还没有人敢和法师辩论,戒日王很高兴。法会继续进行,一连十八天无人对法师表示异议。

将要散会的那天傍晚,法师又称扬大乘,赞佛功德,使数不清的人们都弃邪入正,弃小乘而归依大乘。戒日王对玄奘法师越发尊重,叫侍臣装饰了一头大象,张起幢盖,请法师乘坐,叫贵臣陪从保卫,到大众中巡行告唱,以表示法师所立之义无人能驳倒,遵照印度的惯例,凡是辩论中取胜者都得如比。法师谦让不就,戒日王说:"这是自古以来的老规矩,不好违反。"于是众人捧着法师的袈裟,处处高唱道:"支那国(中国)法师立大乘义,破除了各种异见,十八天来无人敢于出面辩论,大家都应当知道。"大家都很高兴,争着为法师送上美称,大乘送的称号是"摩诃耶那提婆",汉译是"大乘天";小乘送的称号是"木叉提婆",汉译是"解脱天"。都向法师烧香散花敬礼,然后离去,从此法师的德音更加远扬。

曲女城大会,是佛教史上的空前盛会。法会人数之多,时间之长,规模之大,规格之高,景观之壮,结果之辉煌,影响之深远,衬托出玄奘法师备极荣宠。此时他真可谓声名卓著,誉满天竺。玄奘身为外国留学者,在那样困苦艰难的境况下,能以十几年的时间取得如此显赫、如此辉煌的成就,真可以说是大唐盛世的不朽盛事,中华民族的无上荣光!毛泽东浏览史籍,阅读"有关印度的书",不能不为一千五百年前先人的豪行壮举而骄傲。玄奘以苦行深钻求得的真知灼见,在佛教领域打遍天下无敌手,这不能不令每个炎黄子孙为之神往!

毛泽东在解决"边境纠纷"的军事会议上讲陈玄奘为国争光，讲古代中印的文化交流，是为了证明"中印两国打仗，实在是很不幸的事情"。"自古知兵非好战"，珍惜中印的友好传统，发展双边的和平外交，是毛泽东一贯的外交思想，也是新中国的一贯外交政策。毛泽东念念不忘印度是第二个承认新中国的国家。1950年5月20日，他在接受印度驻华大使潘尼迦星递交国书时答词："中印两国，国境毗连，在历史及文化上均有悠久而密切的关系……"1951年1月26日，他在印度驻华大使举行的印度国庆会上祝词中说："中国、印度这两个民族和两国人民之间的友谊，几千年以来是很好的。"1954年10月，印度总理尼赫鲁来访，毛泽东在与他的四次长谈中，数次谈到战争与和平问题。毛泽东引用伟大诗人屈原的诗句说"悲莫悲兮生别离，乐莫乐兮新相知"，把印度视为新中国的"新相知"，并说"我们同印度不需要互相防备着"，"我们应该共同努力来防止战争，争取持久的和平"。1957年9月19日，毛泽东在欢迎印度副总统拉达克里希宴会上讲话时说："中印两大民族自古以来就是好朋友，好邻居。"1957年5月13日，毛泽东在涉及印度的一个外交文件的批语中写道："总的来说，印度是中国的友好国家，一千多年来是如此，今后一千年一万年，我们相信也将是如此。"（以上引文见《毛泽东外交文选》，第133、148、174、289、376页）

无需再加引述，长达十年的外交实践，最好不过地证明了毛泽东是那样珍视中印之间"悠久而密切的关系"。当战争恶魔即将降临到两国边境的时候，他想起陈玄奘这位千余年前两国的文化使者和友好使者，表明一种理想与愿望，也是情理之中的事情。

赞赏玄奘带回六百多卷佛经

当我们叙述完20世纪60年代初期中印边境那场不幸事件，以及这个事件所折射出的玄奘文化使者、友好使者的光辉时，我们不能不再次时空倒转，去叙述毛泽东青年时代一次壮举中与佛学、与玄奘有关的一段经历。

1917年夏天，正在湖南一师读书的毛泽东，与同学萧子升利用暑假，不带分文，漫游五县。其间他们来到宁乡县沩山密印寺。该寺是佛教禅宗沩仰宗的发祥地之一，在佛教界名气很大。接待的两个和尚以为毛泽东与肖子升是来拜佛的，毛泽东解释说："是讨吃的。"和尚说："拜佛和乞讨本来就是一回事。"这个话题引起了毛、萧二人的思索。洗澡时，萧子升琢磨道："拜佛和乞讨怎么是一回事？"

毛泽东揶揄道："都是不劳而食嘛。"

萧子升摇头："也许其中有什么深奥的哲理。"

毛泽东仍不失戏谑："倒是符合佛祖众生平等的教义。"

"你为什么用这种口气说话？难道你母亲不信佛吗？就是儒学也是受到佛学的很大影响呢！"

> 我也受过影响，所以我用这种口气说话。可是我还是赞赏玄奘带回六百多卷佛经。他是唐朝人，现在还是家喻户晓，说明他不简单，很有成就。（权延赤：《卫士长谈毛泽东》，北京出版社1989年5月版，第245页）

沐浴之后，和尚转来："方丈有请，二位施主跟我来。"

方丈室清净简朴，四壁摆着经卷书刊，其中还有《老子》和《庄子》。桌上摆一只高花瓶，一个矮花盆，此外别无他物。方丈五十岁上下，面目慈祥，合掌施礼，然后请两位学生席地而坐。他注视一番来客，把话题转向佛典。

"毛施主，贫僧敢有一问，"方丈闪目望向毛泽东，"佛教何以在中国千年不衰？"

"自然是有人信它了。"

"简单了。"方丈摇头，"第一，它提供了一种完整的人生哲学，对世间的普遍真理有重要的阐扬。"

毛泽东不以为然，但能认真听。

"第二，历史上的帝王都有宗教的天性或哲学倾向。"

毛泽东想了想，说："我以为不是天性，是维护其统治之需要。"

"帝王有宗教的天性。"方丈坚持道，"特别是唐代的帝王，封孔子以王的称号，封老子为道家始祖，又派玄奘取回佛经，寺院遍及全国各地。这样，儒教、道教和佛教便共存于一种和谐的状态之中……"

"是的，中国没有像其他国家那样的宗教战争，一打就是几百年。"毛泽东说，"几个宗教能够和谐地共存，对国家来说不是坏事。"

这是一段很有趣的逸闻。青年毛泽东赞赏玄奘带回六百多卷佛经，认为他"不简单，很有成就"。许多读过《西游记》的人也关注唐僧到底从西天取回了哪些佛经。这在小说和正史上是大不一样的。《西游记》说佛经有法一藏，谈天；论一藏，说地；经一藏，度鬼。三藏合计三十五部，一万五千一百四十四卷。小说第九十九回又说唐僧到达雷音寺后，如来令人拈出一些，共五千零四十八卷让唐僧带回。最后，还列出这些经卷的目录：涅槃经，四百卷；菩萨经，三百六十卷……

上面的数字和名目，绝大部分是作者信口胡诌。鲁迅在20世纪20年代研究《西游记》时，就断定作者并不懂佛学。

那么，历史上的陈玄奘究竟从印度带回些什么经卷？据他的弟子在《三藏法师传》中记载，玄奘从西域带回了二十匹马驮的物件，主要有：

大、小乘佛经六百五十七部；

因明学、声明学经典若干（因明学即逻辑学，声明学即语言文字学。这些在古代印度也被包括在佛学之内）；

佛舍利一百五十粒（部分至今仍被保存着）；

高三尺三寸的金佛像、高四尺的如来银佛像及大小佛像若干；

印度的帐舆、做佛事的器具、僧尼的法服袈裟等。

这些物件都对后世产生了实实在在的影响，绝不像《西游记》所写的那样虚妄。

青年毛泽东与密印寺方丈探讨"佛教何以在中国千年不衰"的问题也颇引人注意。毛泽东认为一是有人信奉，即信徒众多；二是历代帝王维护统治的需要；三是儒、道、佛三教和谐共存，没有宗教战争对国家是好事。这时，毛泽东还不是马克思主义者，但他对佛教久盛的原因的认识和解释，显然比方丈深刻得多，正确得多。

青年玄奘创立新教派

1958年3月，中共中央在成都召开工作会议，史称"成都会议"。在这次会议上，毛泽东思如泉涌，滔滔不绝，前后有五次长篇讲话。在3月22日的《讲话提纲》中，他这样写道：

> 从古以来，创立新思想、新学派、新教派的，都是学问不足的青年人，他们一眼看去就抓起新东西，同老古董战斗，博学家老古董总是压迫他们，而他们总是能战而胜之，难道不是吗？……
> 创立学派问题……
> 没有学问的问题，向书呆子投降。
> 青年马克思、恩格斯的学问问题。
> 青年列宁的学问问题。

青年黑格尔

青年达尔文

青年牛顿

青年孔夫子

颜渊,曾参,贾谊,诸葛亮,王弼,玄奘,惠能,李世民(《建国以来毛泽东文稿》第7册,中央文献出版社1992年8月版,第116—118页)。

玄奘从天竺取经归国后,崇奉印度大乘有宗的佛教哲学,忠实地把这一派的学说介绍到中国,与自己的弟子窥基创立了唐代佛教的第一个宗派法相宗(又叫唯识宗),成为唐朝前期极其显赫的佛教宗派。这一外来思想当然是唯心主义的东西,但在当时也多少增添了哲学思维的活力,对唐代佛教的发展起了推动作用。

法相宗由分析法相而表达"唯识真性"。自称继承印度弥勒和无著、世亲的瑜伽行派学说,故提倡弥勒信仰;所依典籍号称"六经十一论"。玄奘糅合该派"十大论师"对于世亲《唯识三十论》的注解,编纂《成唯识论》,与《瑜伽师地论》为该宗的代表性著作。其门徒中注疏两论的人很多,以窥基的《成唯识论述记》《枢要》等最有影响。主张外境非有,内识非无,以"唯识无境"为基本理论;把"阿赖耶识"视作人生和世界的"根本依";从"三能变"说明一切现象的本源在于唯识;用"带相"说解释认识的对象,并说明有"离言自性"的存在。又将彻底转变凡俗的思想认识称作"转依",并规定为由迷而悟,由染而净全部修习的目的;转"八识"成"四智",束"四智"具"三身",是"转依"的具体内容,是觉悟成佛的最后归宿,也是菩萨永不离世间教化众生的事业。又用遍计所执、依他起和圆成实"三自性"说概括学说和践行;用"五位百法"为一切法分类,并作为践行修习的心理根据;用佛教逻辑"因明"学,作为成立唯识学说的论证工具。在说明阿赖耶识中"种子"时,既肯定"本有",也主张"新熏";既不承认阿赖耶识唯是清净心性,也不断言一定没有清净因素。"唯识真如"不离于识,但不属"种子";它遍在于一切众生,或称为"理佛性"。晚唐以后,法相宗"唯识"和"转依"的理论,多为其他宗派所吸收。宋元以降,法相宗被列为教门,主要在北方流行。到了近现代,再度兴起,成为佛教中影响时代思想最大的一种义学。公元7世纪,法相宗传入日本和新罗。

玄奘的思想包含着主观唯心论的世界观和形而上学的认识论,还提出了反映封建等级制的"五种性"说，带有明显的时代和阶级印记。由于唐太宗、唐高宗的大力支持，玄奘和弟子的积极努力，法相宗得以建立，并曾"盛极一时"。

创立新思想、新学派、新教派者，要有力避保守，思想解放，敢说敢做，冲决樊篱，藐视权威和老古董的精神状态。毛泽东在这次讲话中，提倡"高屋建瓴，势如破竹"的政治风格，鼓吹扫荡精神不振、奴隶主义、迷信古典的萎靡风气。他肯定玄奘创立新教派，其目的亦在此。玄奘西行求法回到长安，那时他已四十五岁左右，虽然已不是青年，且满腹经纶，一身学问。但是，它不囿旧说，创立新宗，确实需要勇气和胆识。

对唐代文化发展产生了极大影响

毛泽东的英文秘书林克，曾经在自己的回忆录《我所知道的毛泽东》中，提到毛泽东谈玄奘法师的历史贡献，他说：

> 我记得毛泽东曾说过：唐代的玄奘赴印度取经，其经历的艰难险阻，不弱于中国工农红军的两万五千里长征。他带回了印度佛教的经典，对唐代文化的丰富和发展，都产生了极大的影响。（林克：《我所知道的毛泽东》，中央文献出版社2000年2月版，第142页）

与林克谈玄奘，侧重点在西行求法对唐代文化发展的重大影响，梳理史料（主要是《大唐西域记》和《三藏法师传》），可以看到，玄奘的实践活动影响唐代文化发展、给历史以巨大贡献的，有这样一些内容：

影响之一，是翻译佛学经典，使其在全国广泛传播。玄奘回国后，组织译经僧，设立翻经院，大量翻译梵文佛经原本。译完之后，有的直送唐太宗、唐高宗阅览。例如，贞观二十二年（648）七月，刚刚译完《瑜伽师地论》，玄奘即向太宗简述了这部《论》的主要内容。太宗很感兴趣，派人去京城把《论》取来，亲自细读，发现他词旨深远，闻所未闻。就敕令官府挑选秘书省的书手，把玄奘法师所译的经论抄成九部，交付雍、洛、并、兖、相、荆、扬、凉、益九州辗转流传，让天下臣民都来听过去所没有听过的道理。唐太宗原先已应允为新译经论作序，由于国务繁忙，无暇考虑，这时立即动笔，很快写成，叫作《大唐三藏圣教序》，共七百八十一字，由太宗亲自书写，并下令置于众经之首。太宗坐在庆福殿里，百官侍卫，请法师就座，叫弘文馆学士上官仪将御制序文向百官宣读，文辞华美，对法师极其褒扬。佛教经典译著由于得到了官府的推行，又得到最高统治者的称扬，因此风靡全国，大为普及。

影响之二，是建造宏伟佛塔，使佛教盛事永世流传。唐高宗永徽三年（652）三月，玄奘法师想在慈恩寺南门外造一座石塔，收藏从西域带来的经本、佛像，担心人世变动无常，要避免经本散失，还要防御火灾。修建之前，先上表奏闻。唐高宗李治派中书舍人李义府来答复法师说："所营石塔工程浩大，恐怕难以很快建成，应用砖造。也不愿法师辛苦，已经叫大内、东宫、掖庭宫等七宫把已去世者的衣物捐助法师，足够办成此事。"于是用砖，并改在慈恩寺内西院建造。塔基每面各长一百四十尺，模仿西域格局，不遵照国内旧式。塔有五层，加上相轮、霜盘总共高一百八十尺。每层中心都藏有舍利，最上面一层用石建成小室。塔南面有两块碑，分别镌刻着唐太宗、唐高宗两位皇帝撰写的《三藏圣教序》和《述三藏圣教序记》，是尚书右仆射褚遂良所书写。建塔过程中法师亲自背着竹筐搬运砖石。前后经过两年，大功告成。这个藏经之塔，即现在的西安大雁塔（慈恩寺塔），至今仍巍然屹立。

影响之三，是口述《大唐西域记》，为当时和后世研究西域和印度史的唯一重要著作。贞观十九年（645）二月，回国不久的玄奘法师谒见唐太宗于洛阳宫。唐太宗广泛问及途中所见。玄奘既然亲游其地，耳闻目睹，对从雪岭以西至印度境内的山川景象，物产风俗，八王故迹，四佛遗踪，以及西汉张骞所未曾到过、司马迁的《史记》没有记载、班固的《汉书》所未闻的许多事情记忆无遗，对答如流。唐太宗听后大为喜悦，对玄奘说："佛国辽远，所有法教灵迹，前史不能详述原委，你既亲见亲闻，何不撰写一书，以传于后，给不知道情况的人看。"玄奘当即答应下来，这就是第二年由译经僧辩机依据玄奘口授记录、整理、编定的《大唐西域记》。这本书记述了玄奘西行求法所亲历一百一十国和得知于传闻的二十八个以上城邦、地区、国家的情况。详述其地理位置、佛教古迹、历史传说、人物传记等，对各地山川地形、城邑关防、交通道路、风土习俗、物产气候、文化政治等项多有记载。许多内容为《唐书》所未载。涉及的地区除中国西北以外，西至今伊朗和地中海东岸，南达印度半岛、斯里兰卡，北抵今中亚南部和阿富汗北部，东到今中南半岛和印度尼西亚一带。是研究中亚和南亚历史、佛教及中西交通史的宝贵文献，也是研究中国西北地区各民族历史、地理的重要材料，向来为世界学者重视。玄奘的声名远播后世，在很大程度上和这部伟大的著作有关。因为玄奘在佛教中的影响虽然深远，但毕竟还是在佛教范围之内。中国历史上佛教高僧并不少见，至今还为人们所熟知的能有几位？他们的著作被译成多国文字至今仍有价值和活力的，又能有几部？恐怕没有一部能与《大唐西域记》相比。这部书当时对唐王朝的贡献也是很显然的。唐朝初建，疆域未广，唐太宗出于开疆拓土、平定西域的目的，需要仔细了解西域各国的政治、经济、军事和地理状况。

这部书在一千多年之后的今天，仍然是研究中西文化交流史、中西交通史、中亚南亚史等的重要资料。在印度，这部书显得尤为重要。因为由于战乱等原因，7世纪前后（也就是玄奘取经的那一段时期），印度历史的文字记载非常少，几乎成了一段空白。而《大唐西域记》恰恰弥补了这一缺憾。印度近代的历史学家、考古学家在仔细研究了玄奘的记载之后，采取复原玄奘当年行程，步步追踪的办法，终于探明和发掘了王舍城旧址、鹿野寺古刹、阿旃陀石窟、那烂陀寺遗迹等重要文物古迹。如今这些地方都成了重要的旅游景点。为了纪念玄奘，中国和印度政府1950年在重新面世的那烂陀寺旧址上，也就是玄奘当年居住的原地，修建了一座中国式的玄奘纪念堂。

影响之四，交结天竺国佛学学者，推动东土大唐与西域天竺的文化交流。玄奘法师在五天竺问法求学之时，友人遍布四方。回到东土以后，这种联系仍未中断。例如，唐高宗永徽三年（652）五月，中天竺国大菩提寺僧人法长来到长安。带来了大菩提寺高僧智光、慧天等人给玄奘法师的信件。智光对大、小乘以及教外著作、四《吠陀》、五明论等无不通晓，是戒贤门下的头面人物，为五天竺学者所尊崇。慧天对小乘十八部精熟博通，作为法匠也为人们推重，玄奘法师游学天竺时常和他切磋讨论，他虽在小乘方面功底深厚，但对大乘的《大方等大集经》未曾留意，由于他固守偏见，常为玄奘法师指责，曲女城大会时，他又深受挫折，也有所惭服。自和玄奘法师分别以后，思念不忘，就请同寺僧人法长带来书信和赞颂文字以及两端细棉布，对玄奘法师极为称扬。永徽五年（654）二月，法长告辞回国，并索取复书，玄奘法师写好了，并附上礼物，抄录上报朝廷之后，交给法长带往中天竺。玄奘还将印度久已失传的《大乘起信论》和中国古代哲学名著《老子》由中文译成梵文，流传于印度，为中印文化交流做出了卓越的贡献。

由于玄奘法师毕生致力中印友谊和文化交流，所以直到今天，玄奘留学与讲学那烂陀寺及主持曲女城学术辩论大会等故事，还在印度人民中广泛流传。印度的教科书里有玄奘一课，印度的博物馆里陈列了玄奘负笈求经的图像，把他当作"圣人"。有关印度的历史著作，如《剑桥印度史》，辛哈·班纳吉的《印度通史》、潘尼迦的《印度简史》、尼赫鲁的《印度的发现》等书，无不盛赞玄奘。拉德利西南著《印度与中国》一书写道："在到过印度的许多中国人之中，玄奘无疑是最伟大的一个。他是中印文化合作的象征。"

鲁迅先生说过："我们从古以来，就有埋头苦干的人，有拼命硬干的人，有为民请命的人，有舍身求法的人，这就是中国的脊梁。"（《中国人失掉自信力了吗！》，《鲁迅全集》卷六《且介亭杂文》）玄奘无疑包括在鲁迅先生所肯定的舍身求法的人物之中。在一千三百多年以前交通极其原始、条件异常艰苦的情况下，具有玄奘这样长途跋涉、西行求法经历的人是绝无仅有的。所以，在他载誉归来的时候，在全国引起了很大的轰动。由于他对佛学造诣极深，有独到的见解，许多学者、僧侣都慕名而来，向他请教学问。甚至不少外国的僧侣也不远万里来到长安，拜他为师。作为一位求学异域、旅行考察的先驱者，毛泽东对玄奘的评价，几乎涵盖了他一生的主要业绩和杰出贡献。作为一位学者，玄奘取经的壮举，在中印文化交流史上，写下了光辉的一页。他那传奇般的经历，令人荡气回肠；他的百折不挠勇往直前的精神，使后人敬仰；他的渊博的学识智慧，使人赞佩；他那包容异族文化的气派，让人钦服。玄奘学成归国、不恋殊荣的爱国思想，至今仍然博得人们的叹慕，而他那种求学远方、名闻异邦的卓越成就，也深得人们的敬仰。

唐僧就是一个大翻译家

(唐僧之二)

> 中国历史上也有翻译工作,唐僧就是一个大翻译家,他取经回来后设翻译馆,就翻译佛经。《鲁迅全集》开卷第一页,有蔡元培写的一篇序,其中有几句写得不错。他说鲁迅是一个既博览又很谦虚的人,翻译了许多外国文学家的作品,翻译的作品占了他的全集的一半。所以,轻视这个工作和对这个工作的动摇都是不对的。

毛泽东:《毛泽东文集》第三卷,人民出版社1996年8月版,第418—419页

唐三藏对佛学的贡献,进而对中华民族文化发展史的贡献,不仅在于他是旅行家,是佛学家,是艰苦备尝的"取经"人,而且还在于他是翻译家,是用毕生心血翻译佛经的"译经"者。他的译经,成绩斐然,功勋卓著,他因此成为佛教史上四大译经者之一,且处于领先地位。

学个唐三藏　做翻译工作

毛泽东赞扬唐三藏的取经贡献,也肯定他的译经功绩,论定他是中国历史上的大翻译家,并把他作为翻译工作的榜样。提起这个话头的时间是1942年9月15日在延安。那时何凯丰任中共中央宣传部副部长,毛泽东在致他的信中谈到中央要设编译部的事情时说:

> 整风完后,中央须设一个大的编译部,把军委编译局并入,有二三十人工作,大批翻译马恩列斯及苏联书籍,如再有力,则翻译英法德古典书籍。我想亮平在翻译方面曾有功绩,最好还是他主持编译部,不知你意如何?不知他自己愿干否?为全党着想,

与其做地方工作，不如做翻译工作，学个唐三藏及鲁迅，实是功德无量的。(《毛泽东书信选集》，人民出版社1984年8月版，第202页)

据《三藏法师传》记载，唐三藏翻译佛经有三个特点：

首先是唐三藏淡泊名利，宁舍高官厚禄，也不舍翻译佛经。

唐太宗贞观十九年正月七日（公元645年2月8日）玄奘法师带着佛经佛像到达长安，受到唐王朝高层官员最隆重的迎接。法师沿漕河道进入长安城，住在都亭驿，随从侍候人众群集如云。

正月二十二日，玄奘法师从长安前去洛阳宫拜谒太宗皇帝。二月一日，在仪鸾殿相见，太宗对他予以隆重欢迎和慰问。就座后，太宗说，"法师能舍身求法，以惠利苍生，朕极为赞许。"太宗发现法师有担任公卿的才能，就劝他还俗，协助自己处理世俗之事，法师辞谢道："玄奘从小选入释门，笃信佛教，教法是熟悉的，孔门的学问却很生疏，如今让我还俗，无异使河流里的船离水上岸，不仅不起作用，而且只能使它变成朽木。希望终身传法，以报国恩，这是玄奘最大的愿望。"法师这样地坚决辞谢，太宗才作罢。

当时太宗正准备用兵辽东，全国兵马已集中到洛阳，军务繁忙紧迫，听说法师来到，请入朝廷，本想只作短暂会见，可一谈下去就不知不觉到了黄昏。赵国公长孙无忌启奏说法师在鸿胪寺住宿，天晚恐怕赶不回去，太宗说："时间仓促话说不完，想请法师随我东行，领略地方上的风光民俗，在我指挥用兵之暇，抽空再作长谈，法师是否同意？"玄奘法师答道："陛下东征，六军奉卫，征伐乱国，诛讨逆臣，像周文王那样有牧野之功，像东汉光武帝刘秀那样有昆阳之捷，玄奘自思对行军作战无能为力，徒然增加途中麻烦。再说兵戎战斗，戒律禁止观看，这是佛说过的，我不敢不奏明。望陛下体察苦衷，则玄奘幸甚。"太宗听说，只好作罢。

法师上奏太宗道："玄奘从西域获得的六百多部梵文经本，一个字都没有翻译。如今得知嵩山之南、少室山之北有个少林寺，远离尘俗，泉石清闲，是北魏孝文帝所建，是当年菩提留支三藏译经之处。玄奘希望能在那里为国家翻译经本，愿听取陛下的意见。"太宗说："不用在山里，法师当年去西方后，朕给穆太后在西京长安建造了弘福寺，寺中的禅院十分清静，法师可去那里翻译。"太宗还告诉法师，需要什么都请和房玄龄商量。

三月一日，法师从洛阳回到长安，就住进弘福寺。准备进行翻译工作，开具所需的证义、缀文、笔受、书手等人数，报告留守司空房玄龄。房玄龄叫人写好文书派使者去定州启奏太宗。太宗传旨照法师所需供给，务必周全。过去翻译的佛经，多根据西域传来的本子，并非印度原本，其中难免失实。玄奘从印度直接携回佛教经论六百五十七部，这就为高质量的译本提供了基本保证。玄奘在语言学上有着很深的造诣，他精通梵、汉两种语言，在印度留学期间，又对佛教各派的学说进行了深入的研究，他的翻译既准确传神，又华美典雅，人们称赞他出口成章，助手们只要如实记下，就可成为观览诵读的精妙文字（《续高僧传》卷四《玄奘传》）。另外，南北朝以来为了适应大规模译经的需要，国家已开始设置专门的译经机构，叫作译场（也叫译院），玄奘进一步把译场的组织健全起来，他本人担任译主，下设证义、缀文、字学、证梵语梵文以及笔受、书手等专职僧侣，这批人集中了当时国内的一流人才，他们各有专长，分工细密，职责明确。译主玄奘还在前人基础上，提出了更加严密的翻译理论，使译文更加准确，更为规范。

六月二日，证义高僧熟悉大小乘经论为人们所推崇的十二人来齐，他们是京城弘福寺僧灵润、文备，罗汉寺僧慧贵，实际寺僧明琰，宝昌寺僧法祥，静法寺僧普贤，法海寺僧神昉，廓州法讲寺僧道琛，汴州演觉寺僧玄忠，蒲州普救寺僧神泰，绵州振音寺僧敬明，益州多宝寺僧道因。又有缀文高僧九人来齐，是京城普光寺僧栖玄、弘福寺僧明璇、会昌寺僧辩机、终南山丰德寺僧道宣、简州福聚寺僧静迈、蒲州普救寺僧行友、栖岩寺僧道卓、幽州昭仁寺僧慧立、洛州天宫寺僧玄则。又有字学高僧一人来到，是京城大兴善寺僧玄应。还有证梵语梵文高僧一人来到，是京城大兴善寺玄谟。此外笔受、书手以及官府供给的东西也都齐集。至此，玄奘组织起译经的班底。

贞观十九年（645）七月一日，玄奘手持贝叶经本口译梵文，开译《菩萨藏经》《佛地经》《六门陀罗尼经》《显扬圣教经》四部经论。其中《六门经》当天就译完，《佛地经》到十五日译完，《菩萨藏经》《显扬论》到年终才译完。

贞观二十年（646）二月里开译《瑜伽师地论》。贞观二十二年（648）春天，太宗到玉华宫。五月十四日，法师翻译《瑜伽师地论》完毕，共一百卷。七月一日，玄奘法师去玉华宫玉华殿谒见唐太宗，两人谈论得很高兴。向太宗简述了这部《论》的主要内容。太宗很感兴趣，派人去京城把《论》取来，亲自细读，发现它词旨深远，闻所未闻，就敕令官府挑选秘书省的书手把法师所译的经论抄成九部，交付雍、洛、并、兖、相、荆、扬、凉、益九州辗转流通，让天下臣民都来听过去所没有听过的道理。太宗原先已应允为新译经论作序，由于国务繁忙，无暇考虑，这时法师再次启请，太宗方才动笔，很快写成，叫作《大唐三藏圣教序》，共七百八十一字，由太宗亲自书写，并下令置于众经之首。太宗坐在庆福殿里，百宫侍卫，请法师就座，叫弘文馆学士上官仪将御制序文向百官宣读，文辞华美，对法师极其褒扬。

唐三藏译经的第二个特点是专心致志，心无旁骛，达到了如痴如醉的境界。

贞观二十二年（648）十月里，太宗离宫返回长安皇宫，玄奘法师也随同前来。此前太宗命令官府在宫城北阙紫微殿西边单独修建了一所房屋，叫作弘法院。法师回来后就居住在这里，白天为太宗留在宫内谈话，夜晚就回院译经。又译了无性菩萨所阐释的《摄大乘论》十卷、世亲所阐释的《摄大乘论》十卷、《缘起圣道经》一卷、《百法明门论》一卷。

这时新修的道场大慈恩寺已经落成，另外建造了翻经院，皇太子李治传令请法师搬来这里译经，并主持寺务。从此以后，唐三藏专心致志从事翻译，分秒不虚度。每天自定课程，用笔在经本上做好标记，如果白天有事没能完成，就连夜赶译，译到标记之处，方才停笔。收起经本后，又向佛像礼拜绕行，到三更才睡。五更又起身，诵读梵本经文，用朱笔点定，准备天明后翻译。每天饭后和黄昏时讲解新经论，并回答各州前来听讲的僧人们提出的问题。到了夜里，本寺弟子一百多人都来请教，挤满了廊庑，法师都回答指点，无所遗漏。尽管事情繁忙，法师仍应付裕如，绝无迟滞。还常和高僧们谈论西方圣贤立义，诸部异说，以及少年时在国内周游学习的经历，高谈阔论，不感到疲倦，精力过人。

唐高宗（李治）显庆元年（656）正月二十三日，黄门侍郎薛元超、中书侍郎李义府参见玄奘法师，并问道："译经固然是佛门的美事，不知道还可做什么事情来弘扬佛法？又不知道古来翻译的仪式是什么样？"法师答道："佛经玄远深奥，融通宣扬确实不易，在内住持阐述，自然是佛门之事，在外庇护倡导，则要依靠帝王，正如舟船进入大海才能驶行千里，藤葛攀附巨松才能高耸百尺，只有附托胜缘，方能广益。汉、魏时代遥远，已不很清楚，这里只讲讲五代时苻秦、姚秦以来僧众之外赞助翻译经论的君臣：苻坚时昙摩难提译经，有黄门侍郎赵政执笔；姚兴时鸠摩罗什译经，有姚兴和安城侯姚嵩执笔；北魏菩提留支译经，有侍中崔光执笔并撰写了经序；齐、梁、周、隋也都是这样，到贞观初年波颇罗那译经，也敕令左仆射房玄龄、赵郡王李孝恭、太子詹事杜正伦、太府卿萧璟等人监阅编次。唯独如今没有这么办。再有大慈恩寺是圣上为文德圣皇后所营建，雄伟壮丽，古今无与伦比，但还没有建立碑石，以垂芳后世，如今要显扬佛法，无过于做这两件事。诸公如能代为进言，这两件事定能办到。"薛、李二人许诺辞去。第二天上朝时替法师陈奏，唐高宗李治都同意，决定派尚书左仆射于志宁等协助译经，帮助修改润色；高宗亲自撰写碑文。

唐三藏译经的第三个特点是置生死于度外，"鞠躬尽瘁，死而后已"，译经直至生命的最后一息。

玄奘早年勤苦学习，以后前往西方，跋涉冰山雪岭，得了一种冷病，每当发作时就感到心口堵塞，困苦不堪，多年来依靠药物支持。这年夏天五月，因暑热乘凉，旧疾发作，几乎濒于危殆，僧俗都为之忧惧，中书省也特为奏闻，唐高宗派遣名医蒋孝璋和针医上官琮专职治疗，所需药物均由宫里送到，宫里每天几次派人前去探望病情，递报消息，就连睡眠休息，都由宫里委派内行料理……蒋孝璋等人侍候医药，日夜不离，过了五天后病情好转，内外始得安心。

显庆二年（657）二月，玄奘法师跟随高宗到洛阳宫，住在积翠宫翻译佛经。先前他在京师时，已翻译《发智论》三十卷和《大毗婆沙论》，尚未译完。这时高宗通知玄奘法师说："准备翻译的经论，尚无译本的先译，已有的放到以后再译。"法师上表说："……《发智论》及《大毗婆沙论》共二百卷，国中旧译本仅有一半，一百来卷，译文还多有讹误，如今重新整理翻译，去年秋天以来已经译出七十多卷，还有一百三十卷没译。这部《论》对学习佛法极为切要，希望能让译完。其余经论如果详略不同及译文错误太多，也希望能随时译出，以副圣意。"高宗表示同意。法师在积翠宫中译经，片时不停，积劳成疾。高宗得了奏报很忧虑，即刻派供奉内医吕弘哲带上敕旨慰问法师。过了三天，派使者把法师接进宫里，尽心供养，过了好多天才敕送法师回积翠宫继续译经。

同年七月，高宗敕请玄奘法师移居西明寺。高宗因法师为先朝所敬重，即位后愈加尊崇，去慰问的宦官、朝臣络绎不绝，施与的绵帛绫锦前后有一万多段，各种法衣也有好几百件。法师领受后，都用来为国家造塔及写经造像，还施舍穷人和外国的婆罗门等。随得随散，无所积蓄。中国重视《般若经》，前朝虽有译本，并不详备，僧众请法师重新翻译。但《般若》部帙浩繁，京城中杂务缠扰，加之寿命有限，法师担心不能完成，向高宗提出到玉华宫去翻译，高宗同意。显庆四年（659）十月，法师从京师出发去玉华宫，协助译经的高僧和门徒们一同前去，所需各种物品完全按照京城中的旧例供给，到达后入居宫里的肃诚院。

显庆五年（660）正月一日，开译《大般若经》。这部经的梵文原本有二十万颂，文字繁多，门徒多次请求翻译时加以删节。法师准备接受大家的意见，像当年鸠摩罗什所翻译的那样，删除繁重。但是玄奘没有这样做，他想办法说服众位译经僧，不再考虑删节，完全依照梵文原本译出。法师在西域得到的《大般若经》原本有三部，翻译时遇到文字可能有错误之处，就用三个本子互校确定，反复推敲，然后才写出译文，审慎之心，自古以来没有人比得上。玄奘法师在翻译这部大经时，常忧虑死期将至，总是一刻不停地工作，他对僧众说："玄奘今年已六十五岁，一定要死在这寺里了，这部经部头甚大，常怕译不完，希望大家加倍努力，勿辞劳苦。"到龙朔三年（663）十月二十五日，方才搁笔，一共六百卷，称为《大般若经》。法师合掌称庆，对徒众说："这部经与此地有缘，玄奘能来这玉华寺，是经的力量啊。从前在京师，诸事干扰，没完没了，如今得以译完，都靠诸佛庇护，龙天扶佑。这部经是镇国之书，人天大宝，众人应当欢喜庆贺。"

三藏法师译成《大般若经》后，感到体力衰竭，知道死期将至，对门人说："我来玉华寺，本为了《般若》，如今已经译成，我的生命到了尽头，我死后，你们料理我的后事务必俭省，可以用粗席裹身发送，选择山涧僻静之处葬埋，切勿邻近宫寺，污秽不洁之身应该远离才好。"门徒们听了十分悲哀。

唐高宗麟德元年（664）正月一日，译经高僧和玉华寺僧众又恳切请求三藏法师翻译《大宝积经》。法师看到大家情意诚挚，勉强翻译了几行，就收起梵文经本，对大家说："这部经的部帙和《大般若经》相同，玄奘自量精力，不能再承担，死期将临，已为时不远，现在想去兰芝谷等处向所修造的十俱胝佛像礼拜告别。"说罢就与门人一同前去，僧众相对无不潸然泪下。法师礼拜后回到寺里，专心修持，不再翻译。二月五日（664年3月8日）玄奘法师逝世。他前后译经二十年，翻译佛经共七十四部，总一千三百三十五卷。法师逝世，高宗哀伤地说："朕失掉国宝了！"又说："这何异于苦海方阔，渡船忽沉；暗室尚昏，灯炬熄灭。"为法师送葬之日，京城和各州来人有一百多万。

柏乐天教授在《伟大的翻译家玄奘》中说："在全人类的文化史中，只能说玄奘是第一个伟大的翻译家。中国很荣幸是这位翻译家的祖国，只有伟大的中国才能产生这么伟大的翻译家。""他的翻译……是中印两民族的共同遗产。"

当我们叙述这些谁听了都会为之动容的译经故事时，一位古代伟大的翻译家的形象就在我们面前树立起来了。1942年，共产党人正在进行意义重大的延安整风，这时更需要马克思主义的思想武装，而其前提是要有大量的翻译成中文的马列著作的出版。毛泽东倡导"学个唐三藏"，在于引导党的编译部门的工作者更加热爱本行工作。这时，毛泽东也推出了一位在翻译马列著作上"曾有功绩"的人物来主持"编译部"的工作，他就是吴亮平。

吴亮平，又名吴黎平，浙江奉化人。1925年到莫斯科中山大学学习，与张闻天等翻译了《法兰西内战》《国家与革命》《社会主义从空想到科学的发展》等马列著作。在翻译和传播马克思主义著作方面做出了重要贡献。1929年回国后，任中共中央宣传部《环球》周刊主编，编写了《社会主义史》《辩证唯物论和唯物史观》等介绍马克思主义哲学和科学社会主义原理的通俗读物，并作为中宣部的代表指导中央文化工作委员会的工作。推动了左翼作家联盟和社会科学家联盟等进步团体的成立。1930年，他被王明打击撤职后，在艰苦的环境中翻译了《反杜林论》，首次把这部重要的马克思主义著作介绍给中国人民。

吴亮平学识渊博，精通英、俄、德文，他翻译了多本马列主义著作，成绩杰出。后来，吴亮平曾经回忆了自己参与翻译马列著作的情况：

> 我是1925年到苏联上中山大学的……我们同去的有沈泽民、张闻天等。莫斯科中山大学的读书条件并不好，马列的许多书没有翻译过来，仅有陈望道译的《共产党宣言》和《共产主义ABC》等等，教员也是俄国教员，一上课，好多人不懂俄文，只能干瞪着眼睛，那时不仅生活困难，学习上也很困难。驻共产国际的代表瞿秋白、向忠发给代表团布置任务，说到莫斯科没有书读，英文只有少数人懂，俄文更少，代表团应建立一个翻译组，把一些懂英文的、俄文的组织起来，一面口译一面笔译。参加这个组的有张闻天、沈泽民和我。实际上我党有组织有计划地翻译马列著作是从这时开始的。我记得当时翻译出来的有《法兰西内战》《两个策略》《国家与革命》《共产主义运动中的左派幼稚病》《社会主义从空想到科学的发展》等等。《反杜林论》就是在这时准备资料，酝酿翻译的，但正式翻译是在我回国后。
>
> 我于1928年冬回国，那时党中央还在上海，分配我到中宣部工作……正当国内的工作做得有劲的时候，王明回国了。王明也是1925年出去的，这个人品质不好，喜欢拉拉扯扯，我在苏联时就对他看不惯，提过意见，因此对我怀恨在心。他回国后在中央宣传部当秘书，那时共产国际的远东部副部长米夫很器重他，他有后台，因此一到中宣部就讲了一大堆帽子，对我也说了一些乱

七八糟的话，把我从中宣部撤掉，下放到地下支部，搞写标语、喊口号、发传单等工作。当时我有气，心说：你王明撤我的职，撤不了我的决心。1930年春，我开始翻译《反杜林论》，记得是在上海的亭子间里翻的，整整干了一个夏天，挥汗翻译《反杜林论》。从这年4月干起，到8月完成，将近五个月的时间。书翻出后，我拿到和我们有关系的地下书店去出版，11月就出来了，是江南书店出的。这是第一次翻译《反杜林论》，在那种情况下，可想而知缺点是很多的。我是根据俄文，参考英文、德文翻译的。现在看来挺有意思，倒是王明对我的迫害促成翻译了《反杜林论》，没有他，我还不定哪一年才能翻成。坏事变好事。（《说不尽的毛泽东》上卷，辽宁人民出版社、中央文献出版社1993年12月版，第129—130页）

1932年，吴亮平从上海到达中央苏区瑞金，被中央局分配到红军学校做政治工作。

有一次，在开群众大会的时候，吴亮平在台下听着，恰好毛泽东也站在一边听着，离他不远。这时有位热心的同志就向毛泽东介绍说："这位是吴亮平同志。"

毛泽东点点头，接着问："你不是翻译过《反杜林论》吗？你最近不是还在《实话》上写了一篇痛骂蒋介石的文章吗？"

"是的，文章写得不好。"

"骂得好。"

三个月以后，吴亮平又被调到中央工农政府做经济工作，而毛泽东正是他的直接领导。两人接触的机会多起来了。毛泽东当时对《反杜林论》一书很感兴趣，经常带在身边。他知道吴亮平是此书中文的译者，便经常与吴亮平一同讨论此书所阐述的一些理论问题。

1934年10月长征开始。在长征途中，毛泽东丢了不少衣物，但吴亮平翻译的《反杜林论》和一些其他的马列书籍，却舍不得丢，一直随身带到陕北。

1936年7月，美国记者埃德加·斯诺来延安访问，由吴亮平担任翻译。在他的配合下，斯诺与毛泽东的谈话进行得很顺利。正由于这一点，1938年夏，毛泽东接到一位美国人的信，觉得自己太忙，叫吴亮平起草回信比较妥当，于是写信给吴亮平，信云：

亮平同志：

  接了美国一位同情者的信，我想请你起草一封回信。信内除感谢她外，并说及八路抗战情形，请他转告美国兄弟姊妹们多给我们援助，我们和他们总是站在一起的。如何，盼示！

  敬礼！

毛泽东
六月十五日

  吴亮平收信后，就替毛泽东起草了回信。

  1939年，毛泽东曾建议吴亮平将《反杜林论》再重新修订一遍。于是，吴亮平接受了毛泽东的这一建议，将《反杜林论》的译文作了全面审校，由延安解放社重新出版发行。

  《反杜林论》是马克思主义的一部重要的经典著作。恩格斯著，写于1876—1878年。它是作为德国社会民主党内思想斗争的直接结果而产生的。这部著作全面阐述了马克思主义的三个组成部分。书稿得到马克思的赞同，其中第二编第十章《批判史论述》即为马克思撰写。

  后来，毛泽东评价吴亮平翻译《反杜林论》时说，"其功不下于大禹治水"。那是1973年，周恩来在国务院一次司局长干部会上，传达毛泽东讲话指出：主席讲，吴亮平"其功不下于大禹治水"，大禹是用疏导的办法来治水的，吴亮平把《反杜林论》从国外介绍到中国来，把毛泽东介绍中国党、红军、中国革命的情况，通过斯诺的谈话介绍到全世界去（吴亮平是斯诺与毛泽东谈话时的翻译，也是《西行漫记》的中文译者）。这一来一往，一进一出，此过程就像大禹治水一样。

  《反杜林论》是毛泽东非常喜爱的一部哲学经典。众所周知，毛泽东在自己的文章中很少成段地引用马列原文，但在他1937年8月写作哲学名篇《矛盾论》时，却大段地引用了《反杜林论》中第一编第十二节的"辩证法·量与质"，引文长达四百余字。毛泽东用恩格斯的论述来说明自己的观点，这足以说明他对吴亮平翻译的《反杜林论》（那时国内只有吴译本）的熟悉和爱好。

  毛泽东对翻译工作，对中外文化交流，对引进外来先进文明成果，认为很有必要，极其重要，"功德无量"。这对今天的改革开放也不无启发和指导意义。

中国历史上也有翻译工作

1945年4月，党的第七次全国代表大会在延安召开。党的理论建设，对马列著作的翻译，这项工作被毛泽东提到党的代表会议上。他再次举玄奘法师的例子来说服全党。

5月31日，毛泽东《在中国共产党第七次全国代表大会上的结论》的讲话中，就重视翻译工作问题指出：

> 许多人不重视理论工作，似乎这个工作不要紧。对理论工作看法的动摇是不对的。我们对搞翻译工作的、写理论文章的人要看得起，应多和他们谈谈。没有搞翻译工作的我们就看不懂外国的书，他们翻译外国的书，很有功劳，即使一生一世只翻译了一本书，也是有功劳的。别人不重视这个工作的思想，是不好的；做这个工作的同志自己对这个工作的认识也有动摇，这同样是不好的。有的人曾不止一次地要求改行，说做这个工作吃不开，要求做别的工作。不要轻视搞翻译的同志，如果不搞一点外国的东西，中国哪晓得什么是马列主义？中国历史上也有翻译工作，唐僧就是一个大翻译家，他取经回来后设翻译馆，就翻译佛经。《鲁迅全集》开卷第一页，有蔡元培写的一篇序，其中有几句写得不错。他说鲁迅是一个既博览又很谦虚的人，翻译了许多外国文学家的作品，翻译的作品占了他的全集的一半。所以，轻视这个工作和对这个工作的动摇都是不对的。(《毛泽东文集》第三卷，人民出版社1996年8月版，第418—419页)

毛泽东关于"唐僧是个大翻译家"的讲话，在笔记抄传的传播中，还有两种"版本"，录以备考：

> 中国历史上也有翻译，比如唐僧取经，经过九九八十一难才回来，唐僧就是一个大翻译家，取经回来后就设翻译馆，就翻译佛经，唐僧不是第一个留学生也是第二个留学生。讲他们的个性也是典型。唐僧、孙猴子、猪八戒、沙僧，他们的个性各个不同，他们那个集团的党性，就是信佛教。（陈锋、王翰：《毛泽东瞩目

的文人骚客》，长江文艺出版社2000年5月版，第318页）

> 许多人不重视理论工作，我们对那批人，就是说，翻译书的，写理论文章的，要看得起。应大胆去搞，并要把它搞好……不要轻视搞翻译的同志，没有翻译就没有共产党。同志们，如果不搞一点外国的东西，中国晓得什么是马列主义呢？中国在历史上也有翻译，比如唐僧取经里头有孙猴子、猪八戒、沙僧一块到西天取经，经过九九八十一难才回来。唐僧就是一个大翻译家，取经回来后设翻译馆，就翻译。（张仲实：《毛泽东同志论理论著作的翻译》，转引自《新华文摘》1980年第4期）

毛泽东这里将《西游记》中的神话故事与《大唐西域记》《三藏法师传》中的历史事实混在一起讲述，显然是为了讲话的生动。上一节我们已经讲到，玄奘的译经事业在中国佛教史和翻译史上，均具有十分重要的地位。毛泽东充分肯定了他译经的历史地位。这当然是为了说明翻译工作的重要，没有这项工作，就不晓得马列主义，就没有共产党的产生；也要"看得起"搞翻译的同志，他们是很有功劳的。因此无论是什么人，不重视这项工作，都是不好的，没有道理。毛泽东在党的七大会议上讲这番话，意义不同寻常。那时正是革命的大发展时期，特别需要理论武装，需要大量翻译马列著作。

唐三藏译经的故事及其精神风貌上节已有详述，毛泽东还特别提到鲁迅的翻译外文，与法师并列。

鲁迅（1881—1936），浙江绍兴人，伟大的文学家、思想家和革命家。曾翻译外国文学作品和文艺理论著作多种，计有中、长篇小说九册，短篇小说和童话七十五篇，戏剧二册，文艺理论八册，短篇论文五十篇，共计三百一十多万字，已编为《鲁迅译文集》十卷。

1938年，毛泽东得到一套上海出版的、蔡元培作序的《鲁迅全集》。鲁迅翻译外国文学家的作品以及谈翻译的思想观点都给毛泽东留下深刻印象。

1956年8月24日，毛泽东同音乐工作者作了一次长时间的谈话，就如何解决中国文化和外来文化、传统文化和文化创新的关系问题，提出了"学"无体用、不分中西，以中国为中心，实现有机结合，通过消化和分解过程，取其精华去其糟粕等一系列重要的方法论原则。讲这个问题，毛泽东又想到了鲁迅，想到了鲁迅的翻译。他说：

民族形式可以掺杂一些外国东西。小说一定要写章回小说,就可以不必;但语言、写法,应该是中国的。鲁迅是民族化的。但是他还主张过硬译。我倒赞成理论书硬译,有个好处:准确。(《毛泽东文艺论集》,中央文献出版社2002年4月版,第152页)

鲁迅先生称忠实于原作的翻译方法为"直译"。他历来所取的翻译方法是直译,即竭力保存原书的口吻,保存原来的精悍语气,大抵连语句的前后次序也不甚颠倒,甚至按板规逐句逐字译;不肯有所增减,无故意的曲译,即使所译之语句意义表达的观点打着自己的伤处,也忍痛照译不误,决不粗制滥造,欺骗读者。瞿秋白给鲁迅的译文以很高的评价,认为的确是非常忠实,充分体现了鲁迅刻苦而负责、热心而诚挚,为光明而斗争的精神。这样的译品,能够介绍原本的内容给中国读者。梁实秋等人将"直译"判定为"死译""硬译",鲁迅便理直气壮地称自己的翻译为"硬译"。

毛泽东赞成理论书硬译,就是因为它有"准确"这个好处。倘是马列著作翻译得不准确,严重的后果会造成革命理论的混乱以及错误的实践。鲁迅翻译外国文学家的作品成绩斐然,最早的他的《全集》里面,翻译作品占了一半,可见用功之勤、成效之著,是毛泽东心目中重视翻译工作,睁开眼睛看世界的楷模。

毛泽东也极力称赞唐僧的翻译佛经,说他是最早的"留学生"。毛泽东的这个说法,大概是受了梁启超的影响。梁氏作《千五百年前之留学生》一文,大谈玄奘的取经与译经。1923年2月,胡适作《〈西游记〉考证》,也提到这件事。毛泽东于青年时代即读过梁氏的《饮冰室文集》,胡适的考证文章也该读过。近年,毛泽东说唐僧是第一或第二个"留学生"的话,引起了一些专门家的好奇,纷纷著文考证,发现文献中关于西行求法早有记载。玄奘法师在《大唐西域记》中已提到从前有人往西域求学。

《西游记》也曾描写过沙僧在流沙河做妖怪时,吃过"取经人"。凡吃的人头,抛落流沙,竟沉水底,唯有九个取经人的骷髅,浮在水面,再不能沉。沙僧以为异物,将索儿穿在一处,挂在项下,闲时拿来玩耍。后来沙僧皈依佛门西天取经时,九个骷髅便化一阵烟去了。显然,小说也认为玄奘不是西天取经的第一人。在玄奘之前,究竟有多少人往西天取经,已经无法统计,但成功者显然不多,大部分都在途中化为缕缕孤魂了。在唐僧之前,就有三国时期魏国的僧人朱士行、东晋时期的僧人法显西行求法取经。唐僧并非我国历史上的第一个留学生。

朱士行是中国第一位真正依律受戒而成为比丘僧人的，也是中国最早一位从内地到西域求法的了不起的僧人。他出生在颍川（今河南禹县）。有感于当时译出的《小品般若》文句艰涩，不易理解，于曹魏甘露五年（260）从雍州（今陕西凤翔）出发，至于阗（今新疆和田一带）取得梵文正本《大品般若经》，遣弟子送至洛阳。晋元康元年（291），竺叔兰、无罗凡等将其译为汉文《放光般若经》二十卷。朱士行终生留在西域，八十岁时病故于于阗。为我国历史上汉族僧人西行求法的第一人。不过，朱士行的此次西行毕竟未抵达佛教发源地天竺国（古印度），因此也有学者认为他并非第一个西行求法者。但是，他毕竟取得了《大品般若经》的梵本，倘若从效果或目的看，他又当是第一个西行求法者。总之，目前学术界对此意见尚未统一。如果排除了朱士行，那么法显当是第一位西天取经者，也是第一位留学生，唐僧则算做第二位了。

法显（约337—442）是东晋僧人。俗姓龚，平阳武阳（今山西襄垣）人。三岁出家做沙弥，二十岁受具足戒。有感于律藏残缺而矢志寻求。东晋隆安三年（399），偕慧景、慧应、慧嵬、道整从长安出发，横穿大戈壁，行经西域各国，越葱岭南下，遍历北、西、中、东天竺国，再乘船经狮子国（今斯里兰卡），东渡印度洋，至耶婆提国（今印度尼西亚爪哇）。前后历十四年，经各种艰险，游三十余国。于义熙八年（412）携带大量梵本佛经回到青州长广郡牢山（今山东青岛崂山）。次年入建康（今江苏南京），于道场寺与佛陀罗共译六卷本《大般泥洹经》《摩诃僧祇部律》《方等般泥洹经》《杂藏经》《杂阿毗昙心论》等。又将旅途见闻写成《佛国记》（又称《高僧法显传》）一书，为中国古代以亲身经历介绍印度、斯里兰卡等国情况的第一部旅行记。

当然，对毛泽东说的"唐僧不是第一个留学生也是第二个留学生"的话，不要太拘泥于字眼。他不是在作考据文章，他的意思无非是说，唐僧是较早走出国门的人，是较早吸纳西方文化的人，是最著名的佛学翻译家，与去世不久的鲁迅一样，都是译著等身、功名显赫的"留学生"（鲁迅曾东渡扶桑，求学日本）。并进一步用他们的例子，来说明翻译工作的重要，翻译马列著作的重要，以期引起全党的重视和注意。

毛泽东看重党的理论建设，为此他把翻译工作摆在十分重要的位置。也是在党的七大会议上，他在4月24日作"口头政治报告"时，这样强调：

做翻译工作的同志很重要，不要认为翻译工作不好。我们现在需要大翻译家。我是一个土包子，要懂一点国外的事还是要靠翻译。我们党内能直接看外国书的人很少，凡能直接看外国书的人，首先要翻译马、恩、列、斯的著作，翻译苏联先进的东西和各国马克思主义者的东西。还有历史上的许多东西，虽然不是马克思主义的，但带有进步意义的，还有一些民主主义者的东西，我们都要翻译。

因此我们要重视理论工作者，看得起他们，把他们看成我们队伍中很有学问的人，有修养的人，要尊敬他们。（《毛泽东文集》第三卷，人民出版社1996年8月版，第342页）

毛泽东关心马列著作和外国有价值的著作的翻译出版。

前一节提到他在1942年9月就提出，中央须设一个大的编译部，"大批翻译马恩列斯及苏联书籍，如再有力，则翻译英法德古典书籍"。

1943年5月27日他主持中共中央书记处会议，会议通过经他修改的《中央关于一九四三年翻译工作的决定》。决定指出："翻译工作尤其是马列主义古典著作的翻译工作，是党的重要任务之一。延安过去一般翻译工作的质量，极端不能令人满意。为提高高级干部理论学习，许多马恩列斯的著作必须重新校阅。中央指定何凯丰、秦邦宪、张闻天、杨尚昆、师哲、许之桢、赵毅敏等组成翻译校阅委员会，由何凯丰负责组织这一工作的进行。今年要首先校阅党校所用全部翻译教材及译完西方史两册，以应急需。"

1956年8月24日，毛泽东在谈话中提出要学习外国有价值的东西，并说："中国的文化应该发展。外国的乐曲不会听，不会奏，是不好的。外国作品不翻译是错误的，像西太后反对'洋鬼子'是错误的。要向外国学习，学来创作中国的东西。"

1971年，在"四人帮"大搞排外主义时，毛泽东亲自批准出版部门翻译出版世界各国历史书籍。——在党的翻译工作中，涌现了许多唐僧和鲁迅那样的翻译家，这与毛泽东重视这项工作有关系。

玄奘翻译的《心经》比较好读

毛泽东赞赏唐僧翻译佛经，其中尤以《心经》的翻译最受关注。1964年2月13日毛泽东在人民大会堂召开教育工作春节座谈会。在会上，他曾批评过繁琐哲学。他说：

> 四书五经的注解很繁琐，现在都消灭了。凡是繁琐哲学都要被消灭，都行不通。我看洋教条土教条都要走向反面，都要被消灭。唐玄奘翻译《金刚经》只有一千多字，鸠摩罗什写了那么多书，就没有人读了。（王兴国：《毛泽东与佛教》，中国书籍出版社1996年1月版，第100页）

这段话还有另一种说法，说得较具体，较明确。据说毛泽东在座谈会上说：

> 佛经那么多，谁能读得完？唐玄奘翻译的解释《金刚经》的《般若波罗蜜多心经》，不到一千字，比较好读。鸠摩罗什翻译的《金刚经》，那么长，就很难读完了。（盛巽昌：《毛泽东与〈西游记〉〈封神演义〉》，广西人民出版社1997年5月版，第78页）

毛泽东有一阶段很喜欢读佛学经典，比如20世纪50年代末60年代初即是如此。1959年10月23日他在外出巡视时，指名要带走的书籍中，就有几种佛学书，如《六祖坛经》《法华经》《大涅槃经》，《般若波罗蜜多心经》也在其中。

关于鸠摩罗什，毛泽东曾经说过："鸠摩罗什是南北朝人。他是外国人，会讲中国话，翻译了许多佛经。"（王兴国：《毛泽东与佛教》，第216页）鸠摩罗什是天竺（古印度）人，其父东渡葱岭至龟兹，龟兹王妻之以妹，而生罗什。罗什幼年即博览佛经，潜心于大乘，学识既精，四方学者皆来师之。五代时，后秦姚兴灭后凉，始迎罗什至长安，并待以国师之礼。从弘始三年（401）至十五年（413），罗什与他的助手合作，译出佛教大乘经籍七十四部（现存五十三部）。其中最主要一部译著是《金刚经》。这些经论虽然对中国佛教义学发生过巨大影响，但真正在信徒和群众中流传的并不多，因为经卷太多太长。鸠摩罗什不仅翻译了大量佛教经论，还对《维摩经》《金刚经》进行了注释。罗什翻译和注释的《金刚经》的全称是《金刚般若婆罗蜜经》。毛泽东说，罗什译了那么多东西没有人读了。但唐玄奘翻译的《心经》，却因为篇幅简约，述义深刻，文字通俗，而得以广泛流传。毛泽东用这个例子说明繁琐哲学总是行不通的。

《般若波罗蜜多心经》略称《般若心经》或《心经》，一卷。"般若"是单独词语，意为"智慧"；"波罗蜜多"是一词语，是"到彼岸"的意思。"心"喻为核心、纲要、精华。该经被认为是《般若经》类的提要。有七种汉译本，其中鸠摩罗什和唐玄奘译本最有名。此经说明"色即是空，空即是色"等自性本空的道理，而证悟无所得境界。该思想被认为是全部般若学说的核心，故称《心经》，仅二百六十余字，便于持诵。在佛教中极其流行。《西游记》简称之《多心经》是错误的，但从唐代开始就有叫它为《般若多心经》的，是把可以独立的"波罗蜜"剔出，进行割裂而成，似《心经》称《多心经》也是可以的。《西游记》的前身《大唐三藏取经诗话》，已早于《西游记》称之为《多心经》了。

《西游记》第十九回，唐僧一行在浮屠山拜见了乌巢禅师，他向唐僧传授了《多心经》。小说写道：

三藏再拜，请问西天大雷音寺还在那里。（乌巢）禅师道："远哩！远哩！只是路多虎豹，难行。"三藏殷勤致意。再问："路途果有多远？"禅师道："路途虽远，终须有到之日，却只是魔瘴难消。我有《多心经》一卷，凡五十四句，共计二百七十字。若遇魔瘴之处，但念此经，自无伤害。"三藏拜伏于地恳求，那禅师遂口诵传之。经云：

"《摩诃般若波罗蜜多心经》：观自在菩萨，行深般若波罗蜜多，时照见五蕴皆空，度一切苦厄。舍利子，色不异空，空不异色；色即是空，空即是色。受想行识，亦复如是。舍利子，是诸法空相，不生不灭，不垢不净，不增不减。是故空中无色，无受想行识，无眼耳鼻舌身意，无色声香味触法，无眼界，乃至无意识界，无无明，亦无无明尽，乃至无老死，亦无老死尽。无苦寂灭道，无智亦无得。以无所得故，菩提萨埵。依般若波罗蜜多故，心无挂碍；无挂碍故，无有恐怖；远离颠倒梦想，究竟涅槃，三世诸佛，依般若波罗蜜多故，得阿耨多罗三藐三菩提。故知般若波罗蜜多，是大神咒，是大明咒，是无上咒，是无等等咒，能除一切苦，真实不虚。故说般若波罗蜜多咒，即说咒曰：'揭谛！揭谛！波罗揭谛！波罗僧揭谛！菩提萨婆诃！'"

此时唐朝法师本有根源，耳闻一遍《多心经》，即能记忆，至今传世。此乃修真之总经，作佛之会门也。

由于唐僧翻译的《心经》简明扼要,最为流行,所以一时被佛门认定为"修真之总经,作佛之会门"。吴承恩的《西游记》中也就有了一个贯穿始终的宗教性内容:《心经》。有关情节分别见于第十九、二十、三十二、四十三、九十三等回之中。其中十九回"浮屠山玄奘受《心经》"用了半回篇幅,且迻录了全部经文。这与整部作品争打斗法、诙谐讽世的笔墨,颇有不甚谐调之感,显示出作者特别的作意;其二十回有"路口上那师父正念《多心经》,被他一把拿住";二十回卷首"那长老常念(《多心经》)常存,一点灵光自透";第十三回虎精出现时,"三藏才坐将起来,战兢兢的,口里念着《多心经》不题";第九十三回,孙悟空批评三藏对《多心经》"只会念得,不曾解得"。小说中屡屡出现唐僧念《心经》的情节,正是历史上唐三藏翻译《般若波罗蜜多心经》取得极大成功,广为流传,在佛教界产生重大影响的折射。

冗长的《金刚经》"很难读完",简练的《心经》"比较好读",佛学经典翻译作品的正反经验,告诉人们繁琐哲学都要被消灭。像中国四书五经那烦琐的注解必然退出历史舞台一样,卷帙浩繁的佛经有谁能读得完。所以,土教条洋教条都要走向自己的反面。《般若心经》抓住了《金刚经》的核心、纲要和精华,因而大受欢迎,大行其道,这对教育改革很有启示。毛泽东的教育改革思想中,教育内容要"少而精"是一条重要原则,他引证唐三藏译《般若心经》的事实来反对繁琐哲学,来说明"少则得,多则惑"的哲理,论证有力,是非分明,道理服人。

他的方向是坚定不移的
(唐僧之三)

> 他还引用中国古典小说《西游记》中的人物作譬喻说：唐僧这个人，一心一意去西天取经，遭受了九九八十一难，百折不回，他的方向是坚定不移的……
>
> 牛克伦：《熔炉》，《回忆毛主席》，人民文学出版社，1977年9月版，第245—246页

　　历史上的陈玄奘与神话中的唐三藏有许多不同点，但是有一点是大体上一致的，那就是都曾经万里迢迢西行取经，都是信念坚如磐石、方向坚定不移的佛教薪火传播者。

　　对历史上的玄奘法师，毛泽东多有肯定性评价；对神话中的唐僧取经，毛泽东也时有好评，而肯定较多的正是坚定信念、无畏勇气和取经精神。

一心一意去西天取经

　　唐僧师徒西天取经，可谓艰险异常，生死莫测。小说第十九回，乌巢禅师向唐僧讲述西行路上的磨难：

> 千山千水深，多瘴多魔处。若遇接天崖，放心休恐怖。行来摩耳岩，侧着脚踪步。仔细黑松林，妖狐多截路。精灵满国城，魔主盈山住。老虎坐琴堂，苍狼为主簿。狮象尽称王，虎豹皆作御……

　　西行路上，山高水深，多瘴多魔，更有妖狐、精灵、魔主和虎豹、苍狼、狮象危害其间。八十一难，难难相逼。但是，唐僧自从踏上西行征程，就义无反顾，决不退缩。这首先博得了毛泽东的称许。

抗日战争中的1938年4月初,一个晴朗的上午,毛泽东在延安城外一个傍山的广场里接见了抗大全校的两千多人。

毛泽东在给第三期毕业学员的讲话中,要求大家努力学习和掌握"坚定正确的政治方向,艰苦朴素的工作作风,灵活机动的战略战术"。

他对这三条指示作了具体的阐述。还引用中国古典小说《西游记》中的人物作譬喻。说到政治方向,他说:

> 唐僧这个人,一心一意去西天取经,遭受了九九八十一难,百折不回,他的方向是坚定不移的……

说唐僧方向坚定不移,首先在于他有明确的取经目的。

小说《西游记》中的唐僧,具有坚定不移、执着追求的殉道精神。他是个十分虔诚的佛教徒,他对西天取经抱有坚定的信念,不达目的、誓不罢休是他取经路上鲜明而一贯的态度。唐僧虽然身为佛徒,但他忠君报国,取经的直接目的是为了唐王朝"江山永固"。比如,小说第十二回《玄奘秉诚建大会 观音显像化金蝉》中写唐太宗向聚集于化生寺做道场的一千二百名高僧发问:"谁肯领朕旨意,上西天拜佛求经?"这时唐僧上前施礼道:"贫僧不才,愿效犬马之劳,与陛下求取真经,祈保我王江山永固。"回到洪福寺,他对徒弟们说:"受王恩宠,不得不尽忠以报国耳。"第十三回写唐僧回答法门寺和尚问话时,再次重申西天取经的目的是"使我们法轮回转,愿圣主皇图永固"。第四十八回写唐僧在通天河边对陈家庄陈老说道:"世间事惟名利最重。似他为利的,舍死忘生;我弟子奉旨全忠,也只是为名,与他能差几何!"第八十五回写他被妖怪捉住,"一条绳绑在树上"。就在这生死关头,他想到的不是自己的安危,而是"今若丧了性命,可不盼杀那君王,辜负那臣子?"他对被捉绑在对面树上的樵夫说:"事君事亲,皆同一理。你为亲恩,我为君恩。"他的这些言行说明在这个佛门弟子身上具有浓厚的忠君报国情怀,这正是他奋不顾身矢志西行的动力。

唐僧欣然自荐,愿去西天,为唐王朝取回法力无边于国于君极为有利的经书。他愿为实现此目的而不辞万难,不怕征途遥远,跋涉山川,表现了对李唐王朝的耿耿忠心;为了王朝的江山永固,他必然会至死不渝,不达目的不罢休。正如他自己所说:

> 我这一去,定要捐躯努力,直至西天;如不到西天,不得真经,

即死也不敢回国，永堕沉沦地狱。

这几句誓言，一方面显示出了唐僧的舍身求法的精神，一方面表达了唐僧对王朝的赤胆忠心。

说唐僧方向坚定不移，其次在于他有奋不顾身的斗争精神。

唐僧，是取经队伍中的首领。他在困难和妖魔面前，始终保持了不为威武所屈、不为艰难所迫的品格。读完《西游记》，唐僧给人的印象是头戴毗卢帽，项挂佛珠，身披锦襕袈裟，手持锡杖，慈眉善目，不苟言笑的白面秀才模样。似乎软弱无能，但这是表面的，他内心无比坚毅，是虔诚而又意志坚定的宗教信徒。因此，当出长安，至法门寺，众僧议论他上西天取经，有的说水远山高，有的说路多虎豹，有的说峻岭陡崖难渡，有的说毒魔恶怪难降。唐僧均闭口不语，只以手指心，众僧不解其意。他说："心生，种种魔生；心灭，种种魔灭。"表现了对魔怪的淡然处之。在徒弟孙悟空、猪八戒、沙和尚的保护下，行程十万八千里，苦历九九八十一难，最后取得真经，终成正果，被如来封为旃檀功德佛。他变成了东土圣僧，成了庄严佛界一尊佛。

唐僧是一个"忒不济"的软弱和尚，但更是一个意志无比坚定、严守佛教戒律的圣僧。

作为取经队伍的领袖，他具有一般宗教徒所不能达到和具备的虔诚求经的决心和表现。在有无数艰难险阻的漫漫西行途中，他历时十四年，甘冒万死而不辞，意志坚定，对既定的理想和追求毫不动摇。正因为有如此坚强的意志、矢志不渝的追求和奋不顾身的奋斗，唐僧使三个桀骜不驯的顽徒不断克服自身的离心倾向，战胜外部的千难万险，坚定取经信心，最终完成取经壮举。

说唐僧方向坚定不移，还在于他有不为荣华富贵、美女绝色所动的品格。

唐僧不仅威武不屈、贫贱不移，而且还富贵不淫。小说第二十三回《三藏不忘本　四圣试禅心》中描写，唐僧初听那菩萨变化的妇人有偕其三个美貌女儿"坐山招夫"的意愿，"推聋装哑，瞑目宁心，寂然不答"。次闻其富贵家财，"也只是如痴如蠢，默默无言"。当妇人再以自己及三女美色相诱，要他留下"做个家长"，唐僧则"好便似雷惊的孩子，雨淋的虾蟆；只是呆呆挣挣，翻白眼儿打仰。"并训斥八戒："我们是个出家人，岂以富贵动心，美色留意，成得个甚么道理。"《法性西来逢女国　心猿定计脱烟花》一回，写师徒四众在西梁女国，娇艳的女王对唐僧一见钟情，甘愿以

"一国之富"，招僧为夫，即位称王。一句"大唐御弟，还不来占凤乘鸾也"，爱欲漾漾，但唐僧却"死也不敢如此"。回一句"陛下请回，让贫僧取经去也。"紧接着第五十五回琵琶洞的女妖又将唐僧抢去，以更露骨的春意淫兴挑逗他，但他却：

> 目不视恶色，耳不听淫声。他把这锦绣娇容如粪土，金珠美貌若灰尘。一生只爱参禅，半步不离佛地。那里会惜玉怜香，只晓得修真养性。

第八十二回在陷空山无底洞，女妖以烟花企图套住唐僧，做出"千般娇态，万种风情"。岂知这唐僧，一腔烦恼，"绮罗队里无他故，锦绣丛中作哑聋"。在天竺国也是如此，当女妖假变公主抛绣球强招唐僧为驸马，他身处蕊官仙府、温柔乡里，却依然"身居锦绣心无爱，足步琼瑶意不迷"，毫不为之所动。作者吴承恩由衷地赞叹："若不是这铁打的心肠朝佛去，第二个酒色凡夫也取不得经。"

西天取经的道路艰险漫长，有时唐僧在凶狂的魔怪面前显得怯懦无能，有时他的肉眼凡胎又善恶不辨，但是他的取经方向自始至终是坚定的，这是作为文学人物形象的唐僧佛教境界的主导方面，也是小说作者通过各种文学手段一再强化和张扬的思想倾向。

小说第七十四回《长庚传报魔头狠　行者施为变化能》回前题词："须着意，要心坚，一尘不染当月天。行功进步休教错，行满功完大觉仙。"意思是：干西天取经这样的大事业，就要心诚志坚，胸无杂念，一尘不染。在前进的道路上不要彷徨失足，唯有走完全程，功成圆满，才会达到神圣的极境。

第九十九回回目：《九九数完魔灭尽　三三行满道归根》，意思是唐僧一行走完十万八千里，穷尽九九八十一劫难，荡灭一路妖魔，终于到达西天，功成归本。欲成大事业者，就得像唐僧一行那样，方向坚定，历尽磨难，行满全程，方能成功。

第九十九回写八大金刚将唐僧四众从空中坠落下地，以完成八十一难处作者用诗句点缀："九九归真道行难，坚持笃志立玄关。"意思是：取经得道之难，难在少一难即功亏一篑。必须立定志向，坚持到底，方能成功。

在《抗大教育方针与唐僧师徒优缺点》一文中，笔者已经指出毛泽东把唐僧树为"方向坚定不移"的样板。当然，就方向的政治内容来说，抗大学员与取经长老是完全不同的，前者是抗日救国，后者是取经利君，但是就其方向的坚定不移来说，却有共同点，抗大学员应该像唐僧矢志西行求得真经一样，坚持抗战到底，直至把倭寇赶回东洋岛国。

唐僧跋山涉水到印度取经

抗日战争初期，印度援华医疗队来到中国，来到了延安。

1939年3月15日，印度援华医疗队的周翻译告诉大家，毛泽东派了一位通信员来通知，说他很愿意接见医疗队。就在大家急急忙忙准备出发的时候，忽然响起了空袭警报，打乱了这个迷人的安排。过了两个小时警报才解除。部队卫生队的领导姜大夫认为，今天毛泽东可能不见我们了，因为他是一个大忙人。这时马海德大夫和红十字会代表黄大夫来到医疗队，于是爱德大夫就到厨房为客人们准备午饭去了。

很快，又有一名通信员骑马赶来了。黄大夫看了信，大声喊道：

"赶快准备好，毛主席要你们11点去见他！"

山脚下的延河水不多，河里填了些石块和石子。在半冻的河堤上，汽车正等着医疗队。大家上了汽车，驶过延河，开进延安这座被毁坏的城市的南门，在崎岖不平的狭巷里颠簸行进，来到位于城西北的凤凰山脚下，停在一堵泥土院墙前面。大家下车走进院子。

毛泽东在一间窑洞里欢迎医疗队的到来，脸上露着和蔼可亲的笑容。刚刚发生的日寇的狂轰滥炸，似乎在他的心头没有留下阴影。

  毛泽东表达了中国人民对印度国民大会和尊敬的印度人民的感谢之情，感谢他们的同情和帮助。他阐述和强调了援华医疗队的到来所具有的重要历史意义。为了国家的独立和自由而同英国帝国主义进行着艰苦斗争的印度人民，设法寻找机会帮助中国人民的反击日本帝国主义侵略的斗争。他回顾了中印两国人民由来已久的传统友谊，这种友谊在今天团结一致的反帝斗争中达到了新的高峰。他说，在古代，佛陀传扬恢宏的教义，保佑普天下之太平无恙。现在印度医疗队来到中国，是来传播人民反对帝国主义的团结友谊的。在谈到这些话题时，他还讲了一本著名的书中所描写的唐僧在传奇式的猴王的帮助下克服重重困难，跋山涉水历尽艰辛到印度朝圣取经的有趣故事。（[印]巴苏：《革命兄弟间

的友谊》,《毛泽东交往录》,人民出版社1991年6月版,第382—383页)

医疗队医生还提到了国民党反动当局给他们制造的困难。毛泽东很有兴趣从他们那里了解有关反法西斯主义的宣传,特别是有关宣传反对日本侵华的情况。

毛泽东很想知道印度反帝反法西斯领导人尼赫鲁的详细的活动情况,还想了解1935年在英国人的授意下出笼的那个印度法案的效果和作用。突然,他问道:"你们的领袖甘地好吗?"

毛泽东告诫印度援华医疗队的医生们,在帝国主义当中,英国是最狡猾最老练的一个,我们必须走一条艰苦的、困难重重的道路。毛泽东让马海德大夫给人们解释"甘"和"地"这两个中国字的意思。"甘"就是"甜"的意思,"地"的意思是"土壤""土地",所以"甘地"的中文意思就是"甜蜜的乐土"。

在谈论这些的时候,医疗队的副队长、老大夫卓克显得很激动,他是一个严格的甘地主义者,他说:"在圣雄的领导下,我们将获得独立。"

毛泽东在会见印度援华医疗队讲到的"佛陀",即指佛教创始人释迦牟尼;"一本著名的书",显然是指《西游记》。关于他讲唐僧到印度朝圣取经的故事,印度医生巴苏在回忆文章里只是简单地一笔带过。但是不难看出,他是简述了唐僧的取经历程,特别突出了其中的艰难困苦,并由此印证了中印两国人民之间"由来已久的传统友谊"和目前抗战的艰辛。

这次会见看来只是礼节性的,交谈也很随便,但是谈话的内容却很严肃重要。当时,中国正在蒙受日本帝国主义的侵略,而印度正在英帝国的殖民统治之下,中国人民的反侵略战争与印度人民的独立斗争,都是千难万险的进军,都要发扬唐僧"历天险而志愈慷慨,遭凶贼而神弥厉勇"的奋斗精神。两国人民的历史性进军又是互相支援的,像当年唐三藏赴印取经、现今医疗队来华治病一样,传播两国人民之间的团结友谊。

毛泽东引证唐僧取经的传奇故事谈中印友谊,谈反对帝国主义者侵略压迫,使援华医疗队的医生们感慨万千,从而增强了彼此信任感和必胜信心。医生巴苏在回忆录中写道:"当这次历史性的会见结束时……我深深地思索着我们两个古老而又伟大的民族之间的传统友谊……在会见了毛泽东并和他进行了亲切交谈之后,我确信,毛泽东是一个有着敏锐的历史洞察力的、时事意识很强烈的伟大的革命领袖。任何一个国家,有了像毛泽东这样的领袖，都会感到骄傲和自豪。"

争取和平需要唐僧那种信念

唐僧万里长征，不怕艰险，认准目标坚定向前的奋斗精神，曾经鼓舞毛泽东去奋力争取和平。事情发生在他与国民党桂系幕僚刘仲容1945年8月在重庆谈判期间的谈话中。

湖南益阳人刘仲容，20世纪20年代求学于莫斯科中山大学，回国后长期担任桂系李宗仁、白崇禧的参议，是国民党桂系的幕僚。抗日战争前后，他成为桂系与中国共产党秘密往来的联络人。1937年1月底，刘仲容曾从西安到达延安，受到毛泽东的会见。

1945年8月国共重庆谈判期间，毛泽东又遇见了刘仲容。自上次在延安与毛泽东相识后，刘仲容的思想变化很大，对中国共产党有了新的认识。他参与发起中国民主同盟，并为国共和谈四处奔走。毛泽东与刘仲容再次相遇后很高兴，虽没有说什么话，但却紧紧地同刘仲容握手，表示了不同寻常的亲近。

几天后，毛泽东请刘仲容到红岩村做客。毛泽东紧紧地握着刘仲容的手，高兴地说："仲容先生，想不到吧，八年前你去延安看我，八年后，我来重庆看你，'礼尚往来'。"

毛泽东与刘仲容促膝交谈，刘仲容对国共谈判表示担心，认为谈判即使达成协议，蒋介石也会撕毁。

毛泽东笑了笑，风趣而乐观地说：

唐僧去西天取经，还要经受九九八十一难；我们要争取和平，也不是一朝一夕就可以得来，也需要唐僧那种百折不回、坚定不移的信念。和平总是可以实现的。问题在于，现在抗战胜利了，但是中国民主力量发展不快，还没有足够的力量来阻止反动派发动内战的阴谋，这是值得研究的一个问题。（吴黔生、高保华、李新乐：《肝胆相照》，军事科学出版社1993年10月版，第237—238页）

毛泽东望着刘仲容，脸上漾出鼓励的微笑："国民党内部进步力量也在增强和发展，你们组织的'小民革'，就干得很好嘛。在目前反动派还很强大的情况下,更应该钻进臭壳子(指国民党)里去,去抵制和抵消反动力量,不要怕别人说你们是国民党,不要怕臭。孙悟空也钻进铁扇公主的肚子里造反嘛!"说着,他伸出手往前画了一个弧,声情并茂,饶有风趣。

刘仲容乐呵呵地捧腹而笑。他从这次谈话中受到鼓舞,得到启示,对前途更加充满信心。他决心利用蒋桂矛盾和白崇禧对他的信任,同共产党保持联系,为和平民主和进步尽力。

《西游记》第九十九回,作者将唐僧西天取经途中所经历的种种磨难加以统计罗列,编成了一部"灾难的簿子",共有八十难。当唐僧师徒在灵鹫山雷音寺取得真经,返回东土途中,又偏偏生出通天河落水一难,终于成了"九九八十一难"。在中国传统文化理念中,"九"的数象图案在易学、道学、佛学中的意义可谓大同小异,核心之点就是喻多,喻最高境界,喻功德圆满。而八十一为九九之积,主要言其数目之多,寓意唐僧所经历的灾难之多。

《西游记》鼓励人们以虔诚的态度去迎接生活中的困难,接受考验,要有排除万难的勇气和坚韧不拔的毅力,能够忍受各种痛苦的折磨,不急于求成,不心存侥幸,好事多磨。因为西天取经既是弘扬佛法的大事,又是唐僧自我超脱、皈依佛们的门径,是不应该轻而易举地完成的。小说所描写的西天路上的重重障碍、道道险阻是用来考验唐僧是否"心虔志诚",是否具有忍受一切磨难而矢志不渝的决心、勇气和毅力的。唐僧经过九九八十一难,历尽艰辛,死里逃生,终于到达大雷音寺,取回真经,得成正果。唐僧的故事强调了人的主观努力的重要性,只要决心坚定,持之以恒,不畏艰险,克服困难,就能够达到既定目标,获得满意的结果。

毛泽东将争取和平比之于唐僧要历经九九八十一难,绝非故作大言,耸人听闻。战争转化为和平,是一个艰难的历史过程,毛泽东又深知蒋介石所代表的国民党右派没有和谈的诚意,只是把重庆谈判当作一种政治姿态,一种笼络人心的策略,甚至是调兵遣将完成向解放区进攻的军事部署的掩护手段。历史事实证明了毛泽东判断的准确性,自恃兵力强大又有美帝国主义作后盾的蒋介石,终于走上内战的战场。经历了四年艰苦卓绝流血牺牲的解放战争,人民才迎来了和平的曙光。

毛泽东倡导唐僧那种百折不回、坚定不移的信念,不仅对争取和平有价值,其实这是人们成就一切事业的精神力量。我们知道社会在矛盾中前进,人类在斗争中发展,没有坚定的方向,不进行艰苦的努力,不付出沉重的代价,就不能创造新的生活,就不能成就宏伟的事业,也不能带来自身的发展。所以每个人,做每件事,都应有生活的理想,都应有奋斗的目标。

树立了理想,看准了目标,就要坚定不移、百折不回地朝着理想目标前进,"艰难困苦,玉汝于成"。这种积极乐观带有浪漫气质的生活态度,是唐僧取经故事所渗透的人文精神,也是成功立业的基本前提。

这种不经过磨难就不能成就大业的思想,体现了人民大众积极乐观的生活态度,体现了中华民族吃苦耐劳、百折不挠的精神,历经劫难、永不沉沦的品格,给予人们的社会实践以深刻的影响。这正是毛泽东肯定并倡导唐僧百折不回、坚定不移信念的普遍意义。

提倡唐僧西天取经精神

1949年12月毛泽东在苏联访问时,曾多次到巴拉给赫疗养地看望中共中央"五大书记"之一的任弼时。他们谈得很亲密,很风趣,毛泽东说:

> 这次来,除了谈政治外,还要解决一些对我国有实际需要的工业项目,可叫做"既要好看的又要好吃的"。"天上飞的地上跑的都要花力气搞,要搞出自己的一套名堂来"。要紧的是抓经济,改善人民生活。定了方向,关键是人才。要选派人来学。要提倡唐僧西天取经精神,不怕妖魔,斗倒妖魔。更多出些孙猴子,少些唐僧的"愚"气。(郭思敏、华一民:《我眼中的毛泽东》续集,河北人民出版社1995年5月版,第245页)

1950年2月6日,毛泽东、周恩来去参观苏联新式飞机制造厂。7日,又去参观规模宏大的斯大林汽车联合工厂。

20世纪50年代,共和国初建,缺乏经济建设的经验。由于复杂的历史原因,外交上实行"一面倒"政策,因此向苏联学习成为渗透到各方面的口号。毛泽东在看望任弼时的时候,也是三句话不离这个议题。所谓"天上飞的"即指飞机制造工业,所谓"地下跑的"即指交通运输业,具体就是汽车制造业(旧中国连一台普通汽车都造不了)。毛泽东身体力行,亲自到苏联的新式飞机制造厂和汽车联合工厂去参观学习。

在50年代前中期,"向苏联学习"是"热门话题"。1953年2月7日,毛泽东在政协一届四次会议上讲话,他谈抗美援朝,谈反对官僚主义,谈学习苏联,他说,学习苏联。我们要进行伟大的国家建设,我们面前的工作是艰苦的,我们的经验是不够的,因此,要认真学习苏联的先进经验。无论共产党内、共产党外、老干部、新干部、技术人员、知识分子以及工人群众和农民群众，都必须诚心诚意地向苏联学习。我们不仅要学习马克思、恩格斯、列宁、斯大林的理论，而且要学习苏联先进的科学技术。我们要在全国范围内掀起学习苏联的高潮，来建设我们的国家。（《建国以来毛泽东文稿》第4册，中央文献出版社1990年9月版，第45—46页）

又过了三年，到了1956年，毛泽东向苏联学习的思想扩展为接受所有外国的长处。这年8月24日，他在同音乐工作者的谈话中说：我们接受外国的长处，会使我们自己的东西有一个跃进。中国的和外国的要有机地结合，而不是套用外国的东西。学外国织帽子的方法，要织中国的帽子。外国有用的东西，都要学到，用来改造和发扬中国的东西，创造中国独特的新东西。搬要搬一些，但要以自己的东西为主……演些外国音乐，不要害怕。隋朝、唐朝的九部乐、十部乐，多数是西域音乐，还有高丽、印度来的外国音乐。演外国音乐并没有使我们自己的音乐消亡了，我们的音乐继续在发展。外国音乐我们能消化它，吸收它的长处，就对我们有益。文化上对外国的东西一概排斥，或者全盘吸收，都是错误的。（《毛泽东著作选读》下册，第751—752页）

为了向苏联学习，接受外国的长处，毛泽东"提倡唐僧西天取经精神"。唐代，是我国历史上对外比较开放的时代。当时印度的佛经、音乐很多都是通过西域这个途径辗转传入中国的，有的则是通过玄奘等高僧直接从印度取来的。这些，不仅有力地促进了佛教本身的发展，而且推动了中国文化的发展。毛泽东反复援引这个佛教历史故事，贯穿其中的一个基本思想，就是对外开放的精神，强调向外国学习科学理论、科学技术和先进文化，并根据本国国情，进行吸收、改造和创新，使之为我所用。

唐僧是伯恩斯坦

（唐僧之四）

> 毛泽东说……不过那个党不是一个大党，是第二国际，应该退党。唐僧是伯恩斯坦。
>
> 陈晋：《毛泽东之魂》，中央文献出版社1997年9月版，第153页

对历史上的玄奘法师，毛泽东的评价几乎全是肯定性的，对《西游记》中的三藏长老，毛泽东则有褒有贬，褒其信念坚定，矢志取经，贬其迂腐傻气，懦弱昏昧。当然前者是主要的，后者处于次要地位。这个评价符合《西游记》对唐僧形象的描写。作为神话小说人物，唐僧虽然是"圣僧"，但是身上也有不少凡人的毛病，表现出复杂的甚至是对立的性格特征。这在文学形象创造上是很成功的，因而他的"另一面"，对认识生活不失借鉴价值。

缺点：警惕性不高

在《他的方向是坚定不移的》一篇中，笔者讲到1938年4月初毛泽东对抗大毕业学员谈抗大教育方针的三句话时，以唐僧的西天取经百折不回比喻"坚定正确的政治方向"，就在这次讲话中，毛泽东也批评了唐僧的缺点：

> ……他也有缺点：麻痹，警惕性不高，敌人换个花样，就不认识了。（陈晋：《毛泽东之魂》修订本，中央文献出版社1997年9月版，第150页）

这可谓一语中的。话虽简短，可揭出了唐僧的病根。唐僧不分是非善恶，乃至不分敌我，人妖颠倒。表现在他坚持毫无原则的"慈悲为怀"，而这些无原则的"慈悲"又常常被狡猾的妖精所利用。以至他真假莫辨，甚

至把妖精误认为好人，把降妖捉怪、忠心耿耿的孙悟空骂作"无心向善之辈，有心作恶之人"。

　　唐僧这个缺点，成为师徒多次被捉，取经事业多次受挫的直接原因。其中最典型的故事，是白虎岭"尸魔三戏唐三藏"。小说第二十七回，唐僧师徒四人行至白虎岭，腹中饥饿，唐僧要悟空去化斋。因近无人烟，悟空见远处有桃，便去摘桃。不期此山有一僵尸潜灵作怪，欲吃唐僧，见八戒、沙僧护持左右，难以强取，便摇身一变，变成一个月貌花容的少妇，携食物前来哄诱。悟空适返，识得是妖精，举棒就打。妖精使"解尸法"走脱。唐僧老大不悦，骂道："这猴着然无礼！屡劝不从，无故伤人性命！"行者道："师父莫怪，你且来看看这罐子里是甚东西。"唐僧近前看时，乃是一罐子拖尾巴的长蛆和一些活鲜的癞蛤蟆，这才有三分儿相信，不期八戒在一旁不忿，就煽动道："师父，说起这个女子，他是此间农妇，因为送饭下田，路遇我等，却怎么栽他是个妖怪？哥哥的棍重，走将来试手打他一下，不期就打杀了；怕你念紧箍儿咒儿，故意的使个障眼法儿，变做这等东西演幌你，使你不念

铁扇公主

咒哩！"唐僧信以为真，果然念动紧箍儿咒儿，痛得悟空在地上打滚求饶。"师父有话便说，莫念莫念。"嗣经悟空好歹哀求，才权留在身边，未予驱逐。但那尸魔一计未成，又再变成八十老妪寻将前来，悟空识破，举棍又打，仍然只打得化身，唐僧一见，惊下马来，更无二话，就将紧箍儿咒儿足足念了二十遍，可怜把个行者的头勒得像个小腰葫芦似的，痛得滚地求饶。唐僧又要驱逐他，只因悟空要求去了紧箍帽儿才走，但观音只授唐僧紧箍儿咒，却不曾授得松箍咒，只得勉强留下。不意那尸魔第三次又变作一个老者前来，口里还不绝地念着经，唐僧见了大喜："阿弥陀佛，西方真是福地，那公公路也走不上来，逼法的还念经哩。"八戒又挑拨地说："师父，你且莫要夸奖。那个是祸的根哩。"唐僧道："怎么是祸根？"八戒道："行者打杀他的女儿，又打杀他的婆子，这个正是他的老儿寻将来了。我们若撞在他的怀里呵，师父，你便偿命，该个死罪；把老猪为从，问个充军；沙僧喝令，问个摆站；那行者使个遁法走了，却不苦了我们三个顶缸？"但行者恐师父遭暗算，还是把那"老者"打死了，这回打得真身，现了原形，那脊梁上有一行字，叫作"白骨夫人"，唐僧见此，倒也罢了，怎禁那八戒在旁又唆嘴道："师父，他是怕你念那话儿，故意掩你耳目哩！"唐僧复又念起咒来，再逐悟空。事不过三，悟空只得去了。唐僧且写了一份休书付予悟空，悟空无奈，只好说："师父，跟你一场，今日遭别，请受我一拜。"那唐僧却说："我是个好和尚，不受歹人的礼！"

　　唐僧不辨真伪，上当受骗，连妖魔都知道他的这一弱点。平顶山的银角大王说："我看那唐僧，只可善图，不可恶取。若要倚势拿他，闻也不得一闻。只可以善去感他，赚得他心与我心相合，却就善中取计，可以图之。"于是便变成一个跌折脚的道士，果然骗得唐僧慈悲之心大发。强迫悟空驮他，结果自己落入魔掌。号山红孩儿也同样采取了"以善迷他"的手法，装作一个家遭不幸的儿童，赤条条吊在树上"戏他一戏"，以博得唐僧同情。其实，这妖编的谎很容易识破。孙悟空火眼金睛加上几句盘诘早已识得是妖，无奈唐僧一味心慈，把他认作可怜的孤儿。又有八戒帮腔，悟空无法，只得驮着这妖，唐僧中计被他摄走。

　　取经路上，唐僧见佛就拜，人妖不分，敌我不明，又不吸取教训，屡屡被妖怪欺骗捉拿。孙悟空痛心疾首，感慨道："师父啊，为你不识真假，误了多少路程，费了多少心力。"

　　孙悟空火眼金睛，任凭妖怪怎样变化，怎样伪装，都能一眼识破；唐长老凡胎肉眼，魔精变幻"花样"，他就被表面现象所蒙蔽，上当受骗，着擒被捉。麻痹到麻木的程度,只有"慈悲"之心,却没有警惕之性。明了唐僧这个缺点,对抗大学员很有意义。奔赴抗日前线,不辨是非,不明敌友,岂能完成民族抗战大业?!当此之时,有口喊抗日实为汉奸的"忠义救国军",有吃摩擦饭发国难财的国民党右派,当然也有"身在曹营心在汉"的真正爱国者,有深入敌后打击倭寇的八路军、新四军这样的抗战中坚……这时,能够保持革命警惕,以识别真正的朋友,打击真正的敌人,万分重要。有唐僧的坚定信念,克服唐僧的麻痹麻木,才是合格的抗日战士。

少些唐僧的愚气

1949年12月,访问苏联的毛泽东看望正在这里养病的中共中央书记任弼时,他说:

> 要紧的是抓经济,改善人民生活。定了方向,关键是人才。要选派人来学。要提倡唐僧西天取经精神,不怕妖魔,斗倒妖魔。多出些孙猴子,少些唐僧的"愚"气。(郭思敏、华一民:《我眼中的毛泽东》续集,河北人民出版社1995年5月版,第245页)

毛泽东在这里主要是提倡唐僧取经精神,但是,他也没有忘记要防止唐僧在取经中所表现出来的"愚"气。唐僧之愚在何处呢?这主要表现在人物性格的造型上。在这方面,他几乎是孙悟空的对立面。他懦弱无能,胆小如鼠;听信谗言,是非不分;自私可鄙,优柔寡断;昏庸糊涂,一误再误,而这又主要以听信谗言与自私可鄙尤使人厌恶。

唐僧之愚,首先表现在西行途中,每每遇到艰难险阻,就心神不宁,惊慌失措,有时甚至显得品格卑下。在比丘国,国王扬言要用唐僧的心肝做药引,吓得他魂不附体,战战兢兢扯着孙悟空哀告。孙悟空戏道:"若要全命,师作徒,徒作师,方可保全。"他答道:"你若救得我命,情愿与你做徒子徒孙也。"取经集团领袖的风采荡然无存。最典型的例子是小说第八十一回的一段描写。唐僧因夜里伤了风,第二天有些头晕眼胀,皮骨疼痛,他竟然含泪写信给唐太宗:

> 当年奉旨离东土,指望灵山见世尊。不料途中遭厄难,何期半路有灾迍。僧病沉疴难进步,佛门深远接天门。有经无命空劳碌,

> 启奏当今别遣人。

把"伤风"小病说成是"沉疴"大灾，而且断定自己"有经无命"，也糊涂得可以了。这般庸弱无能，委实令人好气又好笑，无怪乎孙悟空说他"天下也有和尚，似你这样皮松的却少"。

唐僧之愚，其次表现在处理内部纠纷能力低下，而且"见事不明，好歹不分"。孙悟空虽然有些"猴气"，既调皮而又促狭，既热心而又好强，但是，他忠于取经事业，智勇兼备，胸有大局，是个"有仁有义的猴王"。猪八戒虽亦有志取经，"保圣僧在路，却又有顽心"，是个愚而自用，说话做事不知高低的人。然而，一遇猴子与八戒闹意见，起纠纷，玄奘便以封建家长式的偏执，认为猪八戒"他两个耳朵盖着眼，愚拙之人也"，处处偏袒，而苛责孙悟空，甚至屡听其"詀言詀语"，念起"紧箍儿咒"，错勘贤愚！

唐僧之愚，再次表现在对敌斗争中没有领袖的勇敢果决。有时简直就是个软骨虫。一闻妖魔，便心惊胆战，"坐个雕鞍不稳，扑的跌下马来，挣挫不动"；一遇妖魔，便魂飞魄散，"打了一个倒退，遍体酥麻，两腿酸软"，哪有一点闻变不惊、指挥若定的领袖风度，难怪孙悟空要气得直骂他"脓包"！他的佛教信仰，也多迷信，少理性，盲目崇拜，不知真佛，小说中描写，唐僧一见"雷音寺"（如来佛的宝刹）三个大字，便慌忙滚鞍下马，倒头便拜，不问真假。既已辨明是"小雷音"，又硬说也有佛祖在内，结果不仅自己被妖怪捉住，还害得孙悟空被合在金铙里面，差一点闷死。人妖不辨，佛魔不分，吃尽苦头。

派人到苏联学习社会主义建设的经验，既要有唐僧的取经精神，又要防止唐僧机械古板、思想僵化的"愚"气，这就是毛泽东在向外国人学习时的辩证法。以后的历史证明，毛泽东提出"少些唐僧的'愚'气"的要求，是多么正确，多么有预见性。

唐僧是伯恩斯坦

毛泽东读《西游记》，曾经把唐僧师徒取经集团调侃地称之为一个"党"，把唐僧比喻党的领袖人物，并把唐僧与国际共运史上第二国际机会主义头头伯恩斯坦相提并论。那是1958年4月1日至9日，刚刚主持完成都会议的毛泽东，在武汉听取河南吴芝圃、湖南周小舟、江苏江渭清等人的汇报，毛泽东有插话，后来又讲了话，史称"武汉会议"。谈到国内阶级情况政治形势问题，毛泽东对破除迷信很感兴趣，他插话说：

  孙行者无法无天，大家为什么不学？猴子反教条主义，戴了金箍儿，就剩了一半了。猪八戒一辈子都是自由的，有点修正主义，动不动就想退党。不过那个党不是一个大党，是第二国际，应该退党。唐僧是伯恩斯坦。（陈晋：《毛泽东之魂》，中央文献出版社1997年9月版，第153页）

  唐僧是第二国际的伯恩斯坦！这个结论，似乎在读《西游记》的万千读者中，唯毛泽东所独有。

  那么，伯恩斯坦为何许人？第二国际又是怎么回事？

  伯恩斯坦（1850—1932）是德国社会民主党和第二国际右派首领，机会主义的主要代表人物。他出身于工人家庭，当过银行学徒和职员。1872年参加德国社会民主党，1878年流亡瑞士苏黎世，任德国社会改良主义者赫希伯格主办的《社会科学年鉴》的编辑。1879年同赫希伯格、施拉姆结成右倾机会主义集团，被称为"苏黎世三人团"。1881—1890年任党的机关报《社会民主党人》编辑。1895年恩格斯逝世后，伯恩斯坦公开篡改马克思主义。1896年以后在考茨基主编的《新时代》上，以"社会主义问题"为题，发表一系列文章，对马克思主义进行全面的"修正"。1899年写成《社会主义的前提和社会民主党的任务》一书，集当时修正主义之大成。拥护"回到康德去"的口号，主张阶级调和，宣扬"议会道路"，鼓吹资本主义"和平长入"社会主义，并提出"最终目的是微不足道的，运动就是一切"的机会主义公式，反对无产阶级革命和无产阶级夺取和建立政权。侨居国外长达二十二年，于1901年回国。1902年起多次任国会议员。第一次世界大战期间，支持德国帝国主义的侵略政策。俄国十月社会主义革命后，反对列宁主义和苏维埃政权。

  第二国际也称社会党国际，是各国社会党和工会的联合组织。1889年7月14日在巴黎国际社会主义者代表大会上成立。在恩格斯的指导和影响下，早期基本上执行了马克思主义路线，团结了工人阶级队伍，进行了反对无政府主义和右倾机会主义的斗争，广泛地传播了马克思主义，促进了各国工人组织、工人运动的发展，对欧洲工人运动的思想、政策和方法有很大影响。第二国际与第一国际不同，它不是一个集中组织，而是一个松散的联盟，成立十一年后，才设立执行机构——国际社会党执行局。总部设在比利时布鲁塞尔。到1912年,第二国际已包括所有欧洲国家以及美国、加拿大和日本的社会党,拥有将近九百万张选票。但是,自1895年恩格斯逝世后,第二国际各国党内的机会主义迅速滋长起来。随着资本主义进入帝国主义阶段,阶级矛盾尖锐化,第二国际分化为三派:一是以伯恩斯坦为首的右派,主张议会民主,摒弃马克思主义关于阶级斗争和无产阶级专政的学说;二是以考茨基为首的"中派",他们是披着正统马克思主义外衣的修正主义者,表面上站在左派和右派之间,实际上是支持右派;三是革命的左派,以罗莎·卢森堡、李卜克内西等为代表。右派和"中派"修正主义者在窃取了第二国际领导地位后,使第二国际蜕化变质,成为国际资产阶级的工具。以列宁为首的俄国布尔什维克党诞生后,团结了各国左派,坚持马克思主义的基本理论,同修正主义展开了不可调和的斗争。第一次世界大战爆发后,第二国际大多数社会民主党的首领公开背叛无产阶级,狂热支持本国资产阶级政府进行的战争,沦为相互厮杀的社会沙文主义政党。第二国际陷于分裂。列宁领导的左派力主将帝国主义战争变为阶级战争,反对恢复当时已停止活动的第二国际。战后,协约国各社会党领导人于1920年在日内瓦召开所谓第二国际代表大会,试图重建第二国际,但战前的成员只有极少一部分参加了这次会议。第二国际陷于彻底破产。

第二国际的伯恩斯坦如此这般,那么,与其可以等量齐观的唐僧的"另一面"是个什么样子呢?细读《西游记》,不难发现这位唐长老确有右倾软弱、教条主义等机会主义特征:

其一,软弱无能,悲观主义。唐僧一遇灾难险阻,便面容失色,泪水涟涟,一副懦弱胆小的脓包相。不仅悟空心里颇有些瞧不起他,就连八戒也笑"师父老大不济事"。当他初收悟空,行至鹰愁涧时,坐骑白马被孽龙吃了,他束手无策,十分伤悲,说:"即是它吃了,我如何前进!可怜啊,这千山万水,怎生走得。"说着说着,就泪如雨下。孙悟空不止一次讥他为脓包:"莫哭,莫哭,一哭便脓包形了。"但是,唐僧一路上还是哭个不停。师徒四人中,唯其最好哭:第二十二回写他来到流沙河遇水怪拦路,便"满眼下泪道:'似此艰难,怎生得渡!'"第三十二回写天神化作樵夫前来报信说山内有怪,他"闻言,魂飞魄散,战兢兢坐不稳雕鞍"。第七十八回写比丘国王听信妖道谗言,要用一千一百一十一个小儿的心肝做药引,唐僧听后吓得"骨软筋麻,止不住腮边泪堕"。总之,一遇灾难险阻,唐僧便惊慌失措,垂泪啼哭,一副懦弱无能的"脓包"相。

其二,脱离实际,硬搬教条。唐僧常常不顾客观情况,张口闭口"古人云"：好犯教条主义的错误。他不止一次援引儒家经典教导徒弟，结果往往事与愿违。第四十七回，一些和尚正在念经做斋，形象丑陋怪异的孙悟空等无意闯入，惊了众僧，引来唐僧的一顿呵斥："这泼物，十分不善！我朝朝教悔，日日叮咛。古人云：'不教而善，非圣而何！教而后善，非贤而何！教而不善，非愚而何！'汝等这般撒泼，诚为至下至愚之类！"孙悟空本是无心之失，也不是什么大不了的事情，唐僧却将其提到至圣至贤的吓人高度，断定悟空"至下至愚"，确实难以服人，难以指导下属。第八十四回，地涌夫人化作一女子，引诱唐僧上当，孙悟空劝他不要去解救，他却说："徒弟呀，古人云：'勿以善小而不为，勿以恶小而为之。'还是去救救他吧。"地涌夫人是女妖，唐僧引用古语"勿以善小而不为"，教导弟子去救她。唐僧死搬教条乃至敌我不分，实在太可悲了。

其三，不讲情义，自私可鄙。最典型的例子：一群草寇捆住唐僧，唐僧盼望孙悟空相救。悟空打死两个草寇头领救出了唐僧，唐僧"撮土焚香祷告"，祝辞中有云："你到森罗殿下兴词，倒树寻根，他姓孙，我姓陈，各居异姓。冤有头，债有主，切莫告我取经僧人。"几句祝词表现了唐僧无情无义、卑污自私的心理。接下去的对话，把问题点得更明：

> 八戒笑道："师父推了干净。他打时却也没有我们两个。"三藏真个又撮土祷告道："好汉告状，只告行者，也不干八戒、沙僧之事。"大圣闻言，忍不住笑道："师父，你老人家忒没情义。为你取经，我费了多少殷勤劳苦，如今打死这两个毛贼，你倒教他去告老孙。虽是我动手打，却也是为你。你不往西天取经，我不与你做徒弟，怎么会来这里，会打杀人！"

唐僧这不是把拼命搭救自己的大徒弟出卖了吗？哪还有半点师徒情义！

唐僧与伯恩斯坦在放弃原则、右倾软弱、死搬教条方面，确有相似相类之处。唐僧在魔怪面前缺乏孙悟空的斗争精神，搞以泪洗面的温情主义，伯恩斯坦放弃无产阶级的原则立场，"把第二国际变成资产阶级的仆从"，也许正是在这个契合点上，毛泽东说唐僧是伯恩斯坦。那时，毛泽东正在讲要有"高屋建瓴，势如破竹"的风格，要有"破除迷信，振奋精神"的状态，尤其要有股干劲，要有股朝气，要大胆反对教条主义。因此，他惋惜紧箍儿咒使孙猴子反教条主义的锐气只剩下一半了，不满意猪八戒事不关己的自由主义态度，更憎恶唐僧悲悲切切、唯唯诺诺的机会主义立场。虽然，毛泽东的讲话是一种调侃，一种幽默，一种比附，一种象征，不是严格的政治分析和科学论断，但是，这种形象化语境所传达的历史内容和政治信息，却足以令人心领神会。毛泽东曾经赞扬过唐僧师徒这个"党"信念坚定、内部团结，可是在他晚年，国际共运的分裂、党内斗争的加剧，唐僧的党在发生质变，甚至他赞成猪八戒"应该退党"，因为"那个党"是"第二国际"。毛泽东这次谈话，对取经集团主要成员的革命性大打折扣，唐僧是机会主义的头子伯恩斯坦，猪八戒是一辈子的自由主义，"无法无天"的孙猴子，革命精神也只剩一半了。这是对"取经党"最严厉的批判，话虽然说得不失幽默风趣，但是人们似乎从中可以嗅到火药味，开了后来激烈批判"现代修正主义"的先河。当然，《西游记》塑造的人物形象的复杂性，比如唐僧性格的两极化，为毛泽东的评论提供了思想素材。这是阅读过《西游记》的读者很容易理解的。

唐僧的乡愿思想

《西游记》第二十八回写孙悟空因三打白骨精，被唐僧逐回花果山后，适逢有一股人马闯入花果山，孙悟空念咒吹气，把这班人马"一个个打得血染尸横"。事后，孙悟空嘲笑唐僧经常劝导他的话。书中描写：

> 大圣分付众猴，把那山上的碎石头搬将起来堆着。教小的们都往洞内藏躲，让老孙作法。那大圣上山看处，只见那南半边鼓响锣鸣，闪出有千余人马，都架着鹰犬，持着刀枪，奔上他的山来。大圣心中大怒，即捻诀念咒，往那巽地上吸了一口气，吹将去，便是一阵狂风。那碎石乘风乱飞乱舞，可怜把那些人马一个个打得血染尸横。大圣鼓掌大笑道："快活！快活！自从归顺唐僧，他每每劝我道：'千日行善，善犹不足；一日行恶，恶常有余。'此言果然不差。我跟着他，打杀几个妖精，他就怪我行凶。今日来家，却结果了这许多性命。"遂叫众猴出来，把那死人衣服剥来穿着，马皮剥来做靴，弓箭枪刀拿来操演武艺，将那杂色旗号拆洗，总斗做一面彩旗，上写着"重修花果山，复整水帘洞，齐天大圣"十四字。竖起杆，逐日招魔聚怪，积草屯粮。他的人情又大，手段又高，便去四海龙王借些甘霖仙水，把山洗青了。仍栽花种树，逍遥自在，乐业安居不题。

毛泽东读《绘图增像西游记》至此，对唐僧的善恶观不以为然，他提笔旁批：

"千日行善，善犹不足；一日行恶，恶常有余。"乡愿思想也。孙悟空的思想与此相反，他是不信这些的，即是说作者吴承恩不信这些。他的行善，即是除恶。他的除恶，即是行善。所谓"此言果然不差"，便是这样认识的。(《毛泽东读文史古籍批语集》，中央文献出版社1993年11月版，第74—75页)

"乡愿"即"乡原"，指言行不一，伪善欺世；又指胆小怕事，不分是非。语出孔子的《论语·阳货篇》："乡愿，德之贼也。"意思是：没有是非的好好先生，是足以败坏道德的小人。孟子解释"乡原"为"同乎流俗，合乎污世，居之似忠信，行之似廉洁，众皆悦之，自以为是，而不可与入尧舜之道"(《孟子·尽心下》)。也就是说，表面看乡原思想，似是忠信，似是廉洁，实质是与坏人坏事、恶人恶事同流合污，与"尧舜之道"大相违背。毛泽东这里说的"乡愿思想"，不是说唐僧言行不一，伪善欺世，而是批评他不分是非，不辨善恶。这正是唐僧思想上的一个明显弱点。唐僧与孙悟空，在为善的动机上是一致的，不同的是，唐僧是以善求善，甚至是以善待恶，看不到孙悟空的除恶也是一种为善，因此每当孙悟空打死害人的妖精，他反而对妖精怀有一种怜悯恻隐之心。身上有一股浓浓的沉迷善缘、不察皂白的迂腐之气。唐僧的人生哲学是"慈悲为怀""仁义为本"，认为"千日行善，善犹不足；一日行恶，恶自有余"，主张"劝善"就是"惩恶"，否定"惩恶"就是"劝善"，从而导致他"人妖颠倒是非淆"(郭沫若诗句)。比如，小说第十四回写孙悟空打死了六个"剪径的大王"，唐僧便指责他"全无一点慈悲好善之心""撞祸"了。孙悟空分辩说："我若不打死他，他却要打死你哩。"可唐僧偏说他"忒恶""做不得和尚"。结果气走了孙悟空。第二十七回写孙悟空三打白骨精，唐僧听信猪八戒的谗言，一次次斥责驱逐孙悟空："出家人行善，如春园之草，不见其长，日有所增；行恶之人，如磨刀之石，不见其损，日有所亏。你在这荒郊野外，一连打死三人，还是无人检举，没有对头；倘到城市之中，人烟凑集之所，你拿了那哭丧棒，一时不知好歹，乱打起人来，撞出大祸，教我怎的脱身？你回去罢！"孙悟空分辩道："师父错怪了我也。这厮分明是个妖魔，他实有心害你。我倒打死他，替你除了害，你却不认得,反信了那呆子谗言冷语,屡次逐我。"但是唐僧依旧执迷不悟,说悟空"是个无心向善之辈,有意作恶之人"。结果气走了悟空。第五十六回写唐僧被一伙强盗捉住差点被杀,幸得孙悟空及时赶到,挥棒打死了两个领头的,救出了唐僧。第二天,那伙强盗追来报仇,悟空一顿棒子又打死了二三十个,还割下了曾经投宿其家的杨姓之子的头颅,怒斥道:"似这等不良不肖、奸盗邪淫之子,连累父母,要他何用!"唐僧恼怒至极,连念十余遍紧箍儿咒,骂道:"昨日在山坡下,打死那两个贼头,我已怪你不仁。及晚了到老者之家,蒙他赐斋借宿;又蒙他开后门放我等逃了性命;虽然他的儿子不肖,与我无干,也不该就枭他首。况又杀死多人,坏了多少生命,伤了天地多少和气。屡次劝你,更无一毫善念,要你何为!"结果再次赶走了悟空。唐僧的这种沉迷善缘、不察皂白、人妖颠倒、是非混淆的迂腐固执,使得他"对敌慈悲对友刁"(郭沫若诗句)。这也不能不使人望而生厌。小说用一系列事实表明,唐僧的"行善",不是"除恶",而是护恶,是人妖颠倒、善恶不分的迂腐固执,既愚蠢又误事。

唐僧还主张要做个"扫地恐伤蝼蚁命,爱惜飞蛾纱罩灯"的好和尚,"念念不离善心"。所以,遇到妖魔要杀他,吃他的肉,他也认为这是"大限难逃",还是不忘责备悟空是"做恶之人"。《西游记》在第八十回"姹女育阳求配偶"中,妖魔装成被绑在树上的女子,要唐僧救她。唐僧即命悟空:"去救那女子下来罢。"甚至说道:"救人一命,胜造七级浮屠(七层佛塔),快去救他下来,强似取经拜佛。"孙悟空讽刺道:"师父要善将起来,就没药医。"唐僧不听,坚持救出了妖魔,最后却引出了一场受困于无底洞之祸。

唐僧如此"乡愿"不是偶然的。他的人生哲学促使他视孙悟空的棒打妖魔为"秉性凶恶",否定"除恶"正是"行善",而且是最大的"行善"。唐僧与孙悟空的冲突之不可避免,根本原因就在于:一个懂得这层道理,一个却不懂得这层道理!

当然,问题还有另一个方面。细读《西游记》就会发现,唐僧的思想也是发展的。书中写唐僧和孙悟空的思想冲突,是随着历难次数的增加而日渐减少的;唐僧历尽八十一难的过程,实际上也就是他日益放弃乡愿立场的过程。唐僧的正果西天,说明这个"直迷了一片善缘,更不察皂白之苦"的人物,终于分清了皂白,认识到孙悟空的一路"除恶"正是在积"善缘"。只是毛泽东写批注之时,只在于评说唐僧、悟空和作者吴承恩的善恶观,没有涉及此点。毛泽东一生"对敌狠,对友和,对民爱",是不同意唐僧的乡愿思想的。

唐僧的警惕性不高，唐僧的迂腐愚气，唐僧类似伯恩斯坦式的右倾软弱，死搬教条，其根源正在于乡愿思想的人生信条。儒学大家孔子、孟子对乡原思想持批判态度，毛泽东借助这个立场，以儒家的善恶观否定释家的善恶观。这在一定程度上反映出毛泽东行善除恶一体论的善恶思想，反映出毛泽东对善恶问题本质的一贯看法。他说过："善事、善人是跟恶事、恶人相比较，并且同它做斗争发展起来的。"他还认为：现在我们把未来理想想得很美，可是未来到来时，人们会感到不满意，一万年以后社会上还有善恶，无恶即无善。善恶并存，善恶对立，善恶一体，无善即无恶，无恶亦无善。善恶相比较而存在，相斗争而发展，因此行善必除恶，除恶即行善，毛泽东的善恶观是辩证的、科学的，他借助《西游记》的故事，表述这样的伦理观，也深挖了方向坚定、不怕磨难的取经领袖唐僧"另一面"表现的思想根源。

僧是愚氓犹可训

（唐僧之五）

一从大地起风雷，便有精生白骨堆。
僧是愚氓犹可训，妖为鬼蜮必成灾。
金猴奋起千钧棒，玉宇澄清万里埃。
今日欢呼孙大圣，只缘妖雾又重来。

《毛泽东诗词集》，中央文献出版社1996年9月版，第124页

　　毛泽东和郭沫若是诗友。毛泽东除了请他改诗外，有时也诗兴大发，与之唱和。毛泽东的诗《七律·和郭沫若同志》，就是这样写下的。

　　毛泽东的《七律·和郭沫若同志》，是答和郭沫若的《七律·看〈孙悟空三打白骨精〉》一诗的。郭沫若后来写了《"玉宇澄清万里埃"——读毛主席有关〈孙悟空三打白骨精〉的一首七律》一文，叙述了与毛泽东的唱和之事，解说了毛泽东和诗的思想内容。

　　事情的起因是这样的：

　　1961年10月，浙江绍剧团在北京演出了绍剧《孙悟空三打白骨精》。这出剧是根据《西游记》二十七回《尸魔三戏唐三藏　圣僧恨逐美猴王》中白骨精的故事改编的。在小说中，孙悟空保护唐僧西天取经，途中遇到想吃唐僧肉以求长生的白骨精。白骨精先后变化为美女、老太婆、老头子，企图迷惑唐僧，吃掉唐僧，但三次均被孙悟空识破，三次遭到孙悟空的痛打，现出了一堆白骨的原形。然而，唐僧听信猪八戒的逸言，以为白骨精的原形是孙悟空玩的戏法，于是在念紧箍儿咒惩罚了孙悟空后，将其赶走。后来，唐僧又遇到了黄袍怪，被变成了老虎，让人锁在牢里。猪八戒无奈，只得去花果山请回孙悟空，打败了黄袍怪，救了唐僧。师徒重归于好。

　　绍剧《孙悟空三打白骨精》改编了原故事的后半部分，合并了白骨精和黄袍怪的情节，让白骨精被打第三棒时仍旧逃走，唐僧在把孙悟空赶走

后遇到的仍是白骨精。孙悟空被请回后，打的还是白骨精，并且增添了白骨精自己在唐僧面前交代先后三次变形的诈术，使唐僧幡然悔悟。

1961年9月28日，浙江绍剧团带着《孙悟空三打白骨精》这出戏，上京参加国庆演出。由周恩来总理安排，10月10日到中南海怀仁堂演出。毛泽东主席观看了演出。这出戏深深地吸引了毛泽东，随着剧情的发展，他时而点头，时而微笑，香烟烧到手指才知道。特别是演到"天王庙"一场戏时，孙悟空被贬，唐僧被白骨精擒住，猪八戒敌不过群妖，慌忙逃走。猪八戒逃走时的蹉步、垫步、跑跳等动作，使毛泽东开怀大笑。毛泽东对幻灯字幕也看得很仔细，并若有所思。

演出结束后，毛泽东站起来向演员们招手致意，表示祝贺，当走到边门离开剧场时，毛泽东转过身来，再一次向演员们招手致意。

毛泽东离开后，国务院机关事务管理局的同志到后台来，对剧团的圆满演出表示祝贺。他们说毛泽东主席到怀仁堂来看戏是经常的，但时间不长。今天看了两个多小时，从头看到尾，这是少有的。你们这次演出非常成功！

浙江绍剧团这次在京还执行了招待外宾的演出任务。还向首都人民进行了多场演出。全国人大常委会副委员长、中国科学院院长郭沫若三次观看了演出，并宴请了剧团全体同志。剧团同志请他提意见。郭沫若认为，剧本改编得好，演出也很成功，这出戏很有现实教育意义。郭沫若认为，剧本若按小说原来的情节来处理，黄袍怪与白骨精分成两起，那么孙悟空所打的白骨精，究竟是真妖还是真人，唐僧本人是始终不会明白的。因而，唐僧对于孙悟空的芥蒂也就根本未能消除。剧本的情节改得实在好。

郭沫若还认为，这出戏很有教育意义。戏里的唐僧，在前半部颠倒是非，把妖当成人。对自己的徒弟，真正降妖护法的人，加以无情的惩责，甚至于说："出家人以慈悲为本，就是真正的妖精也不准打。"不断地念出紧箍儿咒，使孙悟空头痛得难受，在舞台上满台打滚。最后还绝情绝义地写了断绝师徒之情的谪贬书，把孙悟空赶走了。连孙悟空辞别时的膜拜，都背过脸去，拂袖不理。看到舞台上的唐僧形象实在使人憎恨，觉得他真是值得千刀万剐。

当时，绍剧团的同志请郭沫若提意见，他联想到苏共二十二大对兄弟党进行了猛烈攻击，致使参加会议的周恩来提前回国，便于10月25日写出一首《七律·看〈孙悟空三打白骨精〉》送给话剧团。全诗是：

人妖颠倒是非淆，对敌慈悲对友刁。
咒念金箍闻万遍，精逃白骨累三遭。

千刀当剐唐僧肉，一拔何亏大圣毛。
教育及时堪赞赏，猪犹智慧胜愚曹。

由于郭沫若在看戏时对唐僧憎恨的感情实在是太强烈了，因此，他在这首观剧诗中，把这种感情如实地表现了出来。

不难看出，郭沫若原诗是针对唐僧而发的，严厉批评了唐僧的混淆是非，甚至激愤地认为"千刀当剐唐僧肉"，但毕竟认为唐僧还不是"妖"，不是"敌"。如果此诗是像郭沫若后来解释的那样，借以反对"现代修正主义"，那么还没有将"修正主义"指为白骨精，显然是定为"对敌慈悲对友刁"，肆意攻击兄弟党的"唐僧"。

郭沫若将诗抄呈毛泽东。毛泽东看后，于同年11月17日写下了《七律·和郭沫若同志》

一从大地起风雷，便有精生白骨堆。
僧是愚氓犹可训，妖为鬼蜮必成灾。
金猴奋起千钧棒，玉宇澄清万里埃。
今日欢呼孙大圣，只缘妖雾又重来。

毛泽东的和诗，在对待被白骨精所欺骗的唐僧的态度上，与郭诗是完全不同的。

第二年的1月6日，经康生抄示，郭沫若在广州读到毛泽东的和诗，受到了很大的启发。他重新认识唐僧的问题，深感自己在诗中那样裁决唐僧是不妥当的。他说：

"戏里的唐僧是受了白骨精的欺骗，因而把敌友混淆了。他是蠢人做出了蠢事。在戏的后半，白骨精的欺骗当场揭穿时，唐僧也就醒悟过来，知道悔恨，并思念孙悟空。孙悟空尽管受了委屈，他也明确知道师父是受了欺骗，故终于身赴师难，消灭了妖魔，搭救了唐僧。孙悟空的态度是光明磊落的。假如颠倒黑白，混淆是非，以敌为友，和敌人一个鼻孔出气，那就完全不同了。像这样有意识地颠倒黑白、混淆是非的人，他本身就是白骨精，或者是替白骨精服务的变相妖怪。我们就不应该把对于这种人的看法，和戏里的唐僧形象等同起来。主席的和诗，便是从事物的本质上，深一层地有分析地来看问题。主席的和诗，事实上是改正了我的对于唐僧的偏激的看法。"

当天，郭沫若重新步毛泽东的原韵，和诗一首：

赖有晴空霹雳雷，不教白骨聚成堆。
九天四海澄迷雾，八十一番弭大灾。
僧受折磨知悔恨，猪期振奋报涓埃。
金睛火眼无容赦，哪怕妖精亿度来！

郭沫若在和诗中，已经把"千刀万剐唐僧肉"，改成了"僧受折磨知悔恨"，接受了毛泽东的观点，纠正了以前对唐僧的偏激看法。郭沫若在写下这首和诗后，自己也感觉看法上深入了一步。于是，他将和诗抄录，再由康生呈送给毛泽东。

毛泽东在看过郭沫若的和诗后，给郭沫若回信说：

和诗好，不要"千刀万剐唐僧肉"了。对中间派采取了统一战线政策，这就好了。（孙琴安：《毛泽东与中国文学》，重庆出版社2000年6月版，第159页）

郭沫若接信后备受鼓舞。他后来解释道："主席把唐僧作为'中间派'，是因为他站在白骨精与孙悟空之间，是受了白骨精蒙蔽的人。这种人是相当多的，经过事实的验证，他们是可以转变过来的。这些人倒是我们应该争取的对象，不应该感情用事地加以深恶痛绝，认为'千刀万剐'。"

当然，郭沫若的原诗和毛泽东的和诗，其意义不仅仅在于一个如何对待唐僧的看法问题，二人诗作的主旨是有着深刻的政治内涵的，这就是说，郭沫若的原诗也好，毛泽东的和诗也好，他们都是借助绍剧《孙悟空三打白骨精》的剧情和人物，而反对当时所说的现代修正主义——当年国际上出现的一股背离、反对马克思主义基本原则的思潮的。

郭沫若后来在和《毛主席诗词》朝鲜文版翻译组部分同志的谈话时，对他的原诗作过一些解释：

"我写这首诗，白骨精比喻为帝国主义，唐僧比喻为赫鲁晓夫。但主席在和诗里是把白骨精比喻为修正主义，把唐僧比喻为要争取的中间派。

"咒念金箍闻万遍：是闻万遍念金箍儿咒。意思是对孙悟空（像中国等社会主义国家）刁难。

"精逃白骨累三遭：是白骨精接连逃三次，句法上是念金箍儿咒让白骨精逃跑三次之意。说的是对敌人仁至义尽。

"一拔何亏大圣毛：意思是拔一根毛何损于大圣毛，这里'大圣毛'的毛是有所指的。"

当然，毛泽东和郭沫若在政治眼光和艺术洞察力方面有着高下之分。毛泽东的和诗，不仅表达了自己对国际共产主义运动中马克思主义与非马克思主义斗争新局势的看法，对背弃马克思主义学说的思潮予以抨击，而且纠正了郭沫若原诗的错误认识，主张区分不同性质的矛盾，实行统一战线政策，团结大多数，消灭一切妖魔鬼怪，捍卫马克思主义的纯洁性。

也就是说，毛泽东的和诗，高瞻远瞩，既有对一百多年来世界风云的变幻、特别是国际共产主义运动的曲折发展及其前景的艺术概括，又对马克思主义的斗争策略做了极为准确的阐释。

郭沫若当年在读到毛泽东的和诗，于思想上得到更深一层的认识后，通过写作解说文章，对毛泽东和诗的思想内容作过比较具体的阐述。

郭沫若解释说："一从大地起风雷！便有精生白骨堆"，这是说自从世界起了革命，革命阵营内部的保守派，随着革命运动的进展，会暴露出自己的本质而兴妖作怪。郭沫若回顾了共产主义运动史上马克思主义与非马克思主义的斗争，指出了国际工人运动可分为两大派，一派是革命的马克思主义者，一派是盲目崇拜合法性的机会主义者，恩格斯曾利用诗人海涅的话，把这两派分别判定为"龙种"和"跳蚤"。

郭沫若说："在大地上卷起革命风暴的是'龙种'，而'跳蚤'则是从白骨堆中生出的妖精。故同是一个白骨精，在我的诗里面是指帝国主义而言，而在主席的和诗里面则指的是投降了帝国主义的机会主义者（也就是修正主义）。当然，投降主义都是同帝国主义者站在一条战线上的，但如果含混起来，对于主席的诗便得不到真切的了解。"

郭沫若解释说："僧是愚氓犹可训，妖为鬼蜮必成灾"，唐僧是受了欺骗的一个愚人，使得他把人妖颠倒，把是非淆乱，但他在受了教训之后，终于悔悟了。投降主义者则不然。他们是存心颠倒人妖、淆乱是非的。他们本身就是妖，就是鬼蜮，必然酿成灾害。这种人和唐僧虽然貌似，而实质不同，故应该区别看待。

郭沫若接着说："金猴奋起千钧棒，玉宇澄清万里埃"，这意思是容易理解的。一面是孙悟空举起了他的"一万三千五百斤"重的金箍棒，打杀了白骨精，澄清了妖雾；另一面则是说革命派的"龙种"，对机会主义的"跳蚤"们坚决地反击，保卫了革命理论和革命组织的纯洁性。

郭沫若最后对"今日欢呼孙大圣，只缘妖雾又重来"两句解释说：马克思时代，给了机会主义者以沉重的打击。列宁时代，也给了机会主义者以沉重的打击。但机会主义者并没有绝种，今天又有人和帝国主义者联结在一道，大大地兴妖作怪起来了。我们对于齐天大圣又表示出欢呼，就是希望第三次把妖雾澄清，把白骨精加以彻底地消灭。今天的齐天大圣是什么呢？那就是发展了的革命的马克思列宁主义。我们不仅要反对已有的白骨精，还要提防从白骨堆里再产生出白骨精来。郭沫若坚信，对于这样的妖精，金睛火眼是能够看透它的，"一万三千五百斤"重的金箍棒必然会打在它的头上，而使妖雾澄清。

有的解释者认为：毛泽东与郭沫若两者诗的艺术洞察力及艺术表现显然有较大差异。郭沫若联系现实斗争，用意颇佳，但观念模糊。而毛泽东以为唐僧是可以教育好的，白骨精才应严厉打击，从而明确了斗争政策。其实，毛泽东诗与郭沫若第一首诗的根本区别，并不在于对唐僧应采取什么态度，而在于谁是唐僧，谁是白骨精。毛泽东在诗中重新划分了敌、我、友的范围。白骨精是指"现代修正主义"；唐僧是指游离于两党之间的大量其他政党和国家，尽管其中有些被动地参加了对中国的围攻合唱。如果说，在此之前中国共产党对苏联共产党的批评，主要是针对控制与反控制，反对苏共"老子党"的做法的话，那么，从这首诗开始，毛泽东已经认定，苏联共产党的主要领导人是"白骨精"，今后的主要任务，是反对现代修正主义思潮。

一首诗，成为一张应战的战书，标志着一个"反修防修"的新时代，甚至可以说是70年代毛泽东划分"三个世界"思想的雏形。

董必武12月29日的和毛泽东诗，也许更能使我们明确从那以后"白骨精"的所指，更能感受到毛泽东这首诗在党内的号角式影响：

  骨精现世隐原形，火眼金睛认得清。
  三打纵能装假死，一呵何遽背前盟。
  是非颠倒孤僧相，贪妄纠缠八戒情。
  究竟心猿持正气，神针高举草妖平。

诗下对"三打"注云："布加勒斯特会上一打，莫斯科两党会谈二打，莫斯科八十一国党的会议上三打。"

用同仇敌忾的成语，来形容当时党内对外的一致精神状态，是恰当的。

1963年《毛主席诗词》出版后，外国文书籍出版局立即组织翻译出版英文本。1964年1月，毛泽东应英译者的要求，就自己诗词中的一些词句，

——作了口头解释。在解释"僧是愚氓犹可训,妖为鬼蜮必成灾"两句时,毛泽东说:

郭沫若原诗针对唐僧。应针对白骨精。唐僧是不觉悟的人,被欺骗了。我的和诗是驳郭老的。(《毛泽东诗词集》,中央文献出版社1996年8月版,第262页)

1966年5月,"文化大革命"开始后,浙江绍剧团受到了劫难。他们演出的历史剧《于谦》,被诬陷为"大毒草",说"北有海瑞,南有于谦,南北呼应,复辟翻案……"扮演于谦这一历史英雄人物的陈鹤皋,被打成"文艺黑线人物",戴上了"反动学术权威"的帽子,游街批斗。其他演员,如在《孙悟空三打白骨精》中扮演猪八戒的七龄童被迫害致死,扮演美猴王的六龄童也被关进了"牛棚"……

毛泽东得知此事后,对绍剧团著名演员的"解放"工作很关心。

1971年9月3日毛泽东南巡到杭州,第二天他通过电视屏幕,观看了浙江绍剧团在杭州人民大会堂演出的《智取威虎山》。幕间,绍剧著名演员陈鹤皋演唱了毛主席诗词《七律·和郭沫若同志》。

毛泽东观看绍剧团的演出后说:绍剧移植样板戏不错嘛,武功也很好。

毛泽东还说:陈鹤皋的清唱很有劲,嗓音洪亮,很有气魄。他还向有关方面询问了扮演《孙悟空三打白骨精》中美猴王那个演员的情况。毛泽东十分风趣地问道:

美猴王现在是不是还压在五行山下?(徐中远:《毛泽东读评五部古典小说》,华文出版社1997年1月版,第249—250页)

9月5日下午,当时的浙江省"革命委员会"的有关人员,传达了毛泽东的上述指示。后来,绍剧团的著名演员都很快"解放"了。

这里,毛泽东把"对中间派采取统一战线政策"、对著名演员的"解放"政策,和《西游记》中的有关故事联系起来,话说得不多,但寓意深刻,通俗易懂,字字句句都印在了人们的心中。

毛泽东还指示:绍剧要改革,要创新。但改革以后还要像绍剧,不能"四不像"。

毛泽东的指示和两次观看绍剧,给绍剧团全体演职员以很大的鼓舞。

在毛泽东的关怀下，浙江绍剧团注意了绍剧的改革、创新工作。他们重排了历史剧《于谦》，在中华人民共和国成立国三十周年之际，再次上京参加国庆演出，获得首都各界好评，并被文化部评为演出一等奖。

从1961年到1971年，在十年的时间里，毛泽东对《孙悟空三打白骨精》一剧四次发表意见。就敌、我、友三者来说，他始终认为孙悟空是意志坚定火眼金睛的革命者，白骨精是十恶不赦而又具有欺骗性的敌人，而唐僧则是是非不分、敌我混淆，但又可以教育引导，可以联合团结的朋友，是敌我之间的中间派，对其应该采取统一战线的政策。

正确地分辨敌、我、友，历来是革命的首要问题。早在1925年，毛泽东就指出："谁是我们的敌人？谁是我们的朋友？这个问题是革命的首要问题。中国过去一切革命斗争成效甚少，其根本原因就是因为不能团结真正的朋友，以攻击真正的敌人。革命党是群众的向导，在革命中未有革命党领错了路而革命不失败的。我们的革命要有不领错路和一定成功的把握，不可不注意团结我们的真正的朋友，以攻击我们的真正的敌人。"（《毛泽东选集》第一卷，人民出版社1991年6月版，第3页）

在西天取经路上，孙悟空是"革命党"，唐僧是革命党的朋友，而白骨精是"真正的敌人"。唐僧虽然"咒念紧箍"，给革命党出难题，与革命党闹摩擦，客观上一时帮了敌人白骨精，但他只是个"愚氓"，是个被白骨精欺骗了的不觉悟的人，是可以经过教育，使之清醒，并站到革命队伍中来的。如果对他"千刀万剐"，则是犯了驱友助敌的"左"的错误。经过启发，郭沫若也认识到"僧受折磨知悔恨"，改变了对唐僧的看法和政策。真正该千刀万剐的是"妖"。联系当时国际国内形势，毛泽东的观点是：修正主义是"妖"，应当"千刀万剐"，而一时认不清修正主义面目的"唐僧"，可以教育争取过来。毛泽东的政治洞察力确有胜人之处，这是他指引革命胜利的"法宝"。

我们要学习孙悟空的本领

（孙悟空之一）

> 毛泽东打着手势说，我们要学习孙悟空的本领，上天入地，变化多端，大闹天宫，推翻反动统治和整个旧社会。
>
> 纪猗、钟村：《上将交往录》，四川人民出版社1994年版，第16—17页

　　孙悟空是神话小说中的英雄人物，是《西游记》塑造得最为成功的人物形象。在中国，只要提到唐僧西游集团，甚至只要提到神话小说，不谈到孙大圣，不知道他那些脍炙人口的故事者，实在是太少太少了。说孙猴子的故事妇孺皆知、家喻户晓，则可谓恰如其分，绝不为过。

　　一部《西游记》，几乎就是一部"悟空传"。有人说《西游记》前后分为两大部分，"大闹天宫"是孙悟空的"英雄谱"，"西天取经"是孙悟空的"创业史"。这种概括虽然绝对了一点，但强调孙悟空是西游集团的骨干，是小说中的主角，大体是不错的。西游故事如果把孙大圣的内容抽掉，不知会逊色到什么样子。

　　毛泽东读《西游记》，谈唐僧师徒，"出镜"频率最高的也是这位美猴王孙悟空。

　　那么，他欣赏孙悟空哪些方面呢？

上天入地　变化多端

　　孙悟空最初的"革命"圣地是花果山，毛泽东最初的革命圣地是井冈山。

　　毛泽东最初把花果山孙行者的造反故事引为同调，发生在井冈山时期具有历史意义的"朱毛会师"事件中。

　　1927年秋收起义后，毛泽东率领队伍毅然上了井冈山，建立革命根据地，进行武装夺取政权的斗争。

1928年4月，朱德、陈毅率领南昌起义保存下来的部队和湘南农军到达井冈山，于宁冈砻市与毛泽东率领的工农革命军会师，成立了工农革命军第四军（6月，根据中共中央指示改称中国工农红军第四军），朱德任军长，毛泽东任党代表兼红四军军委书记。5月，召开中共湘赣边界第一次代表大会，选举组成了由毛泽东任书记的湘赣边界特别委员会。接着，建立了湘赣边界工农兵政府。6月，红四军取得了五斗江、草市坳、龙源口等战斗的胜利，根据地扩大到宁冈、永新、莲花三个全县，吉安、安福各一部，莲花北部，酃县东南部，成为边界发展的全盛时期。

井冈山上成长起来的杨得志将军，后来回忆说：在"朱毛会师"时的庆祝大会上，朱德讲话后，"毛泽东才站起来，用浓重的湖南口音论述了两军会师的重大意义，指出光明的前途，特别强调发动群众，依靠群众，建立和发展革命根据地。他打着有力的手势，讲了个孙悟空的故事"。他说：

> 我们要学习孙悟空的本领，上天入地，变化多端，大闹天宫，推翻反动统治和整个旧社会。（纪狩、钟村：《上将交往录》，四川人民出版社1994年版，第16—17页）

杨得志说：那时，我是入伍几个月的新兵，还不能完全理解毛泽东讲话的深刻含义，但他讲的故事和比喻，我却印象极深。在我们军队还弱小的年代，在游击战争的年月里，我曾不止一次用它激励自己和所领导的部队。至今，他当时的形象仍如在眼前。

毛泽东号召红军官兵学习孙悟空，学什么呢？他概括了两大方面：

一是孙悟空本领高强。猴头神通广大，他的神通手段绝大多数是在灵台方寸山须菩提祖师处学得的。"上天入地"是说孙猴子会"筋斗云"，孙悟空捻着诀，念动真言，攥紧了拳，将身一抖，跳将起来，一筋斗就有十万八千里路。"变化多端"是指"七十二般变化"，须菩提祖师传给他七十二般地煞变化之功，能一口气变化七十二种物类。孙悟空还有"长生不老法术"，他得到须菩提祖师点悟，修仙成道，加上他闹地府勾去了自己及猴属名号，因而，与天齐寿，超升三界之外，跳出五行之中，寂灭轮回，无生无死。有了须菩提祖师传授的这"三大法术"，孙悟空"善能隐身遁身，起法摄法；上天有路，入地有门；步日月无影，入金石无碍；水不能溺，火不能焚"。后来孙悟空在天宫又偷吃了仙桃，饮了仙酒，盗吃了太上老君生熟俱备的五葫芦仙丹，混在肚里，运用三昧真火，煅成一块，又练就金刚不坏之躯。

有了刀枪不入，雷火不伤的本事。七七四十九天的八卦炉锻炼，又使孙悟空练就了一双"火眼金睛"，识得一切妖魔鬼怪。这样，孙悟空就再添了两项神通。

孙悟空本事大，武器装备也很现代化。"如意金箍棒"是孙悟空的武器，乃龙王天河定底的神珍铁。大禹治水定江海深浅的定铁，重一万三千五百斤，二丈多长，两头是两个金箍，中间是一段乌铁。神奇的是能大能小，大到擎天入地，小到与绣花针相似，可以在耳朵里藏下。有了这一神器，孙悟空如虎添翼，更是威风、更是强大了。

二是孙悟空反抗激烈。"大闹天宫"的故事，是体现孙悟空蔑视神圣权威的叛逆精神最精彩的段子。人们从中可以看到，一切神圣权威在孙悟空那里都变得无足轻重，受到极大的蔑视。他初见玉皇大帝时，挺身不礼，玉帝发问："哪个是妖仙？"他应声答道："老孙便是。"吓得众仙卿变颜失色，连说"该死了"，君臣等分荡然无存。即使是佛祖如来、菩萨观音，他也随意调侃、取笑，如说如来是"妖精的外甥"，咒观音"该他一世无夫"。孙悟空的反叛行为可以说无处不在。他对世俗皇帝更是老大不敬。比如，他对乌鸡国王说："老孙若要肯做皇帝，天下万国九州皇帝都做遍了。"在朱紫国，他揭下求医皇榜，被领进内宫。国王问道："哪一位是神僧孙长老？"他进前一步，厉声答道："老孙便是。"国王被他吓得战战兢兢,跌在龙床之上，连呼"唬杀寡人也"这种蔑视神圣权威的叛逆精神贯穿孙悟空的全部奋斗历程。

孙悟空的反抗精神还体现为无所畏惧的战斗气概。老孙不愧为疾恶如仇、勇于战斗的"斗战胜佛"，西行取经路上，只要是阻挠取经、有害于人的妖魔鬼怪，他都主动地去擒拿，去铲除。比如，驼罗庄的老人请他去捉妖，他便对老人行了个礼，说道："承照顾了！"以至猪八戒取笑他说："你看他惹祸，听见说拿妖怪，就是他外公也不这般亲热，预先就唱个喏。"诚如八戒所言。西行路上，通天河制服灵感鱼怪，火云洞奋战红孩儿，金䀇洞降伏青牛精，琵琶洞打死淫蝎精，连环洞杀死豹子精……身经百战，孙悟空阵阵少不下，仗仗是主力部队，从不手软，从不怯阵，从不退缩。

总之，孙悟空是个立场坚定斗志强、神通广大本领高的"游击战士"。毛泽东把他介绍出来，作为红军官兵的学习榜样，是十分恰当的。有了孙悟空的本领，才能战无不胜、攻无不克，"推翻反动统治和整个旧社会"。毛泽东生动的比喻和诙谐的演讲，给台下的红军官兵打下了深刻的烙印。红军新战士杨得志不仅牢牢记住了这次演讲，而且以后时时用它"激励自己和所领导的部队"。

很灵活　很机动

斗战胜佛孙悟空有斗战的精神，有斗战的本事，也有斗战的技巧。以孙悟空为榜样，也要像他那样智勇双全，既斗勇，又斗智。

1938年4月初的一天，一个晴朗的上午，毛泽东在延安城外一个傍山的广场里接见抗大全校两千多人。毛泽东在讲话的最后，进一步指示要大家努力学习和掌握"坚定正确的政治方向、艰苦朴素的工作作风、灵活机动的战略战术"。他对这三条指示作了具体的阐述，还引用了中国古典小说《西游记》中的唐僧师徒的表现作譬喻。

在解释"灵活机动的战略战术"时，他谈到了孙悟空：

孙猴子很灵活，很机智……（牛克伦：《熔炉》，《回忆毛主席》，人民文学出版社1977年版，第245—246页）

孙悟空确

八卦炉中逃大圣

实很勇敢,他神通广大,打遍神界魔域无敌手,但他不蛮干,不逞勇,讲谋略,讲智斗。他的战术确实"很灵活,很机智"。

孙悟空有动物性即猴性的一面。猴子忌静好动,生性敏捷,思维灵活,手段多变,时而蹲石岩,时而攀树枝,取物先视人,拿物先试探。《西游记》中塑造的孙悟空形象,则把猴子的这种动物性原始特征,移植到孙大圣对妖魔鬼怪的斗争艺术中来,孙悟空不仅有七十二般变化,而且善于用计设谋。西行路上,他不仅是角逐打斗的"战将",而且是出谋划策的"谋主",他可不搞纸上谈兵的教条主义,有什么敌人就打什么仗,敌变我变,战略战术灵活多变,高招妙策层出不穷,如计取紫金铃,智调芭蕉扇等。毛泽东读《西游记》,看准了他的这条长处。

孙悟空灵活的战略战术有多种表现:

打要害。杜甫诗句:"射人先射马,擒贼先擒王。"俗话说:"打蛇打七寸。"孙悟空斩妖除魔,注意调查研究,顺藤摸瓜找准妖精魔怪来路,认清它的"庐山真面目",而后采取打要害、抓关键、挖老根的手段,一举彻底消灭强敌。陷空山无底洞的老鼠精地涌夫人,闻知唐僧童身修行,元阳未泄,欲拿去配合成太乙金仙。故在黑松林设计骗取唐僧的善心,寻机摄去唐僧,逼住要与之成亲。孙悟空兄弟三人几番与之打斗,却被她弄个遗鞋计哄了。后来孙悟空探得她原来是托塔李天王的义女,便"抄后路"上天告状,李天王、哪吒太子自知理亏,急急下界收伏了此怪,孙行者捣毁了魔窟,救出了师父,一举取得完全胜利。《西游记》中孙悟空的战例,像这样避开正面抄后路,击中要害端老巢的战术,比比皆是。

钻肚皮。这也是孙悟空与敌战斗时惯用的手段。他变作螟虫,躲在茶沫之下,钻进铁扇公主罗刹女肚子里,强迫她交出"芭蕉扇";他变作红桃一颗,让唐僧哄女妖吃下,在其肚里拳打脚踢,使妖精昏死倒在地下;他在稀柿衕让大蟒、在狮驼山让老魔一口吞下,却于其肚内翻筋斗、竖蜻蜓置其于死地;等等。可以说,这些战斗中运用的"钻肚皮"战术,既表现了他的勇猛,更表现出他的机智。

善变化。孙悟空战术的机智,好多时候体现在敌变我变,因敌制胜上。这在书中随处可见。如第六回,他与二郎神大战,三百余合不分胜负。后来,他变作麻雀儿、大鹚老、鱼儿、水蛇、花鸨,与二郎神对战,最后变作一座土地庙,嘴巴为门,牙为门扇,舌作菩萨,眼作窗户。末了剩下条尾巴不好收拾,他灵机一动,将尾巴变作一根旗杆竖在庙宇后面。所谓"善变",就是在敌强我弱的形势下,善于利用各种条件伪装自己,保存自己,以便条件有利时消灭敌人。

偷袭战。孙悟空战术上的"偷袭",手段高强,真是"人不知,鬼不觉"。天上地下远近皆知,令人闻而生畏。取经路上,遇到金角大仙、银角大仙两位魔怪,又有五件宝贝,猴头、八戒、沙僧三兄弟并肩上阵,一时难于取胜。孙悟空又搬出老战法,连偷带骗,弄走了二仙的五件宝贝,并一步步地诱敌上钩,"请君入瓮"。将银角、金角两个妖魔先后吸入"宝葫芦"和"净瓶",化成脓水。最终取得了彻底的胜利。这次搏斗把孙悟空的精灵发挥到了极致,充分展示了孙悟空大智大勇的动人风采。

毛泽东最反对呆若木鸡的教条主义战术,主张灵活用兵,机动用兵。即将奔赴抗战前线的抗大毕业学员们,人人能像"猴头"那样巧妙灵活地进行战斗,那也真够气势汹汹的日本侵略军这头"野牛"喝一壶的!

与"乡愿思想"相反

笔者在前面《唐僧的乡愿思想》一节介绍:20世纪50年代末期,毛泽东读《绘图增像西游记》(清光绪辛卯年上海广百宋斋校印本)第二十八回《花果山群妖聚义　黑松林三藏逢魔》,心有所思,意有所感,提笔写了一条长批:

"千日行善,善犹不足;一日行恶,恶常有余。"乡愿思想也。孙悟空的思想与此相反,他是不信这些的,即是说作者吴承恩不信这些。他的行善,即是除恶。他的除恶,即是行善。所谓"此言果然不差",便是这样认识的。(《毛泽东读文史古籍批语集》,中央文献出版社1993年11月版,第74页)

毛泽东的次子毛岸青和儿媳邵华也曾在《回忆爸爸勤奋读书和练习书法》一文中说:

爸爸同我们谈论过《西游记》,十分赞赏孙悟空敢作敢为,勇于同各种妖魔鬼怪做斗争的性格,说孙悟空敢于违背唐僧千日行善,善犹不足;一日行恶,恶常有余的观点。

上述批语和谈话,是毛泽东对小说人物唐僧、孙悟空善恶观的评价,同时也表明了毛泽东在善恶问题上的价值选择。

显然,毛泽东是不同意唐僧的善恶观的。他认为唐长老"千日行善,善犹不足;一日行恶,恶常有余"的主张是乡愿思想。"乡愿"语出《论语》。

孔子说："乡愿，德之贼也。"(《论语·阳货》)可见孔夫子对乡愿思想也是持批判态度的。什么叫乡愿思想呢？就是不问是非、不辨善恶的老好人主义。《西游记》所着力描写的唐僧的待人处世哲学与儒家批判的乡愿思想颇为一致，这点倒是儒教与佛教的不同点。小说中描写的唐僧的许多言行，是"乡愿"思想的典型表现。"乡愿"思想混淆了善恶的界限，也把除恶与扬善两种行为的性质搞颠倒了，必然长妖魔鬼怪的志气，放纵魑魅魍魉作恶成灾。唐僧"人妖颠倒是非淆"，把孙悟空的"除恶"(斩妖伏魔)认定为"不善"，所以三番五次地把害人妖怪放虎归山，致使自己屡遭妖魔暗算，受尽磨难，乃至险些丧命。因此，毛泽东对乡愿思想不以为然。

孙悟空却另行其道，他在西行路上，战妖魔，斗鬼怪，始终勇敢战斗，全力除恶求善。他决不姑息一个恶魔，决不放纵一个坏蛋。谁要残民以逞，作恶多端，不管是神是仙，是妖是怪，他举棒就打，手下绝情。如果没有孙悟空的疾恶如仇，没有孙悟空的战妖斩魔，师徒四人要到达西天取得真经是不可能的。毛泽东认为，孙悟空的思想与唐僧"乡愿"思想是相反的，他的"行善即是除恶，除恶即是行善"，毛泽东是赞赏的，是肯定的。毛泽东之所以一次又一次称赞孙悟空，大概这是其中的重要原因之一。

孙悟空与唐僧都是为求正果而修行的佛门弟子，但修行的主张却不一样。唐僧主张"慈悲为怀"，以"劝善"为"惩恶"，而孙悟空则相反，以"惩恶"为"劝善"，好勇斗狠。西天取经路上斩妖除魔的一场场战斗莫不表现出他的这种主动"惩恶"的战斗气概，他最终的正果封号也是"斗战胜佛"。孙悟空的这种主动战斗性格贯穿全书始终。

善和恶，是相比较而存在，相斗争而转化的，有善就有恶，行善必须除恶，除恶才能行善。所以，善恶并存是永恒的。1957年毛泽东在省、市、自治区党委书记会议上的讲话中就说过，"善事、善人是跟恶事、恶人相比较，并且同它作斗争发展起来的"。这样的话，他还说过。1956年9月27日在接见外宾的谈话中说道："现在我们把未来理想想得很美，可是未来到来时，人们会感到不满意，一万年以后社会上还有善恶，无恶即无善。"(《毛泽东的文艺美学活动》，高等教育出版社1995年12月版)这就是毛泽东的善恶观。

就善恶观而言，毛泽东与孙悟空有相通之处，即是说他是赞成惩恶行善的。这应该是他要求人们学习孙悟空的深层原因。

激励孙行者

孙悟空是人人喜欢的神话英雄人物。在日常生活中，人们好把有能力、敢作为的人誉为"像孙悟空"。熟读《西游记》的毛泽东也有这个嗜好。

他称自己的战将是"孙行者"。

孙毅，河北省大城县人，1931年参加宁都起义，1933年加入中国共产党。解放战争时期曾任河北军区司令员。

1955年，人民军队首次实行军衔制前，孙毅写信给毛泽东，其中说："只有从劳之苦而乏建树之功，在评衔时要宁低勿高，授我少将军衔足矣。我投身革命决不是为了升高官、要厚禄，党和人民给予我的已经大大超过我的奉献了。"

这封信表达了孙毅在荣誉面前的高风亮节，在毛泽东的心目中留下了深刻的印象。

1960年春，在北京三座门，出席军委扩大会议的上百名各路将领，正戎装整齐列队等候毛泽东的接见。

一辆黑色的"吉姆"座车从中南海疾驰而来，在会议厅门口戛然而止，毛泽东走下车来，迈着悠然的步子，来到战将们中间。一阵掌声过后，毛泽东用浓重的湖南乡音说："莫道君行早，更有早行人。"

毛泽东用自豪的目光扫视着他所熟悉的每一张面孔。站在前排的将领纷纷向统帅行军礼，毛泽东频频点头。突然，毛泽东像是发现了什么，指着后排的一个将军，提高嗓门，大声说道：

"你，姓孙！孙行者！"

全场的目光一下子集聚到一位蓄着银色短须，佩戴着中将军衔的将领身上。他就是孙毅，那富有特色的短须，就是毛泽东特许在严格的军阵中蓄留的标记，也说明了毛泽东对孙毅的器重。毛泽东用他最喜欢的神话小说人物孙悟空称谓孙毅，无疑是对他的最高赞誉。这使孙毅激动不已，为此还特意写下一首小诗以示志向：

宁暴三十年，
东风已驰先。
激励孙行者，
奋勉更向前。

毛泽东用"孙悟空"称誉战将，也用"孙悟空"称誉别的人员。

1959年3月27日，上海京剧班老旦孙花满在一次晚会上演出。毛泽东拍拍孙花满的手臂问："听说你过去不愿意演老旦？"孙花满说："是的。"毛泽东高兴地笑了。

在这之前，毛泽东曾问过孙花满叫什么名字？孙花满说：姓孙，叫孙花满。毛泽东说："姓孙，是孙悟空！"毛泽东说的是湖南话，孙花满听不懂，他就解释说"是齐天大圣"。毛泽东说："你的名字很好，孙花满，花满了'百花齐放'，这样好嘛！"说得很风趣。

还有一次，毛泽东问孙花满是哪里人？孙花满说是河南洛阳人。毛泽东说，好啊，河南出才子。孙花满说，我不是才女。毛泽东先后看过孙花满演的《钓金龟》《六离门》《岳母刺字》，说她："演得不错嘛！"

毛泽东有一种独特的诙谐和幽默。他接触身边工作人员，尤其是初次接触，常常会问及他们的姓名、籍贯、年龄，并巧妙地联系人文地理，与之交谈，使他们很快消除紧张情绪。

庐山招待所"芦林一号"服务员周水莲，是1970年新招收来的农村姑娘，人很机灵。1970年庐山会议期间，从另一处调来为毛泽东服务。毛泽东对周水莲也很满意，对她说："水帘（莲）洞里出过一位齐天大圣，神通广大，搅得周天寒彻。我看，你的本事也不小。不要叫周水莲，就叫'周天'吧！"从此"周天"就叫开了。

这些生活中的小插曲，似乎无关宏旨。但是，也许正是这些细枝末节之处，更可以看出毛泽东潜意识中对神通广大的孙悟空的激赏是无处不在的。

今日欢呼孙大圣

上世纪50年代末期至60年代初期，正是我国的三年困难时期，面临着黑云压城的严峻局势。国外，除美国所纠集的半月形对华包围之外，更大的压力来自北方的苏联。1958年夏，赫鲁晓夫来华逼迫中国和苏联搞"联合舰队""长波电台"，把手伸向中国的主权。在国际上，他又以"老子党"自居，要各国共产党同他们"对对表"。他还背地里向美国承诺，要说服中国在台湾、核武器等重大问题上让步。他的这些主张遭到中共中央和毛泽东的断然拒绝。赫鲁晓夫便在布加勒斯特会议上向我们发动突然袭击，随后单方面撕毁了中苏两国经济协定，撤回专家，中断援助。加上中国国内因"大跃进"和自然灾害带来的经济困难,我国确实面临着一个向何处去的严峻考验。在"滚滚寒流"面前,毛泽东的骨头是硬的,中国共产党人和中国人民的骨头是硬的,毅然选择了不畏强霸的独立自主、自力更生道路。

1961年10月,中苏两党之间的"战争"风云再起,国际共产主义运动又面临着四分五裂的局面。这个月的17日至31日,苏联共产党召开第二十二次代表大会。会议提出了二十年建成共产主义的纲领,提出了建设"全民的国家""全民的党"的口号,还空前激烈地谴责了斯大林,决定将斯大林遗体迁出红场。赫鲁晓夫想利用这次机会使各国共产党重新拥戴他们的"老子党"地位,对不肯就范的"异端"进行讨伐。对苏共所作所为早有看法的中国共产党则要在反击过程中揭露苏联"背离马列主义"的面目。

于是,一场恶战在所难免。

10月19日,中共代表团团长周恩来走上莫斯科的讲坛。针对大会上苏联组织了对阿尔巴尼亚劳动党的攻击,甚至公开号召推翻霍查、谢胡的领导,他提出不同意见说:对任何一个兄弟党进行公开的片面的指责,是无助于团结、无助于问题的解决的。这种态度,只能使亲者痛、仇者快。这些话,赫鲁晓夫听不进去。在和周恩来会谈时,赫鲁晓夫直言不讳地表示:当我刚刚成为苏联最高领导人时,为了粉碎马林科夫、莫洛托夫反党集团,需要你们的支持,当时中国共产党的声音对我们有很大的意义,而现在不同了,苏联人民已经无限信任我们,苏共已经同你们站在一个水平线上了。这个顿巴斯矿工出身的秃顶汉子,处理事情像挖煤一样简单、实用。

于是,在周恩来讲话之后,会场上响起一片指责和嘘声,只有朝鲜、越南的代表团保持沉默。周恩来愤而决定,提前回国,由彭真任代理团长。临行前,他特意去向即将被移走的斯大林陵墓献了花圈,当然又激起了一股愤恨。

大会之后,中国发表了阿尔巴尼亚劳动党抨击苏联共产党的材料,苏联共产党就此向中国共产党发出了激烈的指责。论战,在毛泽东的预料之中,也在他的运筹帷幄之中。他不怕论战,更欢迎论战。

11月17日,毛泽东在广州看到了郭沫若写下的《七律·看〈孙悟空三打白骨精〉》,感触顿生,挥毫写下了一首应和之作《七律·和郭沫若同志》:

  一从大地起风雷,便有精生白骨堆。
  僧是愚氓犹可训,妖为鬼蜮必成灾。
  金猴奋起千钧棒,玉宇澄清万里埃。

今日欢呼孙大圣，只缘妖雾又重来。

　　笔者在前面《僧是愚氓犹可训》一文中，曾经就这首七律介绍过毛泽东不同意郭诗敌视被白骨精欺骗的唐僧的看法，郭读本诗后表示接受作者的意见的内容。这里主要谈一下毛泽东在此诗后两联对孙悟空形象的描绘和对其战斗精神的激赏。

　　"金猴奋起千钧棒，玉宇澄清万里埃。"在七律的颈联（即第三联），承接"妖为鬼蜮必成灾"，引出戏剧中的主人公——孙悟空，展现除妖斗争的胜利前景。戏中的白骨精尽管是那样的诡谲多变，但终究被"火眼金睛"的"齐天大圣"看穿识破，逃脱不了被"金箍棒"打得粉身碎骨的下场。金猴扫荡了白骨精制造的万里妖雾尘埃，使太空澄清如洗，洁净如玉。毛泽东大笔如椽塑造金猴的形象，用"奋起"二字，状其雄姿勃发；"千钧棒"，其力量之大，可以想见；"玉宇澄清"，万里无埃，可见金猴威力无穷。这一联以流水对形式，展现一幅痛歼妖魔、澄清玉宇的宏伟图景。前一句是因，后一句是果。诗篇借助这幅图景，对斗妖英雄金猴进行热情赞颂。刻画金猴的除妖斗争，从而表明马克思主义的力量、正义的力量，必会最后战胜一切反动思潮和势力。这一联后来成为显示威力、鼓舞信心的壮语警句。

　　"今日欢呼孙大圣，只缘妖雾又重来。"末联（即第四联）由写神话世界转至写现实世界，揭示了诗的主旨。"只缘"二字，构成因果复句，"妖雾又重来"是因，"欢呼孙大圣"是果。"欢呼孙大圣"，表示对今天的"孙大圣"的热情期待，即对马克思主义的纯洁力量的热情期待。"今日"二字，急转直下，直接将人们带入国际共产主义运动的斗争当中来。其中，"又重来"遥应"一从大地起风雷，便有精生白骨堆"的开篇，进一步揭示这场斗争的严重性及其伟大意义。"只缘妖雾又重来"，是毛泽东对当时形势的估计。言"又"言"重"，极写今日的斗争是过去斗争的继续，写出"孙大圣"（即真正马列主义）的斗争艰巨和任重道远。

　　毛泽东读小说《西游记》，看绍剧《孙悟空三打白骨精》，赋予新意，用寥寥两联诗句，对孙悟空形象进行再创造，雕塑出荡涤妖氛，横扫尘埃，澄清寰宇的全新的艺术形象，这是对神话小说人物的崭新引申，这是对神魔精灵的借题发挥，这是以神话意象象征现实，是思辨性极强的意象化创作。读后使人顿增豪情，陡生勇气，备受鼓舞，无比振奋。

　　因为国际"重来"了霸权主义、修正主义的"妖雾"，所以毛泽东热烈"欢呼孙大圣"，号召和动员全党同志、全国民众，"奋起千钧棒"，扫清寰宇埃，捍卫国家主权和尊严，维护马克思主义的纯洁性。诗句内容的现实作用是十分明显的。此时，叱咤风云气壮山河的"金猴"形象，恰恰是中国人民敢于斗争敢于胜利精神风貌的凝练塑造和具体体现。

无论是土地革命时期的"游击战士"，还是抗日战争时期的"抗大学员"；无论是指挥千军万马的战将，还是演戏、服务的员工，都可以学习孙悟空的斗争本领。

无论是西行路上降伏妖魔鬼怪，还是根据地里战胜国民党新军阀；无论是驱逐野蛮入侵者，光复祖国大好河山，还是斗争霸主强权，维护国家尊严，都可以效仿孙悟空的战斗精神。

毛泽东在孙悟空的形象当中，开发了丰厚的能力资源，挖掘了巨大的精神能源。

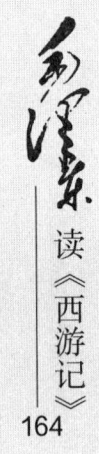

大闹反动统治者的天宫
（孙悟空之二）

> 从苏共二十大到去年七月，我们比较被动。现在我们转入了反攻，有大闹天宫的势头，打破了他们的清规戒律。他们的那些清规戒律，可不能完全服从！
>
> 毛泽东：《赫鲁晓夫的日子不好过》，《毛泽东文集》第八卷，人民出版社1999年6月版，第358—359页

就像提起《西游记》很难不提到孙悟空一样，提到美猴王很难不提到"大闹天宫"的故事。这是因为在《西游记》里，甚至在全部中国的神话故事里，"大闹天宫"也是最为精彩绚丽的篇章。

毛泽东解读《西游记》，喜爱孙悟空这个人物，也喜欢"大闹天宫"的故事，为之神往，激赏有加。

孙悟空是神话世界的造反者。"大闹天宫"的故事最能体现被压迫者的反抗精神。共产党人所进行的革命斗争，面对着"三座大山"（帝国主义、封建主义、官僚资本主义）的重重压力，其间的艰难险阻流血牺牲，大大超过唐僧取经集团所遇到的"八十一难"。孙悟空"无法无天"，敢于藐视所有神界权威，打破一切旧有传统秩序的造反精神，是很值得效法的，否则难以完成历史使命。这也许是毛泽东欣赏"大闹天宫"故事的根本原因。

把天兵天将打个落花流水

毛泽东主张大闹国民党反动派和日本侵略者的"天宫"。

1937年5月，毛泽东在延安为抗日军政大学师生作报告。他说：

> 孙猴子大闹天宫，把天兵天将打个落花流水。我们要学孙悟空，大闹反动统治者的天宫……（《忆董老》第2辑，湖北人民出版社

1982年版，第66页）

　　孙悟空从"根据地"花果山出发去"大闹天宫"，前后有两次：

　　第一次是抗议玉皇大帝对他的蔑视。孙悟空学成通天本事之后，到冥府销了猴类的生死簿，到龙宫"借"了如意金箍棒，冥王、龙王告到天宫。玉帝采纳太白金星的奏议，降旨"招安"，目的是把他"籍名在箓，拘束此间"，免得"动众劳师"。玉帝封了他个"弼马温"，他欢欢喜喜地到任。后来得知这官是"未入流"的"末品"，"不觉心头火起"，责怪玉帝"藐视老孙"，他不做这"下贱之役"，"打出天门"，回到花果山，竖起"齐天大圣"旗号。玉帝派托塔天王李靖和哪吒三太子率天兵下界擒拿，被孙悟空打得大败。玉帝再次采纳太白金星的奏议，第二次降旨"招安"，用意是"加他个空衔，有官无禄"，以便"收他的邪心，使不生狂妄"。孙悟空到了天宫，玉帝道："那孙悟空过来。今宣你做个'齐天大圣'，官品极矣，但切不可胡为。"这样，"那猴王信受奉行"，"遂心满意，喜地欢天，在天宫快乐，无挂无碍"。

　　第二次是搅闹"蟠桃盛会"。玉皇大帝恐怕孙猴子"闲中生事"，乃命他管理蟠桃园，并嘱他"早晚好生在意"。孙悟空管蟠桃园，从土地介绍中知道"后面一千二百株，紫纹缃核，九千年一熟，人吃了与天地齐寿，日月同庚。"他"偷摘了许多"，"吃了一饱"。他从七仙女那里得知王母的蟠桃会没有请他，乃变作赤脚大仙奔赴瑶池，闻得酒香，"口角流涎"，他喝足了"玉液琼浆，香醪佳酿。"他又走到离恨天太上老君的兜率宫，见"四无人迹"，就偷吃了"仙家之至宝""九转金丹"。这是他醉中干的。"一时间丹满酒醒。又自己揣度道：'不好！不好！这场祸，比天还大；若惊动玉帝，性命难存。'"于是他使个隐身法逃回了花果山。孙悟空搅乱"蟠桃大会"等等捣乱行为，激怒玉帝下令派以李天王为首的十万天兵，下界征剿。这是一场恶战，天兵天将虽然捉拿了许多妖怪，但斗不过孙悟空，连一个猴子也未抓着。观音命惠岸行者助战，也落得"败阵而走"。最后，玉帝采纳观音的建议，调灌江口二郎神杨戬前来，加上太上老君以法宝相助，才把他捉住，"使勾刀穿了琵琶骨，再不能变化"。孙悟空被天兵押去斩妖台下，"刀砍斧剁，枪刺剑刳，莫想伤其身"；"放火煨烧，亦不能烧着"；"雷屑钉打，越发不能伤损一毫"。乃交与太上老君"放在八卦炉中，以文武火锻炼"。结果不仅毛发未损，反倒炼出个"火眼金睛"。猴头从耳中擎出如意棒，不分好歹，大打出手，打得那九曜星闭门闭户，四天王无影无形。那孙悟空"更无一神可挡。直打到通明殿里，灵霄殿外"。许多天兵天将团团围住他，"却不能近身"，终究奈何他不得。玉帝倾天宫之力，制服不了孙悟空，只好"请如来救驾"。如来来到灵霄门外，止住刀兵，问孙悟空"何方生长，何年得道，为何这等暴横？"他回答的颇有气魄：

> 天地生成灵混仙，花果山中一老猿。
> 水帘洞里为家业，拜友寻师悟太玄。
> 炼就长生多少法，学来变化广无边。
> 因在凡间嫌地窄，立心端要住瑶天。
> 灵霄宝殿非他久，历代人王有分传。
> 强者为尊该让我，英雄只此敢争先。

他还向如来提出条件：

> 常言道："皇帝轮流做，明年到我家。"只教他搬出去，将天宫让与我，便罢了；若还不让，定要搅攘，永不清平！

搅乱"蟠桃盛会"，是闹天宫的高潮，文字也华丽精彩。孙悟空的高强本领和乐观精神，能够经受巨大磨难的坚韧性格，敢于向任何权威主动挑战的英雄气概，都得到淋漓酣畅的表现。毛泽东说孙悟空"把

乱蟠桃大圣偷丹，反天宫诸神捉怪

天兵天将打个落花流水"，主要是指他搅乱"蟠桃盛会"后打败十万天兵天将。

孙悟空的造反搅乱了天宫秩序，动摇了天庭的专制统治，他喊出的"灵霄宝殿非他久，历代人王有分传。强者为尊该让我，英雄只此敢争先"和"皇帝轮流做，明年到我家"的口号，渗透着普通人民对君权至上的蔑视，渗透着明中叶以来与个性解放思潮相伴而生的不安分情绪。《西游记》通过大闹天宫的幻想情节，把古代中国维护礼法秩序与亵渎、破坏这一秩序的越轨行为之间的矛盾生动地再现出来。读者无不拍手称快！说明其中不乏民主性、反抗性的思想内涵。

1937年5月毛泽东对抗大师生讲"大闹反动统治者的天宫"，其具体对象不仅指不抵抗外族入侵的国民党中的右派领导阶层（也就是抗日期间国民党中的反历史潮流而动者），而且也指日本军国主义侵略势力。因为这时日军不仅占领了整个东北，而且占领了华北不少地区，民族矛盾上升为主要矛盾，日本帝国主义者成为中华民族的主要敌人，也是中国无产阶级革命的主要对象。

正如毛泽东所希望的那样，听演讲的"抗大师生"和所有革命战士，在八年抗战中，确实"大闹"了日本侵略者、汉奸卖国贼和投降顽固派的"天宫"，并取得了历史性胜利，使百年来积贫积弱的中华民族第一次在外国人面前扬眉吐气。

《大闹天宫》是大家赞成的

1957年3月，毛泽东在一次干部会议上，在谈到"百花齐放，百家争鸣"方针时，谈到神话和鬼神戏。他说：

> 戏剧中妖魔鬼怪不要搞得太多。搞那么一点，可以见见世面，见识那个封建时代遗留下来的艺术化的意识形态。这跟神话不同，比如《大闹天宫》是大家赞成的，没有哪个反对。还有什么《劈山救母》《水漫金山》《断桥》之类，这些都是神话，也没有哪个反对。不要因为出了一些妖魔鬼怪的东西就着急，不要行政命令来禁止。同志们！不要误会我在这里提倡妖魔鬼怪，我不是提倡这个东西，而是想消灭它，而消灭的办法，要让它出现，让社会上大家公评，总有一天它会要慢慢丧失，要逐步改造的。（陈晋：《毛

泽东与传统文化》；王兴国：《毛泽东与佛教》，中国书籍出版社1996年1月版，第203页）

毛泽东把神话和鬼神戏做了明显的区分。

《大闹天宫》，剧目名，演《西游记》前七回孙悟空故事。侧重描写的情节是：孙悟空在王母娘娘举行蟠桃会的时候，摘取了天上桃园的仙桃，偷吃了筵席上的酒果和太上老君的金丹。天宫统帅李天王奉命派遣天将天兵捉拿孙悟空，反被他打得个大败亏输，落花流水。

毛泽东认为，像《大闹天宫》《劈山救母》《水漫金山》《断桥》这种表演神话内容，有积极思想意义和社会教育作用的优秀传统剧目，是大家赞成的，没有哪个反对，因此可以上演。

但是，对表现妖魔鬼怪，思想荒谬，内容荒诞的鬼神戏，虽然可以搞一点，但目的不是提倡，而是有利于认识艺术化了的封建社会意识形态。最终则是要给予改造，乃至消灭。

毛泽东的这段话，清楚地说明了"双百"方针的无产阶级性质，表明了革命者对待传统剧目的辩证态度，是其所是，非其所非，取其精华，剔除糟粕。他在强调神话与鬼神戏的"不同"时，首先举《大闹天宫》这个剧为例子，既表明他对美猴王闹天宫故事的熟悉，能够信手拈来，也表明他对闹天宫积极思想内涵的肯定。

有个最革命的孙猴子

"闹天宫"的故事，毛泽东讲给国人，讲给党内同志，有时他也搞点"输出"，讲给外国客人。当然，他认为这是一种必要的交流与沟通。

1957年5月12日，毛泽东在会见外宾时说：

中国也有上帝，就是玉皇大帝。他官僚主义很厉害。有个最革命的孙猴子反对过他专制。这个猴王虽经历了不少困难，像列宁被抓了去一样被人家抓去，后来他又跳了出来，大闹一番。玉皇大帝是很专制的……一定会被打倒。孙行者很多，就是人民。（陈晋：《毛泽东读书笔记解析》下册，广东人民出版社1996年7月版，第1406页）

毛泽东这次谈话，提到的"闹天宫"故事已为我们所熟悉，但是其中另三处则特别引人注目：

一者孙猴子是反官僚主义的英雄。因为玉皇大帝"很专制"，孙猴子"最革命"。孙悟空反对过玉皇大帝的种种专制行径。

二者猴王与列宁有相似的经历：被反动派抓去经受磨难。孙悟空被二郎神打败，抓去刀劈斧剁，油炼火烧，经历重重困难；列宁从事革命活动后，于1887年和1895年先后两次被沙皇政府捉去，在流放地和监狱中度过漫长的六年苦难生活。其实，猴王和列宁的苦难经历，也就是他们的光荣经历。大概在毛泽东看来，猴王的反对玉皇专制，与列宁的反对沙皇专制，有某种相通之处，两人都是反专制的英雄。

三者孙行者就是人民。"大闹天宫"的孙悟空不再是个体，不再是单枪匹马的行为，而是集体的、人民的共同事业。这与毛泽东反对英雄史观，把人民视为历史前进动力的观点是一致的。

毛泽东在与外宾的谈话中，讲述中国的革命历程和信念，引孙悟空的故事，同时举列宁的例子做参照，是因为外宾熟悉列宁的经历，以此反观孙悟空的"被抓去"，易于明白神话故事情节，也就易于宾主沟通，所讲的道理容易为外宾所理解和接受。

我们不会像孙悟空大闹天宫那样

埃德加·斯诺（1905—1972），美国进步作家、记者，是中国人民和毛泽东的老朋友。1936年他到陕北革命根据地访问，毛泽东会见了他。1937年他发表著名的访问记《红星照耀中国》（1938年复社出版中译本时将书名改为《西行漫记》）。

中华人民共和国成立后，斯诺于1960年秋首次访问中国。10月22日，毛泽东接见他时，宾主之间进行了长时间的漫谈，其间触及中美关系和世界局势的许多话题，如美国的远东政策、台湾及中美关系、新中国进入联合国问题等。谈到战争与国际和平问题时，斯诺问道：

"尽管中美之间现在并没有和平条约和协定，尽管有些美国人认为美国和中国之间实际上处于半战争状态，但是全世界的和平每天都取决于中国的责任感。这种责任感首先是对中国人民的，其次也是对全世界的，而中国是其中的一部分。您同意我这种说法吗？"

毛泽东很平静地回答了斯诺这个尖锐的提问，他款款道来：

对。不管美国承认不承认我们，不管我们进不进联合国，世界和平的责任我们是要担负的。我们不会因为不进联合国就无法无天，像孙悟空大闹天宫那样。我们要维持世界和平，不要打世界大战。我们主张国与国之间不要用战争来解决问题。但是，维持世界和平不但中国有责任，美国也有责任。解决台湾问题是中国的内政，这点我们是要坚持的。虽然如此，我们不打。美国人在那里，我们去打吗？我们不打。美国人走后，我们就一定打吗？那也不一定。我们要用和平的方法解决台湾问题。我国好多地方就是用和平方法解决的。北京就是用和平方法解决的，还有湖南、云南、新疆。外面有一种说法，好像在各国共产党中，中国共产党特别调皮，不守规矩，不讲道理，是乱来的。你来了几个月，那种话不可全信。你讲过外面有人说，中国是一个大兵营和一个大监狱。对蒋介石的中国这样说，确实是像的，当时北京、南京、上海确实都是兵营。解放后，通过改造、教育，中国大有不同了。（毛泽东：《同斯诺的谈话》，《毛泽东文集》第八卷，人民出版社1999年6月版，第217—218页）

当时，新中国进不进联合国，中国对维护世界和平是否负责，以及用什么方式解决台湾问题，是国际关注中国的几个焦点。有些反华分子和不了解情况的人士，说中国"好战"，要警惕中国的战争"黄祸"，甚至宣传中国是"一个大兵营和一个大监狱"。

毛泽东在上述谈话中，既有针对性又言简意赅地表述了中国的原则立场，回答了国际上反华分子的攻击、中间分子的责难和像斯诺这样国际友人的疑惑。说到新中国即使暂时进不了联合国也不会乱来，照样会维护世界和平时，他形象地比喻说"我们不会……像孙悟空大闹天宫那样"。这个表述确实有其思想内蕴和艺术含量，其辩疑解惑的功用不言而喻。

革命造反一生的毛泽东，在外界给人打下深刻烙印的是"秃子打伞——无法无天"的形象。西方人说毛泽东"好战"，赫鲁晓夫说毛泽东"好斗"，毛泽东在维护世界和平中，则不以斗战胜佛孙悟空为榜样，这是耐人寻味的明智之举。

有大闹天宫的势头

在国际关系中，中国进不了联合国，毛泽东不主张"大闹天宫"。但是，他却主张大闹大国沙文主义、国际霸权主义和现代修正主义者的"天宫"。

20世纪50年代中期以后，中国和苏联两国共产党因为在如何评价斯大林的历史功过、如何对待战争与和平、如何进行社会主义建设等一系列原则问题上发生严重分歧。当时的苏共主要领导人赫鲁晓夫，曾经企图像控制东欧社会主义国家那样控制中国，于1958年7月，向中国政府提出建立"共同核潜艇舰队"和长波电台等无理要求，显然是想在军事上控制中国。当毛泽东拒绝时，赫鲁晓夫施加了更大的压力。毛泽东讽刺地告诉他："最好把中国的全部海岸都占去！"赫鲁晓夫反问："那你会怎么办？"毛泽东说："到山里去，进行游击战争。"赫鲁晓夫迅即反驳说："游击战争在现代世界是没有用的。"对此，毛回答说，如果赫鲁晓夫"坚持堵住中国的鼻孔，那除此之外还有什么办法"？

1959年，赫鲁晓夫在美国戴维营与艾森豪威尔会谈之后，又来到北京。他告诉毛泽东，他带来了一个"好消息"，他"找到了一个解决台湾问题的办法"。毛泽东问他有何见教，赫鲁晓夫回答："在某些方面，对待台湾应当像列宁对待远东共和国那样。"毛反驳说，远东共和国是列宁建立的，而且当时就控制在苏联共产党手中。他问赫鲁晓夫，他是否认为台湾今天是在中国共产党的控制之下？

赫鲁晓夫还提出，中国应释放一些在朝鲜战争后跳伞进入中国东北的美国间谍。毛说："那很困难，你知道，我们国家有法律。"赫鲁晓夫脸红了，但他坚持说，人必须释放，因为他已经答应过艾森豪威尔要释放他们。而艾森豪威尔说过，他担心赫鲁晓夫向中国提此要求是白费时间，所以，如果赫鲁晓夫被拒绝，人家会怎样看待此事？

这样，赫鲁晓夫就没能完成艾森豪威尔的使命。同时，他也没能完成尼赫鲁的使命。他竭力想靠说"那是一块不毛之地"来完成尼赫鲁对中国领土的扩张。赫鲁晓夫解释说，如果毛把这块领土让给印度，他"可能争取尼赫鲁去打击帝国主义"。毛回答说，基本的问题之一是印度武装力量对中国领土的侵略。以前他自己还不清楚这些行动的程度，连西藏驻军司令张国华也不太清楚，直到西藏的牧民们连续不断地报告了印度军队动向，他们才派出侦察兵前去调查。侦察战士发现形势十分严重。所以中国政府不得不向印度正式提出抗议，并采取自卫行动。

赫鲁晓夫从军事上干涉中国内政的要求遭到拒绝以后，苏联政府又背信弃义地从经济上采取了破坏两国关系的严重步骤。1959年6月，苏联政府片面地撕毁了1957年10月两国签订的关于国防新技术的协定。1960年7月，苏联政府不同中国政府协商，突然单方面地决定在短短的一个月内撤回全部在华专家一千三百九十人，撕毁了三百四十三个专家合同和合同补充书，废除了二百五十七个科学技术合作项目。这些苏联专家分布在我国经济、国防、文化教育和科学研究等部门的二百五十多个企业和事业单位，在技术设计、工程施工、设备安装、产品试制和科学研究等方面担负着重要任务。这些苏联专家聘期未满，合同没有到期，苏联方面不顾中国方面的挽留，蛮横无理，说撤就撤，而且带走全部设计图纸和有关资料，使中国一些重大设计项目和科研项目被迫中断，使一些正在施工的建设项目被迫停工，使一些正在试验生产的厂矿不能按期投入生产。苏联这种背信弃义的行为破坏了中国国民经济的原定计划，给中国的建设事业造成了巨大的困难和损失。

中苏两党的分歧越来越表面化、公开化，并且导致了两党、两国关系的逐步恶化。

60年代初，中国正是三年困难时期。苏共中央连续给中共中央发来信件，对中共的路线和政治主张，进行了全面的抨击，配合西方帝国主义者掀起规模巨大的反华浪潮。中共中央和毛泽东在不放弃原则而妥协求和不得的情况下，准备全面反击。中苏论战升级。

1963年4月，针对苏共中央来信提出两党需要讨论的一系列重大问题，毛泽东指示起草中共中央《关于国际共产主义运动总路线的建议》，作为中共中央对苏共中央来信的答复。对这个文件，毛泽东从一开始就确定了两个方针，一是要公开发表，二是要锋芒毕露。也就是说，要针锋相对，把牌全部打出去，不做任何妥协的准备。

6月14日，锋芒毕露的《关于国际共产主义运动总路线的建议》一文公开发表，中心思想是强调暴力革命和无产阶级专政的必然性与必要性，强调革命的不间断性和彻底性，反对赫鲁晓夫所主张的"和平共处""和平竞赛""和平过渡"政策，反对说社会主义社会可以彻底消灭阶级，形成所谓的"全民国家"和"全民党"。文章明确提出，我们把那些攻击我们的文章和言论在我们的报纸上发表了，你们为什么不把我们"毫无根据的攻击"你们的文章也在苏联统统公开发表出来呢？既然争论已经开始，"谁都没有权利单凭自己的意图,想发动攻击就发动攻击,想禁止对方答辩就下令'停止公开争论'"。

在此之前,中苏之间的分歧已经通过各国党的言论和文章,通过中国党的公开答辩,暴露于全世界舆论面前,中苏两党报刊上影射文章也不在少数,只是还未在报刊上公开交锋,尚未公开指名道姓地批判对方。面对毛泽东把中苏分歧全面公开的做法,苏联方面的反应可想而知。在6月18日苏共中央全会上,赫鲁晓夫气急败坏地严词抨击毛泽东使中苏分歧"尖锐化到极点",并拒绝接受中方的建议。全会不仅就即将举行的中苏两党会谈作出决定,要求苏方代表团必须坚持苏共二十大、二十一大、二十二大所确定的路线,而且决定以牙还牙,在更大的范围里公开批评中国共产党的路线。据中方统计,从7月14日苏共中央公开发表《苏联共产党中央委员会给苏联各级党组织和全体共产党员的公开信》之后的不长时间里,仅苏联境内发表的指名攻击中国共产党的文章和材料就有三百篇之多。当然,中方发表的类似的文章,数量也相当可观。

从1963年9月6日起,整个中国大陆的上空开始不断地响起著名播音员夏青那抑扬顿挫、令人亢奋的声音。中共中央从这一天起,以《人民日报》和《红旗》杂志编辑部的名义,陆续发表了针对苏共中央的系列论战文章,即"九评"。"九评"的发表,以及随之而来的苏方发动的更大规模的文字讨伐,使得中苏两党的矛盾冲突达到了白热化的程度。

1964年1月17日下午,毛泽东同来访的美国记者斯特朗,美籍专家柯弗兰、爱德乐和中国籍专家爱泼斯坦等谈话。毛泽东扼要地叙述了中苏论战的经过之后,话题转到了反对修正主义的国际斗争的一般问题。毛泽东说,从他们对小国的态度来看,修正主义者(苏联)与帝国主义者(美国)差不多。毛泽东把当前的国际斗争与以前的中国国内斗争作了比较。起初,革命力量是处于防御;后来,就转向了反攻。"与修正主义斗争的转折点,"他说,是1963年7月14日苏联共产党的"公开信"对中国和马克思列宁主义的全面攻击。

"自那时起,我们就像孙悟空大闹天宫。"毛笑了一下,然后严肃地说,"我们抛弃了天条!切记对天条不要太认真。必须走自己的革命道路。([美]安娜·路易斯·斯特朗:《难忘的三次长谈》,《毛泽东交往录》,人民出版社1991年6月版,第419—421页;徐中远:《毛泽东评读五部古典小说》,华文出版社1997年1月版,

第 203 页）

谈话又转到了毛泽东在已被称为"大论战"的与苏联的争论中所起的作用。毛泽东笑着说："我在这次斗争中做得很少，只写了几首诗，我自己没有什么其他的个人武器。"

在经过了几年的隐忍求和、几年的反反复复，总是憋着一股气之后，毛泽东对这种反攻的形势比较满意，他说：

> 从苏共二十大到去年七月，我们比较被动。现在我们转入了反攻，有大闹天宫的势头，打破了他们的清规戒律。他们的那些清规戒律，可不能完全服从！（毛泽东：《赫鲁晓夫的日子不好过》，《毛泽东文集》第八卷，人民出版社 1999 年 6 月版，第 358—359 页）

想想"金猴奋起千钧棒，玉宇澄清万里埃"的孙行者形象，谁都会觉得用"有大闹天宫的势头""抛弃了天条"来形容中国共产党在中苏论战中的"反击"态势，确实恰当无比，恰如其分，恰到好处。

历史地看待 20 世纪 50 年代中期到 60 年代中期的中苏十年论战，其间的是非对错远不是几句话所能说清楚。但是，毛泽东大闹大国沙文主义者的"天宫"，甩开他们的天条和清规戒律，拒绝和摆脱国际霸权控制，以维护国家主权完整和民族独立，无论如何是正确的，是一种历史性的贡献。

至于这样做对中苏关系的影响，毛泽东的态度是："我们不要分裂，但是我们对分裂有思想准备。"他早就讲过：我们不怕分裂，不外乎不做生意就是了。要准备文化、经济往来完全断绝，只保持外交关系。要做这样一个准备，也就不怕他搞分裂。

由于中苏双方冲突的不可调和性，决定了两个执政党之间的交恶，多半不会仅仅局限在毛泽东所说的文化、经济往来方面，它终将要反映在整个国家关系，即外交关系上。也就是说，中苏国家关系的全面破裂，不论毛泽东主观愿望如何，都已经无法改变了。而它所带来的危险，远不是毛泽东当时所能够预见到的。

如此看来，"闹天宫"可不是随意的事情，它需要勇气，也需要理智；需要"无法无天"，也需要限制和分寸；需要懂得正面功绩，也需要懂得可能带来的负面效应。

叫孙悟空大闹天宫

果然,毛泽东进入晚年,他的效法孙悟空"大闹天宫"就一步步走向了反面,出现了令人痛心的负面效应,成为他"晚年错误"的一个组成部分。

这与他晚年错误分析社会主义社会的主要矛盾,错误地估计社会主义社会阶级力量,主观夸大资本主义的复辟危险和修正主义者上台篡党夺权危险大有关系。

20世纪60年代中期,毛泽东提出了"党内走资本主义道路的当权派""警惕中央出修正主义"等关于社会主义革命和建设的一系列重大政治理论与社会实践的问题。

后来,他的相关论述被概括为"无产阶级专政条件下继续革命的理论"。

在这样的背景下,毛泽东倡导蔑视神权大闹天宫则不可避免地走上歧途,已经失去了昔日的风采和积极作用。

1965年9月,毛泽东在中央政治局常委扩大会议上说:

"中央出了修正主义,你们怎么办?很可能出,这是最危险的。"
又说:"要像孙悟空一样大闹天宫。"

这是要发动"文化大革命"运动的信号。

本来,毛泽东提倡人们学习孙悟空那种蔑视神权,敢于造反的精神,应该是用来对付一切背离社会主义和人民利益的势力。可是,让孙悟空大闹"中央修正主义"的天宫,则好没来由,因为那时中央根本没有什么"最危险的"修正主义。错误的形势判断,必然带来实践上的盲目行动。

1966年3月,毛泽东在"文化大革命"前夕说:

我历来主张凡中央机关做坏事,我就号召地方造反,向中央进攻。各地要多出些孙悟空,大闹天宫。

3月30日,毛泽东在上海西郊的一次谈话中,严厉指责中宣部是阎王殿,说:

"要打倒阎王,解放小鬼。""要把十八层地狱统统打破。孙悟空闹天宫,你是站在孙悟空一边,还是站在天兵天将、玉皇大帝一边?""如果中央出修正主义,地方要造反。""要支持小将,保护孙悟空。"

4月中旬,毛泽东在浙江杭州主持中央政治局常委扩大会,他告诉刘少奇,要批判彭真的错误。毛泽东在会上说:

"历史教训并不是人人都引以为戒的。这是阶级斗争的规律,是不以人们的意志为转移的。凡是有人在中央搞鬼,我就号召地方起来反他们,叫孙悟空大闹天宫,并要搞那些保玉皇大帝的人。现象是看得见的,本质是隐蔽的。本质也会通过现象表现出来。"(陈晋:《毛泽东读书笔记解析》下册,广东人民出版社1996年7月版,第1411页;张湛彬:《中南海三代领导集体与共和国文化实录》中卷,中国经济出版社1998年10月版,第198—202页)

这是毛泽东运用"闹天宫"故事的败笔。

还是"闹天宫"故事,正反主角还是孙悟空和玉皇大帝,但所代表的对象变了,概念后面有了新的潜台词:"玉皇大帝"和"天兵天将"不再是国民党反动派,不再是日本军国主义者,不再是大国沙文主义者和国际上的现代修正主义者,而是"有人在中央捣鬼",是"中央机关做坏事",是"中央出修正主义";"孙悟空"也不再是"抗大学员",不再是"反帝战士",而是"地方造反",是"支持小将",演化到"文化大革命"中就是"红卫兵小将",就是"革命造反派"。确实,"闹天宫"闹变了味,闹出个亲痛仇快利敌伤己的"十年内乱",闹出个自乱阵脚自相残杀的"文化大革命"。孙悟空也跟着毛泽东犯了"左"的错误。此时,美猴王成了丑妖魔;他不是在"闹天宫",而是在闹花果山;他打杀的不是天上的"天兵天将",而是山上的猴兵猴将,是猪八戒啃猪蹄——自残骨肉!

不管作者吴承恩解构"闹天宫"故事的主观意图如何,其情节内部所蕴含的反抗精神,无疑引起了职业革命家毛泽东的共鸣和关注,以至在一生中,凡是他认为经历着阶级压迫、民族压迫抑或是政治压迫时,他思维的屏幕上都会出现"闹天宫"镜头和情景,把无法无天敢作敢为的斗战胜佛视为知己和楷模。

为什么把孙猴子封为"弼马温"？
(孙悟空之三)

> 孙行者为什么被封为"弼马温"？把孙悟空封为弼马温就是不承认他。他自己封号、自己对自己评价、自己的鉴定是叫"齐天大圣"。玉皇大帝给他鉴定搞他一个弼马温，就是说是毒草。
>
> 王兴国：《毛泽东与佛教》，中国书籍出版社 1996 年版，第 66 页

《西游记》第四回《官封弼马心何足　名注齐天意未宁》，说不安分的孙猴子被太白金星请上天宫，玉帝封他一个"不入流"的小官"弼马温"，猴王知情后，愤慨于天庭对自己的藐视，反下花果山，重做美猴王，自称"齐天大圣"，与玉帝分庭抗礼。

封"弼马温"一事，毛泽东认为是玉帝"不承认"主义作祟。每每看到旧势力不认可新势力、旧人物不认可新人物、旧事物不认可新事物，即引用这个神话典故抨击之。

却连弼马温也不给我们做

世人皆知，国民党在国共第一次合作关系破裂后，总是不承认共产党的合法地位。毛泽东把此事形象地说成国民党"连弼马温也不给我们做"。

毛泽东曾把这个话讲给国民党极右派的顽固分子听，作为"炮弹"打出去，竟取得了意想不到的成功。这种情况发生在抗战胜利后的重庆谈判期间。

国民党CC系头子陈立夫是反共死硬分子，是反对国共谈判的高级代表人物。在邀请毛泽东赴重庆谈判之前，陈立夫就对蒋介石谏道："和共产党谈判，只会助长共产党的声势；对共产党的问题，只有动大手术才行。"

所谓"动大手术"，谁都明白是发动内战，武力消灭共产党！

对于这位历史上反共坚决、态度顽固的国民党右派代表人物，毛泽东

主张主动去看望,身边的工作人员对此大惑不解,问:"主席,您干吗要去看望那些反共分子呢?"毛泽东解释说:"像戴季陶、陈立夫这样的人,的确是一贯反共的。但是我们来重庆干什么呢?不就是为了跟反共头子蒋介石谈判吗?国民党现在是右派当权,要解决问题,光找左派不行,他们是赞成与我们合作的,但他们不掌权。解决问题还要找右派,不能放弃和右派的接触。"

1945年9月20日,毛泽东带着几个随行工作人员去拜晤陈立夫。这位国民党中央的组织部长显然对毛泽东的突然来访感到意外,慌忙将毛泽东迎到客厅。

毛泽东与人谈话最大的特点就是轻松幽默,看似漫无边际,实际上句句都扣在要阐述的中心思想上。

毛泽东在一张藤椅上坐下,他的谈话特点便显露出来,他说:"中国共产党和国民党在20年代曾经有过一段蜜月,我时时怀念那个时期,怀念孙中山先生。——你没赶上吧?"

陈立夫尴尬地笑笑:"没有,那时候我还在美国读书哩!"

"哦,"毛泽东淡淡地应了一句,接着说,"可惜呀,蜜月一过,孙中山先生一死,国民党就不认共产党了。从1927年在上海捕杀共产党人,然后是追到江西、福建、四川、贵州、陕西,总之,哪里有共产党,就追杀到哪里。所谓'石头过刀,茅草过火',厉害得很啦!我毛泽东被追得东奔西跑,好不难堪哟!——这段历史你经历了吧!"

"嗯,这个嘛,都是过去的事了。毛先生何必提这些不愉快的事。"

"不,要提。十年内战,共产党不但没有被消灭,反而发展壮大了。而国民党'剿共'的结果,却同时引进了日本帝国主义的侵略,险些招致亡国的祸害,这一教训难道还不发人深思吗?"毛泽东点燃了一根烟,深深地吸了一口。

"既然毛先生为和平而来重庆,同时又表示拥护国父孙中山先生所倡导的三民主义,拥护蒋主席的领导,为何还不放弃那些外国的思想观念(马克思主义理论),放弃一党的武力政权呢?"听了毛泽东的话,陈立夫反问道。

毛泽东答道:

我们上山打游击,是国民党'剿共'逼出来的,是逼上梁山。就像孙悟空大闹天宫,玉皇大帝封他为弼马温,孙悟空不服气,自己鉴定是齐天大圣。可是你们连弼马温也不让我们做,我们只

好扛枪上山了。（陈晋：《毛泽东之魂》修订本，中央文献出版社1997年9月版，第147页）

"过去的政策，我们是有许多要检讨的地方，这次我们请毛先生来，就是要改正我们以往的过失，请毛先生来国民政府中任职。"

"哈哈哈，"毛泽东一阵大笑，"你是国民党中央的组织部长，你看任命我个什么官合适呢？不过我跟蒋委员长已经说过，光安排我一个人是不行的，解放区一万万人口都得有个妥善安排。我看你这个组织部长没有这么大的气魄吧！"

在引古喻今的谈笑中，毛泽东巧妙地对陈立夫给予了批评。最后，显得理亏气弱、窘迫无词的陈立夫，不得不尴尬地表示：

"对这次国共和谈，兄弟一定尽心效力。"

毛泽东把国民党不承认共产党的合法地位，形象地说成"连弼马温也不给我们做"，意思是国民党比玉皇大帝还专制独裁。

那么，"弼马温"是什么官呢？"弼马温"这个职务在古代典制中全无踪影。其实"弼马温"就是"避马瘟"。古籍记载，很早就有在马厩里养猴的做法，目的就是让猴来避马瘟疫。其原理在古籍里说得不很清楚，但很可能因为猴喜闹，能够起到搅动马群的作用。我国传统医学也有此看法。例如，北魏人贾思勰撰写的《齐民要术》一书中，就说"常系猕猴于马坊，令马不畏避恶，息百病也。"明人李时珍《本草纲目》中也有"马厩畜母猴避马瘟疫"之说。

马不能躺下睡觉，躺下易窒息而死。一般养马，夜里都要巡查，把躺倒的马吆喝起来。猴子养在马群里，会一刻不宁地惊扰马群，实际上起到了养马人巡查的作用，无意中防止了马的意外死亡。《西游记》在写孙猴子任职"弼马温"后勤恳劳作时说："日间舞弄犹可，夜间看管殷勤；但是马睡的，赶起来吃草，走的，捉将来靠槽。"

如此看来，玉帝封孙悟空为"弼马温"，是与他开了个大大的玩笑。可惜孙悟空只知道这个官职太小，未入流，到最后也没弄懂玉帝是在骂他是个猴，否则还不知道要发多大火，弄出多大乱子呢？

历史上虽然没有"弼马温"，却有"御马监"。明太祖朱元璋洪武年间设御马监，执事者全由太监担任。这些掌御马监事的太监，官职为正四品、从四品或正五品，并非不入流。但他们若饲养不力，致马死亡，便要受罚治罪，与《西游记》中天上御马监众监官所说"如稍有尪羸，还要见责；再十分伤损，还要罚赎问罪"的情景相同。有明一代,"最低最小,只可与他看马"的类似"弼马温"的官,只有驿站的驿丞可以当之。驿丞属于九品十八级以外的官,的确不能入流,其禄秩为三十六石,所头被称为"贫官"。也许吴承恩是将御马监与驿丞这二者合而为一,加上马厩养猴的记载,"弼马温"与"避马瘟"同音,便糅到一起创造出天上的"御马监"这个机构及其头儿"弼马温"这个官职。

玉皇大帝封孙悟空为"弼马温",一是暗含戏弄,一是对他瞧不起。给个最小的职务,平时约束他,但凡有个一差二错就立马收拾他。孙悟空从同僚那里得知弼马温是个"未入流"的最低最小的官儿,不觉心头火起,咬牙大怒道:"这般藐视老孙!老孙在那花果山,称王称祖,怎么哄我来替他养马?养马者,乃后生小辈,下贱之役,岂是待我的?不做他!不做他!"于是,忽喇的一声,把公案推倒,一路打出天门,回到花果山。众猴们见到他,也大为不平:"大王在这福地洞天之处为王,多少尊重快乐,怎么肯去与他做马夫?"

吴承恩在《西游记》中写这段故事,其主旨在于讥讽当朝统治者不会用人,是替自己和天下所有怀才不遇的才子们鸣不平!而毛泽东引用这个故事在于批评国民党的一党专政、

独裁统治和寡头政治。"连弼马温也不给我们做"——话说得委婉、巧妙、风趣,批评却尖锐、犀利、深刻,触到了国民党的痛处。蒋介石之流,所作所为比玉皇大帝有过之而无不及。想想一贯称共产党为"异党""奸党""匪党",多年来一直实行"剿匪""剿赤"政策,即使智商高超如陈立夫者,对毛氏的诘难也无言以对。有趣的是,陈氏竟要求毛泽东"来国民政府中任职",难道也让他任职"弼马温"不成?毛泽东则说安排一个人不成,解放区一万万人口"都得有个妥善安排",这完全打破了封个"弼马温"了事的政治美梦。

毛泽东的领袖风度、政治风范、诗人风雅,似乎全在这幽默谈吐中自然倾泻出来。

搞个弼马温就说是毒草

1957年2月下旬,毛泽东在最高国务会议第十一次(扩大)会议讲话。事先毛泽东写有会议讲话的提纲,题目为"如何处理人民内部的矛盾"。提纲第八个问题是"百花齐放,百家争鸣,长期共存,互相监督",其中有一

段这样写道：

> 马克思主义是和它的敌对思想作斗争发展起来。历史上的香花在开始几乎均被认为毒草，而毒草却长期被认为香花。香毒难分，马列、达尔文、哥白尼、伽利略、耶稣、路德、孔子、孙中山、共产党、孙行者、薛仁贵。（《建国以来毛泽东文稿》第6册，中央文献出版社1992年1月版，第312—313页）

因为是"提纲"，所以写得很简略。不过，完全可以看明白意思，其核心思想是"历史上的香花在开始几乎均被认为毒草"。围绕这个论点，毛泽东一连举了十三个例子。其中除共产党是政党群体外，都是历史有贡献、有作为的人物，其中还包括神话小说人物孙行者。

2月27日，毛泽东在讲话中谈到"双百方针"时，对提纲中这段话作了展开和发挥，他首先提出这样一个论点：

> 很多东西在开始出现的时候，许多新生事物，在旧社会几乎都是被打击的。

接着，他举了许多例子，其中不仅有马克思主义的学说，哥白尼的学说和达尔文的进化论，而且还谈到了孔子、耶稣、释迦牟尼和孙悟空。他说：

> 佛教怎么样？释迦牟尼怎么样？也是经过那么一个过程，受压迫，社会不承认。孙行者为什么被封为"弼马温"？把孙悟空封为弼马温就是不承认他。他自己封号、自己对自己评价、自己的鉴定是叫"齐天大圣"。玉皇大帝给他鉴定搞他一个弼马温，就是说是毒草。（王兴国：《毛泽东与佛教》，中国书籍出版社1996年1月版，第202页）

毛泽东认为，孙悟空的经历说明，一种新的力量刚开始出现时，往往得不到社会的承认。孙悟空早年曾师从于释迦牟尼十大弟子之一的须菩提，学得七十二般变化和翻跟斗云的本领，能腾云驾雾呼风唤雨，能上天入地伏妖降魔，在神域仙界，也可以说是个了不起拔尖人才，可是玉皇大帝硬是不承认他，封他个"未入流"的"弼马温"，很是看不起小人物。

毛泽东在最高国务会议上的这篇讲话记录稿，经过多次整理修改，就是后来公开发表的《关于正确处理人民内部矛盾的问题》这篇文章。上面引述的话，删削压缩后有了变动：

> 历史上新的正确的东西，在开始的时候常常得不到多数人承认，只能在斗争中曲折地发展。正确的东西，好的东西，人们一开始常常不承认它们是香花，反而把它们看作毒草。哥白尼关于太阳系的学说，达尔文的进化论，都曾经被看作是错误的东西，都曾经经历艰苦的斗争。我国历史上也有许多这样的事例。同旧社会比较起来，在社会主义社会中，新生事物的成长条件，和过去根本不同了，好得多了。但是压抑新生力量，压抑合理的意见，仍然是常有的事。不是由于有意压抑，只是由于鉴别不清，也会妨碍新生事物的成长。因此，对于科学上、艺术上的是非，应当保持慎重的态度，提倡自由讨论，不要轻率地作结论。我们认为，采取这种态度可以帮助科学和艺术得到比较顺利的发展。（《毛泽东著作选读》下册，人民出版社1986年8月版，第784页）

也许是出于理论著作论证思想观点时例子不宜太多的原因（例子太多可能冲淡思想，或使读者有材料堆积之感），毛泽东删掉了不少他在提纲和讲话中举到的例子，其中也包括玉皇大帝看不起孙悟空的文学典故，只用"我国历史上也有许多这样的事例"这句笼统的话，一笔带过。但是，这些事例，构成了毛泽东理论思维时丰厚的物质材料，他从中概括出事物的发展规律，科学地阐述了"双百"方针的真理性。使我们今天读他的论断，仍然会感受到真理和逻辑的力量。吴承恩的创作所产生的认识价值，不可埋没。

事例在文章中被删掉了，可"齐天大圣"被玉皇大帝降格为"弼马温"这件事，毛泽东仍然牢记在心。仅仅过去十天，他就在同文艺界代表的谈话中回顾道："上次我曾讲了薛仁贵、孙行者的事。"

玉皇大帝不公平

1957年3月，中国共产党全国宣传工作会议在北京举行。会议期间的3月8日，毛泽东同文艺界代表谈话。当谈到真正的马克思主义者什么都不怕的时候，他告诉人们：

"真正的马克思主义者是不怕什么的,任何人也不怕。不怕别人整不整,顶多没有饭吃,讨饭,挨整,坐班房,杀头,受冤枉。我没有讨过饭。要革命,不准备杀头是不行的。被敌人杀了不冤枉。被自己人错杀了就很不好,所以我们党内有一条:一个不杀。但是坐班房、受点整也难说。"

说到这里,毛泽东联想到10天前(2月27日)讲话中提到的薛仁贵和孙行者,思路理到这个线头上,于是一路发挥道:

> 上次我曾讲了薛仁贵、孙行者的事。薛仁贵害了病,打胜仗,功劳挂在别人身上。对孙行者也不公平,他自然个人英雄主义蛮厉害,自称齐天大圣,玉皇大帝只封他"弼马温",所以他就大闹天宫,反官僚主义。我看宗派主义和主观主义都有,张士贵宗派主义、官僚主义都有。(毛泽东:《同文艺界代表的谈话》,《毛泽东文艺论集》,中央文献出版社2002年4月版,第172页)

毛泽东在这里谈的是整风,他认为玉皇大帝官僚,突出的表现就是对孙行者不公平,只封他个"弼马温"。孙猴子的大闹天宫,就是反对玉帝老儿的官僚主义。1957年春天,共产党准备整顿"三风"。毛泽东在这次谈话中说:"党内提过批评主观主义、官僚主义、宗派主义……整风,整主观主义,重心放在教条主义;整宗派主义,他们总是想一家独霸,他们总是觉得六亿人口太多了,少一点才好;整官僚主义,多得很。好几年没有整风了。"孙行者和薛仁贵,一个能力得不到认可,一个功劳得不到认可,他们的领导者玉皇大帝和张士贵"都有"官僚、宗派、主观的毛病。所以,要整他们的"三风"。

同时,联系上下文来看,毛泽东讲孙行者、薛仁贵的故事,也还有另一层意思:马克思主义者什么都不怕,甚至"坐班房、受点整也难说"。意思是孙行者、薛仁贵都受过委屈挨过整,没有什么了不起。他们历经磨难,终于还是被认可了。要有"五不怕"(一不怕撤职,二不怕开除党籍,三不怕老婆离婚,四不怕坐牢,五不怕杀头)精神,本来就是毛泽东这个时期所倡导的。整风更要有这种精神。

孙猴子把尾巴变旗杆

（孙悟空之四）

> 那些人有狐狸尾巴，大家会看得出来的。孙猴子七十二变，有一个困难，就是尾巴不好变。他变成一座庙，把尾巴变作旗杆，结果被杨二郎看出来了。从什么地方看出来的呢？就是从那个尾巴上看出来的。
>
> 毛泽东：《在中央人民政府委员会第二十七次会议上的讲话》，1953年9月16—18日

　　孙悟空即使真的成了"齐天大圣"，也改变不了他的猴性，即他的动物属性。吴承恩正是从这个侧面切入，写出了不少孙悟空的滑稽戏，令读者忍俊不禁。

　　尾巴变旗杆，就是悟空猴性衍生出来的情节。

　　这个故事见《西游记》第六回《观音赴会问原因　小圣施威降大圣》：

　　　　那大圣趁着机会，滚下山崖，伏在那里又变，变一座土地庙儿：大张着口似个庙门，牙齿变做门扇，舌头变做菩萨，眼睛变做窗棂。只有尾巴不好收拾，竖在后面，变做一根旗杆。真君赶到崖下，不见打倒的鸨鸟，只有一间小庙；急睁凤眼，仔细看之，见旗杆立在后面，笑道："是这猢狲了！他今又在那里哄我。我也曾见庙宇，更不曾见一个旗杆竖在后面的。断是这畜生弄喧！他若哄我进去，他便一口咬住。我怎肯进去？等我掣拳先捣窗棂，后踢门扇！"大圣听得，心惊道："好狠！好狠！门扇是我牙齿，窗棂是我眼睛；若打了牙，捣了眼。却怎么是好？"扑的一个虎跳，又冒在空中不见。

　　孙悟空再善变，尾巴不好隐藏。变个旗杆竖在庙后，还是被二郎真君看出了破绽，差点吃了大亏，只好收起变相逃之夭夭。

　　《西游记》"闹天宫"中这个细节，在历代读者中产生了广泛影响，以

至成为有稳定思想内涵和较为固定语言形式的约定俗成的一句熟语。人们在生活中,每当遇到欲盖弥彰的事,就揭露说"孙猴子把尾巴变成旗杆也藏不住";遇到自吹自擂骄傲狂妄的事,就批评说"孙猴子的尾巴——又翘起来了"。

毛泽东解读《西游记》喜欢这个细节,也常使用这个熟语表达自己的思想。

尾巴是藏不住的

毛泽东岳父杨昌济先生的朋友梁漱溟,是现代史上著名的新儒家,是一代学人。他是广西桂林人。生于1893年,谢世在1988年。1917年以后,曾任北京大学讲师、山东乡村建设研究院院长、国民党国民参政会参政员、香港《光明报》社长、民盟秘书长。中华人民共和国成立后,任第一至第四届中国人民政治协商会议委员,五、六、七届常委,中国文化书院院务委员会主席。著名爱国人士,中国共产党的老朋友。

这位在国内外享有盛誉的学者,著作甚丰,影响很大,主要有《东西文化及其哲学》《乡村建设论文集》《中国文化要义》等。他为弘扬民族文化,扩展中外文化交流,贡献了毕生精力。

在延安,毛泽东曾与梁漱溟通宵达旦长谈,讨论梁漱溟的乡村建设理论。两人意见分歧,但各有所获。

中华人民共和国成立之初,很有个性的梁漱溟竟在中央人民政府委员会上,在大庭广众之下,和毛泽东当面顶撞,且步步紧逼,一句不让。这是新中国政府前无先例后为仅有的罕事。

毛泽东与梁漱溟是诤友,又是畏友。

事情发生在1953年秋季。

是年9月8日,政务院总理周恩来(同时担任全国政协副主席)给正在召开的全国政协常委扩大会议作了关于过渡时期总路线的报告。梁漱溟在小组召集人会上发了言,主要是讲了总路线是人人赞成的,要贯彻执行总路线,应该继续发扬民主,依靠群众,使建国运动成为群众的自觉行动。

9月11日,受周恩来之请,梁漱溟在大会上发言,他讲了三点意见。一是希望政府除重工业发展计划外,再把轻工业、交通运输业等项发展计划,也讲给大家。二是建国运动要发动群众、工会、工商联、农会等。三是提醒注意农民和乡村问题。他说:"中国共产党几十年的革命,都是依靠农民,以乡村为根据地,入城后,工人生活提高得快,乡村农民生活仍很苦。共产党之成为领导党,主要是依靠了农民,今天要忽略了他们,人家会说,进了城,嫌弃他们了,这一问题望政府注意。"

梁漱溟还说过"工人在九天之上,农民在九地之下""共产党丢了农民",等等。

9月12日,参加全国政协常委扩大会议的人员列席了中央人民政府召开的扩大会议。

会上,毛泽东在即席讲话中说道:"有人不同意我们的总路线,认为农民生活太苦,要求照顾农民。这大概是孔孟之徒施仁政的意思吧。然而需知有大仁政小仁政者,照顾农民是小仁政,发展重工业,打美帝是大仁政。施小仁政不施大仁政,便是帮了美国人。有人说我们不知农民生活苦,笑话,难道我们还不了解农民!我们今天的政权基础,在根本利益上,工人农民是一致的,这一基础不容分裂,不容破坏!"

毛泽东虽然没有点出梁漱溟的名字,但梁漱溟和参加会的许多人都清楚,这说的就是他。

梁漱溟感到意外。他想,我本是拥护总路线的,何曾反对总路线呢?虽在发言中提请政府注意一些问题,尤其是农民问题,根本不会有损总路线和工农联盟。他觉得,毛泽东误解了他11日的发言,而这个发言,毛泽东并没有亲自听。于是,他赶写了一封信,并于13日在会上当面交给了毛泽东。

毛泽东约梁漱溟于当晚谈话,但只二十分钟,因为是在晚会戏剧开演前。梁漱溟大概复述了原来发言的内容,要求毛泽东解除对他的误会。毛泽东却坚持说梁漱溟是反对总路线。两人话不投机,冲突加剧。

9月17日,继续开会。有人发言说梁漱溟一贯是反动的。其间,毛泽东有不少插话。在批判梁漱溟"农民生活很苦"的观点时,毛泽东说:

> 出了这么多的"农民代表",究竟是代表谁呢?是不是代表农民的呢?我看不像,农民看也不像。……有些人是思想糊涂,说了一些糊涂话,但他们还是爱国主义者,他们的心还是为了中国,这是一类。梁漱溟是另一类。还有跟梁漱溟差不多的人,冒充"农民代表"。冒充的事,实际上是有的,现在就碰到了。那些人有狐狸尾巴,大家会看得出来的。孙猴子七十二变,有一个困难,就是尾巴不好变。他变成一座庙,把尾巴变作旗杆,结果被杨二郎

看出来了。从什么地方看出来的呢？就是从那个尾巴上看出来的。实际上有这样一类人，不管他怎样伪装，他的尾巴是藏不住的。（毛泽东：《在中央人民政府委员会第二十七次会议上的讲话》，1953年9月16—18日）

这使梁漱溟感到委屈。他想，我同共产党之间，在为国家为民族的根本上，心是相通的。他深深感到，毛泽东对他误会了。

梁漱溟很有学者的个性，他坚持一定要说清自己发言的意思。于是，在18日的会议上，便发生了前所未有的和毛泽东你一句我一句，毫不相让的当面顶撞。

事过之后，梁漱溟醒悟了。一方面由于执拗的脾气和强硬的态度，忘乎所以，铸成了大错。再者，当时他只把毛泽东看成是多年有深交的老朋友，任何事情都可以平等讨论。他忘了，这是在中央人民政府委员会上，不是在毛泽东家里做客。更不应该的是，他忘记了毛泽东是执政党的领袖、共和国元首。事过很长时间，当心情平静下来之后，他还认为，在气头上，他和毛泽东两人说的那些话，大都经不起推敲和检验。

但是，梁漱溟没受任何处分，也没受到批判，而且继续当他的全国政协委员、常委，一直到1988年去世。

以今日论，梁氏虽然言辞过激，形容过分，可意见并没有什么了不起的大错。他本意在工农收入的差别，并不在工农政治联盟的破裂，即他的意见在经济方面的改进，并不直接要求政治方面的改变。他提意见，动机只是"望政府注意"，并非存有破坏工农联盟的政治图谋和篡夺恶意，并非孙大圣"皇帝轮流做，明年到我家"的政治宣言，把梁氏划为与爱国主义者对立的"另一类"，显然是过头了。但是，这在当时为什么会引起毛泽东的强烈反应，讽刺其是孙猴子尾巴藏不住呢？

以笔者之见，不能把这说成仅仅是意气之争，是激愤之词。当时正是中华人民共和国成立之初，新生政权还不十分稳固，因此毛泽东主观上对不利于工农联盟（这是人民政权的基础）的议论（且不说客观上梁氏之论是否有害于工农联盟）十分敏感，他认为梁氏之论是有代表性的、全国性的政治问题，有害于人民政权的巩固和建设，是不能等闲视之的；加上共产党在长期领导革命的实践中，具有组织和领导农民进行斗争的丰富经验，最有资格代表工人农民的利益，因而对"不了解农民""丢掉了农民"的过当批评责难不能接受。也因为此点，他说梁氏的要求"照顾农民"是狐狸尾巴，是变成旗杆立在庙后的孙猴子尾巴,即形象地揭露梁氏是"冒充"农民代表。

引用"孙猴子尾巴变旗杆也藏不住"的神话典故来说明事理,从修辞的角度说,毛泽东的演说是生动、活泼、新鲜、别致的;从批评的角度说,毛泽东的比喻形成了辛辣、尖锐、严峻、凌厉的批评氛围和效果;但是,从实践的后果看,则伤害了正直提意见的民主人士的感情,把认识问题看成了立场问题、政治问题,是把"孙猴子"当成了"牛魔王"(妖魔鬼怪)。从梁漱溟的角度说,他虽然坦诚无私,甚至敢于犯颜直谏,但是有些话确实过格过当,有夸大其词不切实际之感。

把尾巴变成个旗杆

1957年夏季,正是全国反击右派斗争方兴未艾之期。

7月上旬,毛泽东南巡在上海。7月7日晚 他在上海中苏友好大厦接见上海科学、教育、文化、艺术和工商界代表人士。漆琪生、谈家桢、赵丹等三十六人受到接见。在座谈中,毛泽东谈及了过去党在延安时的整风、上海反右斗争、高等教育和消灭血吸虫病等问题。

7月9日,毛泽东在上海中苏友好大厦友谊电影院召开的干部大会上讲话。在谈到知识分子问题时,毛泽东说:

> 智慧都是从群众那里来的。我历来讲,知识分子是最无知识的。这是讲得透底。知识分子把尾巴一翘,比孙行者的尾巴还长。孙行者七十二变,最后把尾巴变成个旗杆,那么长。知识分子翘起尾巴来可不得了呀!"老子就是不算天下第一,也算天下第二"。"工人、农民算什么呀?你们就是'阿斗',又不认得几个字。"但是,大局问题,不是知识分子决定的,最后是劳动者决定的,而且是劳动者中最先进的部分,就是无产阶级决定的。(毛泽东:《在上海干部会议上的讲话》,1957年7月9日)

知识分子翘尾巴,"比孙行者的尾巴还长"——老孙的尾巴在毛泽东的眼里总是不光彩的角色,这次又陪知识分子再次受到谴责。

从总的方面看,无论是在革命斗争时期,还是在生产建设时期,毛泽东是看重知识分子的,是重视知识分子作用的。《毛泽东选集》中,就有《大量吸收知识分子》这样的专篇;毛泽东思想体系中,就有尊重和重用知识分子这样的理论组成部分。用辩证唯物论的认识论和历史唯物主义基本原理来看待知识和知识分子这个问题，"智慧都是从群众那里来的""大局问题最后是劳动者决定的"，这样的思想观点也没有错，它们不过是"实践是认识的源泉""人民是历史前进的动力"等科学思想的延伸。这时的知识分子是孙悟空，与他那不好隐藏的"尾巴"似乎毫无关系。

但是，由此再往前推导出"知识分子是最无知识的"结论，则将在理论上不能自圆其说，如"大量吸收知识分子"的抗战时期，参加抗日的知识分子已是"人民群众"的组成部分；社会主义建设时期，知识分子已是工人阶级的组成部分。贬低知识分子，将有害于社会主义建设事业的健康发展。"知识分子翘起尾巴来可不得了呀！"这样的议论，并非一辈子手不释卷嗜书如命的毛泽东所固有的观点，它在一定程度上反映了部分工农出身的干部和其他革命者对自己知识贫乏的无奈、苦闷、彷徨乃至嫉妒心理，反映了这部分人员思想的局限性。它在组织上必然产生关门主义弊端，打击知识分子的积极性。

当然，像工人、农民和共产党员一样，像别的革命队伍成员一样，知识分子也存在改造完善自我的问题。就个体来说，其中不乏骄傲翘尾巴之高如同孙猴子尾巴所变之旗杆。但这只是知识分子的世界观改造、提升问题，而且就其性质来说，与工人、农民、共产党员的思想改造、提升是共同的课题，并不是知识分子的政治立场、阶级属性和历史作用的问题。

在1957年夏天，毛泽东何以把知识分子翘尾巴问题看重了？这也并非是他心血来潮之举动。当时被视为、被定为"右派"的人，尤其是"大右派"，绝大部分人是知识分子或全国知名的大知识分子。大概毛泽东要打击他们的"嚣张气焰"，所以在讲演中拉来孙猴子的"尾巴"，大张挞伐，"矫枉过正"地说出这番"透底"的话。

翘得像孙行者的尾巴那样高

不过，毛泽东并不是一味地谴责别人翘尾巴，也经常告诫自己队伍的人夹起尾巴做人。1958年3月8日至26日，中共中央在四川成都召开有部分中央领导人、部分地方负责人、中央有关部委负责人参加的会议，史称"成都会议"。

毛泽东在会上共作了六次讲话。3月20日，毛泽东讲话的主要部分着重讲哲学问题。他说："要举丰富的例子，搞几十个、百把个例子，来说明对立的统一和互相转化的概念，才能搞通思想，提高认识。"

他谈了快与慢、劳与逸、苦战与休整、睡眠与起床、开会与散会、团结与斗争、生产与消费、播种与收获、生与死、战争与和平、压迫者与被压迫者的对立统一，他说："没有一种事情不是互相转化的。"

最后，他概括说：

> 总而言之，量变转化为质变，质变转化为量变。欧洲教条主义浓厚，苏联因为有伟大的成就，就产生一些缺点，总是要转化的。现在我们讲辩证法，将来也可能产生教条主义，思想僵化的现象可能发生。如果我们工业搞成世界第一，那时就可能翘尾巴，翘得像孙行者的尾巴那样高，那时就可能转变为落后。（毛泽东：《在成都会议上的讲话》，《毛泽东文集》第七卷，人民出版社1999年6月版，第374页）

毛泽东对自己队伍的高级干部提出警告：翘尾巴就要落后！他的话是有历史根据的，根据就是苏联有伟大成就后向落后转化，"产生一些缺点"。同时，他预测"我们工业搞成世界第一"后，就可能尾巴"翘得像孙行者的尾巴那样高"，开始向落后转化。辩证法认为，物极必反，量质互变。任何队伍，任何事业，都骄傲不得，翘尾巴不得，谁骄谁翘谁落后！"满招损，谦受益"，古今中外，大都如此。

这个道理，毛泽东可说是念念不忘。往回推两年，1956年4月25日毛泽东在中共中央政治局扩大会议上作《论十大关系》的讲话。毛泽东在这篇讲话中，以苏联的经验为鉴戒，总结了我国的经验，提出了调动一切积极因素为社会主义事业服务的基本方针，对适合我国情况的社会主义建设道路进行了初步的探索。讲话第十部分是"中国和外国的关系"，其中一段是：

> 我们的革命是后进的。虽然辛亥革命打倒皇帝比俄国早，但是那时没有共产党，那次革命也失败了。人民革命的胜利是在一九四九年，比苏联的十月革命晚了三十几年。在这点上，也轮不到我们来骄傲。苏联和我们不同，一、沙皇俄国是帝国主义，二、后来又有了一个十月革命。所以许多苏联人很骄傲，尾巴翘得很高……将来我们国家富强了，我们一定还要坚持革命立场，还要谦虚谨慎，还要向人家学习，不要把尾巴翘起来。不但在第一个

五年计划期间要向人家学习,就是在几十个五年计划之后,还应当向人家学习。一万年都要学习嘛!这有什么不好呢?(《毛泽东著作选读》下册,人民出版社1986年8月版,第743页)

这段话是低调的、谦虚的,定位我们的革命和胜利是"后进的",骄傲"轮不到"我们。

即使将来国家富强了,也"不要把尾巴翘起来"!这段话虽然没提孙猴子,但思想主旨、修辞方法、语言习惯与本节引述《在成都会议上的讲话》中的一段,血脉贯通,可以互相参看。

孙悟空七十二变

（孙悟空之五）

> 神话中的许多变化，例如《山海经》中所说的"夸父追日"，《淮南子》中所说的"羿射九日"，《西游记》中所说的孙悟空七十二变和《聊斋志异》中的许多鬼狐变人的故事等等，这种神话中所说的矛盾的互相变化，乃是无数复杂的现实矛盾的互相变化对于人们所引起的一种幼稚的、想象的、主观幻想的变化，并不是具体的矛盾所表现出来的具体的变化。
>
> 毛泽东：《毛泽东选集》第一卷，人民出版社1991年6月版，第330—331页

《西游记》中的主角孙悟空神通广大，其实"神通"的第一个表现，就是他有七十二变的法术，能够随意变成各式各样的鸟兽虫鱼草木器物，或者兽身、妖体、人形。

孙悟空学会七十二般变化的故事，出自《西游记》第二回《悟彻菩提真妙理　断魔归本合元神》，原文是：

祖师说："也罢，你要学那一般？有一般天罡数，该三十六般变化，有一般地煞数，该七十二般变化。"悟空道："弟子愿多里捞摸，学一个地煞变化罢。"祖师道："既如此，上前来，传与你口诀。"遂附耳低言，不知说了些甚么妙法。这猴王也是他一窍通时百窍通，当时习了口诀，自修自炼，将七十二般变化，都学成了。

说变化有"七十二般"，只能是个虚数，不必苛求如数。它不过说明孙悟空法力无边颇具神通而已。

会七十二般变化，表现的是孙悟空神性的一面。毛泽东看重七十二变的，则是它对事物哲理和斗争策略的启迪。

七十二变与矛盾转化

抗日战争初期,毛泽东在延安有了较之被围追堵截时要安定、舒适得多的生活。他利用这个机会,总结十年土地革命战争的经验,阅读大批书籍,进行了艰巨而丰硕的理论创立工作。

1937年8月,毛泽东为了克服存在于中国共产党内的严重的教条主义思想而写作了《矛盾论》一文,并就此在延安的抗日军事政治大学作过讲演。在论述矛盾诸方面的同一性和斗争性,讲解矛盾的互相转化时,毛泽东分析了诸多中国古代的神话故事,他说:

> 所谓矛盾在一定条件下的同一性,就是说,我们所说的矛盾乃是现实的矛盾,具体的矛盾,而矛盾的互相转化也是现实的、具体的。神话中的许多变化,例如《山海经》中所说的"夸父追日",《淮南子》中所说的"羿射九日",《西游记》中所说的孙悟空七十二变和《聊斋志异》中的许多鬼狐变人的故事等等,这种神话中所说的矛盾的互相变化,乃是无数复杂的现实矛盾的互相变化对于人们所引起的一种幼稚的、想象的、主观幻想的变化,并不是具体的矛盾所表现出来的具体的变化。(毛泽东:《矛盾论》,《毛泽东选集》第一卷,人民出版社1991年6月版,第330—331页)

"七十二般变化"都有哪些内容,小说中并没有具体列举。大概也是取随机应变之意,需要变什么就变什么。《西游记》第六回杨二郎与孙悟空斗法,你变我变,可看出"七十二般变化"的逼真形态和具体内容。书中描写:

> 却说真君与大圣变做法天象地的规模,正斗时,大圣忽见本营中妖猴惊散,自觉心慌,收了法象,掣棒抽身就走。真君见他败走,大步赶上道:"那里走?趁早归降,饶你性命!"大圣不恋战,只情跑起。将近洞口,正撞着康、张、姚、李四太尉,郭申、直健二将军,一齐帅众挡住道:"泼猴!那里走!"
>
> 大圣慌了手脚,就把金箍棒捏做绣花针,藏在耳内,摇身一变,变作个麻雀儿,飞在树梢头钉住。那六兄弟,慌慌张张,前后寻觅不见,一齐吆喝道:"走了这猴精也!走了这猴精也!"正嚷处,

真君到了,问:"兄弟们,赶到那厢不见了?"众神道:"才在这里围住,就不见了。"二郎圆睁凤眼观看,见大圣变了麻雀儿,钉在树上,就收了法象,撇了神锋,卸下弹弓,摇身一变,变作了饿鹰儿,抖开翅,飞将去扑打。

大圣见了,嗖的一翅飞起去,变作一只大鹚老,冲天而去。二郎见了,急抖翎毛,摇身一变,变作一只大海鹤,钻上云霄来嗛。

大圣又将身按下,入涧中,变作一个鱼儿,淬入水内。二郎赶至涧边,不见踪迹。心中暗想道:"这猢狲必然下水去也,定变作鱼虾之类。等我再变变拿他。"果一变,变作个鱼鹰,飘荡在下溜头波面上,等待片时。那大圣变鱼儿,顺水正游,忽见一只飞禽,似青鹞,毛片不青;似鹭鸶,顶上无缨;似老鹳,腿又不红:"想是二郎变化了等我哩!……"急转头,打个花就走。二郎看见道:"打花的鱼儿,似鲤鱼,尾巴不红;似鳜鱼,花鳞不见;似黑鱼,头上无星;似鲂鱼,腮上无针。他怎么见了我就回去了?必然是那猴变的。"赶上来,刷的啄一嘴。

那大圣就蹿出水中,一变,变作一条水蛇,游近岸,钻入草中。二郎因嗛他不着,却见水响中,有一条蛇蹿出去,认得是大圣,急转身,又变了一只朱绣顶的灰鹤,伸着一个大嘴,与一把尖头铁钳子相似,径来吃这水蛇。

水蛇跳了跳,又变做一只花鸨,木木樗樗的,立在蓼汀之上。二郎见他变得低贱,——花鸨乃鸟中至贱至淫之物,不拘鸾、凤、鹰、鸦都与交群——故此不去拢傍,即现原身,走将去,取过弹弓拽满,一弹子把他打个踉跄。

毛泽东在讲解唯物辩证法中关于矛盾在一定条件下的同一性问题的时候,提到"孙悟空七十二变"这个典故与一系列神话故事,在于告诉我们要正确认识现实的、具体的矛盾的互相转化,与神话故事中所说的矛盾的互相变化,是有明显区别的。"神话并不是根据具体的矛盾之一定的条件而构成的,所以它们并不是现实之科学的反映。这就是说,神话或童话中矛盾构成的诸方面,并不是具体的同一性,只是幻想的同一性。科学地反映现实变化的同一性的,就是马克思主义的辩证法。"(毛泽东:《矛盾论》,《毛泽东选集》第一卷,第331页)

孙悟空与二郎神斗法,接连有数次变化:变成麻雀儿、大鹚老、鱼儿、水蛇、花鸨……这种由麻雀儿向大鹚老等的转化，并不是现实矛盾的具体转化，而是神话中虚幻矛盾的"幼稚的、想象的、主观幻想的变化"。

引用"孙悟空七十二变"神话故事，来解释矛盾转化现实、具体的同一性与主观、幻想的同一性的区别，条理清晰，论证有力，启人心智，不失为使哲学走出经院课堂的成功尝试。

七十二变与革命两手

孙大圣的七十二变，也是斗争手段和斗争策略。

1945年8月底，毛泽东赴重庆与国民党进行和平谈判。在此期间，他有机会接见了一批"小民革"（即民主革命同盟）的领导人。此次接见，从吃晚饭谈起，共谈了十个小时。

毛泽东兴致很高，开怀畅谈，旁征博引，讲的是史册古籍《红楼梦》《西游记》等，却又都切中时弊，针砭国民党的法西斯独裁统治。毛泽东以古喻今，风趣横溢，妙语连珠，在场的人都听得入了迷，忘了时辰，无不为之感佩。

说话间，王昆仑表示对这次国共和谈的前途担忧，认为恐怕很少能有收获。他沉思片刻后说：我认为共产党的天下是打出来的。《西游记》中的"灵霄宝殿非他久，历代人王有分传，强者为尊该让我，英雄只此敢争先"，说的就是这个道理。和蒋介石谈判，绝不会有什么结果的。

毛泽东傲然正色道：

> 当蒋介石交替使用着发动内战与和平谈判的两面手法时，当牛魔王、白骨精都幻化成正人君子时，我们该不该变化呢？我们也必须以革命的两手去战胜反革命的两手。孙悟空之所以能够闹龙宫、闯地府、偷蟠桃、窃仙丹、败天兵，无人能敌，就在于他学得了七十二般变化，十万八千里的筋斗云。（王弘：《毛泽东妙语和谈》，《党史天地》，1995年第7期）

孙大圣的七十二变，其基本内涵如同古代兵法的"因敌制变"。彼方的打法变了，己方也必须以变制变，变得更加神秘莫测，更加诡谲机诈。人民军队的战法中，也特别强调"敌变我变"。变化的要求是棋高一着，"卤水点豆腐——一物降一物"。

国共重庆谈判期间，蒋介石交替使用大棒（发动上党战役）和橄榄（高喊和平口号）两种策略，也可以说是一种魔法变化。毛泽东则从孙行者七十二变中受到启发，悟出真谛，不被幻化成正人君子的牛魔王、白骨精所迷惑，提醒人们用枪杆子、嘴巴子这革命的两手来战胜敌人的反革命两手。

七十二变与演活英雄

上官云珠是著名的电影表演艺术家。江苏江阴人，生于1902年。她在《一江春水向东流》《乌鸦与麻雀》《南岛风云》《早春二月》等影片中所扮演的角色，都给观众留下了极其难忘的印象。她生前曾与毛泽东有过不少的接触。

1955年，上官云珠主演了《南岛风云》，这部影片轰动了整个上海滩。上官云珠扮演影片中的女战士符若华。

当从影剧院走出的观众在热烈地谈论着银幕上那位英勇顽强的女游击队员符若华的时候，影剧界人士同时也惊讶于符若华的扮演者——上官云珠。是的，谁也没有想到，以扮演娇艳的交际花、姨太太闻名于世的上官云珠，竟给观众塑造出了这么一个血肉丰满、惟妙惟肖的游击队女战士、共产党员形象。要知道，主演革命战士而获如此巨大成功的，在从旧社会走过来的名演员中，上官云珠还是第一个。一位影评家甚至这样激动地撰文说：这不仅仅是上官云珠表演艺术的升华，也是新中国电影艺术的升华！

为了塑造符若华，上官云珠尽了最大的努力，大雪、烈日、一身的泥水，蚊虫的叮咬……个中滋味，谁知道呢？

不久，毛泽东也看了这部影片。

1956年1月10日，刚结婚不久的上官云珠想和丈夫贺路把家好好整理一下。他们正在上海建国西路的新居所里安置东西时，听见有人敲门。贺路开门一看，是位陌生人。来人递上牛皮纸大信封，上官云珠拆开一看，一张竖格的毛边纸信笺上，用毛笔字写着："上官云珠同志，请你来一趟。陈毅。"上官云珠坐上送信人的汽车，来到友谊宾馆。见警备区的欧阳政委已在门口等她，便忙问："欧阳政委，你知道陈毅同志找我有啥事吗？"欧阳说："总是好事嘛，你到里面就知道了！"上官云珠跟着欧阳政委进门一看，愣住了。毛泽东坐在中间一张沙发上，与电影界赵丹、沈浮等一些著名人士谈笑风生。陈毅同志也在座。上官云珠忙迎上去和毛泽东握手。

"正在说你呢。"毛泽东风趣地说，"应了那句古话：'说到曹操，曹操就到。'"

上官云珠愣住了："说我？说我什么呢？"

说你《南岛风云》演得好。我也看了影片，感觉和大家一样，你把那个女英雄演活了。大家都没有想到，以前娇滴滴的阔太太竟有七十二般变化的本领，一下子给我们变成了一个在风雨中成长起来的女英雄！（谭玉琛、李振明：《毛泽东与党外人士》，河北人民出版社1993年3月版，第379页；孙琴安：《毛泽东与著名艺术家》，重庆出版社2000年6月版，第94—97页）

大家被毛泽东的话逗笑了。

毛泽东又接着说："这次演了个女战士，我看像个战士嘛！不过，为了演好这个角色，你一定卖了很大力，吃了不少苦吧？话又说回来，没有一番风霜苦，哪得梅花扑鼻香呵。我希望你今后不停留于现在，要百尺竿头，更进一步，让我们看到你越来越好的银幕形象。"

上官云珠第一次得到毛泽东的夸奖，心里有说不出的高兴。连连点头。"谢谢主席，我一定好好努力。"

毛泽东用"有七十二般变化的本领"来夸赞电影演员，所用比喻逼真贴切，自然天成。试想，优秀演员，功底到家，技艺到位，演谁像谁，惟妙惟肖，岂不是"七十二般变化"。

上官云珠由演"阔太太"到演"女战士"，"把女英雄演活了"，她是电影界演技高超、演出成功的当之无愧的孙悟空。

孙猴子七十二变，法术娴熟；毛泽东运用七十二变，亦是变化多端：用它阐述哲学原理，用它推演斗争策略，用它褒奖演员演技……真乃变化无穷也！

孙行者对付铁扇公主
（孙悟空之六）

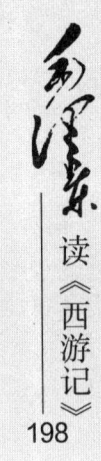

> 何以对付敌人的庞大机构呢？那就有孙行者对付铁扇公主为例。铁扇公主虽然是一个厉害的妖精，孙行者却化为一个小虫钻进铁扇公主的心脏里去把她战败了。
>
> 毛泽东：《一个极其重要的政策》，《毛泽东选集》第三卷，人民出版社1991年6月版，第882—883页

"三借芭蕉扇"是《西游记》"火焰山"故事中的一个片段，故事的主角是孙悟空与铁扇公主。孙悟空在保护唐僧去西天取经的路上，被火焰山阻隔。师徒要想通过，只有取得铁扇公主的芭蕉扇，扇灭大火。铁扇公主是一个厉害的妖精，为了报夺子之仇，她坚决不肯借扇。所以，孙行者就只有用战斗的手段和机智的计谋来解决。故事表现了孙行者的勇敢、机智、顽强，特别是他在初战失败后，仍能针对敌方弱点，想出巧妙办法，钻进肚子里去蹬打，使对方无能为力，终于低头认输。

《西游记》中的胜敌韬略是毛泽东读该书的一个关注点，孙悟空的"钻肚皮"战术他颇为欣赏。

钻进铁扇公主的肚子里

毛泽东于1927年3月写出的《湖南农民运动考察报告》，对当时的农民革命运动起到了非常好的宣传鼓动作用。

毛泽东在文章中十分明确地肯定农民运动"好得很"。湖南农民大革命对封建势力的猛烈冲击，使毛泽东深深感受到了一种前所未有的痛快。

1925年至1927年，是风起云涌的农民大革命年代。

让我们来看一下毛泽东这篇著名文章产生的经过吧。

1926年12月17日，毛泽东偕同杨开慧等由汉口回到长沙。湖南农民

代表大会和工人代表大会决定联合召开盛大欢迎会,欢迎毛润之先生的到来。

会后,毛泽东即投入到对农民运动的调查。

1927年1月6日清晨,毛泽东一行从银田寺出发,步行三十里回到家乡韶山清溪寺,在这里详细了解了区农协的情况和全特区农民运动的情况。当农民兄弟汇报到土豪劣绅家小姐、少奶奶的牙床,农民也可以踏上去打滚的时候,毛泽东爽朗地笑起来,称赞说:滚得好!

毛泽东在向农会干部询问了乡里农运的情况后,又向前来欢迎的群众作了讲话。毛泽东大力赞扬农民运动好得很!当他看到祠堂里还有许多妇女时,特别高兴,说道:今天妇女同志来的不少。过去妇女受压迫,封建思想又作怪,妇女不能进祠堂。现在打倒了族权,妇女翻了身,能进祠堂了。今天要请她们坐头席。毛泽东慷慨陈词,说到此处,群众中立即响起了热烈的掌声,不少妇女还感动得流下了热泪。

1月15日,毛泽东一行从湘乡来到衡山县的白果。当天晚上,毛泽东在区农协所在地圣帝殿召开了区农会干部座谈会。会上,毛泽东以生动形象的语言向农民兄弟们宣传革命道理。

> 他热情地赞扬了岳北农民敢于在军阀赵恒惕的胞衣里闹革命(岳北是赵的老家),就像《西游记》里的孙大圣钻进铁扇公主的肚子里一样。他鼓励农民兄弟要把南岳衡山的革命烽火,点向三乡七泽,引向其他几个"岳",让革命风暴席卷全国。(孙宝义、谭吉瑞:《毛泽东的祖国山河情》,中国文联出版社2001年6月版,第37—38页)

在白果,毛泽东听说这地方的妇女勇敢地打破封建族权,成群结队拥入祠堂,一屁股坐下便吃酒,族尊老爷们也只好听她们的便时,很是高兴。第二天,他来到不久前白果妇女吃酒的芳山公祠堂,召开妇女座谈会。妇女们争着向毛泽东讲述怎样放脚、剪巴巴头、禁止家婆折磨媳妇、不许丈夫虐待妻子的事情。毛泽东认真听着,连声表扬她们做得好。后来,毛泽东还把白果妇女进祠堂吃酒的事写进了考察报告。

湖南衡山县岳北区,是湖南军阀赵恒惕老家的所在地。岳北农民敢于虎口拔牙搞农运,运用的是孙悟空钻入铁扇公主肚子里拳打脚踢的战术。从要害处打击敌人,能迅速置敌于死地。毛泽东引证孙悟空钻肚皮战例,以比喻白果民众的造反精神和斗争艺术，是对那里农民运动的充分肯定、莫大鼓舞和绝大支持。

小人物钻进肚子里闹天宫

20世纪30年代初，毛泽东、朱德指挥中央革命根据地军民连续取得第一、第二、第三次反"围剿"的重大胜利，震撼了全国。1931年11月，在中华苏维埃第一次全国代表大会上，成立了苏维埃临时中央政府，毛泽东当选为中华苏维埃共和国临时中央政府主席。

九一八事变后，全国抗日民主运动日益高涨，蒋介石"攘外必先安内"政策不得人心，这迫使国民党第二十六路军官兵逐渐觉醒。他们强烈要求回北方抗日，但却遭到蒋介石的严厉拒绝。

红色中华的感召，救国无门的逼迫，第二十六路军官兵苦闷困惑，想寻找出路。该军参谋长赵博生（秘密加入共产党）、七十三旅旅长董振堂、七十四旅旅长季振同，及一团团长黄中岳等人，与秘密工作在该军的中共特别支部联系，酝酿着准备武装暴动。

中华苏维埃共和国临时中央政府主席毛泽东和中革军委领导了这场"兵暴"。

第二十六路军原是冯玉祥的西北军，刘伯坚、邓小平等一批共产党员曾在这个部队里工作过，共产党的主张在这支部队里有一定影响。因1930年中原大战冯玉祥失败，而西北军主力孙连仲部投向蒋介石，被收编为第二十六路军，在第二次"围剿"时被调到江西参加"剿赤"。他们是北方军队，并不愿在南方同红军作战。在第二次"围剿"的中村战斗中，其二十七师被红军歼灭过半，那些被红军俘虏过的官兵，归队后宣传共产党宽待俘虏的政策，产生了很大影响。九一八事变日寇侵略我国东北，又引起他们强烈的民族义愤。蒋介石对第二十六路军的歧视和压制，更激起他们的愤慨。

其实，在上海的中央军委早已指示在二十六路军中秘密共产党员成立中共特别支部，批准军参谋长赵博生加入共产党，并指示特别支部遇有紧急情况，来不及请示中央，可以直接与苏区红军联系。经过赵博生等将领和中共特别支部较长时间的酝酿，认为起义时机已近成熟，特别支部决定派组织委员袁血卒（当时名字袁汉澄）到瑞金向中华苏维埃共和国临时中央政府主席毛泽东和中革军委主席朱德等汇报起义准备情况，听取指示。

12月上旬以来，毛泽东主持召开中共苏区中央局会议，讨论国民党军第二十六路军在宁都起义的问题。进一步提出,要尽量做好工作,争取组织"全部暴动"。

12月11日,毛泽东会见在国民党军第二十六路军中秘密工作的中共特别支部代表袁汉澄(袁血卒)。

> 毛泽东问起地下党的情况:"你们特支委员会是由哪些人组成的?"
> 袁汉澄回答说:"特支书记刘振亚,是个中尉;组织委员是我,是个中尉;宣传委员王铭五,是个少尉。"刚汇报到这里,毛泽东笑着说:
> 你们几个小人物不简单!钻到铁扇公主肚子里大闹天宫了。赵博生入党,是你们发展的吧?
> 刘伯坚同志插话说:
> 我在西北国民军时,赵博生、董振堂和我们的关系很好,他们具有高度的爱国思想。(黄允升:《毛泽东珍闻录》,中央文献出版社2000年1月版,第248页)

毛泽东称赞说:"有爱国主义思想的人,是容易跟共产党合作的。孙中山先生的联共政策,爱国主义是个重要的基础。"

接着,毛泽东指示了宁都暴动的方针和策略,并着重指出"全部暴动的条件是存在的,要力争实现"。这全靠我们党做过细的组织工作。

袁汉澄返回宁都国民党第二十六路军驻地,向中共地下特别支部汇报了中革军委和中华苏维埃共和国主席毛泽东的指示。他们着重讨论了毛泽东提出争取"全部暴动"的问题。

经过中共特别支部和赵博生、董振堂、季振同等高级将领慎重研究,精心策划,周密安排,趁二十六路军总指挥孙连仲和二十七师师长在上海、南京的好时机,采取果断措施,于12月14日黄昏,按行动计划派起义部队主力七十四旅和七十三旅直属队控制了电台和指挥机构等要害部门。全军一起行动,把代总指挥、二十五师师长李松昆的师部包围缴械。震惊中外的"宁都兵暴"胜利了。次日黎明,起义部队一万七千余人带着两万余件武器,迎着太阳开向中央苏区的自由土地。

这次"钻进铁扇公主肚子里大闹天宫"的,是秘密工作于国民党二十六路军的"中共特别支部",是刘振亚、袁汉澄、王铭五等"几个小人物"。

毛泽东看似不经意地运用"钻肚皮闹天宫"的文学典故评价、赞扬"中共特支"的工作和贡献,细品味感到贴切、准确、深刻。"小人物"竟然能发展军参谋长赵博生这样的大人物秘密加入中共,三个人的"特别支部"竟然能策动一点七万余人携带两万余件武器起义投向红区,"钻肚皮"战法厉害,"特别支部"贡献巨大。这样的"闹天宫"确实让玉皇大帝——蒋介石吃不消、受不了。

你真是个"孙悟空"呀!

外国新闻记者深入红区内部了解情况,采访调查,也被毛泽东称之为"钻肚皮"的孙悟空。不过,这不是怵然的警惕,而是善意的褒扬。

1936年7月16日,毛泽东在中华苏维埃政府临时首都保安会见了两名美国朋友,一名是记者埃德加·斯诺,另一名是医生乔治·马海德。

毛泽东在窑洞门口热情欢迎美国客人来访,他说:"蒋介石对我们造谣诬蔑,封锁得很厉害,你们能到我们这里来,真不容易呀!"两位友人直率地说:"我们一进红区,就发现这是一个崭新的天地……"

斯诺、马海德从毛泽东的谈话、举止、装束等方面,感到毛泽东是一个才能卓越、气度非凡的领袖人物。

一天晚上,斯诺、马海德提出给毛泽东检查身体。毛泽东对斯诺说:

你这个采访专家,考察了我们红区的一切,还要考察我的身体,你真是个"孙悟空"呀!(王伯福:《毛泽东轶事大观》,山东人民出版社1997年1月版,第152—153页)

斯诺说,我在白区看到南京政府的报纸上宣布毛泽东的死讯,不久报上又写着悬赏二十五万元,缉拿毛泽东首级。

毛泽东笑着说:"我的头还不那么值钱。国民党经常宣传我已经死了,可是谩骂和诅咒是咒不死我毛泽东的。"

斯诺又说:"南京政府的报纸还大肆宣传主席患有不治之症,严重的肺结核,已经到了无法医治的时期……我们想通过对你身体全面检查,证明你的身体是健康的。"

马海德用听诊器全面仔细地检查了毛泽东的身体后,高兴地说:"毛泽东身体非常健康!"

斯诺说:"我要把这个检查结果向全世界宣布,让谣言见鬼去吧!"

毛泽东的话语中虽然没有"钻进铁扇公主肚皮"的字样,但是他褒扬斯诺"真是个'孙悟空'呀"!而且那具体所指又是斯诺"考察红军的一切",包括考察毛泽东的身体。

这样看来,实际是赞扬斯诺像孙悟空钻入敌人内部一样,深入红区了解一切。难怪毛泽东称斯诺为"采访专家"。

在深入这一点上,斯诺与孙悟空有共同之处。不过,猴王的钻入是为了抓住要害,战胜对手;斯诺的深入则是为着了解朋友,准确宣传。

有孙行者对付铁扇公主为例

1941年,抗日战争逐渐转入战略相持阶段。日军、伪军的进攻还相当疯狂,抗日根据地逐渐缩小,抗战初期所建立的庞大机构显示出种种弊端。1941年11月,李鼎铭先生等人在陕甘宁边区第二届参议会上提出精兵简政的建议。

同年12月,中共中央发出精兵简政的指示,要求切实整顿党、政、军各级组织机构,精简机关,充实连队,加强基层,提高效能,节约人力物力。这是在抗日根据地日益缩小的情况下,克服财政经济严重困难和休养生息民力的一项极其重要的政策。

但是,现状和习惯往往容易把人们的头脑束缚得紧紧地,即使是革命者有时也不能避免。庞大的机构是由自己亲手创造出来的,想不到又要由自己的手将它缩小,实行缩小时就感到很勉强、很困难。有些人认为,敌人以庞大的机构向我们压迫,难道我们还可以缩小吗?实行缩小会不会兵少不足以应敌?

针对这些反映,毛泽东于1942年9月7日为《解放日报》撰写了社论《一个极其重要的政策》。论到精兵简政后是否能对付敌人庞大机构的压迫时,毛泽东写道:

> 何以对付敌人的庞大机构呢?那就有孙行者对付铁扇公主为例。铁扇公主虽然是一个厉害的妖精,孙行者却化为一个小虫钻进铁扇公主的心脏里去把她战败了。柳宗元曾经描写过的"黔驴之技",也是一个很好的教训。一个庞然大物的驴子跑进贵州去了,贵州的小老虎见了很有些害怕。但到后来,大驴子还是被小老虎

吃掉了。我们八路军新四军是孙行者和小老虎,是很有办法对付这个日本妖精或日本驴子的。目前我们须得变一变,把我们的身体变得小些,但是变得更加扎实些,我们就会变成无敌的了。(《毛泽东选集》第三卷,人民出版社1991年6月版,第882—883页)

毛泽东在文中,给"孙行者对付铁扇公主"这个故事,赋予了新意:孙行者代表兵精政简的抗日机构,铁扇公主代表"日本妖精"。

"一个小虫"钻入心脏制服了铁扇公主。孙行者这一行动,体现出善于缩小隐蔽自己,寻找敌方弱点,用敏捷、机智、灵活的战术战胜强敌的精神。毛泽东用它来作比喻,说明党中央提出的"精兵简政"政策是正确的,是战胜敌人的一个极其重要的政策。兵精政简,缩小机构,不是自我削弱,而是克服臃肿后的加强。正如俗语所说:浓缩的都是精品!

毛泽东把八路军、新四军比作小而精的孙行者,把日本帝国主义比作"厉害的妖精",借以说明在实行"精兵简政"的政策以后,八路军、新四军更精干强悍了,便于运用各种机动灵活的斗争方法,去战胜日本妖精。

钻进铁扇公主肚子里"闹天宫"的孙行者,帮助毛泽东说服了革命队伍的同志,使"一个极其重要的政策"得以顺利贯彻。

钻进铁扇公主肚子里造反

1945年8月底到10月上旬,国共两党重庆谈判期间,毛泽东遇见了刘仲容。

刘仲容是国民党桂系的幕僚。抗战前夕,他成为桂系与中国共产党秘密往来的联络人。自1937年他在延安与毛泽东相识后,思想变化很大。

毛泽东在红岩村与刘仲容促膝交谈,刘仲容对国共谈判表示担心,认为谈判即使达成协议,蒋介石也会撕毁。毛泽东笑了笑,风趣而乐观地说:

"唐僧去西天取经,还要经受九九八十一难;我们要争取和平,也不是一朝一夕就可以得来,也需要唐僧那种百折不回、坚定不移的信念。和平总是可以实现的。问题在于,现在抗战胜利了。但是中国民主力量发展不快,还没有足够的力量来阻止反动派发动内战的阴谋,这是值得研究的一个问题。"

他望着刘仲容,脸上漾出鼓励的微笑:

> 国民党内部进步力量也在增长和发展,你们组织的'小民革',就干得很好嘛。在目前反动派还很强大的情况下,更应该钻进臭壳子(指国民党)里去,去抵制和抵消反动力量,不要怕别人说你们是国民党,不要怕臭。孙悟空也钻进铁扇公主的肚子里造反嘛!(吴黔生、高保华、李新乐:《肝胆相照》,军事科学出版社1993年版,第237—238页)

说着,他伸出手往前画了一个弧形,声情并茂,饶有风趣。

刘仲容乐呵呵地捧腹而笑。他从这次谈话中受到鼓舞,得到启示,对前途更加充满信心。他决心利用蒋桂矛盾和白崇禧对他的信任,同共产党保持联系,为和平民主和进步尽力。

这里提到的"小民革",指"中国民主革命同盟"。是相对于"中国国民党革命委员会"而言的。"小民革"中相当数量的成员,是国民党中分化出来的进步分子。抗日战争时期,民主势力有了一定的发展,"小民革"等民主党派在政治上越来越倾向共产党,携手并进,共同抗衡蒋介石的独裁统治。

毛泽东引用孙悟空"钻肚皮"的战法,引导民主党派在反动势力还很强大的情况下,钻进国民党臭壳子内部去进行斗争,"抵制和抵消反动力量"。这种斗争方式确实取得了很大的成功。

"小民革"重要领导人屈武先生,在《接受召见 如坐春风》的纪念文章中,回忆了1945年8月31日下午毛泽东约见"小民革"负责人王昆仑、许宝驹、侯外庐、曹孟君、谭惕吾、于振瀛、倪斐君和屈武的情况。

毛泽东在赞扬"小民革"的工作成绩时说:我知道你们这个组织。你们提供的材料和反映的意见,供延安分析时局动向帮助很大,首先要感谢你们。

屈武是于右任先生女婿,蒋经国好友,当毛泽东询问重庆各界人士特别是国民党上层人士对这次谈判有何反应时,屈武回答:

"主席这次谈判,出于国民党元老的意料之外,很多人都以为主席不会亲来,而是派人来谈。于右任先生对我说,蒋介石很可能是单相思,毛主席未必亲临重庆。主席抵达重庆后,于先生说:'真没想到,毛先生如此顾全大局,可以舌战群儒,笔扫千军。'张治中也说,毛泽东这一行动是'中国历史上一件大事'。于右任对张治中说,你陪毛先生来重庆,将来史书上要记上'秋八月,张治中陪毛公飞渝'。孙科和邵力子等人也都表示,毛先生能来,中国前途就大有希望。至于蒋经国他说:'谈得好是好事。'但他这句话含义是怕难得谈好,这中间就有文章。总之举国上下,国民党的有识之士都极望和平。但一些掌实权的人,他们怕中共得势于他们不利,妄图消灭共产党,才能保持其既得利益,扩大他们的权势,使中国仍像抗战前一样,由他们统治。蒋介石是这些人的总代表。他们认为可以消灭共产党,因为他们保持有强大的军事力量;反共方针受到美国的支持;已取得全国胜利果实和美国军援。照他们自己的话说,外战外行,内战内行。这一股反动势力是蒋介石的中坚力量。他们不想和平,对于中国共产党提出的和平、民主、团结,他们不愿听。他们想的是内战独裁。"

"钻进铁扇公主肚子里造反"的"小民革"确实"干得好"!他们提供了众多、准确的政治情报:国民党上层人士对国共和平谈判的反应朗朗分明,主和派对和谈的拥护和期待,主战派发动内战的阴险图谋,清晰而详尽。这可以使毛泽东对政治风云洞若观火,掌握斗争(包括谈判)的主动权。这当然是"小民革"的功劳。

孙行者钻肚皮兴妖作怪

堡垒最容易从内部攻破,这是普遍规律。概莫能外,岂有他哉!因此,既要战法灵活,善于"钻肚皮"战胜敌人,又要保持清醒头脑,防止敌人"钻肚皮"兴风作浪。

1949年3月5日至3月13日,中国共产党第七届中央委员会第二次全体会议在河北省平山县西柏坡村举行。当时,大局已定,最后的胜利指日可待,解放军正在准备渡江战役,共产党在不久的将来将接管全国政权。另一方面,国民党南京政府则要求进行和平谈判,中共中央从时局大端出发,慨然允诺。战和之间,风云变幻。

七届二中全会开幕当天,毛泽东在报告中又运用"孙行者钻肚皮"的文学典故作比喻,引导人们提高警惕,防止对手利用谈判钻到革命阵营内部来进行破坏。毛泽东说:

我们既然允许谈判,就要准备在谈判成功以后许多麻烦事情的到来,就要准备一副清醒的头脑去对付对方采用孙行者钻进铁扇公主肚子里兴妖作怪的政策。只要我们精神上有了充分的准备,我们就可以战胜任何兴妖作怪的孙行者。不论是全面的和平谈判,或者局部的和平谈判,我们都应当这样去准备。我们不应当怕麻烦、图清静而不去接受这些谈判,我们也不应当糊里糊涂地去接受这些谈判。我们的原则性必须是坚定的，我们也要有为了实现原则性的一切许可的和必需的灵活性。（毛泽东：《在中国共产党第七届中央委员会第二次全体会议上的讲话》，《毛泽东选集》第四卷，人民出版社1991年6月版，第1436页）

三年解放战争，强败弱胜。国共两党，主客易位。重庆谈判，毛泽东赴渝州；北平谈判，张治中来故都。还是谈判，还是孙悟空"钻肚皮"战法，但谁是"孙行者"，谁是"铁扇公主"，却来了个"大调个儿"。

重庆谈判之时，毛泽东鼓励"小民革"钻进臭壳子（国民党）里面去造反；北平谈判之日，毛泽东告诫"中委"们保持清醒头脑，警惕孙行者"钻肚皮"兴妖作怪。

毛泽东读西游书，用悟空典，全在"活"字上，时移事易，顺势取舍，为我所用。读书活，用典活，此又一例也。

借芭蕉扇扇灭了火

"孙行者对付铁扇公主"的故事，毛泽东多从对敌斗争韬略这个角度运用，不过偶尔也有例外。

1935年10月，毛泽东于长征路上填词一首：《念奴娇·昆仑》：

横空出世，莽昆仑，阅尽人间春色。飞起玉龙三百万，搅得周天寒彻。夏日消溶，江河横溢，人或为鱼鳖。千秋功罪，谁人曾与评说？

而今我谓昆仑：不要这高，不要这多雪。安得倚天抽宝剑，把汝裁为三截？一截遗欧，一截赠美，一截还东国。太平世界，环球同此凉热。

对词句"飞起玉龙三百万"，毛泽东于1957年年初写下自注：

前人所谓"战罢玉龙三百万，败鳞残甲满天飞"，说的是飞雪。这里借用一句，说的是雪山。夏日登岷山远望，群山飞舞，一片皆白。老百姓说，当年孙行者过此，都是火焰山，就是他借了芭蕉扇扇灭了火，所以变白了。（《毛泽东诗词集》，中央文献出版社

1996年9月版，第61页）

《毛泽东诗词集》在此词"注释"中有一句："'当年孙行者过此'，是当地居民传说《西游记》里的故事。"即指《西游记》第五十九回到第六十一回孙悟空三调芭蕉扇，扇灭火焰山几百里大火的故事。

《念奴娇·昆仑》这首词，意境雄浑，遗响千古。词人面对白雪皑皑的千山万壑，沉思过去，畅想未来，以奇特的想象把昆仑山塑造成为一个横亘太空、鸟瞰人世的特号巨人形象，描写它的利害，评说它的功过，并与这位巨人对话，不要它太高，不要它多雪，词人凭着伟大气魄，想要倚天抽剑把昆仑裁为三截。这宝剑是想象的，但它闪耀着革命者征服自然、关心世界人民的思想光芒。遗欧、赠美、还东国，眼光远大，胸怀广阔。结尾两句"太平世界，环球同此凉热"，揭示了此词的本旨。题目是写一座大山，实际上写出了伟大的理想和抱负。词人希望世界人民都得到幸福生活，这里边含有反对帝国主义、全世界人民大团结的重要意义。正如毛泽东所说："昆仑，主题是反对帝国主义，不是别的。"

最可注意的是词人自注中特地点出孙行者征服火焰山的民间传说，这是很有深意的。它表明词人非常敬服孙行者三调芭蕉扇数番灭大火这类"改造自然，为民造福"的英雄豪杰；它与《昆仑》词所蕴含的要"改造自然和社会"的深邃思想和博大胸怀是完全一致的。

《孙子兵法》上说："上兵伐谋。"聪明的政治家、军事家都崇尚斗智，辅之以斗力。毛泽东从"三调芭蕉扇"故事中，抓住其精髓——孙行者的"钻肚皮闹天宫"战法，化为制敌、防敌的高妙手段。岳北农民在军阀赵恒惕老家闹"农运"，"特别支部"在白军里策动"兵暴"，采访专家深入红区"考察一切"，八路军、新四军把"身体变得小些扎实些"以对付"日本妖精"，"小民革"钻进臭壳子里去获得情报，谈判要警惕孙行者"钻肚皮"兴妖作怪……都被毛泽东看作是孙悟空式战法的运用。从这个侧面切入，令人们看到：读《西游》，学悟空，使毛泽东的政略军谋更加富有前瞻性。

比孙行者的金箍还硬

（孙悟空之七）

> 我们的"紧箍儿咒"，里面有一句叫做"写笔记"。我们大家就都要写，我也要写一点。
>
> 毛泽东：《关于整顿三风》，《毛泽东文集》第二卷，人民出版社1993年12月版，第416页

　　看《西游记》，都知道观音菩萨给孙悟空头上戴个"紧箍儿"；看西游记"小人书"，更记得孙猴子头上这个形影不离的特别装饰物。

　　因为它形象、普及又具有特定的生活内涵，所以"紧箍儿咒"这个词儿早已进入了通用语言，在现代语言中也屡见不鲜，成为有效制约手段的代名词。比如，有的领导看见单位的松散现象，就说"我得念念'紧箍儿咒'了"，意思是我得强调强调规章制度或纪律戒约，加强管理了；有的学生不愿听家长的教育，往往不耐烦地说："别念'紧箍儿咒'啦！"意思是对那些含有约束力的话语不爱听。

　　毛泽东的话语世界里也常出现这个词儿，谈的都是大事要事。

"紧箍儿咒"里面有句叫"写笔记"

　　1942年春天，是党史上有名的"延安整风"的发起阶段。4月20日，毛泽东在中央学习组会议上就整顿三风（党风、学风、文风）作报告，强调各级干部学习整风文件要记笔记这件事时，他说：

> 中宣部那个决定上说要写笔记，党员有服从党的决定的义务，决定规定要写笔记，就得写笔记。你说我不写笔记，那可不行，身为党员，铁的纪律就非执行不可。孙行者头上套的箍是金的，列宁论共产党的纪律说纪律是铁的，比孙行者的金箍还厉害，还硬，

这是上了书的,《共产主义运动中的"左派"幼稚病》上就有。我们的"紧箍儿咒",里面有一句叫做"写笔记"。我们大家就都要写,我也要写一点。(毛泽东:《关于整顿三风》,《毛泽东文集》第二卷,人民出版社1993年12月版,第416页)

"紧箍儿咒"见《西游记》第十四回《心猿归正　六贼无踪》。小说写道:南海观音菩萨送给唐僧一顶"嵌金花帽",让他给徒弟孙悟空戴上,并告诉他——

我那里还有一篇咒儿,唤做"定心真言",又名做"紧箍儿咒"。你可暗暗的念熟牢记心头,再莫泄漏一人知道。……他若不服你使唤,你就默念此咒,他再不敢行凶,也再不敢去了。

这"紧箍儿咒"果然厉害,唐僧初次试念,就把无法无天,不服管教,动不动就抛下师父跑回花果山的孙悟空痛怕了,制服了,保证以后不再乱来。且看书中描写:

三藏见他戴上帽子,就……默默的念那《紧箍儿咒》一遍。行者叫道:"头痛!头痛!"那师父不住的又念了几遍,把个行者痛得打滚,抓破了嵌金的花帽。三藏又恐怕扯断金箍,住了口不念。不念时,他就不痛了。伸手去头上摸摸,似一条金线儿模样,紧紧的勒在上面,取不下,揪不断,已此生了根了。他就耳里取出针儿来,插入箍里,往外乱揪。三藏又恐怕他揪断了,口中又念起来,他依旧生痛,痛得竖蜻蜓,翻筋斗,耳红面赤,眼胀身麻。……三藏道:"你今番可听我教诲了?"行者道:"听教了!""你再可无礼了?"行者道:"不敢了!"

这就是"紧箍儿咒"!它的存在,是一种约束,是一种强制,是一种硬性管理,是一种无条件服从。

整风中学文件要"记笔记",这是一项纪律性规定,带约束性、强制性。正是在这一点上,它与"紧箍儿咒"有共同点。党的纪律"是铁的",悟空头上的箍"是金的",都是硬性的,都是碰不得的"高压线",不容动摇,不容侵犯,这讲的是纪律的严肃性。毛泽东巧妙地把二者联系起来,借以强调"记笔记"的重要和必须做到。

"紧箍儿咒"专为制服孙悟空而设。"记笔记"则是对全体干部的要求。所以毛泽东带头这样做，自己也"写一点"。同时，他要求"大家都要写"。

唐僧念"紧箍儿咒"，在于惩治孙大圣，是一种消极的管理办法。中宣部决定整风中每位干部"记笔记"，目的不在于惩治，而在于督促，是一种积极的管理办法。

"记笔记"似乎形成了传统——现在各级党委中心组理论学习，都要求常委成员记笔记或检查笔记。这已薪火相传，蔚然成风。感谢谁呢？要不要感谢"紧箍儿咒"呢？

孙悟空没有紧箍儿咒不行

毛泽东讲"紧箍儿咒"，用其纪律约束的意思，也用其阶级压迫、政治专政的意思（这层意思在《西游记》小说里并不明显）。

1957年7月，毛泽东在一次会议上谈到对地、富、反革命摘了帽子的，要调皮再给戴上时说：

> 唐僧这个集团，猪八戒较简单可以原谅，孙悟空没有紧箍儿咒不行。（王兴国：《毛泽东与佛教》，中国书籍出版社1996年1月版，第205页）

为什么孙悟空没有"紧箍儿咒"不行？

《西游记》第八回《我佛造经传极乐　观音奉旨上长安》中写道：如来佛祖让观音菩萨去东土大唐寻找取经人时，给了观音三个箍儿，他交代说：

> "……假若路上撞见神通广大的妖魔，你须是劝他学好，跟那取经人做个徒弟。他若不伏使唤，可将此箍儿与他戴在头上，自然见肉生根。各依所用的咒语念一念，眼胀头痛，脑门皆裂，管教他入我门来。"

从如来佛祖的动机看，他安排给孙悟空戴上"紧箍儿"，是因为猴子这个妖魔"神通广大"而又"不伏使唤"，只有通过"眼胀头痛，脑门皆裂"的整治，才能强迫其"入我门来"，老老实实给取经集团领袖唐僧"做个徒弟"。

这已不是一般的约束，而有压迫和专政的意味。

要不要实行戴"紧箍儿"的强制性管理，首先要看对象。毛泽东比较了猪八戒与孙猴子的不同。毛泽东只说猪八戒"较简单"，至于怎么"简单"他没有细说，大概是说头脑简单，思想单纯，只知道服服帖帖跟着师父西行取经，没有顶撞领导不听命令的弊端（虽然有时发点小牢骚，或消极怠工），没有"不服天朝管"的行为和动机。所以对他，毛泽东只说"可以原谅"，就是可以不戴紧箍儿,不要压服。毛泽东此处对孙悟空只说没有紧箍儿咒"不行"，为啥"不行"没有讲，联系上下文的意思，既然说他的对立面猪八戒"简单"，那么孙猴子肯定是"复杂"，即头脑精密，思想成熟，有独立见解，有"抗上"行为，师父说是"善人"，他断定是"妖孽"；师父说放行，他举棒打杀——总之，不服管，闹独立，不听招呼，不好摆弄。所以对他，非戴上紧箍儿压迫不可。

再看看小说中的描写。观音一开始并没将如来的叮嘱看得很重，在介绍孙悟空、猪八戒、沙和尚给唐僧做徒弟时，都未使用这几个箍儿。也许她认为这几位既然都诚心皈依，金箍儿就是多余的。但是不久问题就出来了。孙悟空虽然皈依了佛法，也并未萌生造反意图，但脾气暴躁，当初过惯了占山为王的日子，岂能容得唐僧在身边絮絮叨叨颐指气使？结果上路不久便与唐僧反目，甚至有一次对唐僧举棒要打。观音只得又想法儿欺哄悟空戴上金箍儿，管制他一路西行去取经。在这个角度上，毛泽东认为对孙悟空之类"神人"加点压迫还是需要的。否则，一旦让他任性胡来容易失控而毁掉取经大业。

不过，毛泽东把地主、富农、反革命头上的政治"帽子"与孙悟空头上的"紧箍儿"相提并论，只取其都具有强制性一点而言。细致分析，二者亦有区别。唐僧给孙大圣戴紧箍儿，那是取经集团内部上级约束下级；给"调皮"的地、富、反再"戴帽"，那是革命人民对革命队伍之外的阶级敌人的专政。查1957年前后的阶级政策，那时已给许多地、富、反（历史反革命分子）"摘帽"，因为他们已转化为自食其力的劳动者。也就是说他们已经成为"较简单"的"猪八戒"，不用"戴帽"了。毛泽东这里强调"孙悟空没有紧箍儿咒不行"，只是针对有人担心"摘帽"后的地、富、反再"调皮"的顾虑讲的。毛泽东的主旨，还是赞成给转化为自食其力的地、富、反"摘帽"的。至于20世纪60年代中期到70年代中期，在"以阶级斗争为纲"的背景下，阶级斗争扩大化，又给许多不该"戴帽"者戴上"紧箍儿"，那则是后来的错误。

戴上紧箍儿反教条主义就剩一半了

戴上紧箍儿，管住孙悟空，有积极作用，要肯定；也有消极作用，不可忽视。

1958年5月，毛泽东在中共八大二次会议上讲话时，号召党的各级干部破除迷信，解放思想，发扬敢想敢做的创造精神。他说：

> 孙行者无法无天，大家为什么不学？猴子反教条主义，戴上紧箍儿，就剩下一半了。（陈晋：《毛泽东读书笔记解析》，广东人民出版社1996年7月版，第1411页；陈祥明等：《毛泽东的幽默》，中国电影出版社1994年3月版，第162页）

孙猴子无法无天，有扯旗举义抗上造反精神；孙猴子有洒脱的自由个性，敢说敢讲，敢怒敢恨，是仙界民主斗士。毛泽东有鉴于此，要求大家学习孙行者，敢于反对教条主义，鼓励人们解放思想。

但是，他也看到，孙悟空自从戴上紧箍儿这个劳什子，反抗精神和自由个性确实打了折扣。

首先，反对玉皇大帝的教条主义打了折扣。无论怎么说，孙悟空大闹天宫，是反对教条主义的英雄。可是，从小说的两大部分（前七回的"大闹天宫"和后八十余回的"八十一难"）的描写来看，孙悟空的反抗性及不受拘束的个性，主要表现在前七回的描写中。后来，他被如来佛祖派观音菩萨降服后，为成佛教信徒，保护唐僧西天取经，沿途降妖捉怪，再也没有反对玉帝教条主义的举动。

再者，反对唐僧的"泛善"主义打了折扣。唐僧主张"行善"，但他不看对象。对好人、坏人、恶人、罪人，他一概"行善"。对杀人吃人的妖魔鬼怪，他也忘不了"行善"。唐僧行善到善恶不分的程度，借用泛爱主义一词可以将其称之为泛善主义。孙悟空反对他如此行善，主张惩恶扬善。白骨精变为庄院少女、老妪、老翁，设计捉拿唐僧师徒，要将其作为盘中餐、口中食。都被孙悟空识破诡计，举棒打杀。唐僧敌我不分，念起《紧箍经》，又辞退孙悟空。大圣无奈，只好卷铺盖卷回花果山。戴上紧箍儿，反对唐僧的"泛爱"主义（今人亦称之为右倾机会主义）真的无法彻底，"只剩一半了"。

第三，反对猪八戒的自由主义打了折扣。猪八戒发牢骚，讲怪话，平时好吃懒做，关键时动不动嚷嚷散伙，是典型的自由主义和懒汉主义者。孙悟空经常批评教育他。可这个十足的呆子也有小聪明处，就是撺掇唐僧念"紧箍儿咒"。书中至少有两处：一次是第二十七回，一次是第三十八回。孙悟空对私心重、纪律差的猪八戒的帮助和斗争，经常因其怂恿念紧箍儿咒而被削弱，甚至抵消。

　　毛泽东此次谈孙悟空，重点在前半句话。即在于提倡敢想敢说敢做，大胆解放思想，要有干劲，要有气概，要有思想。提到不要戴紧箍儿，不要使反教条主义的勇气只剩一半了，这只是警告式的提醒。

在八卦炉里锻炼

（孙悟空之八）

> 孙悟空不是很厉害的人物吗？人家说是"齐天大圣"呀，还要在八卦炉里头烧一烧。不是讲锻炼吗？锻者就是锤打，炼就是在高炉里炼铁，平炉里头炼钢……我们人也要锻炼。
>
> 毛泽东：《在上海干部会议上的讲话》，1957年7月9日

抗日战争初期，方强任第八路军一二九师三八五旅政治部主任。不久，方强回延安办事。一天下午，路过毛泽东住地时，突然产生了要去看望毛泽东的冲动。说来也巧，正在他犹豫之中，毛泽东披着一件棉袄从窑洞里走了出来。

"主席好！"方强立即上前敬礼向毛泽东问好。

"啊！这不是方强吗？可是三四年没见到你了。"毛泽东以他那浓重的湘音问道。

"长征到达懋功后，我就再也没见到主席，大概两年半了吧。"方强回答。

"记得在傅连暲那儿分手后，在会昌时我给筠门岭打过一次电话，好像是你接的吧？"毛泽东略有所思地问。

"是的。"方强兴奋地说："那时我是红二十二师政委，能在前线听到主席的教诲非常激动。"

"那以后呢？你到了哪里？"

沐浴着灿烂的秋阳，毛泽东一边散步，一边饶有兴趣地和方强亲切交谈。方强汇报：按主席的指示守卫筠门岭取得很大成功，却遭到博古主持下的军委革职，并被关进国家保卫局时，毛泽东大感愕然："还有这等事？"

"遵义会议确立了主席的领导地位，我们被关押的同志也都解放了。"方强笑着说，"可是好景不长，南下期间，我又被关起来了。"

"那又是什么问题呀？"

"说我反张国焘呗！"

长征途中，红一、四方面军在懋功胜利会师后，方强因病住院与中央红军失去联系，辗转投奔在红四方面军的朱德总司令和刘伯承总参谋长，不料却被以"反对张国焘主席、反对南下决策"的罪名再次被关进国家保卫局。直到张国焘分裂路线惨遭失败，被迫重新北上，张国焘才不得已恢复了方强的人身自由。

"他另立中央，不反行吗？"毛泽东也乐了，"全党同志不反他的分裂主义路线，我毛泽东就被他永远开除出党啰！"

"从河西走廊回到陕北后，我们西路军的同志都组织学习了中央《关于张国焘的错误的决定》，联系亲身经历深入开展了揭批张国焘右倾机会主义的活动，受到了很大的教育。"

长征到达陕北后，方强被任命为红九军政治部宣传部长，随西路军渡过黄河。西路军血战河西走廊全军覆没，方强被俘。在狱中，他发起成立地下党支部，并被推举为党支部书记，与敌人进行了不屈不挠的英勇斗争，从兰州押解到西安之际，趁机组织战友们一起脱逃归队。

"哦，张文彬同志向中央报告说，你们在兰州集中营和敌人斗争得很顽强嘛！"

"党中央和主席的亲切关怀，给了同志们斗争的勇气和胜利的信心。"

> "大难不死，必有后福焉。共产党的牢你坐过了，国民党的牢你也蹲过了，就差再到太上老君的八卦炉中炼一遭！"毛泽东打趣道"古人言，'天将降大任于斯人也，必先苦其心志，劳其筋骨，饿其体肤，空乏其身，行拂乱其所为也。'"（吴殿卿等：《毛泽东与海军将领》，解放军文艺出版社1999年1月版，第137页）

方强不忍更多打扰毛泽东，赶紧告辞了。

看来，毛泽东把孙悟空到八卦炉中"炼一遭"，看成了在困境中经受锻炼的典型事例。这个故事见于《西游记》第七回：《八卦炉中逃大圣 五行山下定心猿》。本回写到，孙悟空被天兵天将捉去，押去斩妖台，绑在降妖柱，刀砍斧剁，枪刺剑刳，莫能伤身——

> 太上老君即奏道："那猴吃了蟠桃，饮了御酒，又盗了仙丹。——我那五壶丹，有生有熟，被他都吃在肚里，运用三昧火，锻成一块，所以浑做金钢之躯，急不能伤。不若与老道领去，放在八卦炉中，

以文武火锻炼。炼出我的丹来,他身自为灰烬矣。"玉帝闻言,即教六丁、六甲,将他解下,付与老君。老君领旨去讫。

那老君到兜率宫,将大圣解去绳索,放了穿琵琶骨之器,推入八卦炉中,命看炉的道人,架火的童子,将火扇起锻炼。原来那炉是乾、坎、艮、震、巽、离、坤、兑八卦。他即将身钻在"巽宫"位下。巽乃风也,有风则无火。只是风搅得烟来,把一双眼焰红了。弄做个老害病眼,故唤作"火眼金睛"。

真个光阴迅速,不觉七七四十九日,老君的火候俱全。忽一日,开炉取丹。那大圣双手捂着眼。正自揉搓流涕,只听得炉头声响。猛睁睛看见光明。他就忍不住,将身一纵,跳出丹炉,唿喇一声,蹬倒八卦炉,往外就走。慌得那架火、看炉,与丁甲一班人来扯,被他一个个都放倒,好似癫痫的白额虎,疯狂的独角龙。老君赶上抓一把,被他一摔,摔了个倒栽葱,脱身走了。

孙悟空经过太上老君八卦炉的锻炼,不但没有"自为灰烬",而且练就了"火眼金睛",跳出丹炉,勇猛异常,如同"白额虎"和"独角龙"。这说明他越锻越硬,越炼越强。

方强身为师政委,在长征路上,受错误路线打击,坐过共产党的监狱(保卫局);在西征路上,全军覆没被俘虏,坐过国民党的监狱。他两度坐牢,可谓身临绝境,竟能大难不死,真乃奇迹!这也使他在苦难中锻炼得更坚强了。

在井冈山和瑞金时期多次被处分,屡受打击,一再遭贬的毛泽东,深知这种经历也是宝贵的精神财富,因此胸怀大度,性情诙谐。他听到自己政治主张的拥护者方强三次坐牢几经磨难,便以"就差再到太上老君的八卦炉中炼一遭"相调侃,并引孟子"天将降大任于斯人也……"的名句相砥砺。目的还在于鼓励方强愈挫愈奋,历久弥坚,不损坚贞之节,不坠青云之志,在命运的痛击下绝不回头,将革命事业推向前进。

成就任何事业,总不会一帆风顺,会遇到挫折失败,会遇到磨难打击。个人的成长亦形同此类。所以毛泽东有一个基本观点:挫折和失败可以锻炼革命意志。也许,他欣赏孙悟空的"八卦炉里炼一遭",正是基于此点。

毛泽东常常把磨难与锻炼、锻炼与"八卦炉里炼一遭"联系起来,形成了挫折和艰难——八卦炉里炼一遭——锻炼意志的思维定式和人生体验。

1957年7月9日,南巡中的毛泽东在上海干部会议上作报告。当时,全国都在反击"资产阶级右派的进攻"。毛泽东在报告里谈到"放火烧身"时，他说：

> 现在把火放起来烧，百分之九十以上的人，是希望把我们的同志烧好。我们每一个同志，都有一点毛病，哪有没有毛病的呢？"人非圣贤，孰能无过"，总要讲错一点话，办错一点事，就是什么官僚主义之类。这些东西往往是不自觉的。
>
> 要定期"放火"。以后怎么搞呀？你们觉得以后是一年烧一次，还是三年烧一次？我看至少是像闰年、闰月一样，三年一闰，五年再闰，一个五年计划里头至少搞两次。孙悟空在太上老君的八卦炉里头一锻炼就更好了。孙悟空不是很厉害的人物吗？人家说是"齐天大圣"呀，还要在八卦炉里头烧一烧。不是讲锻炼吗？锻者就是锤打，炼就是在高炉里炼铁，平炉里头炼钢。钢炼出来要锻。现在锻要拿汽锤锻。那个锻可厉害哩！我们人也要锻炼。（毛泽东：《在上海干部会议上的讲话》，1957年7月9日）

孙悟空在八卦炉里烧一烧"就更好了"，练就火眼金睛能更清楚识别妖魔鬼怪，练就钢筋铁骨能够更顽强地战天斗地。毛泽东用这个比喻，希望党的各级干部在"反右"中经受"锤打"，以便在群众的批评帮助下，更好地克服官僚主义的毛病。

在毛泽东那里，"八卦炉里炼一遭"成了接受考验、得到锻炼的代名词。

孙悟空会腾云驾雾
（孙悟空之九）

> 孙悟空会腾云驾雾，一个斤头就是十万八千里，我们不会腾云驾雾，可也走了二万五千里。要是也会腾云驾雾，就不晓得会走到哪里去了。
>
> 李智舜：《毛泽东与开国中将》，中共中央党校出版社1997年1月版，第295页；王漫宇：《毛泽东谈话艺术》，天津人民出版社1993年11月版，第154页

把神话人物孙悟空的故事、行为、话语，作为语言资料，运用到演说、谈吐中来，生动、清晰、深刻地阐明事理，这是毛泽东常常自觉不自觉地体现出来的谈说特色之一。虽然这方面的资料很不系统，东鳞西爪，构不成板块式的内容方阵，但偶有涉及，就出口成章，很有意趣，足可为后人效仿。

我们不会腾云驾雾

1936年的红军大学第一政委是罗荣桓，校长是陈光，初期校址设在瓦窑堡。

东北军高桂滋部队侵占瓦窑堡时，红军大学随着中央迁往保安。开学不久的一天，毛泽东来到红军大学给学员们讲课。他说过这么一段话：

> 前一个时期革命形势不好，弄得我们两只脚一走就是二万五千里。孙悟空会腾云驾雾，一个斤头就是十万八千里，我们不会腾云驾雾，可也走了二万五千里。要是也会腾云驾雾，就不晓得会走到哪里去了。我们红军曾经有几十万，现在只剩下两三万，要不是刘志丹帮我们安排了这个好地方，我们还不知道要到哪里去呢。反正我不到外国去。到外国去做什么呀？中国的地方大得很，

东方不亮西方亮，黑了南方有北方……（李智舜：《毛泽东与开国中将》，中共中央党校出版社1997年1月版，第295页）

孙悟空"会腾云驾雾，一个斤头就是十万八千里"。

红军"不会腾云驾雾"，凭两只脚"走了二万五千里"。

毛泽东将二者作以对比，形象生动的语言表达了他的乐观主义精神和脚踏实地的作风。

这段话有着复杂的历史背景。"前一个时期革命形势不好"，是指中央苏区的第四次、第五次"反围剿"因"左"倾机会主义领导者的错误指导遭受失败，红军被迫实行战略突围，进行艰险无比的长征。长征途中，张国焘又闹分裂，闹独立，另立中央，不北上抗日，却南下逃跑，后因党中央、毛泽东等领导同志坚决斗争，张国焘才被迫取消"中央"，北上到陕甘。毛泽东说的"要是也会腾云驾雾，就不晓得会走到哪里去了"，就是暗指张国焘阴谋得逞，中国革命的后果将不堪设想。

错误路线的领导者王明、张国焘，都喝过"洋墨水"，到苏联学习过。按说他们应该掌握了马列主义的真谛。但是，由于他们脱离国情，教条主义严重，不顾实际情况，照搬苏联模式，致使中国革命遭受巨大损失，长征是万不得已的选择。毛泽东说："反正我不到外国去，到外国去做什么呀？"这话含有对教条主义者不能立足中国实际、盲目照搬外国经验的批评。

毛泽东把孙悟空的"斤斗云"与红军的"两只脚"进行对比，既肯定了红军不畏艰险、不怕牺牲的战斗精神和脚踏实地的作风，又暗中批评了脱离中国现实的"洋教条"。一个简单的对比，却蕴含了丰富的政治内容。

像孙悟空一样翻过来

1956年4月25日，毛泽东在中共中央政治局扩大会议上讲话。讲话整理修改稿，就是后来的《论十大关系》一文。毛泽东在这篇讲话中，以苏联的经验为鉴戒，总结了我国的经验，提出了调动一切积极因素为社会主义事业服务的基本方针，对适合我国情况的社会主义建设道路进行了初步的探索。

《论十大关系》的最后一个问题是"中国与外国的关系"。讲到向外国学习要克服机械照搬倾向时毛泽东说：

我们的方针是，一切民族、一切国家的长处都要学，政治、经济、科学、技术、文学、艺术的一切真正好的东西都要学。但是，必须有分析有批判地学，不能盲目地学，不能一切照抄，机械搬运。他们的短处、缺点，当然不要学。

　　对于苏联和其他社会主义国家的经验，也应当采取这样的态度。过去我们一些人不清楚，人家的短处也去学。当着学到以为了不起的时候，人家那里已经不要了，结果栽了个斤斗，像孙悟空一样，翻过来了。比如，过去有人因为苏联是设电影部、文化局，我们是设文化部、电影局，就说我们犯了原则错误。他们没有料到，苏联不久也改设文化部，和我们一样。有些人对任何事物都不加分析，完全以"风"为准。今天刮北风，他是北风派，明天刮西风，他是西风派，后来又刮北风，他又是北风派。自己毫无主见，往往由一个极端走到另一个极端。（《毛泽东著作选读》下册，人民出版社1986年8月版，第740—741页）

　　"栽斤斗"就是"翻跟头"，就是"摔跤子"。《西游记》里只有孙悟空的"斤斗云"，上节笔者已经引录"一个斤头就是十万八千里"的话。小说中孙悟空的"斤斗云"是高超的法术，并不是掉链子"翻跟头"的失败行为。毛泽东把"斤斗云"说成"栽斤斗"，实在是一种别解，一种新解。以增强语言的形象性，清楚阐明正确学习外国的道理。

　　"像孙悟空一样翻过来"，笔者理解就是像孙悟空"翻跟头"一样跌跤子。他还举了苏联过去设"电影部、文化局"，后来自己改为"文化部、电影局"的例子，证明机械照搬必然"栽斤斗"的害处。学习外国的先进经验和各种长处，要有分析地学，不能学则无所不学，不学则什么都拒绝，犯走极端的毛病。孙悟空到西方取过经，这一条做出了好样子。孙悟空"栽斤斗"，则坚决不能学。

　　毛泽东用孙悟空"栽斤斗"的简单比喻，举重若轻说明了一个复杂问题。

借兵器与"出妖怪"

　　1957年春天，毛泽东从北京出发，一路南下，摸情况，作动员，宣传"双百"方针，提倡整顿党风，反对官僚主义。

　　4月5日，毛泽东在杭州召开四省一市的省、市委书记思想工作座谈会。

座谈时，完全是讨论式、漫谈式，省、市委书记们有许多提问，毛泽东有许多即兴谈话。谈到党的领导要允许不同意见，要开明，不要压制。他说：

> 孙悟空到龙王处借一件兵器，兵器那么多，借一件有什么不可以，到后来又不给不行，压也压不服。总之生怕出妖怪，不要怕世界上出妖怪。（陈晋：《毛泽东之魂》修订本，中央文献出版社1997年9月版，第147页）

孙悟空龙宫借宝，最后取走"定海神针"变做如意金箍棒的故事，人们耳熟能详，此处不再赘引。这次，毛泽东没有把孙悟空看作神界英雄，而是称其为"妖怪"，当然他又强调"不要怕出妖怪"。他批评的锋芒，显然不是针对孙悟空，而是针对老龙王。这个老龙王，有兵器不借，压也压不服，生怕出妖怪，是一位不知"双百"方针为何物的官僚主义者形象。说到底，毛泽东借此批评的还是不敢鸣、不敢放的封闭保守现象和状态。

"不怕出妖怪"，难道毛泽东真的欢迎出妖怪和毒草吗？也不是！他讲话的目的，还在于解除对"双百"方针忧心忡忡的领导者的顾虑：贯彻百花齐放，百家争鸣方针，迎来的将是文艺的鲜花怒放，学术的百鸟齐鸣；出现几个妖怪，出现几棵毒草，毕竟是少数，没有什么可怕的。

把贯彻"双百"方针后可能出现的负面效应，喻之为"妖怪"孙悟空到龙王处借兵器，这种的话语境界，舍毛泽东创造不出来。

孙悟空式的危险

1958年12月9日，毛泽东在中共中央八届六中全会上有个讲话。事先拟订的《讲话提纲》中第六个问题是"研究辩证法"，其中毛泽东写道：

> 在武昌，提出"实事求是"地制订1959年经济计划，又热又有冷，雄心与科学分析相结合，避免了由于1958年的大跃进而产生的不切实际的缺乏根据的3000万（吨）钢的可能是孙悟空式的危险，把我们的脑筋压缩了一下，留有余地。如果1959年可能的话，让群众的实践去超过这个计划吧！（《建国以来毛泽东文稿》第7册，中共中央文献出版社1992年8月版，第639页）

毛泽东再次把孙大圣请出来，帮助他讲经济生活中的辩证法。1958年年底，毛泽东已经意识到"大跃进"中浮夸风和高指标等"左"的错误带来的损失和危害，正在召开一系列会议纠正"左"的错误。刚刚开过的武昌会议提出要实事求是制订1959年经济计划。毛泽东提出工作指导上要做到两个结合：工作热情与头脑冷静相结合，雄心壮志与科学分析相结合。

此时，他清醒地认识到由于1958年"大跃进"而于北戴河会议上提出的炼3000万吨钢的指标是"不切实际的缺乏根据的"，可能导致"孙悟空式的危险"。所谓"孙悟空式的危险"，笔者理解就是1956年他在《论十大关系》中提到的"孙悟空栽斤斗"、跌跤子。克服这种危险，制订计划时就要压缩脑筋，留有余地，不要头脑发热，满打满算。

"栽斤斗"这种生活现象司空见惯，毛泽东赋予其"孙悟空式的危险"的标示，那用意大概在于有效地引起人们警惕吧！

不像孙猴子吃铁砂拉铁屎

1964年1月7日 毛泽东在听取工业交通会议情况汇报时，作了一些重要插话。其中说：

（工业企业要建立托拉斯），目前这种按行政方法管理经济的办法不好，要改。比如说，企业里用了那么多的人干什么，人要吃饭的，要消耗的，不像孙猴子吃铁砂拉铁屎，用那么多的人，就是不按经济法则办事。（顾龙生：《毛泽东经济年谱》，中共中央党校出版社1993年3月版，第589—590页）

《西游记》第七回，孙悟空大闹天宫，众天兵天将不能擒拿。无奈之下，玉皇大帝求助如来佛祖作法，将孙猴子拘押在峻嶒巍峨的五行山下：

如来即辞了玉帝众神，与二尊者出天门之外，又发一个慈悲心，念动真言咒语，将五行山，召一尊土地神祇，会同五方揭谛，居住此山监押。但他饥时，与他铁丸子吃；渴时，与他溶化的铜汁饮。待他灾愆满日，自有人救他。正是：

妖猴大胆反天宫，
却被如来伏手降。

渴饮溶铜捱岁月，
饥餐铁弹度时光。
……

孙悟空就是与众不同，吃的喝的别具一格，亘古未有：饥餐铁弹，渴饮铜汁。

毛泽东谈工业企业经济管理，话虽然不多，却说出一个极为重要的思想：是按行政方法还是按经济法则来管理经济，他认为前者"要改"，后者要提倡，要推行。这已是政企分开思想的萌芽，在今天也还有其指导价值。

他举例说，企业用人太多就是不按经济规律办事。他用"不像孙悟空吃铁砂拉铁屎"的西游故事，反证明企业人员多难于承担自身消耗之重。现在，许多企业运作都遵循"减员增效"的原则，在经济管理上这不能不说是一脉相承的思想。

"孙悟空吃铁丸饮铜汁"这个小小细节，在《西游记》里小得令读者很容易忽略。毛泽东不仅注意到了，而且能以小喻大，与阐发经济理论挂上钩，可见他读书之细致，思虑之缜密。

虎气为主　猴气为次
（孙悟空之十）

> 我是自信而又有些不自信。我少年时曾经说过：自信人生二百年，会当水击三千里。可见神气十足了。但又不很自信，总觉得山中无老虎，猴子称大王，我就变成这样的大王了。但也不是折中主义，在我身上有些虎气，是为主，也有些猴气，是为次。
>
> 《建国以来毛泽东文稿》第12册，中央文献出版社1998年1月版，第71—72页

《毛泽东之魂》的作者陈晋在书中专列一节《"猴气"与革命家》，他说："在中国古代神怪小说《西游记》所描写的诸多人物中，毛泽东最喜爱孙悟空这一艺术形象。他在许多重要的文章、报告以及谈话中，时常信手拈来，用孙悟空的故事来阐述政治、军事和哲学等问题。这些大概是把握毛泽东的内心世界及天赋禀性中'猴气'一面的重要线索。"

"山中无老虎，猴子称大王"，是句流传广泛的俗语，毛泽东常引此语以论人评己。

"我身上有些虎气，也有些猴气"，毛泽东这样剖析自己的性格特征。

让我们来看一下毛泽东内心世界及天赋禀性中的"猴气"一面。

来了"哲学虎"艾思奇

艾思奇（1910—1966），云南腾冲人，通常被称为马列主义哲学家，是中国共产党著名的理论家之一。他是以《大众哲学》一书一举成名。当他还没到延安之前，毛泽东就读过他写的《大众哲学》《哲学与生活》等书，并特意写了《艾著〈哲学与生活〉摘录》一文，实际上就是毛泽东读了《哲学与生活》后所作的读书笔记。在毛泽东看来，艾思奇的这两本哲学著作

既通俗，又很有价值。

当时延安的各种书籍远没有北平、上海、西安等大城市多，而毛泽东又很希望通过读艾思奇等人的书来提高延安干部的政治文化水平。那时，叶剑英正代表中共在西安搞统一战线工作，刘鼎在红军与东北军之间做联络工作。于是，毛泽东就在1936年10月22日给叶剑英、刘鼎两人写了一封信，希望他们能在西安为延安买一批书，其中便提到艾思奇的书，他在信中说："要买一批通俗的社会科学自然科学及哲学书，大约共买十种至十五种，要经过选择真正是通俗的而又有价值的（例如艾思奇的《大众哲学》，柳湜的《街头讲话》之类）……作为学校与部队提高干部政治文化水平之用。"那时延安的经济相当困难，但毛泽东还是托叶剑英等买艾思奇等人的书，可见其对艾思奇哲学著作的重视。

1937年10月，当艾思奇随周扬等人从上海来到延安时，毛泽东非常高兴，禁不住说道："噢，搞《大众哲学》的艾思奇来了！"

艾思奇时年二十七岁。延安为艾思奇等人的到来开了欢迎会，毛泽东致欢迎词，艾思奇代表来延安的同志讲了话。毛泽东致辞：

我们过去是"山中无老虎，猴子称大王"。如今艾思奇来了……
（何启君：《想起了延安"毛泽东图书馆"》，《人民日报》1995年3月2日）

作为延安哲学界领军人物的毛泽东，对在哲学研究上很有成就的后起之秀艾思奇，十分尊重，将其比作哲学领域中的"虎"，而将自己和延安同行自谦为"猴"，这是毛泽东谦虚谨慎、胸怀宽广的展示，是对艾思奇的真诚尊重和衷心欢迎。

在以后的日子里，毛泽东始终尊重比他小十七岁的艾思奇为"哲学虎"，尊重他在马克思主义哲学活动中的作用和地位，从延安到北京，常与其讨论哲学问题，委托其承办思想理论建设方面的大事。毛泽东读艾思奇的哲学著作，留下三部笔记是最好的证明。这三部笔记是：《读艾思奇著〈哲学与生活〉一书的摘录》《读艾思奇编〈哲学选辑〉一书的批注》《读艾思奇著〈思想方法论〉一书的批注》。1988年3月，毛泽东读艾思奇著作所作的批注手稿，被收在《毛泽东哲学批注集》一书中，由中央文献出版社正式出版发行。

猴气与"驱张运动"

从1914年到1918年,毛泽东在湖南省立第一师范读书四年多。毛泽东刚入校时,正值张干担任校长职务。

1915年,第一师范学校传达了湖南省议会新近颁发的一项规定:从下学期开始,学生每人每月须交纳十元学杂费。这首先遭到了那些家境贫寒或因种种原因得不到家庭接济的大多数学生的强烈反对,尤其是原来从四师并入一师后多读半年书的学生,要多拿出半年学杂费!

这个规定,据说是校长张干向省政府提出的动议。学生们得知"内幕"情况后,对张干的行为极为不满,认为他为了"媚上"不惜牺牲广大学生的利益,于是纷纷举行罢课,一场声势浩大的校内"驱张运动"便以此为发端。

毛泽东找来笔墨纸张,在"君子亭"笔走龙蛇,很快拟就一份《驱张宣言》,尖锐地抨击了张干如何对上逢迎,对下专横,办学无方,贻误青年的弊政。宣言写成之后,连夜赶印了上千份,次日清晨广为散发,轰动了全校,惊动了省政府衙门。湖南省教育厅当即委派了一位督学来一师,召开全校师生大会,要求学生立即复课,不得继续"胡闹"。这更使学生们火上加油,他们纷纷给这位督学递字条,上面写着:"张干一日不出一师校门,我们一日不上课!"搞得督学狼狈不堪,难得下台。只好答复说:"你们还是上课罢,下学期张干不来了!"

张干校长当众被上司贬斥,感到师道尊严受到侮辱,他气火了!想到毛泽东在这次学潮中带头闹事,起草"宣言"、污辱师长的事,他立即行使校长职权,决定"挂牌开除"包括毛泽东在内的十七名发动"学潮"的学生,以儆效尤。

消息传出以后,杨昌济先生及毛泽东的表兄王季范等教师,对此愤愤不平。先后联络了徐特立、方维夏、袁仲谦、王立庵等先生,仗义执言,据理力争,并为此专门召开全校教职员工会议,为学生们鸣不平,共同向张干施加压力,迫使张干收回成命。与此相呼应,学生们不屈服校方的压力,不肯善罢甘休,继续发动罢课。张干迫于压力,为了平息事态,恢复教学秩序,终于作出了让步:同意不开除毛泽东等"闹事"学生。但是,为了保全他和学校当局的面子,还是给了毛泽东一个处分:记大过一次!

三十多年过去,弹指一挥间。1950年10月5日,已是共和国主席的毛泽东在中南海住所邀请原湖南省立第一师范学校的老师和同学王季范、徐特立、熊瑾玎、周世钊和谢觉哉等人吃饭。席间，大家谈起了几十年前的往事，仿佛就在昨天，不由让人感慨万千。

周世钊对毛泽东说："张干这个人主席可能还记得，他现在长沙妙高峰中学教数学，家庭生活颇困难。他托我向主席提出请求，适当给予照顾。"

毛泽东听说张干一直在教书育人，很受感动。他放下手中的筷子说："张干这个人很有能力，三十来岁就当了一师校长，不简单。原来我估计他要向上爬，爬到反动统治队伍里做高官，结果没有。刚才听你说他还在继续教书，解放前他吃粉笔灰，现在还吃粉笔灰，这是难能可贵的！"

"是的，张干抓教育很有一套，那个时候他确实是年轻有为。"徐特立、熊瑾玎都赞同主席的看法。

王季范等你一言我一语，提起毛泽东在君子亭起草"驱张宣言"以及张干要开除毛泽东的事来。

"现在看来，当时赶走张干没有多大必要。"毛泽东不无几分自责地说："每个学生多交十元钱的学杂费的事，也不能归罪于他。至于多读半年书，有什么不好呢？"

1951年秋，张干等四人应毛泽东的邀请，来到了首都北京。这对儿过去闹过"别扭"的师生，在分手三十五年后，终于重逢了！

9月26日上午，李漱清、邹普勋、张干、罗元鲲四人来到毛泽东在中南海的住处。毛泽东闻讯出门迎客，四位师友兴奋得心花怒放。毛泽东请师友们进客厅就座，请张干上座，自己坐下座。

毛泽东把李敏、李讷这些孩子喊出来，介绍说："你们平时讲，你们老师怎么好，怎么好，我的老师也很好嘛！我的老师，你们要喊太老师。"他的话把大家逗笑了。顿时，师友之间的拘谨气氛全消除了。

张干想到当年的学潮，苍老的脸上显得憔悴。他眼里噙满泪水，终于向毛泽东说了憋在心头几十年的话语。"一师闹学潮那阵，我曾主张开除你，真对不起啊！"

毛泽东缓缓地摆了摆手：

当时我虎气太盛，要是现在这样学点猴气，就不会发动那场"驱张运动"了！"谁言寸草心，报得三春晖。"我这棵寸草是怎么也难报老师的'三春晖'，啊！（赵志超：《毛泽东和他的父老乡亲》，湖南文艺出版社1992年5月版，第139页）

张干听了深受感动。

在这里,"虎气"大约指头脑发热,易于冲动,扯旗造反,热衷于发动师友搞"驱张运动",计十元学费之怨;"猴气"大约指冷静客观,沉着稳重,谦卑恭敬,能够实事求是评价张干校长身上的功过是非,报教诲培育之恩。

这说明虎气盛而"驱张",猴气浓而尊师;虎气盛则怒,猴气浓则恕。从师生间校长处分学生,学生邀宴校长,到性格上"虎气"与"猴气"的差异、平衡和互补,其间多少生活哲理,大可深长思之。

在我身上也有些猴气

毛泽东谈虎气与猴气,影响最大的一次发生"文革"当中。

1966年5月18日,在北京中共中央政治局扩大会议上,林彪作了长篇讲话。后来人们称其为"五一八讲话"。林彪这个讲话"专讲政变问题",同时还创造了一些颂扬毛泽东的"新词"。如说毛泽东是世界几百年、中国几千年才出现的伟大天才,等等。毛泽东在读林彪讲话记录稿时,觉得他的"一些提法"令人"不安"。

因为这件事,加上"文化大革命"刚刚发起等多种原因,导致7月8日,正在武汉的毛泽东给在上海的江青写了一封长信,原不准备在身前公开。

但在写信后的第四天(即7月12日),毛泽东主动让周恩来和湖北省委第一书记王任重看了信的抄件。周恩来看过信后向毛泽东提出,他去向正在大连休养的林彪做工作,劝告林彪改正信中所提到的问题,不再使用那些有个人崇拜之嫌的"提法"。毛泽东同意了。毛泽东本人回到北京之后,也指示中宣部负责人今后不要用"最高最活""顶峰""最高指示"等"提法"。

1971年"九一三"事件中林彪折戟沉沙,自我毁灭,毛泽东认为有必要将此信公诸全党,并把它作为批判林彪的思想武器。1972年5月,毛泽东的这封信,曾作为批林整风汇报会议文件之五印发。1972年10月1日、1973年9月2日和1975年3月1日,《人民日报》曾先后发表了这封信的部分内容。

改革开放后,这封信以"给江青的信"为题,收入《建国以来毛泽东文稿》第12册。

毛泽东这封信,背景复杂,内容丰富。学术界对其主旨多有争议。中央党校哲学教研部许全兴教授分析研究后认为:

信的内容是多方面的:既有对当时刚刚兴起的"文化大革命"形势的

分析，又有对党和国家未来前途的预测；既有对"右派"的抨击，又有对"朋友"林彪的婉转的批评；既有对自己的自我解剖，又有对江青的劝诫，既讲了中国近现代的历史，又涉及国际共产主义运动的历史，既有政治，又有哲学。信的文辞精美，成语典故迭出，生动、幽默、诙谐、含蓄，富有哲理，耐人品味。这封信是理解和把握毛泽东最后十年的思想与实践的不可缺少的重要文件之一。（《为毛泽东辩护》，当代中国出版社1996年1月版，第119页）

针对林彪的"五一八讲话"，毛泽东在信中写道：

我的朋友的讲话，中央催着要发，我准备同意发下去，他是专讲政变问题的。这个问题，像他这样讲法过去还没有过。他的一些提法，我总感觉不安。我历来不相信，我那几本小书，有那样大的神通。现在经他一吹，全党全国都吹起来了，真是王婆卖瓜，自卖自夸。我是被他们逼上梁山的，看来不同意他们不行了。在重大问题上，违心地同意别人，在我一生还是第一次。叫做不以人的意志为转移吧。

显然，毛泽东对"专讲政变"心存疑虑，持保留态度，因为"这样讲法过去还没有过"。"几本小书"指的是《毛泽东选集》。那时，林彪逢会必讲"大力学习毛主席著作"、学好毛泽东思想"是一本万利的事情""毛主席的话一句顶一万句"。所以毛泽东自嘲是"王婆卖瓜，自卖自夸"。对此也持否定倾向。

接着，毛泽东袒露了个人的气质和个性：

晋朝人阮籍反对刘邦，他从洛阳走到成皋，叹道：世无英雄，遂使竖子成名。鲁迅也曾对于他的杂文说过同样的话。我跟鲁迅的心是相通的。我喜欢他那样坦率。他说，解剖自己，往往严于解剖别人。在跌了几交之后，我亦往往如此。可是同志们往往不信。我是自信而又有些不自信。我少年时曾经说过：自信人生二百年，会当水击三千里。可见神气十足了。但又不很自信，总觉得山中无老虎，猴子称大王，我就变成这样的大王了。但也不是折中主义，在我身上有些虎气，是为主，也有些猴气，是为次。我曾举了后汉人李固写给黄琼信中的几句话：峣峣者易折，皦皦者易污。阳春白雪，和者盖寡。盛名之下，其实难副。这后两句，正是指我。我曾在政治局常委会上读过这几句。人贵有自知之明。(《建国以来毛泽东文稿》第12册，中央文献出版社1998年1月版，第71—72页）

本节受本书主题所限，还是重点讨论毛泽东身上的虎气与猴气问题。

毛泽东在信中提到的"虎气"和"猴气"，其内涵到底指的是什么？毛泽东自己没有具体解释，我们来看时贤的评论：

"虎气"和"猴气"是原则性与灵活性。多年在毛泽东身边工作的学习秘书林克说：我理解"虎气"，就是原则性，类似儒家的浩然之气和法家崇高的目标、坚定的意志、是非鲜明的态度、凛然大义的精神、不屈不挠的斗争和豪壮的献身精神。只要他认定是正确的目标，就执着追求，至死不悔……对他攻击得愈厉害，则他越坚持他认为的真理。逆境、挫折、困难和挑战只能激起他更大的热情、更顽强的意志去奋斗。毛泽东讲到的"猴气"，就是灵活性，则与道家、老庄的超凡脱俗，浪漫洒脱，无拘无束，适意自得颇有相通之处。我理解他所说的"猴气"，包含着不满现状，要求变革；不守成规，喜欢变动；独立思考，不愿盲从；不讲排场、不摆架子，而且洒脱不羁。总之，就是破除迷信，解放思想，敢想、敢说、敢干。(《我所知道的毛泽东——林克谈话录》，中央文献出版社2000年2月版，第31—32页）

"虎气"和"猴气"是指其文化性格上的选择。研究毛泽东资深专家陈晋说，我们当然可以从这两种动物的属性特征上来揣摩。譬如，老虎，使我们想到威风，凶猛，严酷，山中之王的权威、霸气；猴子，使我们想到机灵，好动，敏捷，超常的精明和应付各种环境的能力。毛泽东当然只是在打比喻，背后主要是指其文化性格上的选择。也就是说，他的虎气似乎大半来自法家，崇尚法、术、势，类似秦始皇那样的雄壮、严厉、庄重、豪放，有一股凛然不可侵犯的气概。那"猴气"，则多少源于道家，有老庄一般的超凡脱俗，即兴随意，浪漫、洒脱，不拘成规，在冲突中灵活多变，以退为进，示弱以胜强……(《毛泽东之魂》，中央文献出版社1997年9月版，第142页）

美国前总统尼克松这位"老外"在《领袖们》一书中写道："毛泽东在讲到自己的性格时说过，他一半是虎，一半是猴。无情的一面和狂热的理想主义的一面在他身上交替出现。他没有像周恩来那样把自己的各种性格特征融为一体，而是任其发展，把毛泽东本人推向各个不同的方向。"

有人还认为，毛泽东的个性也是一个充满矛盾的对立统一体。对于毛泽东多元化的个性，见过他的人有着多种描述：他既是一个通晓古今的学者，又像农民一样平易近人；十分幽默风趣，可又非常严肃认真；既坦率，又精明；既单纯，又复杂；既猛烈，又温和；既进取，又腼腆；极为敏感而又迟钝，谦恭而又高傲；细致周到，明察秋毫，可又衣着随便，不修边幅；具有成就大业的耐性，而一旦需要当机立断，又绝不坐失分秒……这样的个性气质，造就了毛泽东的独特风格。

真是仁者见仁，智者见智。抽象地看，上述议论都有道理。虽然拓展了这一命题的思维空间，但都在这一命题的思维向度之内。

要明确理解毛泽东无虎王猴、虎气猴气之喻的含义，还是要回到具体的语言环境中去。

从毛泽东长信上下文意来看，"虎气"和"猴气"还是比喻自己个性中的既自信又不自信的矛盾心理素质。毛泽东引用"山中无老虎，猴子称大王"的俗语，引证阮籍贬讽刘邦"世无英雄，遂使竖子成名"的成句，引证"盛名之下，其实难副"的名言，与虎主猴次之说在语义上是同构的。意在说明当中国没有像马克思、列宁那样的伟大革命家时，他才有机会显露才华，因而他不是当今世界什么最伟大的天才，只不过系列其后罢了。

毛泽东喜爱孙悟空这一形象。我们可以这样设想，他剖析自身"猴气"的时候，很有可能从孙悟空的性格中得到某种启示。如果把"虎气"理解为自信而不自负，把"猴气"理解为自谦而不自卑，把自己框定在"无虎王猴"的位置上，也许离毛泽东的本意不会相去太远。

多劳应当多得

(猪八戒之一)

> 毛主席……作譬喻说:"……猪八戒有许多缺点,但有一个优点,就是艰苦。臭柿胡同就是他拱开的。"
>
> 牛克伦:《熔炉》,《回忆毛主席》,人民文学出版社1977年9月版,第245—246页

　　猪八戒是《西游记》塑造得最为成功的人物之一。在中国古代神话小说中,进而在中国古代文学作品中,这是一个别具个性、不可多得,甚至是独一无二的人物形象。

　　猪八戒是西天取经集团中一个比较重要的角色。如果说孙大圣是主角的话,那么这个在许多方面与其相反相成的猪八戒,则是个不能没有的配角。取经路上,自从他在第十九回出场后,几乎每场劫难的克服,都离不开他。日常行路,他挑担负重;降魔除妖,他挥钯助阵;虽与悟空性格相反,对取经这一正义事业的目标却很一致。他又是众所周知的滑稽演员和喜剧形象,是取经集团的笑料和"笑星"。虽然不少地方令人可气可恼,可也在不少地方令人可爱可亲。他有着猪的外部特征:长嘴巴、大耳朵,身粗肚大,体态臃肿,行动蹒跚;有着猪的习性;贪吃好睡,懒惰自私。作为精灵,他有三十六般天罡变化和风来雨去腾云驾雾的神通,他的九齿钉钯重五千零四十八斤。作为人,他有偷懒、自私、说假话、办蠢事、耍手腕、进谗言等突出的缺点,更有憨直、纯朴、能干重活的优点。

　　毛泽东评价猪八戒,还是首先着眼其优点的。

有个优点就是艰苦

　　前文已经说过,毛泽东把猪八戒作为艰苦奋斗的典型。

　　那是1938年4月的一天,毛泽东在延安城外一个傍山的广场接见抗大

全校两千多人。毛泽东讲话指示大家努力学习和掌握"坚定正确的政治方向、艰苦朴素的工作作风、灵活机动的战略战术"。他还引用了中国古典小说《西游记》中的人物作譬喻，对这三条指示作了具体的阐述，其中说到猪八戒时，他说：

> 猪八戒有许多缺点，但有一个优点，就是艰苦。臭柿胡同就是他拱开的。（牛克伦：《熔炉》，《回忆毛主席》，人民文学出版社1977年9月版，第246页）

猪八戒虽然有许多缺点，但无疑是书中的正面人物，从总体看，他是被肯定的，本质上还是好的。他是唐僧取经集团中的重要成员，并且他的作用仅次于孙悟空而强于沙僧，是孙悟空的重要伙伴和助手。师徒四人的目标、行动和最终结局是一致的，八戒亦在其中，并不例外。在他身上也有不少优点：有纯朴、憨厚、善良、真实等品质。在对妖魔作战中，一般说来，还算勇敢。遇到复杂的战斗，悟空一人难胜任时，八戒立即出马相助，如"半山中八戒争先""八戒大战流沙河"等回所描写的。取经路上虽多有动摇的表现，但终于走完了全过程，并且越往后越有"进步"，终于胜利完成任务。在完成取经的大业中，他也立下不少汗马功劳。出战妖魔，同受苦难。他还有一把蛮力气，八戒是不惜力气的，可以说他把自己的能耐和力气都献给了"取经"。那副沉重的行李担的真正分量，只有八戒最清楚。他是取经队伍中的脚夫，挑行李的任务由他承担，一直挑到西天。他最主要的优点是艰苦奋斗，水下冰上的活儿，是他的拿手戏。能干些他师兄孙悟空不屑一顾的粗活、重活、脏活。如背死尸、埋人头、把三清的像推进粪坑等。路上遇到困难时，也能量力而行，有时还自告奋勇上前。尤为可贵的是，当他战败被俘（这是常有的事）后，总是表现出顽强坚韧的精神，宁可等死也不求饶，不屈服。

猪八戒艰苦奋斗最典型而且为取经队伍立下大功的例子，毛泽东举了"拱开八百里稀柿衕"，开辟了前进道路。小说第六十七回《拯救驼罗禅性稳　脱离秽污道心清》中写道：

> 老者道："和尚，你要西行，却是去不得啊。此处乃小西天。若到大西天，路途甚远。且休道前去艰难，只这个地方，已是难过。"三藏问："怎么难过？"老者用手指道："我这庄村西去三十余里，

有一条稀柿衕，山名七绝。……我这敝处地阔人稀，那深山亘古无人走到。每年家熟烂柿子落在路上，将一条夹石衕，尽皆填满；又被雨露雪霜，经霉过夏，作成一路污秽。这方人家，俗呼为稀屎衕。但刮西风，有一股秽气，就是淘东圊也不似这般恶臭。如今正值春深，东南风大作，所以还不闻见也。"……（唐僧师徒）不时到了七绝山稀柿衕口。三藏闻得那般恶秽气，又见路道填塞，道："悟空，似此怎生过得？"行者捂着鼻子道："这个却难也。"三藏见行者说难，便就眼中垂泪。李老儿与众上前道："老爷勿得心焦。我等送到此处，都已约定意思了。令高徒与我们降了妖精，除了一庄祸害，我们各办虔心，另开一条好路，送老爷过去。"行者笑道："你这老儿，俱言之欠当。你初然说这山径过有八百里，你等又不是大禹的神兵，那里会开山凿路！若要我师父过去，还得我们着力，你们都成不得。"三藏下马，道："悟空，怎生着力么！"行者笑道："眼下就要过山，却也是难；若说再开条路，却又难也。须是还从旧胡同过去。只恐无人管饭。"李老儿道："长老说那里话！凭你四位担搁多少时，我等俱养得起，怎么说无人管饭！"行者道："既如此，你们去弄得两石米的干饭，再做些蒸饼馍馍来。等我那长嘴和尚吃饱了，变了大猪，拱开旧路，我师父骑在马上，我等扶持着，管情过去了。"八戒闻言，道："哥哥，你们都要图个干净，怎么独教老猪受臭？"三藏道："悟能，你果有本事拱开衕，领我过山，注你这场头功。"八戒笑道："师父在上，列位施主们都在此，休笑话。我老猪本来有三十六般变化。若说变轻巧华丽飞腾之物，委实不能；若说变山，变树，变石块，变土墩，变赖象、科猪、水牛、骆驼，真个全会。只是身体变得大，肚肠越发大。须是吃得饱了，才好干事。"众人道："有东西！有东西！我们都带得有干粮、果品、烧饼、馂馏在此。原要开山相送的。且都拿出来，凭你受用。待变化了，行动之时，我们再着人回去做饭送来。"八戒满心欢喜，脱了皂直裰，丢了九齿钯，对众道："休笑话，看老猪干这场臭功。"好呆子，捻着诀，摇身一变，果然变做一个大猪。……孙行者见八戒变得如此，即命那些相送人等，快将干粮等物堆攒一处，叫八戒受用。那呆子不分生熟，一捞食之，却上前拱路。行者叫沙僧脱了脚，好生挑担，请师父稳坐雕鞍。他也脱了鞡鞋，吩咐众人回去："若有情，快早送些饭来与我师弟接力。"那些人有七八百相送随行，多一半有骡马的，飞星回庄做饭；还有三百人步行的，立于山下遥望他行。原来此庄至山，有三十余里：待回取饭来，又三十余里，往回担搁，约有百里之遥；他师徒们已此去得远了。众人不舍，催趱骡马，进衚衕，连夜赶至，次日方才赶上。叫道："取经的老爷，慢行！慢行！我等送饭来也！"长老闻言，谢之不尽，道："真是善信之人！"叫八戒住了，再吃些饭食壮神。那呆子拱了两日，正在饥饿之际。那许多人何止有七八石饭食。他也不论米饭、面饭，收积来一涝用之。饱餐一顿，却又上前拱路。

经过猪八戒几天的埋头苦干，拱开污秽，"千年稀柿今朝净，七绝衚衕此日开。"猪八戒拱开稀柿衕，建立不朽臭功勋（是悟空干不了的），猪八戒"逢山开路，遇水搭桥"的功劳不可一笔抹杀。西行路上，九九八十一难，每每都是猴子打头阵，唯独过稀柿衕，首功要归猪悟能。毛泽东举这个例子，自有它的分量在。

成就任何事业，西天取经也罢，现实的抗日战争也罢，都需要一种奋斗精神，都需要"艰苦朴素的工作作风"。而这种精神和作风，毛泽东认为慵懒拙笨的猪八戒却可以当之，呆子岂不幸甚！

多劳应当多得

《绘图增像西游记》（光绪辛卯上海广百宋斋校印）第十八回《观音院唐僧脱难　高老庄行者降魔》有这样一段：

> 高老道："我老拙不幸不曾有子，止生三个女儿。止有小的想要招个养老女婿，不期三年前有一个汉子，模样儿倒也精致，他说是福陵山上人家，姓猪，愿与人家做个女婿，我老拙就招了他，一进门时倒也勤谨，谁知他会变嘴脸。"行者道："怎样变？"高老道："初来时是一条黑胖汉，后来就变作一个长嘴、大耳朵的呆子，脑后又有一溜鬃毛，就像个猪的模样。食肠却又甚大，喜得还吃斋素，若再吃荤酒，老拙这些家业田产之类，不上半年，就吃个罄净。"三藏道："只因他做得，所以吃得。"高老道："吃还是小事，他如今又会弄风，云来雾去，走石飞沙，唬得我一家并邻舍俱不得安生。又把那小女关在后宅子里，半年也不得见面，更不知死活如何。

因此知他是个妖怪，要请个法师退他。"

大约20世纪50年代末、60年代初，毛泽东读此书此处，批注道：

> 只因做得多，所以分配应当多，多劳应当多得。反过来，只因吃得多，所以才有可能做得多。生产转化为消费，消费转化为生产。(《毛泽东读文史古籍批语集》，中央文献出版社1993年11月版，第73页)

据毛泽东的图书管理员徐中远介绍，在《绘图增像西游记》中，与这段批注相关的还有这样两段话：

> 猪八戒对假妻子说："我得到了你家，虽是吃了些茶饭，却也不曾白吃你的：我也曾替你家扫地通沟，搬砖运瓦，筑土打墙；耕田耙地，种麦插秧，创家立业……"（第十八回）孙悟空对高老说："你这老儿不知分限。那怪也曾对我说，他虽然食肠大，吃了你家些茶饭，也与你干了许多好事。这几年挣了许多家货，皆是他之力量。他不曾白吃了你东西，问你祛他怎样的。据他说，他是一个天神下界，替你把家做活，又未曾害了你家女儿。想这等一个女婿，也门当户对，不怎么坏了家声，辱了行止。当真的留他也罢。"（第十九回）这两段话，毛泽东在阅读的时候，还都用铅笔一一画上了道道。

作者吴承恩是把猪八戒作为能做多劳的形象来塑造的。比如第二十三回，猪八戒就曾这么和变成妇人的菩萨说：

> 娘，你上复令爱……我虽然人物丑，勤紧有些功。若言千顷地，不用使牛耕。只消一顿耙，布种及时生。没雨能求雨，无风会唤风。房舍若嫌矮，起上二三层。地下不扫扫一扫，阴沟不通通一通。家长里短诸般事，踢天弄井我皆能。

这一点不假，他在高老庄当姑爷时便是如此。好劳动是可以引为骄傲和自豪的。高老丈人也这样评价过猪八戒："一进门时，倒也勤谨：耕田耙地，不用牛具；收割田禾，不用刀杖。昏去明来，其实也好。"看来，作者把八戒明确写成了善于劳动的农民形象。就连他使的兵器也是九齿钉耙，很像个农具。孙悟空、银角大王、通天河的妖精也都曾说八戒是"筑地种菜"的。如第十九回，孙行者问道："你这耙可是与高老家做园工筑地种菜的？有何好处怕你！"猪八戒体现了劳动人民、个体生产者勤劳、朴实、善良的特点。

猪八戒多做多劳，所以他的见识也有为孙悟空、唐僧与沙和尚所不及的地方，因为他从实际生产斗争中积累了经验。小说第三十九回，文殊菩萨的坐骑青毛狮子变作唐僧一般模样，两个手搀手立在金銮殿前，弄得孙悟空的火眼金睛也难分真假。猪八戒笑道："哥啊，说我呆，你比我又呆哩！师父既不认得，何劳费力？你且忍些头疼，叫我师父念念那话儿，我与沙僧各搀一个听着。若不会念的，必是妖怪，有何难也？"这主意虽馊，却最管用。小说第四十七回，路阻通天河，不知河水深浅，又是猪八戒出了个好主意，说是"寻一个鹅卵石，抛在当中。若是溅起水泡来，是浅；若是骨都都沉下有声，是深"。农民主要是靠经历经验认识世界，猪八戒是个勤劳农民的典型。老高家的土地到他手里却成了生财之道，因为他会耕田耙地，种麦插秧。

高老在唐僧师徒面前嫌其女婿吃得多，唐僧为徒弟八戒说情，说"他做得多，所以吃得多"。讲佛学的唐僧不经意讲了经济学的原理，涉及劳动与分配、生产与消费的内容，这引起了毛泽东的关注。这应该说是小说中很普通的一段描写，然而它却引发了毛泽东的深思，信手写出这样一段富有哲理的批语。这与毛泽东当时对社会主义建设中经济政策，尤其是分配政策的关注和思考有关。

在这段批语中，毛泽东明确主张"多劳应当多得"。按劳分配，多劳多得，不劳动者不得食，这一社会主义的分配原则，在50年代后期和60年代初期，在我国城乡各地几乎是家喻户晓，人人皆知。可是对于这一符合实际，深受全国人民拥护的社会主义分配原则，在50年代后期，却一时受到了"左"的思想的严重干扰和破坏，在人民公社内部不实行按劳分配，而搞平均分配；背离社会主义初级阶段的实际情况，盲目向共产主义过渡，极大地挫伤了广大农民的生产积极性，造成了农业生产的大幅度下降。

为此，1958年11月，中共中央先后在河南的郑州和湖北的武昌召开了会议，开始着手纠正这种错误倾向。

同年11月28日至12月10日，中共中央又召开了八届六中全会，毛泽东在会上着重批评了企图过早地否定按劳分配原则的错误倾向。

1959年2月,在第二次郑州会议上,毛泽东在讲话中再次严肃批评企图超越社会主义阶段而实行平均分配的错误倾向,进一步强调了必须实行"按劳分配"的社会主义的分配原则。

1959年2月27日,毛泽东读河北省委的文件《刘子厚同志传达省委关于当前整社若干问题的意见》,其中讲到"分配问题"时说:"分配问题要贯彻按劳分配原则,这是调动群众生产积极性的基本关键。分配原则是在生产有差别的基础上,分配有所不同。"毛泽东批示:"此件很好,可作参考。注意看'第三,分配问题'。"

直到1962年扩大的中央工作会议期间,在刘少奇代表中央所作的工作报告稿上,毛泽东又一次写道:"按劳分配和等价交换这样两个原则,是建设社会主义阶段不能不严格遵守的马克思列宁主义的两个基本原则。"这里,毛泽东把按劳分配和价值规律提到社会主义阶段不能不严格遵守的"马克思列宁主义的两个基本原则"的高度要人们加以重视。正因为当时社会上有人主张实行平均分配,违背按劳分配;也正因为这种超越社会主义阶段的主张和"左"的思想的影响在社会实际中已经造成了严重的后果,所以毛

猪八戒

泽东果断地进行了批评和纠正。

由于毛泽东及时发现并采取切实的措施，才使这种"左"的思想和错误倾向得以纠正。

在这段不长的批语中，毛泽东还谈到生产与消费的辩证关系，即二者的互相转化。猪八戒的生产，即"耕田耙地，种麦插秧"，典型的小农经济生产力；猪八戒的消费，只是"吃斋素"，不过大肚能吃罢了，其实也只是消费了生存必需的生活资料。高家也就是勉强自给自足的小农经济，怕猪八戒把"家产"吃个"罄净"。毛泽东则不同意这个保守观念，主张"吃得多"才有可能"做得多"，因为消费能转化为生产，能促进生产。

由猪八戒的"吃得多"和"做得多"，毛泽东妙趣横生通俗易懂地讲了生产、消费、劳动、分配的经济学原理。他确实把书读活了，把理讲透了，把学问做到家了。

必要的清规戒律

毛泽东还曾以猪八戒为例，说明清规戒律和波浪式发展的必要性和重要性。他在谈到合作社时说：

> 合作社发展要一波未平、一波又起地一波一波地前进，两波之间有一伏，两山之间有一谷。领导要看风使舵，随机应变，情况不好，立即刹车。在适当时机压缩人们的脑子，在膨胀起来的时候是必要的。有人说是不是要忧虑，要有清规戒律。当然好，必要的忧虑，必要的清规戒律都是要的。猪八戒还有三规五戒，必要的间歇，必要的暂停，必要的刹车、关闸都是要的。（王兴国：《毛泽东与佛教》，中国书籍出版社1996年1月版，第224页）

《西游记》第十九回写孙悟空降伏了猪刚鬣，带他去见师父：

> 悟能道："师父，我受了菩萨戒行，断了五荤三厌，在我丈人家里持斋把素，更不曾动荤；今日见了师父，我开了斋吧！"三藏道："不可！不可！你既是不吃五荤三厌，我再与你起个别名，唤为八戒。"

自此，悟能又叫作猪八戒。那么"八戒"是什么意思呢？戒，作为三学（戒、定、慧）之一，是指佛教为出家和在家的信徒制定的戒规，借以防非止恶，从是作善。它既是僧人的生活纪律，也是僧人的道行。戒按其内容分为止持戒和作持戒两大类。所谓止持戒，"止"，指防止、止息，意思是防非止恶的各种戒，如五戒、八戒、十戒和具足戒等。所谓作持戒，"作"，修习善行，意即奉持一切善行的戒，如十二犍度等。二者分别止恶作善，相辅相成。戒和律常常连用，称为戒律。

相传释迦牟尼创立佛教时，认为在世俗社会中要实践八正道（正见、正思维、正语、正业、正命、正精进、正念、正定，指八种合乎正确的成佛途径）是困难的，他要求人们出家修行，进入僧团生活。僧团要有一定的组织原则，没有私有财产，有相对充分的民主和平等，后来逐渐形成了僧侣日常生活的行为准则。适应这种生活的需要，释迦牟尼亲自制定了戒律。佛教的戒学是通过对信徒的思想、言论和行为进行约束，从而形成合乎佛教要求的思维定式、言说定式和行为定式，进而达到合乎佛教善恶道德标准的心理定式，塑造独特的理想人格和超俗形象。

何谓八戒呢？据《佛教小辞典》介绍，八戒指的是佛门八条戒法。《中阿含经》（卷五十五）、《俱舍论》（卷十四）等佛学经典记载，八戒分别为：①不杀生，②不偷盗，③不淫欲，④不妄语，⑤不饮酒，⑥不眠坐高广华丽之床，⑦不装饰打扮及观听歌舞，⑧不食非时之食（正午过后不吃饭）。前七为戒，后一为斋，全称"八关斋戒"。此外，佛教还有五戒、十戒、具足戒。所谓五戒，就是在"八戒"之上去掉后三戒。所谓十戒，就是将"八戒"之中的第七戒拆为两戒，另加上不蓄金银财宝一戒。五戒是在家修行的佛教徒终身应遵守的，也就是在家居士的专门戒律。八戒虽比五戒更严；但它不像五戒那样终身受持，而是临时奉行，多则几天、几周，少则一昼夜。它也是为在家居士制定的，目的是使他们体验一下僧侣的禁欲生活。

猪八戒作为一个食与色的象征，遵守佛教的"八戒"是很不自觉的。唐僧明知这个徒弟定是个不合格的出家人，于是在一开始就给他另取了一个法名，唤作"八戒"，意思是时刻提醒他要严格律己，遵奉佛教戒律。

相对来说，猪八戒所受的八戒要宽松多了。可是对于自由散漫逛荡惯了的天蓬元帅来说，仍然是够为难的了。自从皈依佛门，他有遵从佛教戒律的地方，如第一戒"不杀生"他就未犯过。不杀生即不杀人，不杀牲畜和一切有情之命。或许有人会问，猪八戒不是杀了许多小妖怪吗？但佛教认为妖怪不是有情之生命，妖怪害众生，杀妖是救众生。在前面的引文中，我们提到猪八戒受了菩萨戒行,勉强做到了"持斋把素,不动荤厌",说明他还是能够遵守一些佛门戒规的。但更多的时候,更多的情况下,猪八戒尘心未泯,经常触犯佛教戒律。他在五庄观偷吃人参果;贪恋女色,一会儿想娶黎山老母、观音和文殊、普贤所变的母女四人,一会儿又变成鲇鱼,与盘丝洞化作美女的蜘蛛精同浴濯垢泉,只在人家"那腿裆里乱钻";外出化斋却偷懒睡大觉,谎称化不到,还调唆唐僧惩处悟空;只要有酒,照饮不误;偏爱打扮,搽香粉,抹胭脂,头插鲜花,扭捏做作;凡遇闺房绣户,常羡慕女儿家的绣床,摸一摸,坐一坐,躺一躺都是好的;无论何时何地,他得吃且吃,从不守时;而且吃了分内的,还想吃分外的,是天下第一大馋嘴……这些事实证明,猪八戒对不偷窃、不淫欲、不妄语、不饮酒、不眠坐高广华丽之床、不装饰打扮、不食非时之食等规矩,都或多或少,有意无意地违犯了,是个很不规矩,不甚合格的和尚。所以,唐僧规定他实行八戒,看来有一定针对性。

不过话又说回来,猪八戒虽然经常犯戒,却是躲躲闪闪,遮遮掩掩,并非明目张胆,肆无忌惮的,而他一路挑担并助悟空铲除妖魔,也算得勤勤恳恳,忠贞不贰,主流和大节是好的,因此对于他的犯戒行为,佛祖也便能够容忍了。否则,焉能让他成正果?读者对他也是原

观音院唐僧脱难　高老庄大圣降魔

谅了。否则,人们不会如此喜欢这个角色。

对于佛教的戒律思想,毛泽东在青年时代是接受的。1920年,他母亲去世,在那篇哀婉动人的《祭母文》中称:

爱力所及,原本真诚。不作诳言,不存欺心。(《毛泽东早期文稿》湖南出版社1990年7月版,第410页)

佛教戒律中有"不妄语"一条,不论是"五戒""八戒""十戒"中,都有这一条。它要求人们行为诚实,讲真话,而不要虚伪,欺骗。对不了解的事情,不得乱讲,要做到句句实言,诚实待人,也不要挑起是非,不能刻薄谩骂他人。祭文所说的,"不作诳言,不存欺心",正是对"不妄语"的具体阐述。

毛泽东为什么强调"猪八戒还有三规五戒"呢? 20世纪50年代,是合作社大发展时期。合作社的发展状况是波浪式的,有快有慢,有急有缓,有高峰有低谷。像佛教徒的修炼需要清规戒律约束自己一样,合作社的发展也要符合事物的运动规律,不能任意膨胀,有时开快车,有时要刹车,波浪前进,起伏发展。合作社发展方面必要的清规戒律,就是必要的间歇、暂停、刹车和关闸。毛泽东深懂事物的辩证法,恰到好处地指导社会主义建设。猪八戒有戒律,革命者有纪律,合作化运动有规律。持戒律,能修成正果;守纪律,能创造业绩;遵规律,成就事业则稳操胜券。

西天取经成功时,猪八戒修成正果的水平不算太高,被佛祖封为"净坛使者",比之孙悟空的"斗战胜佛"略逊一筹。老猪自己也不甚满意,难免发些牢骚。可他毕竟是这支不大队伍的重要成员,全面看还是个中坚分子,尽管步履蹒跚,但还是有始有终走完全程,历险克难,阵阵参战,功劳苦劳辛劳,都有此人一份。毛泽东从他身上,还是发现不少亮点和闪光之处。猪八戒的艰苦奋斗,猪八戒的多劳勤做,猪八戒的清规戒律……大有借鉴之处,足以激励今人,感动来者。猪八戒身上也有宝贵的精神财富。

长征路上的"猪八戒"

(猪八戒之二)

"唐僧西天取经,谁最坚定?唐僧。谁最动摇?猪八戒。"接着,毛泽东谈到长征路上的张国焘,不无感慨地说:"他就是长征路上的猪八戒!"

陈贵斌:《掌握历史趋势的伟人》,辽宁人民出版社1992年版,第426页

或许有人会说,西行路上有猪八戒,长征路上哪有猪八戒。猪八戒是谁?且慢,长征路上确有"猪八戒",此人就是张国焘。

1935年,长征途中于懋功会师后的中国工农红军红一、红四方面军的总兵力达十万人左右。这时,川西北的敌军兵力薄弱,红军在战略上处于极为有利的地位。这正是北上东进的良机。同时,由于日本帝国主义向华北发动新的进攻,使中日民族矛盾进一步激化,民族革命高潮正在到来。鉴于这种有利形势,中共中央、毛泽东主张继续北上,建立川陕根据地,以促进抗日民主运动的新高潮。可是,张国焘反对中央北上的正确方针,提出了西进青海或南下川康的退却逃跑的错误主张。

为了统一战略方针,克服张国焘的错误,6月26日,中共中央在四川懋功两河口召开了政治局会议。参加会议的委员有毛泽东、周恩来、朱德、张闻天、秦邦宪、张国焘,此外中委陈昌浩,候补中委徐向前等列席会议。会议主题为两军会师后的行动方向问题。会上毛泽东正确地分析了当时国内的政治形势,认为整个中国革命形势正在高涨发展。主张红军继续北上,到陕甘边区建立革命根据地,以便领导全国的抗日运动。但是,担任红四方面军领导职务的张国焘,却坚持异议,态度傲慢,极力反对毛泽东的意见。张国焘被国民党军队的围追截堵吓破了胆,认为"长征已经失败",对中国革命的前途悲观失望,反对北上抗日的政治路线,不愿意到陕北去,主张红军向川、康、藏边界少数民族地区退却。

中央要北上抗日，张国焘要南下退却，斗争越来越尖锐。张国焘与其支持者不顾敌兵压境，提出"中央的政治路线是错误的"，要重新改组中央，以张国焘为总书记，拒不执行中央的决议。张国焘甚至派兵威胁中央和红一方面军的安全，而且在中央红军脱离危险地带北上抗日后，张国焘的分裂活动更加猖獗，发展到极端严重的地步，1935年10月初，他在卓木碉另立"中央"，12月5日给中共中央打电报狂妄宣称："甲、此间用中央、中共中央、中央政府、中央军委、总司令部名义对外发表文件；乙、你们应称北方局，陕甘政府和北路军，不得冒用党中央名义；丙、一、四方面军已取消；丁、你们应将北方局、北路军和政权组织报来，以便批准。"

鉴于张国焘另立中央的反党行为，1936年1月22日，中共中央政治局作出《关于张国焘成立第二"中央"的决定》，责令张国焘立即取消伪中央，放弃反党立场，停止一切反党活动。在这个过程中，朱德总司令、刘伯承总参谋长等旗帜鲜明地同张国焘进行了坚决的斗争。率领红二方面军的任弼时、贺龙，弄清了张国焘分裂中央和分裂红军的罪恶活动后，坚定地和朱德站在党中央、毛泽东一边，坚决反对张国焘的右倾分裂主义。

由于张国焘右倾分裂主义的危害，红四方面军自1935年9月南下后，屡遭挫折，部队损失严重，由八万人减少到四万人。徐向前提出到甘孜、炉霍地区休整，准备北上，与中央红军会合。这一主张得到朱德的大力支持，张国焘也不得不表示同意。于1936年2月间撤离天全、芦山和宝兴地区，向西康东北部转移，退却到西康的甘孜一带。

由于朱德、任弼时、贺龙、刘伯承、关向应、徐向前等人和红二、红四方面军的广大指战员坚决维护中央正确路线，抵制张国焘分裂错误，纷纷要求北上与中央会合，也由于从莫斯科回国的张浩代表共产国际来电督促，张国焘的分裂阴谋完全失败，被迫取消了伪中央，并带领部队北上。1936年10月中旬，红军三大主力红一、红二、红四方面军在战胜了张国焘的分裂阴谋后于陕北会宁胜利会师。

1937年3月27日至30日，中共中央在延安召开政治局扩大会议，批评张国焘的错误，同时作出《关于张国焘错误的决定》。中共中央给张国焘留有充分的改正错误的机会，分配他担任陕甘宁边区政府副主席职务。

1938年，何基沣从西安来到延安。一天晚上，毛泽东请他看戏，其中有一出戏是演唐僧西天取经的。戏开演了，毛泽东对何基沣（电影《佩剑将军》即依据此人史事创作）说：

"唐僧西天取经,谁最坚定?唐僧。谁最动摇?猪八戒。"接着,毛泽东谈到长征路上的张国焘,不无感慨地说:"他就是长征路上的猪八戒!"(陈贵斌:《掌握历史趋势的伟人》,辽宁人民出版社1992年版,第426页)

1938年4月4日,张国焘假意去中部县祭黄帝陵。祭陵后,张国焘抛下司机和警卫班,一头钻进国民党祭陵代表蒋鼎文的汽车里,从此投入了国民党的怀抱。

4月18日,中共中央作出《关于开除张国焘党籍的决定》。

"长征路上的'猪八戒'"!毛泽东借用《西游记》里猪八戒的形象批判张国焘,可谓一语中的,一针见血。西行路上,猪八戒闹"散伙";长征路上,张国焘闹分裂。

猪八戒对取经事业缺乏坚定性。在取经四人中,他最不坚定,一遇困难便打退堂鼓,讲泄气话,嚷嚷散伙。好说"往高老庄,看看我浑家"。

猪八戒在参加取经队伍之前,有着入赘高老庄的经历。作为高家的女婿,他的全部生活内容和人生目标就是所谓的"十亩地,一头牛,老婆孩子热炕头"。不得已做了取经和尚之后,他就失去了人生理想和目标,暴露出诸多的性格缺陷,对取经事业了然无趣,时常偷懒,动不动就要离队开小差,是取经队伍中不合格的成员。他念念不舍高老庄,强烈的恋土情结使他成为意志薄弱、经常动摇的分离分子。

他刚刚当和尚参加取经队伍,就另有一番"还俗"的打算:

上复丈母、大姨、二姨并姨夫、姑舅诸亲:我今日去做和尚了,不及面辞,休怪。丈人啊,你还好生看待我浑家,只怕我们取不成经时,好来还俗,照旧与你做女婿过活。行者喝道:"夯货!却莫胡说!"八戒道:"哥呵,不是胡说,只恐一时间有些儿差池,却不是和尚误了做,老婆误了娶,两下里都耽搁了?"(第十九回)

每到形势险恶时,猪八戒就分行李闹散伙。

如在宝象国,孙悟空被唐僧赶走了,沙僧被黄袍怪擒着绑在波月洞,唐僧被黄袍怪变成老虎关在铁笼里,白龙马和黄袍怪交战受伤。猪八戒不想法救援,却要挑行李回高老庄,回炉重做高家的女婿。经白龙马一再劝说,他虽答应去请孙悟空,但仍说:"他若不来,你却也不要望我,我也不来了。"

又如在狮驼山，狮怪一口把孙悟空吞入肚中，唐僧知道了哭倒在地。猪八戒不劝解师父，却说："沙和尚，你拿行李来，我两个分了罢。分开了，各人散伙，你往流沙河，还去吃人；我往高老庄，看我的浑家，将白马卖了，与师父买个寿器送终。"

第五十七回，唐僧把打死草寇的孙悟空赶走后，山行口渴，猪八戒到南山涧下去取水，久去不来，沙僧去接他。六耳猕猴变作孙悟空模样，跳出来把唐僧打昏死过去，抢走了行李担。他二人回来见唐僧已死，沙僧哭起来，猪八戒却说："且休哭，如今事已到此，取经之事且莫说了。你看着师父尸灵，等我把马骑到那个府州县村店集卖几两银子，买口棺材，把师父埋了，我两人各寻道路散伙。"

还有在镇海寺、在陷空山无底洞，遇到阻碍，陷入困境，猪八戒都曾想散伙回到高老庄，回到他那魂牵梦萦的土地。这些都是对取经这一神圣事业的动摇。

所以，毛泽东批他"最动摇"！

所以，毛泽东斥责张国焘是"长征路上的猪八戒"！

可这里有一点要分辨：

猪八戒虽然意志动摇，嚷嚷散伙，可在孙悟空、小白龙等人的帮助下，终于没有离开取经集团，在克服"八十一难"中出了力气，经受了锻炼，坚持到取经胜利，修成正果。

这一点比张国焘可是强多了。张国焘闹完分裂闹叛变，堕落成人所不齿的变节分子。终于被"长征队伍"淘汰出局。

有时，比喻可以把复杂、艰深的问题简洁明了地回答出来。

如何评价长征路上的张国焘是个复杂的政治问题。

毛泽东拉出唐僧取经路上的故事，提问谁坚定谁动摇？自问自答，结论天成。真乃大政治家的谈吐风度。

一辈子是个自由主义者

（猪八戒之三）

> 猪八戒一辈子都是自由的，有点修正主义，动不动就想退党，不过那个党不是一个大党，是第二国际，应该退党。
>
> 陈晋：《毛泽东之魂》，中央文献出版社1997年9月版，第153页

"猪八戒有许多缺点。"1938年4月，毛泽东就这样对抗大学员说过。

《西游记》中的猪八戒，作为西天取经集团战斗队伍的重要成员，身上赤裸裸地暴露出不少毛病，且不说他的身躯粗劣，思想闭塞，语言迟钝，手足不灵，给人印象更深的是他的自私、好色、嫉妒、懒惰，有时还进点谗言，搞点小动作。猪八戒虽然是天蓬元帅（上苍高级军官）转劫之身，其实在他身上更多的是小农形象的投影。在吴承恩的笔下，他是凡夫俗子，是落后农民，概括的更多的是小农生产者身上的缺点与弱点，甚至是小私有者的缺点和弱点，这个形象是农业社会的精灵。

猪八戒身上的优长，使他成为取经队伍的战斗力量和前进力量；他身上的缺点与弱点，则使他成为这支远征西天小团体的内耗因素和惰性因素。当毛泽东将唐僧师徒团体视为一个"党"时，他则从政党建设和政治倾向的角度来分析猪八戒缺点和弱点的路线倾向和政治内涵，由此产生的结论也是十分新奇的。

1958年4月6日，毛泽东在武汉召开中央工作会议。他说：

> 孙行者无法无天，大家为什么不学？猴子反教条主义，戴了紧箍儿，就剩了一半了。猪八戒一辈子都是自由的，有点修正主义，动不动就想退党，不过那个党不是一个大党，是第二国际，应该退党。唐僧是伯恩斯坦。（陈锋、王翰：《毛泽东瞩目的文人骚客》，长江文艺出版社2000年5月版，第318—319页）

在《西游记》里，猪八戒作为剃度出家、皈依佛教者，他那些令人可笑、可怜乃至可恨的习性和毛病，至多使人感到他不是虔诚的佛教徒，缺乏宗教追求，缺少理想抱负，对粗俗的世俗生活无比眷恋，集中反映了自给自足的个体小生产者的性情和劣根性，象征了愚昧和落后。但毛泽东以一种调侃的口吻，对他进行的是政治解析和政治批判。自由主义（尤其政治上的自由主义）和修正主义都是革命队伍中的机会主义倾向。当然，猪八戒的自由主义是"一辈子"的痼疾，而修正主义则是"有点"而已。

毛泽东曾经在理论上系统地批判过自由主义。那是1937年9月7日，他撰写了著名的《反对自由主义》一文。在指出自由主义与开展积极的党内思想斗争是对立的作风后，他列举了自由主义的各种表现。毛泽东一共列举了十一种，笔者下面引出的几种与小说中猪八戒的表现很"贴近"：

> 不负责任的背后批评，不是积极地向组织建议。当面不说，背后乱说；开会不说，会后乱说。心目中没有集体生活的原则，只有自由放任。这是第二种。

> 不是为了团结，为了进步，为了把事情弄好，向不正确的意见斗争和争论，而是个人攻击，闹意见，泄私愤，图报复。这是第五种。

> 办事不认真，无一定计划，无一定方向，敷衍了事，得过且过，做一天和尚撞一天钟。这是第九种。

毛泽东这样谈到自由主义的阶级根源和思想根源：

> 自由主义的来源，在于小资产阶级的自私自利性，以个人利益放在第一位，革命利益放在第二位，因此产生思想上、政治上、组织上的自由主义。

如果避开生搬硬套之嫌，我们知道，神话中的猪八戒也没有摆脱热衷于在高老庄耕田耙地的农村小资产者的身份，而他小生产者的自私自利性尤为突出，这不能不说是他一辈子自由主义的根源。

一辈子自由主义的猪八戒还"有点"修正主义的味道，因为这"两个主义"有密切的联系。毛泽东这样判断自由主义的性质：

自由主义是机会主义的一种表现,是和马克思主义根本冲突的。它是消极的东西,客观上起着援助敌人的作用,因此敌人是欢迎我们内部保存自由主义的。

机会主义后来叫修正主义,本质上是一个意思。猪八戒的"修正主义"是古时候的,根本谈不到对马克思主义的歪曲、篡改和修正。他身上自由主义乃至修正主义的具体表现,毛泽东举的内容是"退党",也就是他经常嚷嚷的"散伙"。我们不妨学毛泽东的办法,也列举几种表现。

表现之一,是猪八戒对取经事业缺乏坚定性,经常想要"退党",主张"散伙"。在取经四人中,猪八戒最不坚定,一遇困难便嚷嚷要散伙。他刚刚参加取经队伍,就另有一番打算:

上复丈母、大姨、二姨并姨夫、姑舅诸亲:我今日去做和尚了,不及面辞,休怪。丈人啊,你还好生看待我浑家,只怕我们取不成经时,好来还俗,照旧与你做女婿过活。行者喝道:"夯货!却莫胡说!"八戒道:"哥呵,不是胡说,只恐一时间有些儿差池,却不是和尚误了做,老婆误了娶,两下里都耽搁了?"(第十九回)

在取经途中,一碰到困难,他就打退堂鼓,讲泄气话,动不动就要"散伙","往高老庄,看看我浑家"。猪八戒在参加取经之前,有着入赘高老庄的经历。作为高家的女婿,他的全部生活内容和目标就是所谓的"十亩地,一头牛,老婆孩子热炕头"。不得已做了取经者后,他就失去了理想和人生目标,暴露出诸多的性格缺陷,对取经事业了然无趣,时常偷懒,动不动就说散伙的话,是取经队伍中不合格的和尚。在取经途中,他念念不舍高老庄,强烈的恋土情结使他成为意志薄弱、经常动摇的分离分子。

跟唐僧取经后,每到形势险恶时,他就分行李闹散伙。如在宝象国,孙悟空被唐僧赶走了,沙僧被黄袍怪擒着绑在波月洞,唐僧被黄袍怪变成老虎关在铁笼里,白龙马和黄袍怪交战受伤,猪八戒不想法救援,却要挑行李回高老庄,回炉重做高家的女婿。经白龙马一再劝说,他虽答应去请孙悟空,但仍说:"他若不来,你却也不要望我,我也不来了。"

又如在狮驼山,狮怪一口把孙悟空吞入肚中,唐僧知道了哭倒在地。他不劝解师父,却说:"沙和尚,你拿行李来,我两个分了罢。分开了,各人散伙,你往流沙河,还去吃人;我往高老庄,看我的浑家,将白马卖了,与师父买个寿器送终。"

第五十七回,唐僧把打死草寇的孙悟空赶走后,山行口渴,猪八戒到南山涧下去取水,久去不来,沙僧去接他。六耳猕猴变作孙悟空模样,跳出来把唐僧打昏死过去,抢走了行李担。他二人回来见唐僧已死,沙僧哭起来,猪八戒却说:"且休哭,如今事已到此,取经之事且莫说了。你看着师父尸灵,等我把马骑到那个府州县村店集卖几两银子,买口棺材,把师父埋了,我两人各寻道路散伙。"还有在镇海寺、在陷空山无底洞,遇到阻碍陷入困境,他都曾想散伙回到高老庄,回到他那魂牵梦萦的土地。这些都是对取经这一神圣事业的动摇。

表现之二,是猪八戒好进谗言,以蒙蔽软耳朵的唐僧。猪八戒暗恼孙悟空捉弄他,更恼孙悟空常常阻止和嘲笑他贪恋女色。他为了"算计报恨行者",常用谗言挑使唐僧念紧箍儿咒。第二十七回"尸魔三戏唐三藏"时,孙悟空火眼金睛,识出了白骨精变的少女、老妇、老翁,把它打死,现出白骨原形除了害。猪八戒却挑拨说:孙悟空发了疯,半日里打死三个人。并硬说悟空使遮眼法欺骗师父,挑唆唐僧大念紧箍儿咒,使孙悟空疼痛难忍,最后还被赶走。第三十八回,猪八戒从井中捞出乌鸡国王的尸体,怪猴子捉弄了他。为了报复,要"撺唆师父,只说他医得活;医不活,教师父念紧箍儿咒,把这猴子的脑浆勒出来,方趁我心"!唐僧"是一头水的",果然念得孙悟空"头痛难禁"。呆子笑得打跌道:"哥耶!哥耶!你只晓得捉弄我,不晓得我也捉弄你捉弄!"猪八戒对孙悟空有些忌妒,可又惹不起这位神勇的猴子大师兄,便搬弄是非,经常在唐僧面前说悟空的坏话,连妖怪也知道"那个猪八戒尖着嘴,有些会说老婆舌头"。八戒爱进谗言,偏偏唐僧耳朵根子软,轻易便听信八戒。结果是悟空受到巨大痛苦,取经事业也大受挫折。

表现之三,是临阵逃脱,害怕困难,又贪吃贪睡,十分懒惰。他打不过妖精,往往拖耙就跑,不管别人死活。在驼罗庄,妖精来了,飞沙走石,他"战战兢兢,伏之于地,把嘴拱开土,埋在地下,却如钉了钉一般。"(第六十七回)他好偷懒,在平顶山时,孙悟空派他去巡山,心里老大不高兴,又不敢不去,一面走,一面咕哝:

你罢软的老和尚,捉掐的弼马温,面弱的沙和尚!他都在那里自在,捉弄我老猪来跑路!大家取经,都要望成正果,偏是教我来巡甚么山！哈！哈！哈！晓得有妖怪，躲着些儿走。还不彀一半，却教我去寻他，这等晦气哩！我往那里睡觉去。睡一觉回去，含含糊糊的答应他，只说是巡了山，就了其账也。（第三十二回）

他贪嘴，见了食物就口角流涎，常为先吃后吃、吃多吃少争嘴。他的食量大得惊人，吃起来如风卷残云，也不品尝味道。在寇员外家用斋，猪八戒看到那"般般甜美，件件馨香"的丰盛饭菜，便一口一碗，大吃起来。七八个僮仆，四五个庖丁，"上汤的上汤，添饭的添饭"，往来奔波，像流星赶月一般，场面大乱，宾客礼让变成了猪八戒贪吃美食的"闹剧"。临行时猪八戒还"把那馒头、卷子、饼儿、烧果，没好没歹的，满满的笼了两袖"。（第九十六回）八戒为吃，曾被师父唐僧骂为"槽里吃食，胃里擦痒的畜生"。猪八戒贪吃贪睡，养成了懒惰的坏习惯。让他去化斋，他瞌睡连天，想道"我若就回去，对老和尚说没处化斋，他也不信我走了这许多路。须是再多晃个时辰，才好回话"，于是把头拱在草里就睡下；要他去巡山，他一路唠唠叨叨，十分不情愿，心里盘算："睡一觉回去，含含糊糊地答应他，只说是巡了山，就了其账也。"钻到草里呼呼大睡。当被行者变的啄木鸟啄醒睡不成后，却又编造谎话回来骗唐僧。总之，不论干什么事，他能推则推，不能推则敷衍了事，极不负责任。

表现之四，是自私自利，好占小便宜。第三十八回，为救屈死三年的乌鸡国王，孙悟空要八戒下井去捞国王的尸首，骗八戒说是偷宝贝。八戒道："这个买卖，我也去得……我也与你讲个明白：偷了宝贝，降了妖精，我却不耐烦甚么小家罕气的分宝贝，我就要了。"行者问："你要作甚？"八戒道："若到那无济无生处，可好换斋吃么？"猪八戒作为一个清贫的行脚僧，本该是个"四大皆空"的和尚，可笑的是他还千方百计攒"私房"钱。到狮驼洞时，八戒与二魔交战，被捉去捆了四肢丢在池塘里浸着，半浮半沉。孙悟空去救他，因曾听沙僧说"他攒了些私房"，想试他一试。于是装作"勾司人"向他索取"盘缠"，如果没有"盘缠"，就"索了去！跟着我走！"八戒慌了道：

"长官不要索。我晓得你这绳儿叫做'追命绳'，索上就要断气。有！有！有——有便有些儿，只是不多。"行者道："在哪里！快拿出来！"八戒道："可怜，可怜，我自做了和尚，到如今，有些善信的人家斋僧，见我食肠大，衬钱比他们略多些儿，我拿了攒在这里，零零碎碎有五钱银子；因不好收拾，前者到城中，央了个银匠煎成一处，他又没天理，偷了我几分，只得四钱六分一块儿。你拿了去吧。"行者暗笑道："这呆子裤子也没得穿，却藏在何处？……咄！你银子在哪里？"八戒道："在我左耳朵眼里塞着哩。我捆了拿不得，你自家拿了去罢。"（第七十六回）

这虽是孙悟空对猪八戒恶作剧的戏弄，却揭示了八戒的小农意识与狭隘自私心理。

猪八戒的爱贪小便宜也是十分突出的。一事当前，他总是先想到自己。一次妖怪按图点名捉拿他们，他只为自己许愿："城隍，没我便也罢。"至于念到唐僧和孙悟空的名字，他都不管。但有便宜处，他又总是抢在前面：那次孙悟空与红孩儿作战，眼看孙悟空就要取胜，他想如果真的"一铁棒打倒，就没了我的功劳"，于是他马上抖擞精神，前去助战；在朱紫国，孙悟空抓来一个妖精，他先是怨道："嗳！不打紧的买卖！早知老猪去拿来，却不算我一功？"说未毕，他跑上去就筑了妖怪一耙，道："此是老猪之功！"并和悟空争辩道："莫赖我！我有证见！你不看一耙筑了九个眼子哩！"有时，猪八戒的爱占小便宜还给取经活动带来麻烦。一次，他在一所空房子里发现三件纳锦的背心就想穿了去，唐僧提醒他，公取窃取皆为盗，"出家人不要这等爱小"。他却振振有词地说："四顾无人，虽鸡犬亦不知之，但只我们知道，谁人告我？有何证见？就如拾到的一般，那里论什么公取窃取也！"结果，那背心穿在身上，立刻变成绳索把他捆绑住了。原来，背心是妖魔抓人的诱饵和手段，或许就是惩罚爱占小便宜之人的。

表现之五是吹牛说谎，诅咒骂人。如唐僧师徒过宝象国时，国王问："那一位善于降妖？"此时孙悟空已被逐回花果山，想必一升为唐僧的大弟子就忘了自己姓猪吧，猪八戒竟端出那老孙派头吹牛说："自从东土来此，第一会降妖的是我。"可当他与黄袍怪战斗八九个回合，钉耙难举，气力不加时，却自作聪明地说："沙僧，你且上前来与他斗着，让老猪出恭来。"

然后一头钻进蒿草薛萝里，再也不敢露面，结果使沙和尚被黄袍怪捉进了碗子山波月洞。

猪八戒的编谎虽然很拙劣，但说谎却毫不脸红。如第三十二回，孙悟空撮弄猪八戒去巡山。猪八戒编了个谎，并朝着一块大青石演习道：

我这回去，见了师父，若问有妖怪，就说有妖怪。他问甚么山——我若说是泥捏的,土做的,锡打的,铜铸的,面蒸的,纸糊的,笔画的,他们见说我呆哩,若讲这话,一发说呆了;我只说是石头山。他问甚么洞,也只说是石头洞。他问甚么门,却说是钉钉的铁叶门。他问里边有多远,只说入内有三层。——十分再搜寻,问门上钉子多少,只说老猪心忙记不真。此间编造停当,哄那弼马温去。

呆子自谓谎话编得万无一失,却不期孙悟空变作个蟭蟟虫,钉在他耳朵后面,听得一清二楚。先回去向唐僧、沙僧揭了他的老底儿。

面对孙悟空的促狭,猪八戒求得心理平衡的办法之一就是诅咒骂人。如第四十六回,孙悟空与羊力大仙赌下油锅洗澡,想作弄猪八戒捆一捆,看他害怕不害怕,便淬在油锅底上,变作个枣核钉儿。国王以为孙悟空死了,便拿猪八戒下油锅。呆子捆在地上,气呼呼地说:"闯祸的泼猴子,无知的弼马温!该死的泼猴子,油烹的弼马温!猴儿了账,马温断根!"骂弼马温"无知",当然也就意味着他自己的高明,认为压根儿就不该打这个赌,油锅是下得的嘛!

上述五点,给猪八戒的自由主义画了个像。回头我们再来看毛泽东对自由主义的理论分析,会觉得古代的自由主义与现代的自由主义有似曾相似之处,原因在于两个时代的自由主义都产生于"小资产阶级的自私自利性"。猪八戒的"不负责任的背后批评","闹意气,泄私愤,图报复"的"个人攻击","办事不认真……敷衍了事,得过且过",都是典型的自由主义表现。至于他的时不时嚷嚷"散伙",遇到强敌临阵脱逃,搞小动作挑起内部纠纷造成取经力量内耗,说成是右倾机会主义或者修正主义,也不算冤枉。笔者以为,毛泽东说猪八戒"有点修正主义",并不表现为猪八戒对佛教教义的篡改、歪曲和修

魔弄寒风飘大雪　圣僧拜佛履层冰

正，猪八戒没有这个理论水平；只是表现为猪八戒在行动上没有宗教追求，观念骨子里并没有入佛，正如今天所说的"组织上入党，而思想上没有入党"一样，因此时不时与取经事业产生离心倾向和反动行为，难免不涣散西天取经集团的意志，不影响降魔除妖的战斗力。

另一方面，猪八戒也不是不可救药者。自由主义，他是"一辈子"都有，也就是一贯的老毛病；而修正主义，他只是"有点"，不甚严重，不甚一贯，可以改造。从本质上说，猪八戒并不是妖魔鬼怪，不是"阶级敌人"，他还是取经队伍的重要成员，还是"革命同志"。

诚然，每遇到重大的困难，猪八戒就嚷嚷"散伙"，然而，这也始终只表现为一种意念，一种无可奈何的情绪，或出于以为唐僧必死，或出于以为孙悟空已亡，或出于以为唐僧已和妖精成亲，取经之事已成泡影，又由于秉性的质朴和憨直，以及思维方法的极度务实，便脱口而出罢了，实际上他的取经意志并没有根本动摇，也就是说他的"散伙"和"退党"并没有造成事实。

对于佛教教义，他只是执行得不认真，有些方面也是做到了。比如他虽然是个贪吃的人，但是自从观音菩萨让他"领命归真，持斋把素，断绝了五荤三厌，专候那取经人"，纵然在高老庄"倒插门"时亦从未开斋。可见，他的皈依佛门和西天取经还是比较诚心诚意的，只是某些积习一时难改而已。

猪八戒的佛教立场还是满坚定的，即使被妖魔俘虏也从不投降。被妖魔捉去，吊他也好，浸他也好，要蒸他也好，要煮他也好，从不倒旗。只要唐僧和孙悟空二人无恙，他就不会有散伙的念头。小说第四十回，孙悟空因唐僧总不听劝说，又被圣婴大王红孩儿劫去，不禁说了句意懒心灰的话："兄弟们，我等自此就该散了。"他接口便说："正是，趁早散了，各寻头路，多少是好。那西天路无穷无尽，几时能得到！"可沙和尚却认为不该"各寻头路"，那会"坏了自己的德行，惹人耻笑"的。孙悟空问："八戒，你端的要怎的处？"他说："我才自失口乱说了几句，其实也不该散。哥哥，没及奈何，还信沙弟之言，去寻那妖怪救师父去。"可见到了真正紧要关头，他还是能坚定立场的。

说猪八戒有自由主义和修正主义倾向，也只是一种比喻，一种象征，一种对神话故事寓意的现代解读。如果谁真的以为今天的自由主义就是取经队伍里自由主义的翻版，那么猪八戒"呆子"的头衔就该转戴到谁的头上。当然，毛泽东1958年4月批评猪八戒的自由主义与修正主义，还是有现实所指的。

他强调"学习马列主义要破除迷信,不要以为只有外国人才能学好"的思想,提倡孙猴子的反对教条主义,批判猪八戒的自由主义。其实教条主义与自由主义都是对马列主义的修正,二者都是不足取的。毛泽东只是借助猪八戒、孙猴子等神话小说人物形象,把严肃的政治话题说得十分诙谐罢了。

猪八戒那个通天河

（猪八戒之四）

> 毛泽东笑起来，幽默地说："你们的雄心不小啊！通天河那个地方猪八戒去过，他掉进去了。"
>
> 林一山、杨马林：《功盖大禹》，中央党校出版社1993年11月版，第66页

猪八戒掉进通天河的故事，在《西游记》第四十八回《魔弄寒风飘大雪 圣僧拜佛履层冰》里有细致精彩的描写。书中说唐僧师徒西天取经，来到通天河边，但见这八百里通天河非常壮观：

洋洋光浸月，浩浩影浮天。
灵派吞华岳，长流贯百川。
千层汹浪滚，万叠峻波颠。
岸口无渔火，沙头有鹭眠。
茫然浑似海，一望更无边。

通天河河神原是修行一千三百余年的得道老鼋。不想被观音菩萨莲花池中偷跑出来的金鱼占了府第，号称灵感大王。这灵感大王兴妖作怪，好吃童男童女，弄得岸边陈家庄百姓栖栖惶惶。

孙悟空等人听了陈家庄庄主的哭诉，决心为百姓灭妖除灾，几番较量，几番苦斗，猪八戒的钉耙甚至把灵感大王的鱼鳞耙掉。灵感大王逃回水府，采用鳜婆的计谋，八月飞起大雪，一夜间令八百里通天河全部结冰封冻。

唐僧急于西行，见河面封冻可行，便带领徒弟来到河岸，欲踏冰过河——

八戒跳下马来："你们且休讲闲口，等老猪试看有多少厚薄。"
行者道："呆子，前夜试水，能去抛石；如今冰冻重漫，怎生试得？"

八戒道："师兄不知。等我举钉耙筑他一下。假若筑破，就是冰薄，且不敢行；若筑不动，便是冰厚，如何不行？"三藏道："正是，说得有理。"那呆子撩衣拽步，走上河边，双手举耙，尽力一筑，只听扑的一声，筑了九个白迹，手也振得生疼。呆子笑道："去得！去得！连底都锢住了。"三藏闻言，十分欢喜。……八戒将草包裹马足，然后踏冰而行。别陈老离河边，行有三四里远近，八戒把九环锡杖递与唐僧道："师父，你横此在马上。"行者道："这呆子奸诈！锡杖原是你挑的，如何又叫师父拿着？"八戒道："你不曾走过冰凌，不晓得；凡是冰冻之上，必有凌眼；倘或踏着凌眼，脱将下去，若没横担之物，骨都的落水，就如一个大锅盖盖住，如何钻得上来！须是如此架住方可。"行者暗笑道："这呆子倒是个积年走冰的！"果然都依了他。长老横担着锡杖，行者横担着铁棒，沙僧横担着降妖宝杖，八戒肩挑着行李，腰横着钉耙，师徒们放心前进。这一直行到天晚，吃了些干粮，却又不敢久停，对着星月光华，映的冰冻上亮灼灼、白茫茫，只情奔走，果然是马不停蹄。师徒们莫能合眼，走了一夜。天明又吃些干粮，望西又进。

正行时，只听得冰底下扑喇喇一声响亮，险些儿唬倒了白马。三藏大惊道："徒

通天河

弟啊！怎么这般响亮？"八戒道："这河忒也冻得结实，地凌响了。或者这半中间连底通锢住了也。"三藏闻言，又惊又喜，策马前进，趱行不题。

却说那妖邪自从回归水府，引众精在于冰下。等候多时，只听得马蹄响处，他在底下弄个神通，滑喇的迸开冰冻，慌得孙大圣跳上空中。早把那白马落于水内，三个尽皆脱下。那妖邪将三藏捉住，引群精径回水府……八戒、沙僧，在水里捞着行囊，放在白马身上驮了。分开水路，涌浪翻波，负水而出。只见行者在半空中看见，问道："师父何在？"八戒道："师父姓'陈'，名'到底'了。如今没处找寻，且上岸再作区处。"原来八戒本是天蓬元帅临凡，他当年掌管天河八万水兵大众；沙和尚是流沙河内出身；白马本是西海龙孙：故此能知水性。

冰层碎裂，猪八戒掉进了通天河里。其实，除了孙悟空外，其他人也纷纷落水。可唐僧师徒的通天河之难，留给毛泽东印象最深的是猪八戒掉进了通天河里，在言谈话语中，好说"猪八戒的那个通天河"。也许，是因为在与灵感大王的斗智斗勇中，猪八戒十分活跃，多次显示了农民式的聪明才智。吴承恩在细节描写中，给猪八戒"出镜"的机会较多，使"呆子"大出风头。

毛泽东提到通天河，就首先联想到猪八戒。

1952年10月下旬，毛泽东乘专列视察黄河。10月26日，毛泽东视察了山东济南黄河岸畔洛口镇西边的黄河大堤。10月28日，毛泽东登江苏徐州南郊的云龙山，站在山顶眺望了东方明清时期的黄河故道。10月30日毛泽东所乘专列向开封行驶。

在车上吃过中午饭，毛泽东没有休息，继续询问黄河的有关情况。

黄河水利委员会主任王化云首先向毛泽东汇报了引黄灌溉洛卫工程：解放前，黄河下游大堤上没有闸，这是一个首创的工程，现在灌溉土地四十万亩，还可送一部分水进入卫河，增加新乡到天津的航运用水。

接着，他向毛泽东汇报治黄的规划设想：拟在黄河的上中下游兴建一系列的水利水电工程，根除水害，开发水利，使黄河为社会主义建设做出贡献。

王化云特别讲道："将来黄河水不够用，需要从长江流域引水入黄河，我们的勘察队行走万里，到青海勘察黄河源头的情况，河源的水量、地形已弄清楚，勘察队还到长江上游的通天河，测量那里的水量、地形情况，准备将来从通天河引长江水入黄河,以补给西北、华北水源的不足。"

南水北调? 毛泽东眼睛一亮,南方水多得成灾,北方干旱得冒烟,若把南方水引向北方,岂不是两全其美,好! 这个主意好! 毛泽东笑起来,幽默地说:

> 你们的雄心不小啊! 通天河那个地方猪八戒去过,他掉进去了。(林一山、杨马林:《功盖大禹》,中央党校出版社1993年11月版,第66页)

大家笑了起来。

毛泽东接着说:"南方水多,北方水少,如有可能,调一些是可以的,能多调些更好。"

南水北调,从通天河引长江水入黄河,毛泽东提到"猪八戒去过"那里,并"掉进去"了;讲自己有志于骑马游黄河、长江,过昆仑山到"猪八戒的那个通天河"。在这里,不能说毛泽东有什么不寻常的用意,有什么"微言大义",但也不能不承认,毛泽东顺手拈来猪八戒通天河的故事,作为自己的语言作料,使他的谈话像一碗鲜汤那样有滋有味。把"通天河"说成是"猪八戒的",似乎那里是猪八戒的老家,是猪八戒的发祥地,是猪八戒的管辖区。这种语境,这种谈话氛围,给听众的印象无疑是深刻难忘的,是易于引起共鸣的。

猪八戒吃蜜桃
（猪八戒之五）

> 深州大蜜桃，独生一根苗。遇上朱（猪）八戒，吃了。
>
> 孙雷、孙宝义：《毛泽东衍名艺术》，辽宁人民出版社1996年8月版，第81—82页

《西游记》里，对猪八戒贪吃有多次描写，也制造了不少笑料。吴承恩这样写也不是没有用意的。他用这种细节突出猪八戒的性格特征。

人们常把能吃贪吃的"大肚汉"称为猪八戒，善意地调侃他们。

毛泽东也开这样的玩笑。不过玩笑中，少却了讥讽，增添了幽默。

20世纪50年代，战友文工团去中南海执行任务，毛泽东和小演员们跳舞，总是边跳边问她们的工作、学习情况，问叫什么名字，家在哪里，工作学习怎么样，等等。毛泽东的记忆力特强，一两次就记住了。王君苗是河北深县人，独生女，在团里她和朱之刚住在一个屋，朱之刚皮肤黑些，王君苗皮肤白些，毛泽东就叫王君苗"白丫头"，叫朱之刚"黑丫头"。毛泽东知道深州蜜桃很出名，就随口编了一首打油诗：

深州大蜜桃，独生一根苗。

遇上朱（猪）八戒，吃了。

（孙雷、孙宝义：《毛泽东衍名艺术》，辽宁人民出版社1996年8月版，第81—82页）

大家听了毛泽东的打油诗，乐不可支，毛泽东自己也笑了。

猪八戒以"贪吃"著称，"贪吃"是他重要的性格特征。差不多只要有他出现，就少不了他贪吃的场面。为了大饱口福，他连贪睡和偷懒都能舍弃，也不畏劳苦艰辛，甚至不怕丢人现眼。轻者遭孙悟空戏弄，重者受妖怪们

欺骗。在朱紫国，孙悟空说要请他吃好东西，他一听这话，禁不住口中流涎，喉咙里咕咕地咽唾，兴高采烈地跟随孙悟空上街，结果差一点被当差的抓了去（第一百回）。类似这种情况真是不胜枚举。

唐僧虽然平日对猪八戒多有偏袒，却也因他太贪恋食物，不管取经之事，骂他是"槽里吃食，胃里擦痒的畜生"（第九十六回）。有趣的是，到取回真经、修成正果之日，如来因他"口壮身慵，食肠宽大"，封其为净坛使者，也就是给了他尽情尽兴、合理合法享受各种供品的权利。不管这种嘉奖之中是否带有讽刺意味，也算圆了他一个梦吧。

猪八戒贪吃，最精彩的故事是吃人参果。小说第二十四回写道：

行者放开衣兜道："兄弟，你看这个是甚的东西？"沙僧见了道："是人参果。"行者道："好啊！你倒认得。你曾在那里吃过的？"沙僧道："小弟虽不曾吃，但旧时做卷帘大将，扶持鸾舆赴蟠桃宴，尝见海外诸仙将此果与王母上寿。见便曾见，却不曾吃。哥哥，可与我些儿尝尝？"行者道："不消讲，兄弟们一家一个。"他三人将三个果各各受用。

那八戒食肠大，口又大，一则是听见童子吃时，便觉馋虫拱动，却才见了果子，拿过来，张开口，毂辘的囫囵咽下肚，却白着眼胡赖，向行者、沙僧道："你两个吃的是甚么？"沙僧道："人参果。"八戒道："甚么味道？"行者道："悟净，不要睬他！你倒先吃了，又来问谁？"八戒道："哥哥，吃的忙了些，不像你们细嚼细咽，尝出些滋味。我也不知有核无核，就吞下去了。哥啊，为人为彻；你已经调动我这馋虫，再去弄个儿来，老猪细细的吃吃。"行者道："兄弟，你好不知止足！这个东西，比不得那米面食，撞着尽饱。像这一万年只得结三十个，我们吃他这一个，也是大有缘法，不等小可。罢罢罢！毂了！"

猪八戒吃人参果，囫囵一吞，不知滋味，成为典故。《西游记》批点者张书绅批云："好吃。有此一吃，天上少有，世间绝无，所以千古至今，传为美谈。""凡读书而不求解者大率类此。"

毛泽东"猪八戒吃蜜桃"的打油诗，大概是从猪八戒吃人参果中化出来的。"深州大蜜桃"，深县即古时候的深州，这说的是王君苗的家乡和特产；"独生一根苗"，借用"白丫头"名字中有"苗"字，并点出是"独生女"；"遇上朱（猪）八戒"，是借用谐音把"黑丫头"朱之刚与猪八戒联系起来；"吃了"，是说朱之刚吃了王君苗家乡的大蜜桃。

真是妙语天成，妙趣横生，谁听了都会乐不可支，忍俊不禁。笑过之后，细细咀嚼，大有滋味。哲人说过，智慧超越了实际需要，就会产生幽默。没有超迈的文化素质，没有丰富的文学修养，是不会随口编出这样打油诗的，也是开不出这样高雅玩笑的。从文学欣赏和名著解读的角度来说，"猪八戒吃蜜桃"没有什么高层次的价值，但从实际生活作用来说，也就是从运用名著于新的生活来说，你不能不承认它有一定价值。领袖毛泽东正是借助文学形象所形成的和谐氛围，拉近了他与普通群众的关系。使他除了有伟人的一面之外，还有凡人的一面。而这对毛泽东来说，也许是更重要的。

沙和尚是不是你的本家？

> 毛泽东见到了沙千里，风趣地问："沙僧，你好；沙僧，你好！沙和尚是不是你的本家？"
>
> 孙雷、孙宝义：《毛泽东衍名艺术》，辽宁人民出版社1996年8月版，第149—150页

《西游记》写沙僧笔墨较少，他的"戏份"不多，又没有什么突出的特点，所以不像孙悟空、猪八戒那样引人注目。毛泽东解读《西游记》，提到沙僧的次数也很少。据笔者所见文献，目前仅此一次，而且是在不经意的情况下提到的。

那是20世纪60年代的一次国庆观礼会上，毛泽东见到了沙千里，风趣地问：

沙僧，你好；沙僧，你好！沙和尚是不是你的本家"（孙雷、孙宝义：《毛泽东衍名艺术》，辽宁人民出版社1996年8月版，第149页）

毛泽东称沙千里是"沙僧"，应该说只是国庆观礼会上见面风趣地打招呼，但是巧得很，毛泽东的这个比喻十分恰当，因为沙千里正是像沙僧这样一个"革命的苦行僧"。

早在抗日战争初期，沙千里就为组织救国会御敌抗侮而身陷囹圄，与沈钧儒等爱国志士同称"七君子"。

解放前，沙千里因工作需要，常斡旋于国统区上层人士之间，他挂着"大律师"的牌子，却衣着简单，烟酒不沾，更避忌一切荒唐事，他说："我是个革命的苦行主义者。当时我这样做，为的是防微杜渐。稍一放松，便可能同流合污啊！"

解放后，他历任副部长、部长、全国政协副主席等职，可生活还是那样简朴，每餐一荤一素一汤，衣服破了，缝缝补补再穿。每月工资，除日常开销外，还要接济生活比较困难的亲友；家里那台电视机，是九英寸黑白的。他很想买台录音机，因为嫌贵，终于未买。很多访问他的人都说他家寒碜，不像个"部长的家"。他却说："旧社会我是穷律师，现在生活够好了，我就喜欢这样子。"

毛泽东戏称沙千里为"沙僧"，是对他为富国强民而两袖清风身无长物的崇高品格的生动写照和评价。

在西天取经师徒中，沙僧是虔诚至极的宗教徒，是任劳任怨的苦行僧。他原是天宫灵霄宝殿的卷帘大将，只因蟠桃会上失手打碎玻璃盏这个小小过失而被贬流沙河。小说第八回，观音菩萨为他摩顶受戒，指沙为姓，皈依佛门。在取经路上，他是唐僧的忠诚徒弟，孙行者的得力助手，猪八戒的手足兄弟。是打妖精的战将，又是取经队伍的内勤，拉着白龙马，驮着唐僧，一直走到西天。

他是位默默耕耘行重于言的苦行僧。在取经队伍里，如果说唐僧代表着目标，悟空代表着前冲力，八戒代表着离心力的话，那么沙和尚无疑是一股向心力，他表现出高度的集体团队精神，起到了一种协调的作用。成了唐僧的贴身侍卫，这一职守是心高气傲的孙悟

沙僧

空所不屑干的,是憨直愚笨的猪八戒所干不了的,只有沙和尚其人堪称材得其用。沙僧唯法是求,六根清净,尘缘断绝,既无散伙之念,又无乡关之思,心无旁骛,勤作笃行,宁静淡泊,矢志西行。他既不为名,又不为利,心无二念,忠于厥职,但求正果西天。

猪八戒自加入取经队伍后,常嚷散伙,要分行李,回高老庄陪媳妇去,确实起到了动摇人心、离散队伍的不良作用。沙和尚则不是这样,自打加入取经队伍起,就没有丝毫动摇,吃苦耐劳,忍辱负重,沉默少言,不发任何牢骚,服从安排,听命师尊,名利不污其志,美色不动其心,妖魔未乱其神。

《西游记》第二十三回"四圣试禅心",黎山老母、观音菩萨、普贤菩萨、文殊菩萨化为一母三女,以色试四众。在美色、金钱、富贵的诱惑下,沙僧坐怀不乱,古井无波。当唐僧问他是否愿留下,承继偌大家业,成为别人东床快婿时,沙僧断然拒绝,说出了掷地有声的话:

你看师父说的话。弟子蒙菩萨劝化,受了戒行,等候师父;自蒙师父收了我,跟着师父还不上两月,更不曾得半分功果,怎敢图此富贵!宁死也要往西天去,决不干此欺心之事!

沙僧的表态斩钉截铁,话语中正气浩然,可谓富贵不淫的风范。

小说第四十回,圣婴大王作法将唐僧摄走,无踪无影,无处跟寻。孙悟空因师父不听劝告,认妖为善,气恼之极,加之师父遇难,又无法知其下落,便气上加气,说出了气话:"兄弟们,我等自此就该散了!"八戒一听,正合心思,也就随声附和:"正是,趁早散了,各寻头路,多少是好。那西天路上无穷无尽,几时能到得。'"此时的沙僧如稍有动摇,取经队伍定会立马分崩离析。他没有火上添油,在这关键时刻,起到了稳定军心凝聚弟兄的作用。当他听到两位师兄的话,马上反驳道:

师兄,你都说的那里话。我等因为前生有罪,感蒙观音菩萨劝化,与我们摩顶受戒,改换法名,皈依佛果,情愿保护唐僧上西方拜佛求经,将功折罪。今日到此,一旦俱休,说出这等寻头路的话来,可不违了菩萨的善果,坏了自己的德行,惹人耻笑,说我们有始无终也!

一席大义凛然的话，使孙悟空顿时回心转意，检讨了自己因心灰意懒说出的"散伙"之不是；八戒见此，也急忙认错。

取经集团一场解体的政治危机在沙僧坚定信念的感召下，就这样化解了。关键时候，沙僧以自己的坚定，团结集体，完成大业，一时之间起到了中流砥柱的作用。

说沙千里是沙和尚的"本家"，玩笑之中含有真诚的赞扬。妙喻惊人，妙语天成。

白龙马的无名英雄精神

> 他说：传说西天有条小白龙，本领不小，却甘心情愿地变成一匹白马，驮着唐僧跋山涉水，历尽千辛万苦，去西天取回了真经。可是后来很少有人提到它，白龙马这种不计名利，埋头苦干的无名英雄精神是非常高尚的。红军工兵应该学习白龙马精神，做红军的一匹白龙马，驮着革命走向胜利！
>
> 刘恩营：《从井冈山走进中南海——陈士榘老将军回忆毛泽东》，中共中央党校出版社1993年10月版，第320页

　　唐僧取经上西天，一般人们称其队伍为师徒四人。其实，应该说是师徒五人，白龙马也应该算是一人。有人也许会说，白龙马是马不是人。这忽略了他不仅是马还是龙，是西海小龙，是水神。白龙马会变化，而且能做人言，所以他具有人的属性。其实唐僧的徒弟如孙悟空、猪八戒都是有神、人、兽的三种属性，悟空是人又是猴，八戒是人又是猪，白龙马是人又是马。他们又都具备神魔的属性。不同的是，白龙马属性中以马为主、以人为辅罢了。白龙马有人的属性，就有人的精神世界。

　　1933年夏季，在蒋介石亲自指挥下，国民党军队对中央苏区发动了第五次"围剿"，红都瑞金成为敌机轰炸的主要目标。为了保证首脑机关的安全指挥，红军工兵第一次在瑞金为中央领导抢修防空工事。当时，毛泽东不仅参加了劳动，而且还针对一些战士不愿当工兵的思想，给大家讲了古典小说《西游记》中白龙马的故事。他说：

> 　　传说西天有条小白龙，本领不小，却甘心情愿地变成一匹白马，驮着唐僧跋山涉水，历尽千辛万苦，去西天取回了真经。可是后来很少有人提到它，白龙马这种不计名利，埋头苦干的无名英雄精神是非常高尚的。红军工兵应该学习白龙马精神，做红军的一

匹白龙马，驮着革命走向胜利！（刘恩营：《从井冈山走进中南海——陈士榘老将军回忆毛泽东》，中共中央党校出版社1993年10月版，第320页）

毛泽东寓意深长，对于工兵部队寄予很大希望。从此，白龙马的"无名英雄精神"便成为鼓舞工程兵战士奋勇前进的巨大动力，也是工程兵部队思想作风建设上的一个突出特点。

▎收服白龙马

白龙马的故事，见《西游记》第十五回《蛇盘山诸神暗佑　鹰愁涧意马收缰》。小说中观音菩萨介绍："这厮本是西海敖闰之子。他为纵火烧了殿上明珠，他父告他忤逆，天庭上犯了死罪，是我亲见玉帝，讨他下来，教他与唐僧做个脚力。"小说第一百回《径回东土　五圣成真》，如来说："汝本是西洋大海敖闰龙王之子。因汝违逆父命，犯了不孝之罪，幸得皈身皈法，皈我沙门，每日家亏你驮负圣僧来西，又亏你驮负圣经去东，亦有功者，加升汝职正果，为八部天龙。"

据小说第十五回描写：唐僧的坐骑白马原是唐太宗所赐，虽然浑身银白，高大膘壮，但却是个人间凡物。一见猛虎咆哮，长蛇盘绕，便腰软蹄弯，尿屎俱下，伏倒在地，打不起，牵不动。唐僧初收悟空为徒后，一日行至蛇盘山鹰愁涧，正当师徒勒马观看涧边风景之时，不期涧中钻出一条龙，将长老的白马连鞍辔一口吞下肚去，依然伏水潜踪。这下恼坏了孙悟空，几番打斗，小龙力怯变作一条水蛇逃遁，再不见踪影。气得七窍生烟的孙猴子吼来土地、山神，查清来历，请来观音菩萨收降。随后，小龙心甘情愿地让观音菩萨将其点化成白马。相比唐僧原来的坐骑，虽然一模一样，但这白马却是白龙马，已非人间凡物了。观音菩萨说："那东土来的凡马，怎历得这万水千山？怎到达那灵山佛地？须是得这个龙马，方才去得。"

果然，西行路上，这白龙马默默无言，登山越岭，跋涉崎岖，骑坐圣僧，驮回真经，充分发挥了龙马的功能，是取经队伍的好脚力。因而被佛祖如来称许取经有功，最后盘绕在灵山山门里擎天华表柱上，留形至今。

无言白龙马取经路上也并非一言未发，曾有两次言语。小说第三十回在宝象国。唐僧逐走悟空，却身遭黄袍怪所害，沙僧战败被擒，八戒怯阵未回，龙马便化龙解救，变作宫娥，试图寻机刺杀妖怪，无奈技不如人，战败受伤逃脱，依旧变作白马。这时八戒刚回，龙马口吐人言，诉说妖怪厉害，唐僧、沙僧被抓去，让八戒去请孙悟空：

> 小龙道："你趁早儿驾云回上花果山，请大师兄孙行者来。他还有降妖的大法力，管寻救了师父，也与你我报得这败阵之仇。"
>
> 小龙道："……他是个有仁有义的猴王。你见了他，且莫说师父有难，只说：'师父想你哩。'把他哄将来，到此处，见这样个情节，他必然不忿，断乎要与那妖精比拼，管情拿得那妖精，救得我师父。"

另一次是在小说第六十九回，地点是在朱紫国。孙悟空为医治朱紫国国王陈年旧疾，需龙马之尿入药。起初八戒去接，拳打脚踢，一滴未有。当悟空三人同去要尿时：

> 行者道："……要与本国之王治病哩。医得好时，大家光辉。不然，恐俱不得善离此地也。那马才叫声："等着。"你看他往前扑了一扑，往后蹲了一蹲，咬得那满口牙龇支支的响亮，仅努出几点儿，将身立起。

就马尿和的"乌金丹"治好了朱紫国国王的多年疾患，白龙马再次为西行取经立下了功劳。他的两次言语，前一番言语情真意切，鼓动猪八戒在危难关头请回孙悟空，拯救了师父唐僧，拯救了取经事业；后句话显示了龙马善良通脱、乐于助人的品格。

白龙马平日里默默无言，甘于奉献，关键时挺身而出，顾全大局，确有令人钦敬的高尚品格。毛泽东将其概括为"不计名利，埋头苦干的无名英雄精神"，确如其言。毛泽东号召"红军工兵学习白龙马精神"，就是让他们甘当驮着革命走向胜利的无名英雄，而红军工兵足以当之。

据"当代中国"丛书介绍，工兵部队是在革命战争中建立和发展起来的。八一南昌起义的部队中，就编有工兵分队。1930年10月，中国工农红军第一方面军建立了红军第一个工兵连。在长期的革命战争中，工兵部队不断发展壮大。到1949年9月，已有九个工兵团。1950年以后，为适应作战工程保障任务和国防工程建设的需要，工兵部队有较大发展，相继组建了十九个团。1953年9月，经中央军委批准，将全军工兵团按照工兵、舟桥、建筑三种专业加以区分。这样就更有利于工兵内部各种专业部队的建设。这是工兵在现代化建设者中迈出的重要一步。1953年8月后，作为兵种，改称工程兵。此后，工兵就专指工程兵编成内遂行野战工程保障任务的专业部（分）队。工程兵是遂行作战工程保障任务的专业兵种，是军队实施工程保障的技术骨干力量。工程兵包括工兵、舟桥、建筑、工程维护、伪装、野战给水工程等专业部（分）队。主要任务是实施工程侦察，构筑重要工事，修筑道路，架设桥梁，开设渡场，构筑、设置和排除障碍物，实施破坏作业，对重要目标实施伪装，构筑给水站等。在协同作战中，负责保障己方军队的隐蔽安全、指挥稳定和快速机动，阻滞敌机动，并可直接歼敌有生力量。中华人民共和国成立后，曾于1933年在中央苏区亲耳聆听毛泽东要求红军工兵学习白龙马精神的陈士榘将军首任工程兵司令员，他用当"无名英雄"的精神要求和建设这支部队，使其在完成战斗工程保障任务和国防工程建设中做出了巨大的贡献。

以白龙马喻工兵部队十分贴切。白龙马翻山越岭，踏泥蹚水，驮着唐僧到西天取来真经；人民军队的工兵，逢山开路，遇水搭桥，把革命驮向胜利，二者有着共同的精神状态：不计名利，默默奉献，甘当配角，幕后英雄。

白龙马的"无名英雄精神"具有更广泛的适用性。毛泽东还把它引导到整个革命队伍建设中来。抗日战争期间，1938年4月的一天，他在抗大第三期学员毕业式上作讲演，在提到唐僧、孙悟空和猪八戒的优点后，他特地提到《西游记》里这匹有名的白龙马，他说：

> 你们别小看了那匹小白龙马，它不图名，不为利，埋头苦干，把唐僧一直驮到西天，把经取了回来，这是一种朴素、踏实的作风，是值得我们取法的。（牛克伦：《熔炉》，《回忆毛主席》，人民文学

出版社1977年9月版，第246页）

白龙马不图名利，埋头苦干，体现了朴素踏实的作风。抗日战争是艰巨的民族救亡战争，对革命队伍的每个成员来说，就是要有这种优良的作风，否则，不可能完成驱逐倭寇、恢复中华的历史使命。有句古语："艰难困苦，玉汝于成。"埋头苦干，朴素踏实，才能成就伟业，实现宏图。毛泽东让抗大学员"取法"白龙马的作风，其本旨在此而不在彼。红军工兵也罢，抗大学员也罢，每个革命队伍的成员也罢，都需要"取法"白龙马的精神与作风。

释迦牟尼主张普度众生
（如来佛之一）

> 我们要将全中国都搞好，再把眼光放大，要把全世界都搞好。佛教的教义也有这个思想。佛教的创始人释迦牟尼是代表当时在印度受压迫的人讲话的。他主张普度众生，为了免除众生的痛苦，他不当王子，创立了佛教，因此，你们信佛教的人和我们共产党人合作，在为众生（即人民群众）解除受压迫的痛苦这一点上是有共同之处的。当然有许多不同之点。

《毛泽东西藏工作文选》，中央文献出版社、中国藏学出版社2001年5月版，第114页

　　唐僧师徒四人是到何处何人那里去取经？看过《西游记》的人皆可答曰：是到西天灵山如来佛那里去取经。

　　如来佛就是佛教创立者释迦牟尼被神化后的尊称。

　　《西游记》演绎的故事，其历史背景为唐朝初年，唐三藏是唐太宗时的高僧。

　　但是，一般的佛教史书上都记载佛祖生活于公元前六、五世纪之际，约与中国古代圣人孔夫子生活时代同期。唐太宗在位的时间是公元627—649年。就是说唐三藏西行取经之时，佛祖已经圆寂一千余年了。

　　在《西游记》里，唐僧历经九九八十一难，最终到达灵山，朝见佛祖，取得了真经。相隔千年的人共话佛理，这真有点"关公战秦琼"的味道。人们不能不佩服吴承恩构思大胆、想象奇谲。

　　《西游记》在许多地方把佛教史事演化为佛教神话，对佛祖释迦牟尼更是如此。

　　但有一点是确定无疑的，《西游记》中如来佛祖神话的本事，则恰恰是释迦牟尼的史事。没有释氏的创立教派和云游讲法，就不可能有千年后的唐三藏万里西行拼命求法，因而也不能产生脍炙人口的西游故事。

毛泽东从青年学子时代开始，就十分关注中外文化和东西方文化的代表人物。对宗教人物释迦牟尼、穆罕默德、耶稣、鸠摩罗什、唐玄奘、六祖慧能、鉴真和尚等兴趣颇浓，读他们的史传，钻研他们的学说，论他们的功过，史不绝书。尤其对佛祖释迦牟尼及其佛学经典，更是多有评议阐发。这对他在漫长的一生中解读《西游记》，评论神话小说人物如来佛祖，产生了既深且巨的影响。

"被压迫民族的人"

释迦牟尼，姓乔达摩，名悉达多。释迦，种族名；牟尼，也译"文"，尊称。释迦牟尼意即释迦族的"圣人"。相传他是古印度北部迦毗罗卫国（在今尼泊尔南部提罗拉科特附近）净饭王的太子，属刹帝利种姓。关于他的生卒年代，南传佛教和北传佛教说法不同。一说公元前565—前486年，约与中国孔子同时；一说公元前624—前544年。

两千五百多年前，靠近喜马拉雅山南麓茂密森林的迦毗罗卫国，是古印度城邦林立的部族国家中的一个人口不多的小国，国君净饭王是释迦族的一位族长。

悉达多从七岁起，在名师的教授下，系统地学习了语文学、工艺学、医药学、伦理学、宗教学和养生之法、祭祀祝词、咒术文献等当时印度最高的科学和哲学知识。十二岁之后，开始练习武术、骑马射箭、击剑等，样样精通，真可谓文武兼备、智勇双全。他父亲非常高兴，决定将来把王位传给他，希望他光宗耀祖，成为一个能够统一天下的"转轮王"。

悉达多在青少年时代就有很强的忧患意识，深感自己国家夹在强国之间，朝不保夕，处境险恶。他又亲眼看到社会现实的残酷无情，人们饥渴困乏、在烈日下耕田的种种苦难。这世间许多现象都促使他思索一个问题，即如何才能彻底摆脱人生的烦恼，进入永恒安乐的境界。而且他不满当时婆罗门的神权统治及其梵天创世说教。为寻求人生的真理，十九岁（一说二十九岁）时，他毅然出家修行，企图找到精神上获得解脱之道。经过一生的艰辛探索和不懈努力，终于创立了有别于古印度传统宗教即婆罗门教的佛教。

佛教产生于公元前6世纪至公元前5世纪的印度小邦迦毗罗卫国，有其历史的必然性。当时的印度社会处于奴隶制时代，印度的文明是从西北部逐渐向东移动的。到公元前6世纪前后，发展到了恒河流域的下游，建立了许多以城市为中心的国家，一般称之为十六大国。到释迦牟尼出生后，十六国中最强大的国家,是恒河南岸的摩揭陀、东北边的跋耆等国。

当时印度社会中,存在两类既有区别又有联系的矛盾:

一种是种族之间的政治矛盾。即作为统治者的雅利安族与被统治者土著居民之间的矛盾。雅利安人肤色白,土著居民肤色黑。建立迦毗罗卫国的释迦族的种姓来源不详,有人说不是雅利安种,是蒙古种,因此也是属于有色人

如来佛

种。这就决定了它必然要处于与雅利安人占统治地位的国家之压迫和矛盾之中。在十六大国中,没有迦毗罗卫国之名,显然它是个弱邦小国。据传迦毗罗卫国只有八万户,五十万人,政权是共和制。当时,释迦族处在以强凌弱、居大欺小的形势下,经常受到大国即强大种族的欺压威胁。因此,释迦牟尼一出世就对本国负有一种责任:如何摆脱强邻的侵犯?

另一种是种族内部的阶级矛盾。在印度,开始只有雅利安族与土著民族两个种族。后来,在雅利安人中又出现了婆罗门、刹帝利、吠舍三个种姓。婆罗门本来是帮助刹帝利进行统治的,但由于他们掌握着文化、宗教大权,成为凌驾于其他种姓之上的特权阶层。所以到了释迦时代,刹帝利对婆罗门的特权也表示不满,并支持各种非婆罗门思想,企图构成一个反婆罗门

的阵线。释迦牟尼自幼向婆罗门学者们学习文学、哲学、算学等,但他觉得婆罗门的经典《吠陀》不能解决他遇到的种种现实问题。因此释迦牟尼觉得,自己如果不能把本国的政治地位提高,至少也要在学术上争得领导权。这正是释迦牟尼不去当统一天下的"转轮王",而要去求法创教的真意。

释迦牟尼虽然出身于剥削阶级,且属于贵族集团,但是他创立佛教,又确实具有反抗民族压迫的积极意义。正是这个原因使毛泽东确认,佛教是被压迫民族的人创立的,是替受压迫的人讲话的。

1958年5月,毛泽东在中共八大二次会议上谈到破除迷信时说过:

> 释迦牟尼创立佛教的时候,也只有十几、二十岁,他是印度当时被压迫民族的人。(王子今:《毛泽东与中国史学》,中共中央党校出版社1993年11月版,第198页)

毛泽东讲的是佛教产生的时代背景和社会背景。在释迦族与雅利安族的对立中,在婆罗门种姓与其他种姓的对立中,释迦牟尼自觉站在被压迫民族、被欺侮种姓一边,因此,他是代表当时在印度受压迫的民族和人民讲话的。毛泽东说他产生于被压迫民族是有根据的,是符合历史事实的。尽管当时支持释迦牟尼的大多是刹帝利、大富豪。但这些人在当时社会条件下,是处于和婆罗门对立的地位,也是受婆罗门压迫的一些阶层。

当然,毛泽东的上述说法,完全是就佛教产生的社会根源而言的,即主要是讲的原始佛教的阶级基础和政治倾向。释迦牟尼的受压迫地位,使他能够广泛地接触社会下层民众,深刻体察民众僧侣的疾苦,说出一些代表被压迫者利益的真话。毛泽东曾经说过:"剥削阶级当着还能代表群众的时候,能够说出若干真理,如孔子、苏格拉底、资产阶级,这样看法才是历史的看法。"(《毛泽东文集》第三卷,人民出版社1996年8月版,第84页)毛泽东在这里举了中国春秋之际思想家孔夫子的例子,举了古希腊大哲学家苏格拉底的例子,还举了处于上升阶段的资产阶级的例子,虽然没有提到释迦牟尼,但是释氏恰恰与东西方的圣人孔夫子、苏格拉底生活在同一历史时期,所处社会环境也有不少相类之处,因此,对原始佛教及其创立者,也应当像前三者那样看待。这样,才是历史主义的态度。

至于对佛教传入中国之后的阶级作用的分析,毛泽东更多地注意到它替统治阶级和剥削阶级服务的事实。早在1930年5月撰写的《寻乌调查》中,他就指出:"佛教是大地主阶级利用的宗教。"(《毛泽东文集》第一卷,第

180页）

毛泽东对佛教的产生和在中国封建社会流传情况的分析，都贯穿着一种鲜明的阶级观点。他站在无产阶级立场，对上述现象进行科学的阶级分析，实事求是地得出了自己的结论，既充分肯定了佛教产生的历史进步作用，又指出了它在中国封建社会中的消极政治影响。（王兴国：《毛泽东与佛教》，中国书籍出版社1996年版，第95—97页）

创立佛教是青年时候的事

一般的规律：初生牛犊不怕虎。年轻人思想顾虑少，精神负担轻，不迷信权威，敢想敢说敢做。

青年人乔达摩·悉达多也具有这种特质和风格，面对年深日久根基厚重的传统婆罗门教，发动了勇猛的反叛和冲击。

毛泽东注意到这种情况。

1958年3月，他在成都会议上讲话，说到从古以来，创新思想、立新学派的人，都是学问不足的年轻人时，再次举了释迦牟尼、玄奘、慧能等佛家知名人物的例子。他说：

> 释迦牟尼十九岁创佛教，学问是后来慢慢学来的。关于释迦牟尼出家的年龄，历来有两说，一说十九岁，一说二十九岁。（王兴国：《毛泽东与佛教》，中国书籍出版社1996年版，第204页）

在成都会议上毛泽东有四次讲话。在3月22日的讲话提纲中，毛泽东写道：

> 创立学派问题
> ……中国的古文经学家
> 欧洲中世纪经院学派
> 耶稣、释迦的少年时代与经院派佛学家的比较（《建国以来毛泽东文稿》第7册，中央文献出版社1992年8月版，第117—118页）

5月8日，毛泽东在中共八大二次会议（在北京召开）上讲话。讲自古以来，很多学者、发明家、创立新学派的人开始都是年轻人。讲话提纲中列有：

> 甘罗、贾谊、刘向、韩信、释迦、颜子、红娘、荀灌娘、白袍小将、岳飞、王勃、李贺、李世民、罗士信、杜伏威、马克思、列宁、周瑜、孔明、孙策、王弼、安眠药发明者、青霉素发明者、达尔文、杨振宁、李政道、郝建秀、聂耳、哪吒、兰陵王。（《建国以来毛泽东文稿》第7册，中央文献出版社1992年8月版，第195页）

他在讲话中列举了青年释迦牟尼等三十一人的事例后说：举这么多例子，目的就是说明青年人是要战胜老年人，学问少的人可以打倒学问多的人，不要为大学问家所吓倒。要敢想，敢说，敢做；不要不敢想，不敢说，不敢做。

释迦牟尼所处的时代，和我国历史上春秋战国时期相仿佛。当时古印度的思想界也正处在一个"百家争鸣"的时期。总的说来，有两大潮流：一个是正统的婆罗门教思想的潮流；一个是异端的反婆罗门教梵天创世说的思想潮流，佛教属于后者。释迦牟尼成就无上正觉并创立了佛教，正是敢于打破传统宗教旧框框，勇于创立新学说的结果。

印度的早期佛教是在古印度列国时代的"伟大转折"里所创立起来的新宗教，它的原始教义则是从自然崇拜的婆罗门教中脱颖而出的。不过，佛教与婆罗门教有一个根本的区别：它不承认婆罗门教的神能主宰人的命运，不承认婆罗门教的经典祭司和祭祀有拯救人的作用，从而否定了婆罗门教和婆罗门种姓的权威。佛教自它产生之日起，便将自身置于破除迷信、倡扬正信的立场上。佛教"诸恶莫作，众善奉行"的教义，对净化人生，解除人们的烦恼和苦痛，产生了无与伦比的威力。

释迦牟尼创立的佛教的教义，是反对婆罗门教的旧思潮的。它以无常和缘起思想反对婆罗门的梵天创世说，以众生平等的思想反对婆罗门的种姓制度，因而受到刹帝利和吠舍的支持，佛教迅速得到传播。其基本教理有"四谛""五蕴""八正道""十二因缘"等，主张依经、律、论三藏，修持戒、定、慧三学，以断除贪、嗔、痴带来的烦恼，最后成佛为最终目的。

释迦牟尼在成佛后的几十年间，到处周游，向大众宣示自己证悟的真理，直到逝世前没有间断说法。逝后，弟子们对他生前的教诲，进行回忆、记录、整理，产生了佛教经籍三藏流传后世，使佛教得以弘扬传播，并越出印度半岛，流传世界各地，成为影响深远的世界三大宗教之一。

毛泽东强调释迦牟尼创立佛教时还很年轻，目的当然在于破除迷信解放思想，鼓励人们敢想敢说敢做，干一番前所未有的事业，这个道理在一般情况下无疑是正确的。

可是，他讲这话的具体背景恰恰是1958年"大跃进"的发动期，把"三敢"用在"左"倾冒进的"大跃进"上，实在是用错了地方，这是用痛苦经历和惨重失败换来的认识。明确和铭记这一点对后人来说是十分重要的。

佛教是青年人乔达摩·悉达多创立的，它的创立过程体现了一种藐视传统藐视权威（经院派佛学家）的战斗风格，毛泽东指出的这个历史事实没有错。

释迦牟尼的经典比孔夫子著的书还多吧？

作为佛教的创始人，释迦牟尼当然也是佛学的开山祖师。他是个很有创造性的佛学理论家。对哲学（包括宗教哲学）和学术兴趣甚浓的毛泽东，也十分关注释氏有何经典流传后世。

1961年1月23日，毛泽东同班禅额尔德尼谈话，讨论佛教。班禅额尔德尼时任全国人大常委会副委员长、西藏自治区筹备委员会代理主任委员。毛泽东与他讨论佛学，也是在阐述党的民族、宗教政策。

就西藏来说，毛泽东特别强调，要培养真正懂佛学的知识分子，光搞政治不行。毛泽东说："我赞成（在西藏）有几千人学经，成为佛学知识分子，你看是不是他们同时还要学些社会科学、自然科学，懂得政治、科学、文化及一般知识……佛学不可不学。我们办了个佛学院，两年毕业，专搞政治。我看这个办法不行，得搞四年，再拿两年专门研究佛学。政治上好，在佛学方面却没有学问，还是不行的。"

接着，毛泽东颇有兴趣地同班禅进行了下面的对话：

毛：西藏是大乘，还是小乘？
班禅：我们学的是大乘，搞密宗，但小乘是基础，也懂得小乘。
毛：释迦牟尼讲的是什么经，是大乘吧？
班禅：释迦牟尼讲的经分为三个时期，早期和晚期讲的是小乘，中期讲的是大乘。
毛：《莲华经》和《金刚经》你们西藏的经典中都有吗？释迦牟尼著的经典比孔夫子著的书还多吧？
班禅：有很多，传说他著的经典共有五百个大象驮的那样多，这可能有些夸大,不过他讲的经事实上是很多的。从梵文译成藏文的仅是其中的一小部分。西藏的佛经,有从梵文译成汉文,而后从汉文译成藏文的,但是从汉文原著译成藏文的很少。藏文中有关于医学、算术等方面的不少的书,是从汉文译成藏文的。西藏也有《金刚经》,那是从梵文译成藏文的。

毛:《金刚经》这一部经很值得一看。我也想研究一下佛学,有机会你给我讲讲吧!

班禅:佛经对于世界的看法,尽管它本身仍然是唯心的,但是同其他教派有很大的不同。

毛:世界上有那么多的人信教,我们不懂得宗教。我赞成有一些共产主义者研究各种宗教的经典,研究佛教、伊斯兰教、耶稣教等等的经典。因为这是个群众问题,群众中有那样多人信教,我们要做群众工作,我们却不懂得宗教,只红不专,是不行的。(《毛泽东西藏工作文选》,中央文献出版社、中国藏学出版社2001年5月版,第215—216页)

"大乘小乘",见《西游记》第十二回《唐王秉诚建大会　观音显象化金蝉》:"菩萨道:'你这小乘教法,度不得亡者超升,只可浑俗和光而已;我有大乘佛法三藏,能超亡者升天,能度难人脱苦,能修无量寿身,能作无来无去。'"

小乘即小乘佛教。原是后来大乘佛教对原始佛教和部派佛教的贬称。学术界沿用之,而无褒贬义,一般称为二乘,即所谓声闻乘、缘觉乘。主要经典是后来形成的经、律、论三藏。小乘佛教在中国曾相当流行,保存的小乘三藏种类最多,被认为汉译最早的第一部佛经《四十二章经》和最早的知名译家东汉安世高,皆属小乘。中国最早流行的禅数学以及此后的毗昙学、成实学、俱舍学等,均属小乘类。中国的律学和律宗,也主要以小乘律为依据。至后秦鸠摩罗什,始明确划分大、小乘区别的标准,隋吉藏强化这种区别。现在小乘主要流传于斯里兰卡、泰国、缅甸、老挝、柬埔寨等南亚及东南亚各国,通称"上座部佛教",不接受"小乘"称号,学术上多称作"南传佛教"。中国云南上座部佛教,也属于这个系统。

大乘即大乘佛教,公元1世纪左右形成的佛教派别。自称能运载无量众生从生死大河之此岸达到菩提涅槃之彼岸,成就佛果,而贬称原始佛教和部派佛教为"小乘"。根据鸠摩罗什、僧肇、吉藏等人的意见,二者的主要区别是：小乘把释迦牟尼视为教主，大乘则提倡三世十方有无数佛，并进一步把佛神化；前者追求个人自我解脱，把"灰身灭智"、证得阿罗汉作为最高目标；后者宣传大慈大悲，普度众生，把成佛度世、建立佛国净土作为最高目标。在义学上，前者否定人我的实在性（众生空），后者还否定法我的实在性（法空）；在修习上，前者着重于三十七道品的宗教道德神通等修养，后者倡导以六度为内容的菩萨行。大乘佛教经典被称为"方广""方等"，或加以"大乘"等字眼。在汉文译本中，主要有《般若经》《宝积经》《涅槃经》《法华经》《华严经》《大集经》等类别。亦有自己的律，而更多的是论，均纳在《三藏》之中。13世纪后，佛教在印度绝迹。其传出印度本土的大乘佛教，属北传佛教，主要指中国佛教汉、藏两大系统。大乘佛教遂占据中国佛教的主导地位，且内容日愈丰富，增添中国固有的文化色彩。现代学者使用大小乘概念时，已无褒贬抑扬之义。

在毛泽东读过的几部佛经中，《莲花经》又称《法华经》，全称《妙法莲华经》，后秦鸠摩罗什译。"妙法"意为所说教法微妙无上；"莲花经"比喻经典的洁白清净。该经称释迦成佛以来，寿命无限，现各种化身，"以种种方便，说微妙法"，重点弘扬"三乘（指声闻、缘觉、菩萨）归一（指佛乘）"，调和大小乘的各种说法，以为一切众生，悉具佛之知见待众开发。

毛泽东认为《金刚经》"很值得一看"。《金刚经》又称《金刚般若波罗蜜经》，因用金刚比喻智慧有能断烦恼的功用，故名。最早由后秦鸠摩罗什于弘始四年（402）译出。该经认为世界上一切事物皆空幻不实，"实相者则是非相"，认为应"离一切诸相"而"无所住"，即对现实世界不应执着或留恋。历来弘传甚盛，特别为六祖慧能以后的禅宗所重。

释迦牟尼与孔夫子分别是佛教、儒教的创立者。毛泽东就经典流传方面，请班禅对二者加以比较。我们知道，孔夫子的著作流传下来的有《论语》，还有《礼记》《孔子家语》《孔子集语》等后人整理的记载较多孔子言行的书，孔子自己整理的书如《诗》《书》《礼》《乐》《易》《春秋》等六经，也很能反映孔子的学说思想。孔子留下的文化典籍，可谓洋洋大观，成为中华民族文化的"元典"。

据班禅介绍，释迦牟尼留传下来的佛学经典也是"很多的"。相传释迦牟尼逝世后，佛弟子结集所论说为经、律、论，开始口诵耳传，后来著之竹帛，留传于后世。释氏弟子很多，传说有五百人，其中著名者有十人，称十大弟子。

佛教传入中国，记载他事迹的汉译佛典很多，如《过去现在因果经》《修行本起经》《瑞应本起经》《中本起经》《佛本行经》《普曜经》《佛本行集经》

《佛所行赞》《五分律·受戒犍度》《四分律·受戒犍度》，以及《释迦谱》《释迦氏谱》等，南传巴利文经典有《小部》等。

  毛泽东与班禅讨论小乘教派与大乘教派，评说《法华经》与《金刚经》，比较释氏与孔子谁留传下的经典多，不只是反映他个人的好学深思，不耻下问，而是在探讨如何懂佛学、懂宗教这个大问题。毛泽东敏锐地觉察到这是个"群众工作问题"。不学佛学，不懂佛教经典，你就丧失了做好信仰佛教这部分群众工作的主动权。毛泽东把这称之为共产主义者的"业务"，这个业务不精，那么你只是个"只红不专"者。由此可见，毛泽东的群众路线是彻底的、无所不在的。他倡导西藏培养佛学知识分子，自己下力气钻研佛教经典，正是基于这个认识。

  懂得释迦牟尼的经典，是做好佛教徒群众工作的必修课。

主张普度众生

  普度众生的主张，是佛教最广为人知、也最普及的教义。稍为接触过佛教的人，几乎都记住了这句话。这项教义为佛教赢得了最广大的群众基础。

  普度众生是大乘教派的教义。因为小乘教派偏重个人解脱，大乘教派则致力于一切众生的解脱，以"普度众生"为教义。在中国汉族地区，主要流传的是大乘佛教。

  毛泽东在青年时代曾经服膺这种普度众生的教义。1917年8月23日，毛泽东在致黎锦熙的信中说：

> 君子当存慈悲之心以救小人……若以慈悲为心，则此小人者，吾同胞也，吾宇宙之一体也。吾等独去，则彼将益即于沉沦，自宜为一援手，开其智而蓄其德，与之共跻圣域（《毛泽东早期文稿》，湖南出版社1990年7月版，第88—89页）

  "君子"和"小人"的概念，是儒家常使用的。青年毛泽东在论述大同境界时就明显地把儒佛两家的思想观念兼容并蓄了，反映了佛教"普度众生"思想对他的影响。他当时熟读康有为的《大同书》和谭嗣同的《仁学》，这两部书都吸收了佛教学说的许多思想观点，强调君子仁人、英雄豪杰当以慈悲之心解除现世众生的种种苦难。在慈悲为心普度众生观念的指引下，以世界大同为理想的青年毛泽东，消除弥合了君子与小人之间等级的、阶层的、道德的以及知识占有、文化修养上的差异，统统被视为"宇宙之一体"的"同胞"。虽然这种超越历史阶段、超越阶级界限的社会历史观有它不足的方面，但在贫富悬殊两极对立的社会现实中，有其要求众生平等并为"小人"争得社会地位的积极的一面，这为后来毛泽东接受马克思主义价值观，在认识论和历史观上埋下了伏笔。

毛泽东在成为马克思主义者之后，便从"无产阶级要解放自己就必须首先解放全人类"的立场出发，对大乘佛教"普度众生"的教义，给予全新的理解和发挥。

1927年秋收起义后，毛泽东带队伍上了井冈山。一次，他在与贺子珍谈到中国的文化特点时，曾经这样说过：

> 中国的传统文化由儒、道、佛三大家组成，最不好的是儒家的孔孟之道……道家除恶务尽的精神倒值得学习……佛教属于外来进口文化，从印度传入中国后，虽然受到儒家的影响，但也有不少辩证法。它主张我心则我佛，普度众生，是要大家觉悟，为众人消灾灭难，这还是可取的。只是它不分好人坏人，把希望寄托在来世，死后升西天，谁个见过它的极乐世界？这是放弃现实斗争，要不得，要不得……（刘恩营：《从井冈山走进中南海——陈士榘老将军回忆毛泽东》，中共中央党校出版社1993年10月版，第132页）

此时，毛泽东对佛教教义持扬弃态度，是其所是，非其所非，在批判其放弃现实斗争、寄托虚幻来世的同时，充分肯定佛教普度众生即"为众人消灾灭难"的积极方面。应该说此时毛泽东对佛教教义采取的态度是历史的、马克思主义的。在其后的革命实践中，毛泽东丰富发展了这个思想。

1955年3月8日，毛泽东在北京同来京的西藏宗教领袖达赖喇嘛谈话。在谈到向先进国家和民族学习，学习对本民族有用的东西时，毛泽东强调要眼光远大，他依据达赖喇嘛的实际情况说过这样一段话：

> 我们要将全中国都搞好，再把眼光放大，要把全世界都搞好。佛教的教义也有这个思想。佛教的创始人释迦牟尼是代表当时在印度受压迫的人讲话的。他主张普度众生，为了免除众生的痛苦，他不当王子，创立了佛教。因此，你们信佛教的人和我们共产党人合作，在为众生（即人民群众）解除受压迫的痛苦这一点上是

有共同之处的。当然有许多不同之处。(《毛泽东西藏工作文选》，中央文献出版社、中国藏学出版社2001年5月版，第114页)

毛泽东强调释迦牟尼原始佛教的平民色彩和其促使大众觉悟的教义内容，这是有史实根据的。据赵朴初《佛教常识答问》一书介绍，释迦牟尼创立佛教，其教化方式是接近平民的，他讲法布道不用婆罗门教的雅语，而用平民的俗语，这使佛教教义易于为社会底层的民众所接受；释迦牟尼还接受平民进入僧团，僧团中有工匠、有乞丐，也有妓女，对一般人都不肯接触的旃陀罗人，佛陀和弟子们平等地接受他们的供养，并为其说法；释迦牟尼还接受妇女为佛门弟子，有一次他宁可谢绝国王的邀请，却到一个不幸的堕落的女人那里去应供，古代印度妇女地位十分低下，和奴隶差不多，佛却接受妇女出家为弟子，这是很大的社会进步。这些事实与普度众生的教义是一致的，反映了早期佛教中的原始平等观念及其实践成果，是值得肯定的。

毛泽东同达赖喇嘛谈话，肯定普度众生即是"为众生（即人民群众）解除受压迫的痛苦"，他从统一战线的需要出发，强调佛教教义与共产主义的共同点，是十分明显的。这种共同点就是佛教中的原始平等观念。例如，佛教主张"众生平等""一切众生，皆有佛性；有佛性者，皆得成佛"。毛泽东讲的释迦牟尼的故事，达赖喇嘛肯定很熟悉。毛泽东的意思是通过释迦牟尼的不做王子，而是出家创立佛教普度众生、免除众生痛苦这一事实，来说明共产党人与信佛教的人是有共同之处的，完全可以在爱国的统一战线的旗帜下，共同建设社会主义社会，把全中国乃至全世界的事情做得更好。

美国学者司马特在《毛泽东思想与中国的传统宗教》一文中说："佛教中普度众生而受苦受难的菩萨形象变成了党的工作者的理想。为了人民的利益要敢于献身，不怕牺牲。"这个评论是有道理的，共产党人的精神世界继承和包容了人类一切美好的道德遗产，当然也包括佛教中有价值的内容。毛泽东对释迦牟尼的赞扬，突出他的普度众生的思想，正在于吸纳人类一切有价值的精神遗产，作为滋养共产党人的精神养料。毛泽东读佛经，对它的引申发挥，重在普度众生、解民痛苦这一面。在这一点上，他肯定了佛教教义与共产主义的共同点。应该说，这种对待佛教、对待人类文化遗产的态度是正确的。

你们可以学释迦牟尼的办法

释迦牟尼创立佛教的过程，充满保守与改革的斗争。释迦牟尼对古代印度的传统宗教进行了一系列的改革，从这个意义上说，他可以称之为宗教改革家。也许是这个原因，毛泽东在谈论西藏改革问题时，常把释迦牟尼作为改革的榜样拿出来引导人们学习。

1955年10月23日，毛泽东在北京接见西藏地区参观团、西藏青年参观团负责人时，谈到西藏地区的改革问题。针对有的西藏贵族担心改革后生活水平会下降的顾虑，毛泽东说："你们将来的改革，也不能一下子搞社会主义，要分好几步走。改革以后，贵族、喇嘛还要过和以前相等的生活。要不要改革，是你们自己的事，你们商量。改了以后，贵族、喇嘛的生活还是照旧，不能改坏。这些都由你们来定，你们不想改，还是改不成。你们可以到上海去看一看，上海有个大资本家叫荣毅仁，是我们汉人中的贵族，他现在准备搞社会主义，你们去和他谈一谈。"

说到这里，西藏青年参观团团长桑颇·登增顿珠插话说："西藏农民生活最不好。"

也许是这个插话引起了毛泽东思路的变化，他在把贵族、农民和改革这三个点联系起来思考时，想到了释迦牟尼及其与僧俗民众关系密切的宗教改革。于是，毛泽东继续谈道：

> 你们信佛教，释迦牟尼原来也是贵族，是个王子，但他和人民一起搞改革，得到人民的拥护，因而人民就纪念他。你们可以学释迦牟尼的办法，生活还会比释迦牟尼过得好一点，因为释迦牟尼那时候没有共产党，没有人民政府。（《毛泽东西藏工作文选》，中央文献出版社、中国藏学出版社2001年5月版，第126—127页）

毛泽东的话无疑引起了共鸣，曾任西藏地方政府噶伦的噶雪·却吉尼玛愉快地说："我从乌鲁木齐到北京，根据听到的和看到的，对西藏的将来考虑了一下，我想，只要跟着毛主席走，生活是会比过去好的，后代比我们更要好。"

还是在这次接见中，毛泽东就着"完全相信西藏今后是会发展"的话题，又说道：

> 西藏几年来有进步，每年都有进步。西藏今后是会发展的，人口要发展，财产要发展，文化教育也要发展。宗教学校也可以办。几十年后，西藏情况就会有很大改变。你们要学释迦牟尼的样子，为广大群众着想，为全西藏人民谋利益。释迦牟尼领导人民搞改革并没有饿死啊！（《毛泽东西藏工作文选》，中央文献出版社、中国藏学出版社2001年5月版，第128页）

释迦牟尼宁可不当王子与僧俗民众一起搞改革的伟大实践，给毛泽东留下了不可磨灭的印象，以至在后来经常提起这个话题。1959年10月22日，他与全国人大常委会副委员长、西藏自治区筹备委员会代理主任委员班禅额尔德尼·确吉坚赞等人，谈到爱国与改革问题。

他说，爱国和改革这两条，你们都赞成。

他说，西藏改革后也要办工业，要西藏人自己办，工程师、技术人员都要有藏族的，因此要注意培养藏族的科学技术干部。

他说，改革的方针、办法你们都商量好了，是不是有些人觉得将来政策要变化？可能有些人有这个想法，这要请你们作些解释。

深谈西藏的改革，毛泽东又联想到释迦牟尼，他说：

> 从前释迦牟尼是个王子，他王子不做，就去出家，和老百姓混在一块，做了群众领袖……群众起来，你们是否有些怕？你们不怕很好，因为你们的立场是正确的，群众就拥护你们。你们第一爱国，第二赞成改革，所以群众拥护你们，不斗争你们。（《毛泽东西藏工作文选》，中央文献出版社、中国藏学出版社2001年5月版，第209页）

毛泽东与西藏人士谈地区改革几次提到释迦牟尼时，核心内容是：他不当王子做群众领袖，领导僧俗民众进行宗教革命。

据佛教史记载，迦毗罗卫国的王子乔达摩·悉达多自幼深受父亲净饭王的喜爱，按照传统的婆罗门和刹帝利种姓的习俗，他自七岁学习文字、吠陀、武艺、因明学等，接受了在当时最高层全面的教育。净饭王为了将来让他接班当国王，尽力为他提供物质上的快乐，使他年纪轻轻就拥有三座宫殿，分别在夏季、冬季、雨季居住，一切需求无需下阶即可满足，并且有许多奴仆姬妾侍奉左右。十七岁时，悉达多迎娶表妹耶输陀罗为妻，生活幸福美满。

然而，悉达多从少年时起就爱思索人生问题，豪华奢侈的生活未能打消他出世修行的意向。婚后的一个时期，父亲净饭王应他的要求，四次安排他出游。出游中，悉达多更广泛地接触到民众衣食不继贫病交加的痛苦。他又虑及自身不过如匆匆过客，毕竟没有最终的安身安心之所。因此，悉达多陷入了深深的愁苦之中。悉达多第四次出游时，这位王子遇到一位威仪济济、相貌堂堂的比丘（和尚）。王子问道："比丘是干什么的？"答曰："比丘是出家修行求法的僧人。我们出家人，一心修道，可以解决自己和一切众生的生老病死的根本痛苦！"王子听后心想："我一向要解决众生的根本痛苦，他说得太好了。"王子悉达多这次幸会，使他最后确定了修道之心。公元前533年的一个深夜（农历二月初八日），悉达多悄然离开了王宫，前往城外求道。

应该说，悉达多放弃王位、放弃优裕无比的生活而去寻求解脱众生痛苦之道的举动，是值得肯定和歌颂的。毛泽东肯定这一点，因为它是中外古今仁人志士壮举的一个共同特征。

我们再来看释迦牟尼所进行的宗教革命：

修行方式的改变。悉达多离开王宫，带领摩男跋提、阿若侨陈如等五个随从，寻师学道。他们先后寻访过当时三个有名的宗教师，都不能满足他的要求。从此知道要想真正悟道，还要靠自己精进，便走到尼连禅河岸边的树林中，参访跋伽婆仙人的苦行林，向一群修苦行者请教解脱生老病死的方法，他们教他修学投岩、赴火、曝日、禁食、拜光、囚水等苦行，说终得解脱，可以升天，享受快乐。不觉度过了六个年头，但六年苦行并未得到"解脱"。于是他抛弃苦行，另辟蹊径，来到菩提伽耶村一棵毕钵罗树下，铺上了吉祥草，面向东方，结跏趺坐，并发誓说："我今如不证得无上正觉，宁可让此身粉碎，绝不起此座。"他进入了所谓真如实相的定境。经过四十九天的冥想，最后终于战胜了烦恼魔障。观遍十方无量世界和三世景像，洞察三世的因果，豁然大悟，得成无上正觉，达到了对终极真理的认识，获得了解脱，终于成佛。

僧团成分的改变。释迦牟尼在长达四十五年之久的传教活动中，最初的弟子是摩男跋提、阿若侨陈如等五人，此后他又度化了耶舍、迦町及舍利弗、目犍连等人。在故乡，他的不少亲属如堂弟阿那耶、提婆达多、阿难陀，以及儿子罗睺罗都皈依了佛教。释迦牟尼传教的对象，大都是在家的居士，上至国王、大臣和商人，下至农夫、工匠以至妓女和贱民，包括当时社会各种阶层，使佛教僧团发展很快，影响了当时社会各个领域。最初，僧团只收男弟子（称比丘，我国俗称和尚），后来悉达多的姨妈入教，才接纳女弟子（称比丘尼，我国俗称尼姑）。佛教僧团为平民入教成佛打开大门，其成分具有明显的平民色彩。佛祖用实践证明，修道解脱与出身贵贱没有必然的联系。

僧尼戒律的改变。起初，僧尼云游四方，释迦牟尼制定了僧众共同遵守的戒律。开始，僧团并无严格的制度，后来为了防止僧团发生混乱，也为了避免与俗世法律道德冲突，规定奴隶、负债者、杀人犯、盗贼、残废、病人及不满二十岁的人不可以加入。为了适应雨季安居的需要，建立了僧院，同时在衣着、饮食、用具、礼仪、居所、医药等方面附加了不少具体规则。例如，要求信徒用嫩杨枝刷牙，喝过滤水，等等。在家的信徒（居士）要做到五戒：不杀生、不偷盗、不邪淫、不妄语、不饮酒。禁欲范围十分广泛，其中不杀生始终放在首位。对于犯戒的僧众，最严重的处罚是大家对他不理睬或逐出僧团。同时，僧众出家和还俗都是自愿的，持戒的目的只是为了修道，并非是为戒而戒。

释氏的不当王子出家求法和大力推进宗教改革，宗旨都在于解除广大民众生老病死的苦痛，这正是释氏和佛教的历史亮点和光彩。

20世纪50年代，毛泽东把这个佛教典故讲给西藏人士听，显然有很强的针对性。试想：悉达多是贵为王子的贵族，可是他宁可舍掉锦衣玉食的生活，苦修艰行，寻求真理，欲拯救万千民众于苦海。他改革传统宗教创立佛教，其所行所施也在于救苦救难，普度众生。听毛泽东谈话的西藏人士，不少也是贵族出身，而且他们都信仰佛教，顶礼膜拜佛祖，举释迦牟尼的例子，拿出这个样板，极易为他们和西藏各个阶层的人们所接受，解除心中的各种疑虑和担忧，充分认识事理和势态，有利于推进西藏的发展和改革。

在这里，我们再一次看到，毛泽东是知识渊博的政治家，他的说服工作总是恰到好处，会产生巨大的说服力量和政治能量，令人叫绝，令人钦佩。

宗教家释迦牟尼"则自神奇之"

对于佛教创立者释迦牟尼，毛泽东也并非一力歌颂，盲目崇拜。本篇前引他在井冈山与贺子珍的谈话，已说到他批判佛教的回避现实斗争企盼来生世界的虚幻，那时是1928年左右。其实，上溯10年，早在1917年8月，他在与老师兼朋友的黎锦熙通信时就写道：

圣人，既得大本者也；贤人，略得大本者也；愚人，不得大本者也。圣人通天达地，明贯过去现在未来，洞悉三界现象，如孔子之"百世可知"，孟子之"圣人复起，不易吾言"。孔孟对答弟子之问，曾不能难，愚者或震之为神奇，不知并无谬巧，惟在得一大本而已。执此以对付百纷，驾驭动静，举不能逃，而何谬巧哉？（惟宗教家见众人以为神奇，则自神奇之，如耶稣、摩哈默德、释迦牟尼。）（《毛泽东早期文稿》，湖南出版社1990年7月版，第87页）.

耶稣、摩哈默德（现在译为穆罕默德）和释迦牟尼，分别为基督教、伊斯兰教、佛教的宗教领袖。孔子和孟子，则是中国儒学（也有人称其为儒教）的开山大师。毛泽东与黎锦熙探讨圣人持一本而对百纷的哲学命题，认为这并不"神奇"，并无"谬巧"，唯在圣人得大本大源。儒家学说不同于西方的宗教，宗教最终走向了神秘主义，被信徒乃至教主自身神化了。

这里只讲佛教即释迦牟尼被神化的情形。

毛泽东说，宗教家见众人以为宗教神奇，"则自神奇之"。读佛教史料，似觉释迦牟尼的被神化，在细节上与此说有些差别。释氏生前和死后一个时期，虽然他已是创立了佛教的人，但起初只被看作"先觉者"，尊之为佛（即佛陀），是凡人而不是神人。后来佛教传播越来越广泛，有关释氏的生平故事也越来越神奇。

释迦牟尼的出生被神化了。传说净饭王的妻子摩耶夫人一直没有生养王子，可是当她四十岁的时候，在一个万籁俱寂的夜晚，夫人舒适安详地睡在床上，她于朦胧之中，忽然见到一位相貌堂堂的人物乘着六牙白象，从虚空中慢慢走来，当走近夫人身旁时，人和象都变小了，围着她转了几圈，然后猛然地从她的右肋进入了腹中。夫人惊醒之后，便把梦中所见告诉了净饭王。净饭王也说他梦见东方有一个耀眼的光亮，并得到天神的告知："当花星闪耀在东方的时候，孩子就会诞生。"他们都感到这是一个不可思议的梦。没过多久，夫人怀孕了，夫妇二人真是高兴得不得了。悉达多降生时，他身上发出光明，目光注射四方，举足东西南北各走七步，每一步地上都出现一朵莲花，他左手指天，右手指地，说："天上天下，唯我独尊。这是我在人间最后的受生，我是为了成佛，才生在人间。我是人中最伟大尊贵的觉者，我要广度救济一切众生！"言毕，即有四天王以天缯接太子之身，置于宝几之上。同时，还有九龙吐出香水，像细雨一样从天而降，地上涌出二座水池：一为凉水，一为热水，供太子沐浴洗澡。又有异鸟鸣唱添喜增乐。一派极尊景象，妙事层出不穷。这番描写很像中国古籍中帝王、将相、圣贤出生都是星宿下凡、神人下界的记载，似乎悉达多生来就是佛祖。

释迦牟尼的法力被神化了。佛经中记载了许许多多佛祖法力无边的故事。比如有一则故事讲佛祖与魔王波旬斗法，佛祖在七日静坐中，受到种种魔事的干扰。魔王波旬首先派了三个魔女：长女悦彼，二女喜心，三女多媚，用各种媚态来扰乱迷惑悉达多，而且说了许多甜言蜜语，劝太子回宫，继承王位，享受荣华富贵。太子不但不为魔女所动，还以神通力用手一指三个魔女，顷刻间她们变成了老太婆，发白面皱，丑陋不堪。魔女用尽神通，也无法改变这种丑态。她们心生怖畏，哭哭啼啼跪下，对佛忏悔，求佛慈悲救度。波旬见美人计失败，更加愤怒，率领许多魔兵魔将，前来兴师问罪："悉达多！你为什么将我的女儿变成老太婆？你是敬酒不吃吃罚酒，好，现在你看刀！"太子再显神力，以手指着波旬魔王说："我久历劫运，广修功德，供养无量诸佛圣贤，福德智慧不可思议，并非你的魔力所能摧毁！"话音刚落，一声巨响，魔王应声倒地。波旬见佛陀法力无边，跪下诚恳忏悔。佛陀慈悲仁爱，看到魔王父女既知改恶从善，当下就使他们恢复了健康，端正了容貌。佛虽然大慈大悲，普度众生，但又是大雄大力，降伏魔怨，所以寺庙里的佛殿，就叫大雄宝殿。这样的法力不可能是人力，只能是神力。这种法力，已与《西游记》对如来佛无边法力的描写，相去无几。

释迦牟尼的死亡被神化了。据佛经记载，佛陀八十岁时在拘尸那迦城逝世，遗体移置在金棺内，诸力士族人抬着金棺来到荼毗所，七天后堆积一大堆旃檀木柴，投置香烛欲焚之，而火不燃，众人疑惑。阿楼驮说，这是佛陀等待大迦叶的到来。当时大迦叶与五百弟子在耆阇崛山，知佛陀涅槃，欲拜其最后身，所以日夜兼程，七天后赶到了荼毗所，顶礼膜拜佛陀的遗容。佛陀自金棺中伸出双足使见之，以示欣慰。然后，诸力士族人投置七宝火炬，还是不燃。于是，佛陀以大悲力，由心胸中喷出三昧真火将遗体焚烧，七日燃尽。弟子们把他的骨物——八万四千颗佛舍利，分给了各国使者，被视为圣物，建塔供养。

释迦牟尼的被神化，还有其他一些方面。仅就上面举到的，也不难看出他的被神化程度有多么严重。1917年前后的青年毛泽东，还不是马克思主义者，还没有掌握无神论的思想武器，但是他能够以一种历史的态度批判释迦牟尼和佛教的神秘主义，是颇有见地的。后来，他那些充满历史唯物主义精神的对释迦牟尼的大量评论，则是这一观点符合生活逻辑和历史逻辑的延伸。

释迦死年亦高

青年时代的毛泽东批判佛教的神秘主义，也批判佛教徒的思维修习方式。还是早在五四运动前的1917年4月，他在那篇后来为他赢得了广泛声誉的名文《体育之研究》中写道：

> 人者，动物也，则动尚矣。人者，有理性的动物也，则动必有道。然何贵乎此动邪？何贵乎此有道之动邪？动以营生也，此浅言之也；动以卫国也，此大言之也，皆非本义。动也者，盖养乎吾生，乐乎吾心而已。朱子主敬，陆子主静。静，静也；敬，非动也，亦静而已。老子曰"无动为大"，释氏务求寂静。静坐之法，为朱陆之徒者咸尊之。近有因是子者，言静坐法，自诩其法之神，而鄙运动者之自损其体。是或一道，然予未敢效之也。愚拙之见，天地盖惟有动而已。
>
> 动之属于人类而有规则之可言者，曰体育。（《毛泽东早期文稿》，湖南出版社1990年7月版，第69页）

青年毛泽东从人的自然属性出发，认为人类崇尚运动；从人的社会属性出发，认识到运动的有理性，有规律（则）。从本义来说，运动的意义在于养生乐心，从广义来说，运动的意义在于"营生"和"卫国"。毛泽东放开眼界，俯仰天地，以为宇宙间"惟有动而已"。因此，他给体育下了一个定义：人类有规则可言的运动。

青年毛泽东建立在朴素唯物观点基础上的体育观，倒是暗合马克思主义的辩证唯物论。马克思主义哲学认为，世界是物质的，物质是运动的，运动是有规律的。物质的运动是永恒的，而物质的静止则是相对的。由此，毛泽东则反对古今中外思想家、宗教家的片面静止观。中国春秋晚期的哲学家老子、宋代的哲学家朱熹和陆九渊、近人因是子（蒋维乔），外国古印度的宗教家释迦牟尼，他们的倡无动、主恭敬、求寂静，他们的静坐之法，虽然"是或一法"，但毛泽东并不"效之"，以为不可取。

释迦牟尼的务求寂静，表达了佛教教义中的"禅定"说。意为"安静而止息杂虑"。作为"心所法"的一种，指专注一境，思虑集中，排除杂念的思维修习功夫。佛学认为，通过精神集中，神思入定，观想特定对象，可获得佛教悟解或功德。大乘佛教把包括禅定在内的"六度"，作为大乘修习的主要内容，以静坐凝心、专注观境为重要修习方式。毛泽东虽然赞赏佛教的普度众生，但反对佛教"务求寂静"的修习方式。以为其违背人的自然属性和社会属性，不合天地常理，有悖于体育主张。

毛泽东对释氏的"务求寂静"持不同态度，而对释氏的多年传道终享高寿却赞誉有加。也是在《体育之研究》这篇论文中，毛泽东以满怀激赏的口吻写道：

> 又尝闻之：精神身体不能并完，用思想之人每歉于体，而体魄蛮健者多缺于思。其说亦谬。此盖指薄志弱行之人，非所以概乎君子也。孔子七十二而死，未闻其身体不健；释迦往来传道，死年亦高；邪苏不幸以冤死；至于摩诃末，左持经典，右执利剑，征压一世，此皆古之所谓圣人，而最大之思想家也。……总之，勤体育则强筋骨，强筋骨则体质可变，弱可转强，身心可以并完。此盖非天命而全乎人力也。（《毛泽东早期文稿》，湖南出版社1990年7月版，第70页）

释迦牟尼八十岁时，带领弟子离开了摩揭陀国王舍城，经那烂陀、波吨厘弗多罗，渡恒河到达吠舍离，受到当地富裕的比丘尼庵婆波利的供应。这时，他已走遍东西南北中五印度，传道授法四十五年。雨季过后，释迦牟尼来到南末罗国的波伐城，接受了铁匠纯陀供养的食品，食后自知驻世不久，便安慰弟子们说：

"天地人物，无生不终，欲使有为不变易者，无有是处。我亦先说恩爱无常，会合有离，身非己有，命不久存。"

公元前486年2月一个月圆之夜，佛祖在拘尸那迦城附近双林树下的绳床上，右胁而卧，半夜时分入般涅槃，享年八十岁。释迦牟尼涅槃后，佛教把释迦牟尼涅槃的那天（二月十五）称为"涅槃节"。每逢"涅槃节"这一天，各寺院都要举行"佛涅槃法会"，挂释迦牟尼涅槃图像，诵念《遗教经》等。并且准备茶果、美食、香花、灯烛，以申供养之意。

青年毛泽东举释迦牟尼"往来传道，死年亦高"的佛典，并把它与儒教祖师孔子的健康长寿、伊斯兰教创立者穆罕默德（摩诃末）身体强健"征压一世"相提并论，互相印证，显然意在说明"身心可以并完"的体育观，以破除消解"用思想之人每歉于体,而体魄蛮健者多缺于思"的片面性谬误。毛泽东的论证是有说服力的。

这里发生一个问题:在动静两种修习方式上,毛泽东是不赞成佛祖"务求寂静"的,而在"身心并完"上,毛泽东又肯定佛祖的二者兼得——这两种看法,同在一篇文章之中,似乎互相抵牾。

是的,佛教教义是主张禅定以"止息杂念"的,但这只是"六度"中一种思维修习方式,并不是唯一的方式。佛祖释迦牟尼本人在舍身求法的初期,如六年修苦行时,较多地采用过静坐凝心专注观境的方法。后来,尤其在他"往来传道"之时,客观上动多静少,动大于静,又以度人成佛、救人呈祥为赏心乐事,故身动体健,心安神悦。"身心并完"不仅成为可能,而且势在必然。旧时代,许多和尚乃至高僧,手持禅杖钵盂,云游四海,求法八方,看来也不全是"务求寂静"的。明乎此,也就懂得毛泽东的两说并不矛盾了。

释迦牟尼的"博士之实"

毫无疑问,毛泽东认为释迦牟尼是伟大的智者,像中外历史上的大思想家、大宗教家孔子、耶稣一样,都是值得人们师法的榜样。

1958年11月21日,毛泽东在武昌会议上讲话。谈到名与实问题,他说:

> 有实无名,可不可以比方一个人学问很高,如孔夫子、耶稣、释迦牟尼,谁也没有给他们安博士的头衔,并不妨碍他们博士之实。(汪澍白:《毛泽东思想的中国基因》,商务(香港)有限公司1990年版,第93页)

名与实的命题,属于哲学范畴。大约早在春秋时代,学者们便讨论二者的关系了。如孔子说:"名不正则言不顺,言不顺则事不成。"(《论语·子路》)名与事,也就是名与实。毛泽东谈名与实,既承认存在"有名无实"的现象,也承认"有实无名"的现象。像孔子、耶稣、释迦这些创立新学派、新教派的人,纵然无博士头衔,但他们有博士之实,因为他们实际上"学问很高"。毛泽东重视人的实际知识、智慧和能力,对于博士头衔倒是排在第二位,因此他推崇释迦诸人的学问、能力和功业。这个思想发展到今天,就是"不看文凭看水平,不看学历看能力",无疑是有利于历史进步的名实观。

毛泽东举释迦佛的例子说明事理,但也不把他当成偶像来崇拜。有时,也不避讳调侃佛祖的笑话。1970年7月7日，毛泽东在北京人民大会堂会见老挝人民党总书记凯山·丰威汉。他讲了一个迷人的故事：

> 中国有一部古书，名叫《启颜录》，是隋朝时候写的一部讲笑话的书。其中有一则笑话，说中国北朝，信奉佛教。有一次开法会，由一位高僧登坛讲经，讲到中间，一个人站起来问他，释迦牟尼平时出门骑的是什么牲口？高僧回答：释迦牟尼在家是坐在莲台之上，出门时则骑白象。这个提问的人说：不对，你根本没有读懂佛经。释迦牟尼出门骑的是牛而不是象，佛经上说"音貌奇特"，"奇特"不就是说骑牛吗？高僧听了，笑也不是，哭也不是，对付不了这个人。（编辑组：《毛泽东国际交往实录》，中共党史出版社1995年6月版，第70—71页）

说完，宾主哄然大笑。

《启颜录》是隋朝侯白写的一本笑话集。"音貌奇特"，原意指释迦牟尼长相风度奇异特殊，不同凡响。《玉篇》解释：特，牡牛也。所以听经提问者说自己读懂了佛经，以奇为骑，以特为牛，故意把"奇特"解释成"骑牛"了，制造了笑料。

听经者误解佛经，说释迦佛不是骑象而是骑牛，这当然是一种调侃。毛泽东讲这个故事似乎没有什么深义，只在于创造诙谐幽默的气氛，消除紧张情绪，使宾主能在轻松愉快的氛围中交流意见。当然，这个作用也很不简单了。

但是，释迦牟尼毕竟是世界级的伟大人物，其影响重大深远，可以与其比肩者屈指可数。毛泽东肯定释迦牟尼的历史地位和其对后世的影响，认为佛教徒对其表示尊崇、信仰和祭奠都是题中应有之义。1956年11月15日，毛泽东针对达赖喇嘛要到印度去参加佛祖释迦牟尼两千五百年"涅槃法会"的请求，在中共八届二中全会上慨然谈道：

> 佛菩萨（即释迦牟尼——引者注）死了二千五百年，现在达赖他们想去印度朝佛。让他去，还是不让他去？中央认为，还是让他去好，不让他去不好。过几天他就要动身了。（《毛泽东西藏工作文选》，中央文献出版社、中国藏学出版社2001年5月版，第152页）

几个月后，达赖等人从印度回到国内。1957年3月6日，毛泽东致信班禅额尔德尼·确吉坚赞，满怀热情地写道：

> 这次你和达赖喇嘛去印度参加释迦牟尼涅槃二千五百年纪念会，在加强中印友谊方面作出了有益的贡献。（《毛泽东西藏工作文选》，中央文献出版社、中国藏学出版社2001年5月版，第156页）

毛泽东意犹未尽，时隔不到五十天，他又在致达赖喇嘛的信中写道：

> 你同班禅额尔德尼出国参加释迦牟尼涅槃两千五百周年纪念和访问印度，为增进中印两国的友好作了重要贡献，并且给各方面人士留下了深刻的印象……祝你在加强祖国各民族团结和西藏内部的团结工作中作出新的成就。（《毛泽东西藏工作文选》，中央文献出版社、中国藏学出版社2001年5月版，第157页）

参加佛祖涅槃二千五百年纪念会，在国际上有利于增进中印两国友好，在国内有利于做好西藏地区的工作。这清楚说明了释迦牟尼在现实生活中的重要影响。前面我们引证毛泽东说学习佛学也是做群众工作，这与纪念佛菩萨的意义相同。当然，当时中央同意达赖朝佛的请求，不能说没有策略上的考虑。但是，高明适宜的策略总是为正确积极的政策、崇高伟大的目标服务的。即使在半个世纪后的今天来看，中央的决策也是合于实际的，收到了理想效果的。

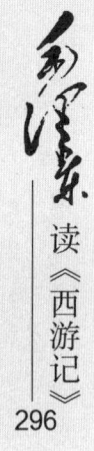

我之包围好似如来佛的手掌

(如来佛之二)

> 我之包围好似如来佛的手掌，它将化成一座横亘宇宙的五行山，把这几个新式孙悟空——法西斯侵略主义者，最后压倒在山底下，永世也不得翻身。
>
> 毛泽东：《毛泽东选集》第二卷，人民出版社1991年6月版，第472—473页。

佛祖释迦牟尼，《西游记》中称如来至尊释迦牟尼佛，他自称"西方极乐世界释迦牟尼尊者，南无阿弥陀佛"，简称为"如来佛"。对如来佛，《西游记》并没有正面描写，是畏惧不敢，还是大象无形，无法绘影，不得而知。不过通过各种侧面的映衬和法力的描述，十分清楚地塑造了如来佛的庄严和无边佛法。孙悟空大闹天宫，诸神无能为力，只有佛祖才能指化五行山封压孙悟空。西游历程中凡是遇到不可战胜的妖魔，只有如来才能收伏：他灭了六耳猕猴，辨清了真假孙悟空，收了狮驼国青狮、白象及大鹏三怪。凡此等等，可谓佛法无边。难怪唐僧集团要一心向佛，西天取经了。

佛祖影响毛泽东最大的，大约就属孙悟空跳不出如来手掌了。因为，他常常引用这个故事，去说明革命斗争中尤其是军事斗争中的事理。

孙悟空跳不出如来佛手掌的故事，出自《西游记》第七回。这一回书中说，"齐天大圣"孙悟空大闹天宫。"玉帝复遣十万天兵，亦不能收伏"。束手无策的玉帝，只好派人到西天灵山胜境"特请如来救驾"。佛祖离了雷音宝刹，来到天宫灵霄门外，与正在大战众雷神的猴王对话。

> 佛祖道："你除了长生变化之法，再有何能，敢占天宫胜境？"大圣道："我的手段多哩！我有七十二般变化，万劫不老长生。会驾筋斗云，一纵十万八千里。如何坐不得天位？"佛祖道："我与你打个赌赛：你若有本事，一筋斗打出我这右手掌中，算你赢，

再不用动刀兵苦争战,就请玉帝到西方居住,把天宫让你,若不能打出手掌,你还下界为妖,再修几劫,却来争吵。"

那大圣闻言,暗笑道:"这如来十分好呆!我老孙一筋斗去十万八千里。他那手掌,方圆不满一尺,如何跳不出去?"急发声道:"既如此说,你可做得主张?"佛祖道:"做得!做得!"伸开右手,却似个荷叶大小。那大圣收了如意棒,抖擞神威,将身一纵,站在佛祖手心里,却道声:"我出去也!"你看他一路云光,无影无形去了。佛祖慧眼观看,见那猴王风车子一般相似不住,只管前进。大圣行时,忽见有五根肉红柱子,撑着一股青气。他道:"此间乃尽头路了。这番回去,如来作证,灵霄宫定是我坐也。"又思量说:"且住!等我留下些记号,方好与如来说话。"拔下一根毫毛,吹口仙气,叫"变!"变作一管浓墨双毫笔,在那中间柱子上写一行大字云:"齐天大圣,到此一游。"写毕,收了毫毛。又不庄尊,却在第一根柱子根下撒了一泡猴尿。翻转筋斗云,径回本处,站在如来掌内道:"我已去,今来了。你教玉帝让天宫与我。"

如来骂道:"我把你这尿精猴子!你正好不曾离了我掌哩!"大圣道:"你是不知。我去到天尽头,见五根肉红柱,撑着一股青气,我留个记在那里,你敢和我同去么?"如来道:"不消去,你只自低头看看。"那大圣睁圆火眼金睛,低头看时,原来佛祖右手中指写着"齐天大圣,到此一游"。大指丫里,还有些猴尿臊气,大圣吃了一惊道:"有这等事!有这等事!我将此字写在撑天柱子上,如何却在他手指上?莫非有个未卜先知的法术。我决不信!不信!等我再去来!"

好大圣,急纵身又要跳出,被佛祖翻掌一扑,把这猴王推出西天门外,将五指化作金、木、水、火、土五座联山,唤名"五行山",轻轻的把他压住。

这个故事写出了猴王的狂傲和失败,也写出了佛祖的深沉和法力。猴子神通广大,佛祖法力无边,其间有哲理寓焉。且看毛泽东如何运用佛祖这个故事。

有如来佛的本事

党史军史上的"井冈山朱毛会师"是中国革命中的重大事件,人们对此已经作出过许多评价。不过,当事人毛泽东于当年会师时,对会师的作用有一个形象的比喻,那就是会师形成了"如来佛的手掌"!

话说1928年4月28日。

那时,朱德部队已经抵达江西省宁冈县砻市(今井冈山市),来到龙江书院。

毛泽东在这一天率工农革命军一团回到了宁冈砻市,住在刘德胜药店。他刚放下行李,就在何长工的陪同下,朝龙江书院走来。

听说毛泽东来了,朱德和陈毅赶紧来到龙江书院大门口。远远地,何长工就告诉毛泽东:"站在最前面的那位就是朱德同志,左边是陈毅同志。"

毛泽东走过来,跟朱德久久地、久久地握手。这是三十五岁的毛泽东与四十一岁的朱德的第一次见面。这是历史性的会面。从此,朱德一直成为毛泽东的亲密战友,直至1976年两人相隔两个来月相继去世,保持了长达将近半个世纪的友谊。

毛泽东也和二十七岁的陈毅紧紧握手。

双方握手之后,带着各自的部下,步入龙江书院,登上三楼文星阁。参加这次历史性会见的双方部下有张子清、蔡协民、何挺颖、王尔琢、伍中豪、胡少海、龚楚、何长工、袁文才、朱云卿、王佐。

在文星阁,毛泽东说:"过几天就是'五四',我们开个大会,庆贺一下。"

朱德当即赞同。

5月4日那天,砻市河东的广场上,红旗招展,鞭炮齐鸣,人头攒动,热闹非凡。毛泽东、朱德两支部队,加上方圆几十里赶来庆贺的人们,一万多人聚集在那里。对于那山区小镇来说,这是空前的盛会。

大会的主席台是临时搭建的。就地取材,农民搬来一只只禾桶(打稻时用的大水桶),再铺上门板,很快搭成主席台。上午10时,在万众欢呼声中,毛泽东、朱德等登上了主席台。那天,毛泽东佩了一支匣子枪,很神气地出现在主席台上。

大会的司仪是何长工,执行主席为陈毅。

陈毅当众宣布了重要决定,即毛泽东、朱德两支队伍合并,改编成"中国工农革命军第四军",下辖三个师、九个团。

朱德部队，其中参加过南昌起义的精兵，有二千五百多人。后来，转战各地，特别是在湘南发动暴动，队伍壮大到八千多人。加上毛泽东的队伍，一下子达一万多人，声势大多了。自从毛泽东担任军党代表，人们就称他"党代表"或"毛党代表"。

朱德在大会上演说，称这次会师是中国革命的新起点。他说："我们为会师而高兴，可是敌人却在那里难过，那么，就让敌人难过吧，我们不能照顾他们的情绪，我们将来还要彻底消灭他们呢！"

毛泽东上台演说时，依然保持他那幽默风趣的风格，使全场不时爆发出笑声。据何长工回忆，毛泽东当时说了这么一段话：

> 现在我们虽然在数量上和装备上不如敌人，但是我们有马列主义，有群众的支持，不怕打不败敌人，敌人并没有孙悟空的本事，即使有孙悟空的本事，我们也有办法对付他们，因为我们有如来佛的本事，他们总逃不出如来佛的手掌！我们要专找敌人的弱点，然后集中兵力打这一部分。十个指头有长短，荷花出水有高低，敌人也有强有弱，兵力分布也难保没有不周到的地方，我们要抓住敌人的弱点，狠狠地打一顿，打胜了，立刻分散躲到敌人背后去玩"捉迷藏"。这样我们就掌握了主动权，把敌人放在我们手心里玩。（叶永烈：《历史选择了毛泽东》，上海人民出版社1992年7月版，第99页）

朱德和毛泽东会师之后，井冈山猛然红火起来。以井冈山为中心，把势力扩展到山下宁冈、永新、遂川、莲花、酃县等五县，建立了红色政权。这一带，也就成了红色区域，用了一个新名词来命名，叫作"根据地"。这样，毛泽东创造了两个"中国第一"：中国第一个红色政权，中国第一块农村革命根据地。

井冈山，成了中国革命新的起点。

谁都知道毛泽东是革命的宣传鼓动大师。朱毛会师后，井冈山红军的军事力量陡增，但与掌握全国政权的敌人相比，红军在数量和装备上还是远远不如敌人，敌人还是神通广大的"孙悟空"。可是充满胜利信心的毛泽东则十分自信地宣称"我们有如来佛的本事"。这个本事，就是红军有马列主义，有群众支持，有避强击弱灵活用兵的游击战术，虽然战略上处于劣势，但战术战斗上处于优势，牢牢掌握着战争的主动权，白军"孙悟空"是逃不出红军"如来佛"手掌的！毛泽东的分析，毛泽东的比喻，毛泽东的战术，足以鼓起红军官兵的胜利信心！

"把敌人放在手心里玩"，朱毛胜利会师后的红军"如来佛"法力无边！

跳出如来掌心的孙悟空

革命，有低潮的时候；红军，也有打败仗的时候。1934年，蒋介石派百万大军"围剿"中央苏区。"左"倾机会主义者实行消极防御的战略，没能打破敌军的包围，根据地越来越小，战局使红军不得不作出战略转移准备长征的决定。而此时，创造了红军正确游击战术的毛泽东，又被排斥在红军领导和指挥的权力之外，只让他专门做政府工作。

这时，"孙悟空"和"如来佛"也互相易位了。

长征出发前的三个多月里，毛泽东是在瑞金高围乡的云石山和雩都县城的何屋度过的。这三个多月里，他进一步被排挤，党内军内没有他的事，苏维埃政府的事也没有多少可做了，他处于"赋闲"的时期，还打了一场摆子（疟疾），烧得很厉害。但他仍以对党和红军命运的高度责任心，默默地做了大量工作，为红军主力的顺利突围做出了鲜为人知的贡献。

1934年6月以前，中共中央、中央政府和中央军委各机关，分别驻在瑞金沙洲坝、叶坪和县城等地。毛泽东及他领导的中华苏维埃共和国中央人民政府驻在沙洲坝。

1934年7月上旬，中央机关搬到了梅坑。中华苏维埃中央政府驻在梅坑区高围乡的云石山寺内。

云石山在瑞金县城西部约十九公里处，是座树木苍翠、怪石嶙峋的独立小山，山上有一座古寺。寺门口的对联写着："云山日永常如昼，古寺林深不老春"，横匾是"云山古寺"。中华苏维埃共和国中央执行委员会主席毛泽东、人民委员会主席张闻天就在这寺内办公居住。毛泽东和贺子珍住在左厢房，和尚们住在右厢房，张闻天独居侧室。中华苏维埃共和国中央人民政府是从这里出发长征的，所以又叫"长征第一山"。

1934年9月上旬的一天，毛泽东离开了云石山。跟随他去雩都的有贺子珍和秘书黄祖炎、卫生员钟光、警卫员吴吉清、马夫老余和一个警卫班，共二十多人。到了雩都，毛泽东住在县城北门外赣南省苏维埃政府所在地何屋的左厢房的一头，随行人员住在左厢房的另一头，中间的大厅和右厢房均为赣南省苏维埃政府办公地和住房。

毛泽东何以在长征前夕离开瑞金去雩都？毛泽东为什么选择了雩都，在长征前夕的忙乱时期，他为什么那么安闲地在于都待那么长时间？这是耐人寻味的。

我们来看看毛泽东在雩都干了些什么。到达雩都第二天晚上，龚楚和刘伯坚去看毛泽东。他们谈了一小时。毛泽东问起赣江上游沿岸的情况，及红军二十二师、二十四师的位置。龚楚一一告诉了他。

毛泽东在雩都期间，在住室召开了两个座谈会。一个是铁匠、木匠、缝纫匠、篾匠和贫雇农座谈会，共有八九个人参加。他和到会的人亲切交谈，询问他们生产、生活情况，向他们了解苏维埃政府工作人员的情况，问他们苏维埃政府干部对工作、生活抓得怎样？干部是不是能和贫苦工农联系等。他话锋一转，点明主题：当前蒋介石准备了八十万兵力进攻苏区。我们贫苦工农不要怕，要组织游击队，开展游击战争，在后方牵制敌人，打击敌人；要努力搞好生产，积极支援前线；对地主、富农分子要严格管制起来。

长征出发仓促，没有动员群众，毛泽东却在雩都做了动员工作。

毛泽东在雩都还指导刘英做扩红工作，帮助她完成长征前夕的扩红任务，为红军主力补充兵员。刘英是少共中央局的组织部长。1934年4月底，中共苏区中央局组织局主任李维汉任命她担任于都扩红突击队长，要求她三个月扩充红军两千两百人。由于她工作有方，群众发动得好，只用了一个半月，就扩红三千三百名，提前超额完成了任务。

从这些可以找得到的一鳞半爪材料可以推测，毛泽东来雩都名曰"督导苏维埃政府工作"，实际上做的是突围转移前夕的群众动员和善后安排工作。当时的中央由于强调保密，没有在群众中进行应有的政治动员，毛泽东在影响所及的范围弥补了这一课，表现了他对红军命运和苏区命运的责任心和使命感，也为红军主力从南线突围作了铺垫。

在雩都期间，毛泽东得了疟疾，高烧四十摄氏度。在"神医"傅连暲的医治下，好不容易才退烧。他刚退烧，就焦急地问贺子珍："子珍，这几天送来了什么文件、电报没有，前线有消息吗？"

贺子珍赶忙把桌上的文件、电报和战报拿来，一份一份地读给毛泽东听。

毛泽东静静地听着，目光里流露出忧伤的神色，听着听着慢慢地闭上了眼睛。贺子珍以为他睡了，轻轻地退了出去。待到黄昏时光，她推门进来，发现毛泽东早已起床工作。桌子上摊着一幅军用地图，他正弯着腰，身子几乎贴到桌子上，鼻子尖快碰到地图了。用铅笔在画着什么。

贺子珍急了："老毛，你不要命啦？今天刚退烧呀！"

毛泽东叹了一口气："战局这个样子，我放心不下啊！搞不好，中央根据地全都要丢了，我在想还有什么办法挽回败局。"

毛泽东魂牵梦绕的还是第五次反"围剿"的战局，是濒于危局的红军的出路。他来雩都不仅是"督导苏维埃政府工作"，还有自定的军事任务。

他刚到雩都时，就曾向龚楚打听赣江上游沿岸的情况，打听红二十二师、二十四师的位置，不是没有用意的。

长征出发过了雩都的第三天，刘英遇到毛泽东。

刘英问："主席，你9月份到雩都是有特别任务吧？"

毛泽东答道："是啊，我到雩都去的主要任务嘛，就是察看地形。敌人从东、北、南三个方面向我们压缩过来，只有西南方向，也就是雩都、瑞金通向安远、信丰一带，还没有敌人主力部队的拦截。"

刘英机灵地问："你就是到雩都勘察突围路线和突破口的，对不对？"

毛泽东点点头：

我们是孙悟空，是一个能跳出如来佛掌心的孙悟空。（郭晨：《万水千山只等闲》，军事科学出版社1993年11月版，第33页）

刘英忽然醒悟，现在红军主力走的，不正是毛泽东这个"孙悟空"探的路吗！

这段对话告诉我们，毛泽东到雩都的主要任务是寻求和勘察红军主力突围转移的路线，选择突破口。因为毛泽东参加了6月10日前后的中央政治局扩大会议，他向东北方向突围转移的建议被否决后，中央决定从西南方向突围，选择在雩都县城的粤赣军区来做突围准备。因此，他来到了雩都。赣南军区的前身是粤赣军区，他以前在粤赣军区做了大量工作，有扎实的基础，现在再来做巩固和发展的工作，直接为红军主力突围转移做了准备。应该说，这是毛泽东继在会昌之后为红军主力能从西南顺利突围做出的又一贡献。更为难能可贵的是，在雩都勘察红军突围转移的路线不可能是中央委派给他的，因为他已没有军权，不管军事了，而是他利用中华苏维埃共和国中央执委会主席的合法身份，以"督导苏维埃政府工作"的公开名义，主动地、秘密地做勘察突围路线和选择突破口的军事工作，默默地为挽救红军命运而奉献，显示了一个无产阶级革命家不计较个人恩怨和得失的胸怀与情操。

毛泽东长征前夕在雩都一个多月的苦心经营没有白费。中央红军长征前夕是在雩都集结的。根据中央军委的部署,中央机关及红一方面军离开瑞金撤离战场,于10月11日至19日,分别在雩都地区隐蔽集结,进行突围前夕的各项准备工作,尤其是物资的补充于于都河浮桥的架设。

显然,毛泽东在雩都一个多月的工作,为主力红军在于都的隐蔽集结、政治动员和厉兵秣马,做了大量前期工作。

从第五次反"围剿"到长征前夕,红军成了被包围的"孙悟空",白军却成了有些法力的"如来佛"。但是,与那个翻筋斗十万八千里也跳不出如来佛手掌的孙悟空不一样,毛泽东是有政治远见、有战略眼光的"游击大师",他在身处逆境的情况下,悄悄地为红军的突出重围勘察突破口。他是为红军突围探路的"孙悟空",这个"孙悟空"在于都找到了如来佛手掌的缝隙,使红军一举突破敌人防线,冲出包围圈。白军统帅蒋介石这个"如来佛",法力有限,手掌不严,被红军钻了空子,红军一个筋斗跑出两万五千里,终于还是胜利者!

如来手掌化成五行山

抗日军兴,举国御侮。1938年5月,毛泽东时在延安。此时,他正在撰写重要军事著作《论持久战》。这是一部震烁古今的军事经典,它的发表,立即赢得各界的广泛赞誉。

毛泽东是军事战略家,他身在延安,世界战争风云尽收眼底。那时,第二次世界大战的战争格局已经壁垒分明,德国、日本、意大利组成了侵略阵线,中国、苏联、法国、捷克斯洛伐克等国组成了和平阵线。中国正在遭受日本帝国主义者的入侵,东北、华北大片河山沦落敌手。共产党领导的人民武装纷纷深入敌后建立抗日民主根据地。毛泽东着眼全局,纵论天下大势,透析战局走向。在这篇宏文的第五十四节,他谈到战略包围和战略反包围问题,毛泽东笔走龙蛇,慨然写道:

> 从整个战争看来,由于敌之战略进攻和外线作战,我处战略防御和内线作战地位,无疑我是在敌之战略包围中。这是敌对于我之第一种包围。由于我以数量上优势的兵力,对于从战略上的外线分数路向我前进之敌,采取战役和战斗上的外线作战方针,就可以把各路分进之敌的一路或几路放在我之包围中。这是我对于敌之第一种反包围。再从敌后游击战争的根据地看来,每一孤

立的根据地都处于敌之四面或三面包围中，前者例如五台山，后者例如晋西北。这是敌对于我之第二种包围。但若将各个游击根据地联系起来看，并将各个游击根据地和正规军的阵地也联系起来看，我又把许多敌人都包围起来，例如在山西，我已三面包围了同蒲路（路之东西两侧及南端），四面包围了太原城；河北、山东等省也有许多这样的包围。这又是我对于敌之第二种反包围。这样，敌我各有加于对方的两种包围，大体上好似下围棋一样，敌对于我我对于敌之战役和战斗的作战，好似吃子，敌的据点（例如太原）和我之游击根据地（例如五台山），好似做眼。

这两种包围和反包围，说的是中国抗战的敌我态势，说的是共产党领导的敌后游击战争根据地的敌我态势，即敌人取攻势包围我，而我军虽然取守势，但也反包围敌人。写到此处，毛泽东笔锋一转，着眼世界战局：

> 如果把世界性的围棋也算在内，那就还有第三种敌我包围，这就是侵略阵线与和平阵线的关系。敌以前者来包围中、苏、法、捷等国，我以后者反包围德、日、意。但是我之包围好似如来佛的手掌，它将化成一座横亘宇宙的五行山，把这几个新式孙悟空——法西斯侵略主义者，最后压倒在山底下，永世也不得翻身。如果我能在外交上建立太平洋反日阵线，把中国作为一个战略单位，又把苏联及其他可能的国家也各作为一个战略单位，又把日本人民运动也作为一个战略单位，形成一个使法西斯孙悟空无处逃跑的天罗地网，那就是敌人死亡之时了。实际上，日本帝国主义完全打倒之日，必是这个天罗地网大体布成之时。这丝毫也不是笑话，而是战争的必然的趋势。（《毛泽东选集》第二卷，人民出版社1991年6月版，第472—473页）

毛泽东借用这个为中国广大民众所喜爱的《西游记》中如来佛的故事，形象地说明了世界战争中敌我双方包围和反包围的态势和发展前景。文中把孙悟空比作了敌方德、日、意法西斯侵略阵线，称之为"几个新式孙悟空""法西斯孙悟空"，而把中国、苏联、法国、捷克等国组成的和平阵线比作"如来佛的手掌"。五行山压住孙猴子，中国人民和世界其他国家人民团结起来，就能完全打倒法西斯敌人，完全打倒日本帝国主义。使"法西斯孙悟空无处逃跑"。在这里,"如来佛手掌"的外延扩大了,它寓意着中国和世界爱好和平的人民战胜法西斯入侵者的不可抗拒的力量。

毛泽东对世界战局的分析是那样的科学,他的预言是那样的准确。第二次世界大战的发展和结局,完全验证了他的论断。几个"法西斯孙悟空"彻底地失败了,德国法西斯元凶希特勒,气势汹汹地进兵莫斯科城下,最后自焚于柏林;意大利法西斯罪魁墨索里尼,杀气腾腾地进犯巴尔干半岛,最后被吊死于米兰街头;日本法西斯首恶东条英机,威风凛凛地占据了大半个中国,最后自杀未遂,被绞死于东京。他们确实被世界人民压在了五行山下,永世不得翻身。

敌对分子是在如来佛手掌中

"如来佛手掌"这个典故,毛泽东不只应用于军事领域,也应用于政治领域。

1959年在一个批示中,毛泽东谈到对还没有充分暴露的敌对分子的活动应注意观察时说:

> 他们是在如来佛手掌中,跳不出去的。(王兴国:《毛泽东与佛教》,中国书籍出版社1996年1月版,第206页)

这里的"如来佛手掌"可以理解为以工农联盟为基础的人民民主专政的国家政权,那时表述为无产阶级专政。这就是说,敌对分子没有充分暴露,要注意观察,让他们充分表演;不怕他们的各种危害性活动,他们奈何不了掌握了政权的无产阶级和人民大众。从阶级力量、政治力量对比上来说,"敌对分子"这个孙悟空,是"跳不出"人民民主专政这个"如来佛手掌"的。

像在军事斗争中充满必胜信心一样,毛泽东对"敌对分子"所处态势和命运的简短论断,表明了他的政治自信。

"如来佛手掌"的具体内容,在毛泽东那里不是常数是变数:它是攻无不克战无不胜的红军的有生力量,它是根据地,是全中国、全世界反法西斯的正义力量,它是威慑敌对分子维护政局稳定的阶级力量,相信这些力量的无往而不胜,又体现了毛泽东坚定的革命意志和足够的革命信心。这时候,"如来佛手掌"法力无边,战无不胜,不可逾越,任凭什么白军孙悟空、法西斯孙悟空、敌对分子孙悟空，都是跳不出去的。可是，当革命处于低潮和劣势，处于被敌人包围的困境，"如来佛"与"孙悟空"互相易位时，毛泽东又不甘心扮演"跳不出如来手掌的孙悟空"的角色，他总是能在反动派布下的天罗地网中找到破绽，找到缝隙，找到缺口，避实击虚，杀出重围。这时，佛祖不是法力无边，而是法力有限，终于没有斗过孙大圣。以佛祖自况时一手遮天，玩任何魔怪于掌股之上；以猴王自况时，批亢捣虚，冲决罗网，至尊如来能奈我何？都是胜利者，这就是毛泽东！

认为观音是大慈大悲救苦救难的神

> 毛泽东：……在内地有一个观音菩萨，人们将她的像塑得很美丽、庄严、慈祥，人们对她十分信仰，认为她是大慈大悲、救苦救难的神。西藏也有观音菩萨吗？
>
> 《毛泽东西藏工作文选》，中央文献出版社、中国藏学出版社2001年5月版，第114页

《西游记》中的观音菩萨是一个举足轻重的人物。她贯穿全书，具有艺术结构上的特殊作用。在小说里，她被刻画成一位东方维纳斯的形象，美丽端庄，圣洁慈祥。这位温柔的女菩萨，遵如来佛祖的旨意，组织了唐僧师徒四人的西天取经之圣业。从选定唐玄奘为取经之人，到劝善孙悟空、猪悟能、沙悟净、龙太子护随唐僧取经，观音菩萨颇费了一番心血。取经路上，观音更是不时显现，收妖降魔，成了孙悟空的坚强后盾。取经，若没了观音，就难以实现；唐僧师徒，若没了观音，难成正果；东土大唐，若没有观音，则难得真经。

《悲华经》说观世音出身王家。有位转轮圣王，叫无净念。他有一千个小孩子。观世音是第一个太子。名叫不煦。太子不煦立下宏愿，生大慈悲心，断绝众生痛苦及烦恼，使众生常住安乐。

中国佛教净土宗流传开以后，观音菩萨也受到广泛崇敬。西方极乐世界的教主阿弥陀佛，他身边有两位胁侍，右边为大势至菩萨，左边为观世音菩萨。两者之中，数观世音的名气和影响最大。这正是由于观音本身的优越条件所造成的。阿弥陀佛信仰影响着观世音崇拜，而观世音崇拜又促进了阿弥陀佛信仰。他们在中国民间，造就了"家家阿弥陀，人人观世音"的辉煌局面。

《西游记》人物，最早在毛泽东精神生活中打下烙印并发生实际作用的，就是这位慈善的女菩萨。他终生对观音都保持着好感，保持着尊敬。

童年随母拜观音

据《毛泽东与佛学》的作者王兴国,《毛泽东故土家族探秘》的作者高菊村、龙剑宇等介绍:毛泽东在孩提时代,就曾跟着母亲拜佛。而最早崇拜的佛,就是观音菩萨。

毛泽东1936年与埃德加·斯诺谈话时说过:

我父亲早年和中年都不信神,可是我母亲却是一个很虔诚的佛教徒。她向自己的孩子们灌输宗教信仰,我们都曾因父亲不信佛而感到伤心。(《毛泽东一九三六年同斯诺的谈话》,人民出版社1979年12月版,第10页)

这说明毛泽东少年时代对佛教信仰的家庭影响,完全是来自母亲文七妹。

文七妹对佛教的信仰时间,至少可以追溯到1893年毛泽东诞生之际。文七妹与毛顺生完婚至毛泽东出生前的八年期间,文氏曾先后怀过两胎,但都不幸在襁褓中夭折,接连两次,文氏这颗纯洁善良的心灵受到简直使她难以承受的创伤。于是,整天在叹息和失望中生活。她想起了孩儿时代听到长辈们讲过的信仰佛祖和菩萨可以摆脱痛苦的话语,想起了跟随祖母、母亲到佛教殿堂白莲庙拜佛供香的往事,看到慈悦庵出出进进的善男信女。联想到自己的痛苦遭遇,使她坚信只有佛祖才能解除她的痛苦,保佑她儿子福大命大。这以后,她成了佛祖一名虔诚的信女。毛泽东诞生之后,他的母亲除了高兴之外,还千方百计地要使他"长命百岁"。为此,文七妹先后采取了四项措施:

其一,是让毛泽东拜七舅妈为"干娘"。毛泽东的七舅妈子女颇多,而且个个长得健壮结实。母亲要毛泽东拜七舅妈为干娘,是希望托七舅妈的福,庇荫他健康成长。

其二,是替他向南岳观音菩萨"许愿",答应毛泽东长大成人之后去"还愿"。毛泽东在母亲神佛思想熏陶和孜孜不倦的开导下,变成了一名对神佛深信不疑的男童信徒。还在他十六岁那年,由于母病而需要许愿于神佛菩萨,以求早日康复,毛泽东曾徒步南岳"朝圣进香"。"南岳圣帝,阿弥陀佛",边走边念,边念边拜,就这样五步一拜,十步一跪,一直跪拜到南岳庙。

其三，是让毛泽东拜"石观音"为"干娘"。在距离唐家坨约一公里远的龙潭坨山脚下，有一块拔地而起的天然巨石，石高两丈八，宽一丈余。石后，有一股终年不涸长流不断的泉水从山洞中潺潺流出。据传说，曾有一条作恶多端的妖龙卧于洞中。龙出洞，水变浑，洪水涨，淹良田……为了使妖龙"安分守己"，不兴风作浪，危害良民百姓，人们除了每年杀猪宰羊供祭之外，还在石头上修建庙宇立"杨四将军"，以镇妖孽，人们称之为"石观音"。远近的善男信女纷纷前往敬香朝拜。深信"八字"和命运的毛泽东之外婆、母亲，自然看中了这块"神石"，毅然决定让毛泽东拜其为干娘。有一天，贺氏、文氏母女俩，一个怀抱毛泽东，一个带上写有毛泽东的名字及出生年月日的纸钱以及香烛、鞭炮、酒肴之类的祭品来到"神石"跟前，她们又是进香供酒，又是作揖叩拜，扶着襁褓中的毛泽东跪拜"神石"为干娘，以保佑吉祥平安。因为毛泽东排行第三，故名之曰："石三"。此后，一直到毛泽东离开韶山之前，都管他叫"石三伢子"，而不叫毛泽东。文氏向其子毛泽东"灌输宗教信仰"，主要包括言传和身教。在毛泽东发蒙读书之前，也就是1901年正月初的一天上午，文氏把毛泽东带到"石头干娘"跟前，自己双手合十举香作揖，八岁的儿子站立在旁边，看着母亲的一举一动。"三伢子，还不快给石观音磕头呀！"文氏见毛泽东无动于衷，便拉了一下他的手催促道："快点，跪下！"说着自己又磕了三个头。磕完头见毛泽东依然站着未动，文氏焦急地问道："石三，你怎么还不跪下给石观音磕头呢？""我不给石头磕头，我只给爹爹和娘磕头！"这时文氏边擦眼泪，边难过地说："唉，你真是个伢子，一点也不了解做娘的心事。你是老三，你前面的两个哥哥都早死了，娘怕你有个三长两短才把你寄拜给石头干娘的。明天你就要上学读书去了，今天来祈求她老人家保佑你平安无事，可你就是……"

接着自己又念念有词道："大慈大悲的石观音，我儿石三明天就要进学堂，祈求您老人家保佑他成就学业，无病无灾。""娘！莫哭了，我听你的话。"毛泽东说完就跪下向"石观音"磕了三个头。为了祭拜"石头干娘"，文氏还按时论节祭"神石"和天地，敬祖宗，登庙堂，从不误时，从未隔断，真可谓是信佛一生，虔诚一世的神佛信徒。

其四，是自己吃"观音斋"。近代流行"送子观音"。这是一尊女像的观音，手上抱着一个欲赐予的小男孩儿，很受求子心切的妇女的欢迎，她是中国汉化佛教创造出来的一尊观音。毛泽东的母亲当时求子和保子心切，所以她礼拜的对象很可能就是"送子观音"。湖南佛教名山南岳有七十二座寺庙，其中许多寺庙中都供奉有观音菩萨像。毛泽东的母亲向南岳的观音菩萨许了愿，希望保佑自己的儿子平安健康地成长。根据中国的传说，观音的生日是农历二月十九日，成道日是农历六月十九日，涅槃日是农历九月十九日。毛泽东的母亲吃"观音斋"，就是在这三个"十九日"忌吃肉食，只吃素食。

毛泽东童年时从二岁至八岁主要是在外祖母家度过的。他的外祖母也虔诚信佛。每逢观音菩萨的生日、成道日和涅槃日，他都少不了由母亲或舅父、舅母领着，去向石观音礼拜。所以"石三"的乳名和石观音的形象，给他留下了深刻的印象。毛泽东喜欢石头坚硬的性格，自然喜欢"石三伢子"这个乳名。在中国共产党成立之后，因革命斗争环境的险恶，毛泽东还曾用"石山"的化名发表文章或通信。这个"石山"显然就是从"石三"衍化而来的。例如1923年7月1日，毛泽东在《前锋》杂志上发表《省宪下之湖南》一文时，署名便是"石山"。

同年9月28日，毛泽东在致广州国民党总部工作的共产党员林伯渠、彭素民信的附语中特别交代：

> 此信托人带汉寄上，因检查极厉害，来信请写交毛石山，莫写毛泽东。(《毛泽东书信选集》，人民出版社1984年1月版，第24页)

1927年9月20日，毛泽东在湖南浏阳文家市的工农革命军誓师大会上，就曾经把工农革命军比作一块小石头，把蒋介石庞大的军队比作一口大水缸，并且满怀信心地说：

> 我们现在力量很小，好比是一块小石头，蒋介石好比是一口大水缸，总有一天，我们这块小石头，要打破蒋介石那口大水缸。(《毛泽东年谱》上卷，人民出版社、中央文献出版社1993年12月版，第220页)

解放战争后期，有一次，毛泽东在西柏坡会见一位外宾，外宾问他怎么有毛泽东和毛润之两个名字。毛泽东幽默地笑道：

> 我还有第三个名字，你们不知道。

毛泽东的第三个名字就是毛石山。

1951年2月的一天,彭德怀从抗美援朝前线回来向毛泽东主席汇报工作时,毛泽东饶有风趣地说:

你的名字叫石穿,我的乳名叫石三伢子,我们同是两块石头。

彭德怀觉得自己不能同主席平起平坐,相提并论,于是谦虚地说:"主席是块宝石,我彭德怀不过是块顽石罢了。"
毛泽东接过话头强调指出:

我也是一块石头嘛,我们两块石头都用来打美帝国主义。我这一块扔给杜鲁门,你那一块扔给麦克阿瑟。

"管叫他们头破血流!"彭德怀兴冲冲接过话头。(孙雷、孙宝义:《毛泽东衍名艺术》,辽宁人民出版社1996年8月版,第8—9页)

1951年5月,毛泽东在接见他的表兄文运昌等人时,曾谈到拜石头为干娘一事。他说:

我小时候有个乳名叫石三伢子。那时候,我母亲信迷信,请人算八字,说我八字大,不拜个干娘难保平安。母亲带我去棠佳阁外婆家,发现路上有一块人形巨石,便叫我下地跪拜,拜石头为干娘。因此,母亲又给我取名"石三伢子"(赵志超:《毛泽东和他的父老乡亲》,湖南文艺出版社1993年版,第84页)

1959年6月,毛泽东回到他阔别了三十二年的家乡韶山。6月26日傍晚,毛泽东在韶山招待所设便宴,款待当年曾和他一道出生入死的赤卫队员、老共产党员和烈士家属,还邀请了他少年时代的师长和亲友。当宾主各就其位之后,生活秘书轻声地告诉毛泽东:"主席,客人都来齐了,可以开始了。"毛泽东站了起来,举杯环视四周,微微笑道:

今天,各位父老乡亲都到齐了,就只差我干娘冒(没)来呢。

顿了顿,他用商量的口气说:"是不是还等呢?"乡亲们听毛泽东这么一说,都感到奇怪。他们知道主席有个干娘是七舅妈赵氏,已死了三十多年,这是主席自己也知道的。怎么现在又冒出个干娘呢?毛泽东见乡亲们迷惑不解的样子,也未作进一步的说明,只是爽朗地笑道:"大家喝吧,我们不等啦。"席间,几个年轻人仍想打听个究竟,便指使一个小姑娘去问毛泽东:"主席爷爷,您的干娘是哪一个呀?"毛泽东放下杯筷,笑容可掬地抱起小姑娘,大手向西一指说:

> 我是那个山里石头的孩子,你又是哪个的孩子呀?(刘建国等:《韶山的昨天与今天》,湖南文艺出版社1993年版,第21页)

原来毛泽东讲的就是石观音。他拜石观音为干娘,是幼年时代在外婆家生活时发生的事,在韶山即使是当时在座的五六十岁的老人亦不知情。所以当毛泽东重提此事时,人们都感到诧异。

在母亲虔诚信仰佛教的影响下,少年毛泽东对佛教的信仰也十分真诚。他不仅和母亲一样,对父亲不信佛感到伤心,而且曾和母亲讨论,如何改变父亲不信佛的态度。他回忆说:

> 我父亲早年和中年都不信神……我九岁的时候,曾经同母亲认真地讨论过我父亲不信佛的问题。当时和以后,我们试过很多办法想让他信佛,可是没有成功。他只是咒骂我们,我们被他的攻击所压倒,只好退让,另想新的办法。但他总是不愿意信神……后来,有一天,他出门去收一些款子,路上遇见一只老虎。老虎突然遇见人,立刻逃跑了。然而对此更加感到惊异的却是我父亲。事后他对自己这个奇迹般的脱险思考得很多。他开始怀疑自己是不是冒犯了神明。从此,他对佛教比较尊重了,间或也烧些香。然而……他只是在自己处境不顺当的时候,才祷告一番。(《毛泽东一九三六年与斯诺的谈话》,人民出版社1979年12月版,第10页)

毛泽东的父亲只有在处境不顺当的时候才求神拜佛,这是存在于中国农民中的一种相当普遍的对宗教采取的实用主义态度。

据毛泽东研究专家们介绍,1909年,即毛泽东十六岁时,他曾去南岳"朝圣进香"(汪澍白:《毛泽东早期哲学思想探源》,中国社会科学出版社 湖南人民出版社1983年版,第7页)。关于这次"进香"的原因,有的说是因为母亲生病时许了愿，治好之后去"还愿"。本文前面也持此说。1957年，毛泽东在一次谈话中，也是这样说的。我们根据毛泽东童年与佛教的关系，在毛泽东幼年时代，母亲曾向南岳的观音菩萨许愿：祈求保佑儿子健康成长。因此，不能排斥这次"进香"可能肩负着双重任务，既替母亲"还愿"，也替自己"还愿"。

如果说毛泽东的母亲早年信佛，主要是为了求菩萨替子女保平安的话，那么她晚年信佛，则更多地是为了替自己求长寿。我们这样说的根据之一，是毛泽东的母亲晚年体弱多病，并死于瘰疬，俗称"疬子颈"，这是中医学对颈项间结核的总称，是一种慢性病。所以1959年毛泽东回韶山时，当他重睹和母亲、两个弟弟的合影时说过，这种病如果在现在，是可以治好的。根据之二，是毛泽东在母亲逝世之后撰写的一副灵联：

疾革尚呼儿，无限关怀，万端遗恨皆须补；
长生新学佛，不能住世，一掬慈容何处寻？

（《毛泽东早期文摘》，第411页）

根据毛泽东的母亲本来信佛的历史，这里讲的"长生新学佛"，只能理解为是为了求长生而重新理解佛教之精义。根据佛教的教义，本来是以解脱为根本宗旨的，即只要通过修炼达到佛的境界，就可以摆脱生死的轮回，得到一种精神上的自由。所以一般来说，佛教是不讲长生术的。但是中国的信徒由于受道家思想影响，一般又都具有求长生的愿望。特别是到了明代万历年间，浙江人汪普喜还专门创立了一种"长生教"，主张吃斋念佛，谓可祛病延年。长生教信奉白衣观音大士和禅宗六祖慧能。毛母"长生新学佛"，虽然不一定就是信的长生教，但受其影响是完全可能的。长生教信奉的白衣观音大士，是观音形象之一种。毛母早年信观音，吃观音斋，到了晚年又求观音保其长生，这也是合乎逻辑的思想发展。

毛泽东少年时代信佛，直接影响固然来自他的母亲，但是与他的家乡韶山的社会风俗与毛氏宗族对待佛教的态度，也是有一定关系的。韶山地区历来有信仰仙佛的风俗。据光绪十四年（1888）编的《湘潭县志·礼典》记载，韶山所在的七都（都相当于现在的乡），就有佛寺十四所：宁田寺（亦作银田寺）、清溪寺、永峰寺、瞻仁庵、阿罗庵、狮子林、报恩寺、慈悦寺、阿罗庵、引善庵、白龙寺、阿罗庵、团山寺、万福庵（三所阿罗庵系不同姓氏所建）。在韶山地区，最大的佛教寺庙是清溪寺。寺宇坐北朝南，有四进，第三进为大雄宝殿。中厅供奉两尊一米许铁铸佛像，三大厅供奉释迦佛、阿弥陀佛、药师佛。两侧小厅供奉十八罗汉。第四进为观音殿。

恺恻慈祥 感动庶汇

文氏信仰观音菩萨，行事做人满怀慈悲之心，乐于助人和施舍。在韶山共度过了四十个春秋。在这四十年的沧桑岁月里，她宽容待人，恭让谦和。孝敬翁姑，无微不至。无论是娘家长辈，还是婆家父母，她都是关照周全，竭尽孝心。赤诚待夫，逆来顺受。对待穷人，文氏总是慷慨厚道。她这方面的优良美德，在潜移默化地影响着孩子们，影响着毛泽东。毛泽东一直很拥护母亲之善举，反对父亲的做法。毛泽东说过：

"我母亲是个心地善良的妇女，为人慷慨厚道，随时愿意接济别人。她可怜穷人，他们在荒年前来讨饭的时候，她常常给他们饭吃。但是，如果我父亲在场，那就不能这样做了。我父亲是不赞成施舍的。我家为了这事多次发生过争吵。"

施舍，正是佛家的慈善之举。的确，每逢

观音奉旨上长安

荒年荒月，文氏经常背着丈夫，悄悄地以粮食接济贫苦乡亲。事过数十载，如今韶山冲一带仍然传颂着文氏济苦帮贫的桩桩往事：毛顺生堂弟毛菊生家境贫困不堪，文氏和毛泽东不仅反对买他的田，而且每每逢年过节的时候，便瞒着毛顺生给这位穷亲戚送去大米，送去鱼、肉之类的食物。有一回，一老一少两位衣着褴褛的要饭女人，可怜巴巴地来到了上屋场，见到正在门外做事的女主人之后，长者便有气无力地哀求道："大慈大悲的主人家，我家有好几天没有揭锅盖了！可怜可怜我这个孙女，给点米回去做顿饭吃吧！"说着老幼双双跪下求赐。文氏见状立即扶起那位面黄肌瘦的细妹子，用手理了理她的头发后，哽咽着安慰道："好妹子，快快起来，我这就给你装饭去。"毛泽东一边注视着祖孙二人的举动，一边望着走进厨房的母亲背影，突然转身也跟着进了厨房。母亲正在往碗里盛饭，毛泽东也在帮娘夹菜。"你们快趁热吃吧！把袋子给我，再给你们装点米来。"文氏说完后，母子一前一后又往谷仓那边走去了。文氏撑着米袋口子，毛泽东则一勺一勺地往袋子里装米。外边祖孙俩蹲在台阶上，大口大口地把饭往口里扒，往肚里吞……

毛泽东故居的碓屋曾经是毛家做米生意期间谷米加工的场地。文氏和毛泽东在这里劳动的时候，不时暗暗地从侧门口撮米馈送穷人。每当这时，文氏站在门边"站

观音慈善缚红孩

岗放哨",一遇到毛顺生来了便以咳嗽为信号,暗示毛泽东立刻终止施舍行动。

对于儿子行善乐助的举止,母亲总是给以嘉赞和支持。毛泽东在私塾读书的时候,见一个家境贫苦的同学没有带饭,就把自己带去的饭菜分一部分给他吃,因而,每每回家以后毛泽东便是一副饥饿之相。起初,母亲以为儿子饭量增大是苦读经书所致,所以就让他多带些饭去,结果依然如此。当其母问及情由的时候,儿子照直说了,母亲欣然赞许他的举动,每次总是多给他带一些饭。

还有一回,那是个大雪纷飞的早上,毛泽东在上学读书的路上遇着一位衣着单薄而又破烂的年轻人,浑身冻得直打哆嗦。当了解到他的家境和遭遇之后,立即从自己身上脱下一件衣服给他穿上。直到第二年春天,母亲翻晒冬衣时,发现儿子少了件夹袄,一盘问,儿子便把真情告诉了母亲,母亲点点头,对儿子丝毫没责备。盛夏,久晴无雨,田里土裂苗枯。毛泽东常常起早睡晚地帮助那些鳏寡孤独的苦命人车水抗旱……

类似这样善举,开始是母亲"为头",儿子参与,后来则是儿子在母亲影响下的自觉行动,是慈母美德的延伸与发展。

1919年10月5日(农历八月十二日),毛泽东母亲逝世。10月8日,毛泽东满怀悲痛和怀念,撰写了情词恳切、至性流露的《祭母文》,其中深沉地赞扬母亲慈悲为心的菩萨襟怀:

> 吾母高风,首推博爱。远近亲疏,一皆覆载。恺恻慈祥,感动庶汇。爱力所及,原本真诚。(《毛泽东早期文稿》,湖南出版社1990年7月版,第410页)

如前所述,毛母是信奉观音的。观音的尊号便是"大慈大悲救苦救难观世音菩萨"。所以毛泽东在《祭母文》中,尽管用了"博爱""爱力""慈祥"等词,其实质仍是讲的"慈悲"。"远近亲疏,一皆覆载",这些话里面,是包含着母亲许许多多无我利他乐善好施的众多事迹的。其实慈悲并不是观音的专利,而是整个大乘佛教的根本思想。《大智度论》卷二十七称:"大慈与一切众生乐,大悲拔一切众生苦。"大乘佛教以此作为异于小乘,进入世间"普度众生"的重要根据,故云:"慈悲是佛道之根本。"

青少年时代在母亲影响下对佛菩萨的热切崇拜,深刻地左右着毛泽东此时世界观和人生观的生成。当他驰骋于思维广阔天地的时候,这种影响对他的心路历程划下了道道迹痕。1917年8月23日,毛泽东在致老师兼朋友黎锦熙的信中谈到了孔子的"三世"思想。他将社会的人分成君子小人两类,他说:

> 小人累君子,君子当存慈悲之心以救小人。政治、法律、宗教、礼仪制度,及多余之农、工、商业,终日经营忙碌,非为君子设也,为小人设也……君子如但顾自己,则可离群索居,古之人有行之者,巢、许是也。若以慈悲为心,则此小人者,吾同胞也,吾宇宙之一体也。吾等独去,则彼将益即于沉沦,自宜为一援手,开其智而蓄其德,与之共跻于圣域。彼时天下皆为圣贤,而无凡愚,可尽毁一切世法,呼太和之气而吸清海之波。孔子知此义,故立太平世为鹄,而不废据乱、升平二世。大同者,吾人之鹄也。立德、立功、立言以尽力于斯世者,吾人存慈悲之心以救小人也。(《毛泽东早期文稿》,湖南出版社1990年7月版,第88—89页)

毛泽东的这段话表明,他不但继承了儒家传统的"民胞物与"的思想,而且自觉地使用了佛教的概念。在这短短的一段话中,两次使用"慈悲之心",一次使用"慈悲为心"。而整段话的精神告诉人们,他是满怀菩萨心肠,企图"普度众生"的。他在谈到理想的世界主义的同时,也谈到了这个理想世界中的理想人格。在他看来,这种具有理想人格的人,是充满了"慈悲之心",以"普度众生"为其高尚理想,而鄙视物质利益的追求。他觉得圣贤不应该只是独善其身,而应该以慈悲为怀,尽力把广大群众从苦难深渊中解救出来。

观音大士不曾打倒土豪劣绅

毛泽东随着岁月的更替,知识的增加,变得越来越不迷信神佛了,因而常常受到母亲的责备。毛泽东后来回忆道:

> "……我看的书逐渐对我产生影响,我自己也变得越来越怀疑神佛了。我母亲开始为我感到忧虑,责备我对于敬神拜佛的仪式漠不关心。"(《毛泽东一九三六年同斯诺的谈话》,人民出版社1979年12月版,第10页)

头脑中的科学知识越多,迷信的成分会越少。这是一般的规律。青年毛泽东也是如此,当他走出韶山冲,在东山学堂和湖南一师苦读,遨游于知识的海洋时,他开始从盲目迷信中解放出来,表现为对神佛的怀疑和崇拜仪式的冷漠。但是,这种否定还是初始的,还没有上升到理性的自觉。当他成为马克思主义者,掌握了无神论的世界观,作为革命实践运动的组织者和领导者时,他意识到神佛崇拜对革命运动的发展没有实际的帮助。他采取了批判的态度。1927年年初,他在《湖南农民运动考察报告》中写道:

神明吗?那是很可敬的。但是不要农民会,只要关圣帝君、观音大士,能够打倒土豪劣绅吗?那些帝君、大士们也可怜,敬了几百年,一个土豪劣绅不曾替你们打倒!(《毛泽东选集》第一卷,人民出版社1991年6月版,第33—34页)

菩萨,过去意译为大士、力士等,所以人们有时也在观音后面加上"大士"的字样,称为"观音大士"。毛泽东用人们长期崇奉观音大士仍然处于贫困境遇和地位的事实,来说明农民自己起来革命的必要。因为,"敬了几百年"的"观音大士",的确"一个土豪劣绅不曾替你们打倒",只有行动起来,依靠农民会的力量,才能够打倒土豪劣绅,使农民得到翻身解放。

毛泽东的幼年和少年,在母亲的深刻影响下,是那样虔诚地笃信观音菩萨。他和母亲对父亲的不信神佛十分担忧,千方百计劝动父亲转向信奉佛菩萨,可见信仰之坚定。当他过了而立之年,当他成为马克思主义者考察实际革命运动时,他意识到观音大士等佛菩萨对于革命的无助,转而对其采取了批判的态度。这个态度的转变当然是十分可贵的,人民的解放,贫苦群众的翻身,不能指望神仙皇帝,只能依靠自己的奋斗,这是无产阶级的真理,这是历史唯物主义的原理。

当然,这种批判仅仅是一种政治的批判,并不是全部否定宗教;只是指出神明对农民起来打倒土豪劣绅没有帮助,并不是对佛教教义尤其是其中合理部分的否定。当革命实践活动越来越深入,毛泽东在思想、理论、政策上越来越成熟时,他对神佛(包括他最崇敬的观音菩萨)的否定,则是一种辩证的否定,即不是简单的抛弃,而是哲学意义上的扬弃。

真有点慈悲为怀普度众生的样子

1932年年初,毛泽东受到"左"倾机会主义领导者的排挤,被剥夺了党内军内的领导权,只做中华苏维埃临时中央政府的工作。这时,中央又命令苏区红军去硬打赣州,毛泽东的正确意见不被采纳,他又病了,消瘦得很。周恩来和中央局、中央政府的不少同志都劝他找个地方养病,他知道叶坪村东不远的东华山上有座古庙,那里清静,决定到庙里住段时间。

1月下旬,他带着警卫班上了东华山。

东华山其实是个小山头,山不高,但满山翠杉古松,郁郁葱葱。一条山间小道,从山下的枣树下村曲曲弯弯地通向山顶。

古庙建在山顶,掩映在苍松翠柏之中。据《瑞金县志》记载,庙建于宋代。庙不大,只有一厅两间,正墙镶嵌在庙后的岩石上。厅堂的正面,就是伸进厅内的岩石,稍经修整,成为神座,其上供奉着释迦、阿弥陀、观音、弥勒、药师等佛像。佛像前摆着的一大二小三个香炉中,香烟缭绕,长年不断。这里景色宜人,邑人谓之"夏登东华热气顿解,冬上东华顷刻暖和",乃远近闻名之佳地。选择这一幽静的地方休养,甚合毛泽东的心意。

"天下名山僧占多"。东华古庙虽小,却也居有两名僧人。一名钟师父约六十多岁,一名宋元生,不到五十岁。两个僧人看见毛泽东一行到来,赶忙出来迎接。

"二位师父,打扰了!"毛泽东双手合掌,微笑施礼。

"哪里哪里!毛主席屈尊前来,犹如佛祖降临,实乃幸事!"两位僧人一边还礼,一边延请毛泽东进内。

"二位师父是本地人吧?"毛泽东问。

老僧答:"这位宋师父是石城人,我是兴国人。本地人一般是不居本地寺庙的。"

毛泽东点头:"噢,看来还是外来的和尚会念经!"

众人都笑了起来。

卫士陈昌奉边笑边饶有兴致地观看佛龛上的菩萨像。他还是第一次看到这么多雕琢精细、栩栩如生的菩萨,惊奇地指着一尊菩萨说:"你们看,这菩萨的肚子这么大!"说完还伸出双手在自己的肚子面前比画几下。毛泽东笑着告诉他:

这是弥勒佛。他的肚量大呢,能容五湖四海。我们不是菩萨,可待人待事,也要有他那么大的肚量才好。

他转身问:"老师父,我说得有道理吧?"老和尚虽然天天口念真经,却从未想到这一层,忙说:"真是宏论,有道理,有道理!"毛泽东兴致来了,便指着佛像一个一个地告诉警卫班的小鬼们:

这是释迦佛,这是观世音菩萨。你们看他们成天笑咪咪的,真有点慈悲为怀、普度众生的样子呢。

卫士吴吉清不以为然地回答:"我母亲一辈子信佛敬神,可穷得连饭也吃不饱?还普度众生呢!"另一个警卫战士接腔:"我建议,我们住在这里,就不准老百姓来烧香!"毛泽东对众人说:

佛教是一种文化现象,要改变人们对神佛的信仰,可不是一朝一夕的事情。我们住在这里,不要妨碍山下的老表们前来烧香敬佛,也不要妨碍二位师父的佛事。我们这些无神论者和有神论者,可以在这里各不相扰!

说完,他拈起一支檀香片,丢到香炉中,顿时,香炉中飘起一缕青烟,散发出阵阵清香。

"阿弥陀佛!"两位僧人面露喜色,连连合十致谢。

住在东华山期间,毛泽东为警卫战士们安排了学习时间和内容:上午学习文化两小时,下午学习时事两小时;晚上自习一小时。他让吴吉清找来些木炭当粉笔,选了一块平整光滑的石头当黑板,在石头上写一个字,教大家认一个字。战士们认了后,就在地上用小木棍跟着写,写了擦,擦了写,直到学会为止。毛泽东请总务处的同志给每人送来一支鸡公牌铅笔,还让大家用土纸各订了两个本子,用来写作业。对每个人的作业,他都认真批改。一丝不苟。

一天早饭后,天下着小雨,他们坐在小庙厅堂里聊天。毛泽东看见一块小木匾挂在佛龛前,便问陈昌奉:"你认识这上面的四个字吗?"

陈昌奉细细地看了一阵,摇摇头。毛泽东又问别的警卫员,众人都摇头。毛泽东解释道:

这上面写的是"有求必应"。"有求必应"懂吗？就是香客进庙烧香，求菩萨显灵，消灾避难。菩萨心肠好哩，对香客的祈求都满足。这就是"有求必应"。这当然是不可信的。可菩萨的服务态度还是蛮好的哩！我们苏区干部，对群众的要求，都能"有求必应"就好了。（舒龙、凌步机：《岁岁重阳》，海南出版社1993年10月版，第234页）

　　毛泽东的幽默话语，使警卫员们大笑起来。接着，毛泽东对大家说："今天上午你们就认写这四个字，怎么样？""好！"警卫员们高兴地应道。

　　佛教将观音描写为大慈大悲救苦救难的菩萨。《法华经》上说："若有无量百千亿众生受诸苦恼，闻是观世音菩萨，一心称名，观世音菩萨即时现其音声，皆能解脱。若有持是观音名者，设入大火，火不能烧，由是菩萨威力故。若为大水所漂，称其名号，即得浅处……复有人若有罪若无罪，械枷锁拴系其身，称观世音菩萨名者，皆悉断坏，即得解脱。"

　　汉化佛教对观音特别推崇。《法华经》的《普门品》说，观世音菩萨是大慈大悲的菩萨，她能现三十三种化身，救十二种大难。众生遇到困难或灾难时，只要念诵他的名号，"菩萨即时观其音声"，前往拯救解脱。她不分贵贱贤愚，对一切人的苦难均加以拯救，即所谓"随类化度"。因此，她的尊号是"大慈大悲救苦救难的观世音菩萨"。在阶级社会处于种种"差别相"，人间无处找到平等的中国老百姓，对于这样一位能公正而平等地对待一切众生的观音菩萨，当然是十分欢迎的。所以观音也就成为中国民间四大信仰之一，是影响最大、信徒最众的佛教菩萨。

　　观音在民间得到如此崇信，主要基于观音的神力在于解脱现世苦难，而不是引导人们去超凡脱俗、修行成佛；其次，观音寻声救苦，方法简便，无须烦琐的教义和长久的修行。这与中国人重实用、善功利的民族性格非常投合，因而他也就适应了各阶层、一切人的需要。

　　历代关于观音"救苦救难"的传说很多。《太平广记》和《法苑珠林》等书就专门收录了观音的灵异故事，大都据《法华经·观世音菩萨普门品》附会而作，它们寄托了人们企图摆脱现实生活种种苦难的美好愿望。

　　据佛典《悲华经》讲，观世音随同父亲转轮王同归佛门修行，他的行动比思想还快。他对佛说："我愿世人在遇到危难困苦时，口里念诵我的名字，好让我听见看到，这样我便可以去解救他们。"于是，佛就给他起了个名号，叫作观世音，意思是不仅能听见，而且还能看到世人的呼救之音。大慈大悲，应机赴感，寻声救苦，从心所欲，了无障碍。

观音是个救世主的形象，肩负着"救苦救难"的重任，到处奔波，任劳任怨，兢兢业业。在充满苦难的封建社会，尤其是兵荒马乱的岁月，战争频仍，人民流离失所，生活非常痛苦，拯救百姓于水火的观音菩萨成了世人最大的希望和救星。隋唐以降，救苦救难、大慈大悲的观世音菩萨已伴随中国人生活了一千多年，成为中国世俗的寄托、靠山、慰藉，乃至最可信赖的朋友。

中华苏维埃临时中央政府主席毛泽东带领警卫人员，在东华山古庙里养病，与庙里两个僧人生活在一起，每天低头抬头可见的是释迦佛、弥勒佛、观音菩萨塑像，接触的是山下来烧香敬佛的群众。这就有一个实际问题摆在了上自主席下至卫士这些革命者面前：如何认识佛教信仰，如何看待佛教教义？不能不说其中问题复杂，道理深奥。

在家时"连饭也吃不饱"的卫士吴吉清，对佛陀能"普度众生"表示怀疑，对母亲一辈子信佛教仍然受穷的结果表示不满；有的卫士干脆提出"不准老百姓烧香"，也就是反对敬佛仪式。此时，毛泽东对佛教的认识又有了新的发展，不是简单的否定和政治批判，而是把佛教看成是一种长期形成的"文化现象"，改变人们对佛教的信仰要有一个历史过程。无神论者和有神论者不仅可以互不相扰，而且前者还可以向后者借鉴其合理的东西。比如，借鉴释迦佛和观世音的"慈悲为怀，普度众生"，借鉴弥勒佛待人处世肚量能容五湖四海，借鉴菩萨"有求必应"的蛮好的服务态度，等等。言谈话语之中，有统一战线的策略，有宗教政策，有群众观点，不乏真知灼见和深谋远虑。

你母亲一定信佛吧？

1947年8月中旬的一天，李银桥来到毛泽东身边当警卫员。其时，毛泽东正在陕北葭县一带转战，与胡宗南的将领刘戡带领的七个旅敌兵周旋。在杨家园子林，毛泽东在散步时与李银桥闲聊。

"父母干么事呀？"毛泽东随口一问。

"我爹拉脚种地，闲下来的时候倒腾点儿粮食买卖。"李银桥认真回答，"我娘平时在院子里操持家务，农忙时也下地干点儿活儿什么的。"

"我们两家很有些像嘛！"毛泽东显然高兴了，说话的口气也热情多了，"你喜欢父亲还是母亲啊？"

"我喜欢我娘。"李银桥的话也多了起来,"可我爹的脑子好使,多少账他也算不糊涂;就是脾气大,平时还爱喝酒,吃饭他净一个人吃,他吃馒头我和我娘在一边儿啃窝头;心里不痛快他还打人,净把我打到当街去!我娘好,心眼儿善良,待人也好,我喜欢我娘。"

"我们两家越说越像了嘛!"毛泽东更高兴了,"你母亲一定信佛吧?"

"你怎么知道?"李银桥惊讶地问。

毛泽东笑了:

> 你说她心善嘛!佛以慈悲为怀,普度众生嘛!

"你……你娘也信佛?"李银桥好奇地问。

毛泽东若有所思地感慨道:

> 嗯,她也信佛。我也喜欢母亲哩,她心地善良,我小时候还跟她一起去庙里烧过香哩!

"我小时候也跟娘去烧过香!"李银桥赶着毛泽东的话说,"有一次烧香的人太多,还差点儿丢了我,回到家还被我爹打了一顿!"

毛泽东开始移动脚步:

> 后来我不信佛了!你磕多少头,穷人还是照样受穷受苦。

"磕头不如造反!"李银桥已经毫无拘束了,"有一次我爹打我,我跑出去一晚上没回家,后来他再也不敢使劲打我了。"

毛泽东也说:

> 是么,磕头不如造反!我小时候挨父亲的打,也是往外跑呢!还往水塘里跳,跳下去不出来,他也没办法……(邱延生:《历史的真言——李银桥在毛泽东身边工作纪实》,新华出版社2000年7月版,第57页)

两个人越说越投缘,就这样一前一后地在院子里转圈子。

这无疑是一次漫不经心的闲聊,是领袖与刚来的身边的警卫人员的漫谈，但两人很快有了引起双方共鸣的话题：母亲都信佛，所以她们心地善良待人好。前面提到，毛泽东的母亲信仰观音，他们谈的"佛"主要也是指观音菩萨。当然，领袖毛泽东和卫士李银桥后来都"不信佛"了，因为切身的经验是"你磕多少头，穷人还是照样受穷受苦"，所以，两人的共同结论是"磕头不如造反"！部分地承认信佛的作用是使人心向善，也就是"慈悲为怀，普度众生"，但这不是根本摆脱贫穷苦难的出路，真正的"普度众生"是革命造反，是改变导致贫穷和落后的人剥削人的不合理的社会制度。

你们是"大慈大悲的人们"

1949年年初，解放战争即将走向全面胜利。这时，国民党政府打起"和谈"的旗帜，作为缓兵之计。2月5日，毛泽东在《中共发言人关于和平条件必须包括惩办日本战犯和国民党战犯的声明》中指责国民党反动卖国政府，他说：

> 这些战犯总是要逮捕的，任凭他们跑到天涯海角也是要逮捕的。你们是愿意"缩短战争时间""减轻人民痛苦""以拯救人民为前提"的大慈大悲救苦救难的人们，你们是有很多的好心眼儿的人们，你们对于这些屠杀几百万同胞的负责者应当没有什么爱惜，从你们愿意以惩办战犯作为一条谈判基础这一点来看，你们似乎也并不很爱惜这些东西。（《毛泽东选集》第四卷，人民出版社1991年6月版，第1403页）

过了十几天，2月16日，毛泽东再次著文揭露《国民党反动派由"呼吁和平"变为呼吁战争》，文中斥责国民党反动派政府：

> 那末，请问国民党的英雄好汉们，你们为什么要反对惩办战犯呢？你们不是愿意"缩短战争时间""减轻人民痛苦"的吗？假如因为你们这一反对，使得战争还要打下去，岂非拖延时间，延长战祸。"拖延时间，延长战祸"这八个字的罪名是你们在一九四九年一月二十六日以南京政府发言人的名义发出声明，加在共产党身上的，现在难道你们想收回去，写上招贴，挂在你们自己身上，以为荣耀吗？你们是"以拯救人民为前提"的大慈大悲的人们，

为什么一下子又改成拯救战犯为前提了呢？（《毛泽东选集》第四卷，人民出版社1991年6月版，第1414页）

毛泽东使用的"大慈大悲救苦救难"一语，源自观音名号"大慈大悲救苦救难灵感观世音菩萨"。大慈大悲，系佛家用语。语出《法华经·譬喻品》："大慈大悲，常无懈倦，恒求善事，利益一切。"《西游记》第五十五回《色邪淫戏唐三藏　性正修持不坏身》中描写："慌得猪八戒忍疼下拜，沙和尚牵马躬身，孙大圣合掌跪下，叫声'南无大慈大悲救苦救难灵感观世音菩萨'。"

在这里毛泽东用的是杂文笔法。他把"大慈大悲救苦救难"这个观音菩萨的名号，移赠给"国民党的英雄好汉们"，具有强烈的讽刺意味。这些英雄好汉们冒天下之大不韪，把人民群众推进内战的火海深渊，使生灵涂炭，哀鸿遍野，白骨成堆，血流成河。他们是制造灾难和痛苦的罪魁元凶，却高喊着"减轻人民痛苦""拯救人民"，岂不是天大的笑话。用观音菩萨的慈悲为怀来反衬战犯的蛇蝎心肠，这种辛辣的嘲讽，无疑是火力强大的重炮。毛泽东武战文伐，双管齐下，横扫千军，势不可当。

女身·母爱·观音菩萨

1955年3月8日下午，毛泽东亲自赶到御河桥达赖喇嘛的临时住所，接见了达赖，懂藏语的李佐民充任临时翻译。当李佐民匆匆赶到时，毛泽东对他说：

> 我刚才正和达赖喇嘛谈观音菩萨呢。可惜的是我们俩语言不通，一知半解也表达不了，你来了就好哇！语言是人类交流的必备条件。看来各民族和各国人民都要互相学习对方的语言，这样才能加深了解，增进友谊！

毛泽东随便地对达赖说：

> 你说观音菩萨到底是男的还是女的！这从画像上是看不出来的。

看来毛主席还研究了西藏的宗教，知道在藏传佛教里达赖是观音菩萨的化身，所以先随意地谈起这个问题。

毛泽东像拉家常似的说：

我不大了解你们藏族是怎么看的。我们内地和汉族人一般是把观音菩萨看成女身的，像我，从小就知道观音菩萨是个女的，我们内地的观音像不知你注意没有，一般都是女性化了的。

达赖说："我注意了，是像女的，可这是为什么呢？"

因为传说中观音菩萨是个大慈大悲救苦救难的大好人，她把爱带给每一个人，而世界上只有母爱是最无私、最崇高的，所以我们内地一般把观音菩萨描绘成女的……（李威海：《历史一页——达赖、班禅晋京纪实》，中国社会出版社1996年5月版，第224页）

李佐民认认真真逐字逐句地为毛泽东和达赖翻译着。

随便说了一会儿，毛泽东话锋又转到西藏问题上来，"西藏是个好地方呀，是个聚宝盆呐。有森林，有地热，地下还有石油。西藏在多少万、多少亿年以前还是一片汪洋大海，以后地层发生变化，沧海桑田，大海变成了陆地，变成了高山，现在世界最高峰珠穆朗玛峰当初也是在海底下的，海底下的小生物慢慢地就变成了石油……"

毛泽东知识这样丰富，博古通今，无所不知，无所不晓。从观音菩萨到地下的石油，话题这么广泛，谈锋这么锐利。李佐民真有"听君一席话，胜读十年书"的感觉。

毛泽东这次与达赖喇嘛的谈话，后来整理出来收入《毛泽东西藏工作文选》。关于观音菩萨一段，记录稿是这样的：

毛：……在内地有一个观音菩萨，人们将她的像塑得很美丽、庄严、慈祥，人们对她十分信仰，认为她是大慈大悲、救苦救难的神。西藏也有观音菩萨吗？

达赖：西藏有观音度母，塑像也很美丽、慈祥，像一个十五六岁的少女。（《毛泽东西藏工作文选》，中央文献出版社、中国藏学出版社2001年5月版，第114页）

前面已经提到《悲华经》对观音的记载，可他一经从异邦移入中土，便不可避免地会烙印上强烈的中国色彩。由此便形成与佛经记载及印度本土传说大相异趣的佛菩萨形象。

当佛教初传入中国时，在中国信徒眼中他依然是男身。敦煌北魏、唐代的观世音造像上，嘴边还长着两撇小胡子。当然，那时的观音像虽然体格刚健，却大多呈秀骨清貌，这便为以后变成女身打下了基础。

观世音塑像由男而女是一个渐变过程。南北朝时就已开始了这个过程。据《北齐书》载，传说有这么一个故事：南北朝时北齐武成皇帝卧病期间，曾梦见观世音是位亭亭玉立的美妇人。《南史》也载："陈后主皇后沈氏，陈亡后入隋，隋亡后过江毗陵天静寺为尼，名观音皇后。为尼不以他名，则以观音为名，则观音为之女相益可知。"入唐以后，观音塑像画像脸庞渐趋丰腴圆满，尔后则脸形更加俏丽，双眉细长，黑发拂拂。盛唐时代其着装似为透明轻薄的裙裾，呈雍容华贵状，这与当时的女子美特点是相符的。此时似乎已出现了女观音，但多数观音像却尚未完全变为女性。

到了宋代，观音像才变成了女相。宋僧寿涯禅师曾用"金兰茜裙"来描绘观音的服饰。

宋末元初，管道升写了篇《观世音菩萨传略》，说观世音生在西土，名妙音，是天竺妙庄王的三女儿。妙音因不满父亲为她择偶，便被逐出家门。后来妙庄王得病将死，观音化形为老僧，称此病须至亲女儿手、眼为药方能治好。但妙庄王的长女、次女，均不肯舍去手眼为父治病。老和尚让妙庄王到香山仙长那里求取，香山仙长满足了他，妙庄王服下药后得以病愈。此时，他方知所谓香山仙长、老和尚就是自己的女儿妙音，也就是观音。妙庄王感慨不已，与妙音重叙父女之情，欢喜异常。至此，那位印度的男性观世音，就完全成为不仅是汉化而且是儒化（以孝为重）的女性观世音了。因而在内地的绝大多数寺庙里，观音的形象也都以女性出现了。这篇《观世音菩萨传略》影响很大，也就从这时候开始，那位印度的男性观世音，在中国完成了由男身向女身的彻底转变。她成了唐以后，特别是元明之际被民众广泛、普遍信仰的一尊中国女菩萨。

观世音在中国佛教徒与中国普通老百姓眼中，何以竟能由男变女？其实，这主要是为了吸引更多的佛教徒，也可以说是出于佛事的需要吧！第一，观音志在救众生出苦海而不分对象，一视同仁。佛经如《华严经》上说，为了方便，他可以根据需要变成各种不同的角色：从男到女，从僧到俗，从鬼怪到动物，达三十三种之多，即所谓"三十三面观音"或"三十三身"。在观音的众多变化中，即有许多是女身。《楞严经》上说："观世音尊者白佛言：若有女人好学出家，我于彼前是比丘尼身，女王身，国王夫人身，命妇身，大家童女身，而为说法。"这段经文表明，观世音为了说法需要，可以变换性别及各种身份。后来，为了满足广大信徒的需要。观音不再忽男忽女，而是一位固定的女菩萨。所以将观音塑成或画成女性，是有根据的。再者说，佛门弟子中还有不少女尼，而信佛敬佛的女人也不少，如果没有个女菩萨，女信徒们成佛无望，就难免挫伤她们的积极性和进取心，导致佛门冷落，香火不济，财源枯竭。

南北朝时期，刮起了一阵佛教旋风，信徒日多，其中出家的尼姑和在家的女居士人数激增。如北魏的灵太后等上层妇女也笃信佛教，成为虔诚的佛教徒。这时，在佛国净土中，诸佛菩萨及罗汉们都是清一色的男人。难道女人在净土中就没有一席之地吗？这使得信女们心生疑惑。既然如此，女信徒何必非得皈依佛门？人们会说，连佛界都重男轻女，女人们修道也是白搭，并且天长日久地去膜拜男菩萨，也难免有男女授受不亲之嫌吧？按理说，诸如菩萨之类早已脱离了凡胎，应无男女之分。再说，在道教的神仙世界里，从上到下就有以王母娘娘为首的一帮女神仙，佛教为什么就不能呢？

正出于上述原因，又由于慈母之爱、女性之美，又有道教为榜样，于是，佛教只得打破清规戒律，"入乡随俗"向中国的世俗妥协。历史一再证明，西天极乐世界的各路神仙要想在中国站稳脚跟，深入民心，就必须汉化、世俗化。因此，佛门必须塑造一位女菩萨，以适应广大群众的需要，这里当然也包括男信徒。女菩萨的诞生，便成了佛事活动中的一件日显紧要之事。于是男观音遂欣然去弥补了缺乏女菩萨的遗憾，渐渐演变成一尊风姿绰约的娉婷女郎，以至于不仅女人们尊敬她，将她引为知己，而且男人们也敬重她，希望得到她的青睐和降福。愈到后来，尤其是进入元、明以后，社会相信女观音者日众，成为一种强大的社会潮流，内地信徒们也便渐渐趋于一同了。但藏传佛教的观音菩萨却至今仍是男身——继续坚持着他在祖国时的性别。观音菩萨形象逐步演化为一位风韵绰约、年可三十许的美妇人，这也充分体现着我们民族追求美善统一和稳重、圆满、和谐的文化心理及审美趣味，这是观音信仰进一步深入到中国的反映，它代表了当时的一种社会心态。

毛泽东对观音菩萨女性化的资料比较关注，这在他阅读《西游记研究论文集》（1957年作家出版社编辑出版）中的《〈西游记〉札记》一文时，也有所表现。该文后面有三条附注，第二条是关于观音菩萨的传说。

其中有这样两段:"《法华经》里还写观世音菩萨有时现妇女身而为说法,民间传说里就渐渐使这妇女身固定下来,终于成了一个妇女。在《三教搜神大全》里就有了一个很完整的故事了,说她是一个国王的三公主,因为抗婚,父王要烧死她,而她色不变而志愈坚。她被囚到冷宫里,大家苦劝,她不听,反失语激父,父大怒,立命斩讫。虽然写她的反抗是为了欲了人间事(要出家),而且那结果是公式化的(照例是由于一些奇迹而得救),可是总写出了一个非常坚决顽强的反抗到底的女性——为民间所喜爱所歌颂的性格。""就这样,这几乎成了个传统:在民间作品出现的观世音菩萨,总往往是正面人物,而且往往是妇女。就连《西游记》——对天界的哪一位佛神都讽刺挪揄,可是对观音就另外一种态度,把她写得可亲近,有的地方还写得很美。"这两段文字,毛泽东在阅读的时候,都一一画上了道道或浪线。第二段的末三句,每句下面除画了浪线外,每句末尾还都画了一个圈。(徐中远:《毛泽东读评五部古典小说》,华文出版社1997年1月版,第225页)

吴承恩在《西游记》中也将观音菩萨塑造成一位"女真人"。《西游记》对观音菩萨女性美丽容貌有浓彩重墨的描写。第八回观音正式登场,那菩萨是:

理圆四德,智满金身。璎珞垂珠翠,香环结宝明。乌云巧叠盘龙髻,绣带轻飘彩凤翎。碧玉纽,素罗袍,祥光笼罩;锦绒裙,金落索,瑞气遮迎。眉如小月,眼似双星。玉面天生喜,朱唇一点红。净瓶甘露年年盛,斜插垂杨岁岁青。

在第十二回,又借水陆大会在唐太宗及文武百官、唐玄奘及众僧侣面前再次现了原身:

瑞霭散缤纷,祥光护法身。九霄华汉里,现出女真人。那菩萨,头上戴一顶:金叶纽,翠花铺,放金光,生锐气的垂珠璎珞;身上穿一领:淡淡色,浅浅妆,盘金龙,飞彩凤的结素蓝袍;胸前挂一面:对月明,舞清风,杂宝珠,攒翠玉的砌香环佩;腰间系一条:冰蚕丝,织金边,登彩云,促瑶海的锦绣绒裙;面前又领一个:飞东洋,游普世，感恩行孝，黄毛红嘴白鹦哥；手内托着一个施恩济世的宝瓶，瓶内插着一枝洒青霄，撒大恶，扫开残雾垂杨柳。玉环穿绣扣，金莲足下深。三天许出入，这才是救苦救难观世音。

如此风姿绰约、端庄秀美而又大慈大悲的观音菩萨姿容，喜得唐太宗朝天礼拜，"忘了江山"；文武百官跪地焚香，"失却朝礼"；众多僧侣、士贾合掌拜祷："好菩萨，好菩萨。"倒是丹青巧手吴道子，承太宗旨意，展开妙笔，图写真形，留下了观音美貌。仔细观之，俨然一位端庄美丽、天下无双的女菩萨。

毛泽东视野里的观音菩萨，容貌美丽端庄，心地善良慈爱，是一位外在美和内在美相统一的女菩萨。在她身上体现了把爱带给每一个人，"最无私，最崇高"的母爱情结。"大慈大悲救苦救难"是观音菩萨的灵魂，是广大信徒对她十分信仰的根本原因。神圣的佛坛领袖精神原旨得到了最为世俗化的理解，因而她最受欢迎，大行其道，成为信徒群众的精神寄托。

毛泽东与达赖喇嘛漫谈观音菩萨，不能说是闲话。对佛教佛学造诣较深的毛泽东当然知道在藏传佛教中达赖是观音菩萨的化身。汉传佛教与藏传佛教虽然传播路线各异，但精神原旨大致相同。观音菩萨与观音度母虽然是两种称谓，但是相互影响内涵一致，不仅塑像都美丽慈祥，都女性化，所传达的佛教教旨也同归一源。对佛学造诣极深的当代哲学家任继愈先生在《佛学小辞典·绪论》中说佛教离开本土，在中国形成汉传佛教、藏传佛教两大支派。汉传佛教在中国内地得到很大发展，藏传佛教传播于中国西南、西北及内蒙古。佛教是外来文化，传入中国时又走着两条传播路线，但毛泽东抓住观世音在两大支派中的共同点——对观世音的崇拜，很自然地为汉藏两族的民族团结找到文化渊源。中国自生的儒教和道教，外来的佛教，千百年来形成了中国传统文化的三大流派，这是中华民族凝聚力的文化之根。共同的文化选择，无疑是民族团结的基石。毛泽东与达赖漫话观世音，大有深意在啊！

满怀母爱和慈悲心肠的观音菩萨，请永远把民族团结的甘露洒向炎黄子孙的心田。

单唱一本《香山记》

1963年5月，毛泽东在杭州工作会议的一次讲话中，谈到抓工作要集中精力抓主要矛盾，随即一路发挥：

就是要不唱天来不唱地,单唱一出《香山记》,这是一本写妙庄五女儿的小册子的开头两句。比如看戏,看《黄鹤楼》,就不想《白门楼》之类的戏……(陈晋:《毛泽东之魂》,吉林人民出版社1993年10月版,第380页)

《香山记》是讲妙庄王的女儿,即观音菩萨的故事。毛泽东在青少年时代就曾看过这出戏。关于观音菩萨的来历,宋人朱弁《曲洧旧闻》比较明确地将妙善说成是妙庄王第三女。管道升之《观世音菩萨传略》,比较完整地叙述了妙庄王之女儿妙善成观音的故事。这个故事已见前引,此不赘述。毛泽东少年时特别崇拜观音,因此他对《香山记》之类的观音戏看得很认真,并印象深刻。所以数十年后,他还记得该戏中的一些唱词,并且将它用来说明哲学道理,这也是一种颇为有趣的现象。

毛泽东用"单唱一出《香山记》"这句话,形象地说明在工作中就是要善于抓住主要矛盾。为什么抓主要矛盾这么重要呢?俗话说"牵牛要牵牛鼻子""打蛇要打七寸""擒贼先擒王",这些成功的经验之谈,都生动地说明了抓主要矛盾的重要性。世界上的事物本来是复杂的,一件事情在它的发生、发展过程中,往往同时存在许多矛盾。但是,其中必有一对矛盾是主要的,起决定作用的,它的存在和发生,规定和影响着整个事情的性质和它的发展方向。而其他矛盾都处于次要的、服从的地位。所以,只要抓准和正确解决了主要矛盾,其他问题就变得比较容易解决,整个事情就好办了。反过来,找不到主要矛盾,抓不住关键,就会事倍功半,甚至遭受挫折和失败。人们千万次的实践经验证明,办事情、做工作,只有抓住主要矛盾,才能顺利地克服困难获得成功。当然,在抓主要矛盾的时候,也要注意适当地处理各种次要矛盾。既要突出重点,抓住中心,避免"眉毛胡子一把抓";又要注意全面安排,防止"单打一"。

当然,主要矛盾也是会变的。主次矛盾也会互相易位。在一种情况下,这是主要矛盾,但是随着时间的推移、条件的变化,在另一种情况下,主要矛盾就可能降为次要矛盾。反过来也一样,次要矛盾也可以变为主要矛盾。因此,在实际工作中,中心工作不是固定不变的,非中心工作也能转化为中心工作。因此,要随时注意客观情况的变化,抓住不同时期的主要矛盾,准确地规定当前的中心任务。千万不能不顾情况的变化,固执一点,把已经不是主要矛盾的问题,继续当作工作重点来抓。

玉皇大帝是很专制的

> 他说：中国也有上帝，就是玉皇大帝。他的官僚主义很厉害。两千年前有个最革命的孙猴子反对过他专制……玉皇大帝是很专制的，像蒋介石一样。
>
> 陈晋：《毛泽东读书笔记解析》，广东人民出版社1996年7月版，第1406页；屈小强：《〈西游记〉中的悬案》，四川人民出版社1994年6月版，第343—344页

从小说的结构上看，玉皇大帝是《西游记》中不可或缺的角色，没有他许多情节就无法展开，孙悟空大闹天宫的故事将大为逊色。

但是，这个被神化了的文学人物形象，写得并不成功。他面孔苍白，无血无肉，没有个性，没有棱角，十分概念化。凭兴趣读《西游记》的人是不会怎样关注"玉帝老儿"的。

毛泽东毕竟是位思想深邃的政治家，他视这位天上人间一切生灵的主宰为官僚主义者，甚至每每把他作为专制独裁者的代表和象征。

玉皇大帝、神仙系统和神权

毛泽东最初读《西游记》是在少年时代，那时他对玉帝做何感想，没有记载。1927年，三十四岁的毛泽东已是一位实践着的职业革命家，当他在考察农民运动时，他对玉皇大帝就采取了批判的眼光，认为他是封建统治阶级的帮凶，该在扫荡之列。这年3月，他在撰写那篇名震一时遗响后世的《湖南农民运动考察报告》时，这样写道：

中国的男子，普通要受三种有系统的权力的支配，即：(一)由一国、一省、一县以至一乡的国家系统(政权)；(二)由宗祠、

支祠以至家长的家族系统（族权）；（三）由阎罗天子、城隍庙王以至土地菩萨的阴间系统以及由玉皇上帝以至各种神怪的神仙系统——总称之为鬼神系统（神权）。至于女子，除受上述三种权力的支配以外，还受男子的支配（夫权）。这四种权力——政权、族权、神权、夫权，代表了全部封建宗法的思想和制度，是束缚中国人民特别是农民的四条极大的绳索。（《毛泽东选集》第一卷，人民出版社1991年6月版，第31页）

毫无疑问，国家权力系统是封建宗法制度的核心，家族权力系统和鬼神权力系统也是这个制度和思想体系的重要内容。玉皇大帝是神仙系统的首领，在神话小说《西游记》里，他的权力和作用在膨胀，在扩大，是天上地下、水里洞中、仙界人间一切生灵的最高统治者。

玉皇上帝被道教奉为统辖万神的尊神，它的原型是上古的天帝、上帝。《西游记》称之为"高天上圣大慈仁者玉皇大天尊玄穹高上帝"。

《西游记》中，玉皇大帝是作为整个神魔世界的最高统治者出现的，他高居九重青霄之上，君临着所有的神仙鬼怪，也掌握着人间芸芸众生的命运，连人世帝王也统统拜伏在他的脚下，不敢稍有反抗。

玉皇，乃是中国人心目中至高无上的天上皇帝，通称玉皇大帝、玉皇上帝，简称玉皇、玉帝。玉皇大帝的神称出现并不很早，但就其渊源看，这位统御十方三界四生六道的"老天爷"是从古人早期崇拜的"上帝"发展而来的。

我国古代对上帝的崇拜由来已久。甲骨文中，有"帝"字出现；《尚书》《诗经》《左传》等典籍中的"上帝"，也屡见不鲜。而冠以"玉皇"二字，则在南朝以后。特别是宋真宗赵恒，给玉皇加上一大串吓人的封号，使之成为神国皇帝、宇宙总宰。

殷商时代"上帝"便产生了。在殷人信仰中，这位上帝是统御所有神灵，支配日、月、风、雨等一切自然现象和人间祸福、生死、寿夭、吉凶的最高天神。

西周以后，上帝信仰广泛流行。人们给上帝冠以皇天、上天、昊天、天帝、皇天上帝、昊天上帝等多种尊称。帝王更是把其王位与这位天帝联系起来，称自己是"天子"，受天命而为王为帝，代表天帝而教化万民。如此便神化了"天子"，神化了其统治权。

春秋战国之际的儒家学者也主张顺应天意和天命，孔子说："不知命，无以为君子。"要民众跟着知天命的仁人君子转。孔子还说："死生有命，富贵在天。"道出了天命的不可抗拒，人的穷通祸福早在冥冥中就有安排。

东汉时，道教创立后便把这位颇有影响力的天神纳入道界诸神体系中。古人信服食玉可以长生，又因玉晶莹剔透，是纯洁清静的象征，所以道教凡称神仙多用"玉"字，皆取尊贵之意。用玉皇、玉帝、玉皇大帝称呼民间信仰中的上帝、天帝，说明玉帝是道界诸神中十分尊贵的天神。

唐代，李唐皇室尊奉与己同姓的老子为宗祖，道教向前发展，玉帝信仰也因此普遍流行。唐代诗人吟咏中出现了大量的玉皇之称谓，李白《赠别舍人弟台卿之江南》中有"入洞过天地，登真朝玉皇"的诗句；白居易在《梦仙》中吟道："仰谒玉皇帝，稽首前致诚。"这些诗句从侧面反映了唐代玉帝信仰的兴盛。唐时，道教中的玉帝与民间信仰中的天帝已合而为一，玉帝就是最高天神天帝。

接下来的宋室赵氏，更是尊崇道教，把玉皇正式列入国家祭天大典，并于大中祥符八年（1015）上玉皇圣号：太上开天执符御历含真体道玉皇大天帝。宋徽宗政和六年（1116），又上玉皇尊号：太上开天执符御历含真体道昊天玉皇大帝。在称谓上和国家祭祀中，把道教的玉皇大帝与传统奉祀的昊天上帝合为一体。到此为止，国家、道教、民间三方面的信仰正式合流。而这种合流又进一步促进了玉帝信仰的普遍化。

玉皇大帝是东方封建皇权在天神体系中的象征，正如蒲松龄所言："天上有玉帝，地下有皇帝。"在民间信仰和传统神学观念中，玉帝俨然是天神地祇中的最高神。

渐积而成的玉帝崇拜，经过《西游记》的渲染，使玉皇大帝的地位和权威均为至高至显。作者在小说中将玉帝作为天上、人间、幽冥世界的最高统治者，不仅道教的最高神"三清"变成了玉帝的臣僚，就连神通广大、法力无边的如来佛祖，地位也远远不及他。总之，天上人间，九幽万国，神佛僧道，帝王将相，士农工商，飞禽走兽，鱼鳖虾蟹……从无生物到有生物，皆在其统辖之下。这位至高无上的神王，正是统管万民的人王造成的。他们互相利用，互为表里，统治着林林总总的大千世界。

玉皇大帝成了中国封建国家与民间信仰的最高神。他的地位虽然是至高无上的，但是他的作用不过是封建统治者的帮凶而已。他是束缚中国人民精神的"极大绳索"之一。

毛泽东把批判的矛头指向以玉帝为代表的神权系统，正在于解脱和破除这些精神桎梏和精神绳索，这实际上是比政治革命、经济革命更为深刻也更为艰巨、长期的精神革命，是对饱受封建宗法制度和思想压迫奴役的无产阶级、劳动群众的精神解放。农民运动的最终胜利，不仅在于打倒封建政权，而且必须铲除封建族权、神权和夫权。

封建统治者在数千年中塑造的至高至尊的玉皇大帝雕像，在农民运动的疾风骤雨中轰然坍塌；在毛泽东如椽巨笔的横扫下，"纸船明烛照天烧"。

"不犯错误的人"

对于玉皇大帝，毛泽东有时也从另一方面谈及。1938年，他在教育干部要正确对待犯过错误的同志时说：

> 世界上没有一个不犯错误的人。有之，便是玉皇大帝，但是孙行者还是不满意他，大闹天宫嘛！

吴承恩笔下的玉皇大帝，在一般读者看来，也算得上"仁德之君"。和残暴的夏桀商纣、弱智的汉惠帝和晋惠帝相比，他无疑要仁慈、英明得多。这个最高统治者没有表现什么作为，没有成就什么大业，可也看不出有什么大错误。地上的皇家还"金口玉牙，说啥算啥"呢，何况比他们正确得多、伟大得多的天宫的主宰者玉帝。谁敢说他有错误，谁能说他有错误？玉皇大帝是天生正确的，是一贯正确的。《西游记》小说的描写也反映了这一点。当孙猴子大闹天宫，要夺取玉帝的宝座时，如来佛祖讲了下面一段话：

> 你那厮乃是个猴子成精，焉敢欺心，要夺玉皇上帝尊位！他自幼修持，苦历过一千七百五十劫，每劫该十二万九千六百年。你算，他该多少年数，方能享受此无极大道？（第七回）

大道无极，修持圆满。单表历劫经历和修炼功夫，孙猴子怎能与玉帝比肩。总之，还是玉帝白璧无瑕，没有错误，因而批评不得，反对不得，何况孙猴子要占位夺权呢。如来佛祖维护玉帝的，正在于此人（神）无可指责。毛泽东讲没有错误的人，单单举出玉皇大帝的例子，正是取这方面的象征意义。

当然这是一种反证明。意思是天上地下从人到神都会犯错误。没有错误的人，只有十全十美的玉皇大帝，孙悟空还不买他的账，造他的反。这更加证明了"没有不犯错误的人"这个思想观点的正确性。

其实，没有不犯错误的人，对犯错误的同志要热情帮助，实行"团结——批评——团结"和"惩前毖后，治病救人"的方针——这些是毛泽东经常讲的思想，是他一以贯之的主张。毛泽东在其著名的文章《论十大关系》中就强调了这个思想。

他说，人大概是没有不犯错误的，多多少少要犯错误，犯了错误就要帮助。只看，是消极的，要设立各种条件帮助他改。

他说，对于犯了错误的同志，有人说要看他们改不改。我说单是看还不行，还要帮助他们改。这就是说，一要看，二要帮。人是要帮助的，没有犯错误的人要帮助，犯了错误的人更要帮助。

他还说，如何对待犯了错误的人，这是一个重要的问题。正确的态度应当是，对于犯错误的同志，采取"惩前毖后，治病救人"的方针，帮助他们改正错误，允许他们继续革命。

古人说，人非圣贤，孰能无过。我们说，即便圣贤，难免过错。毛泽东在玉皇大帝与孙悟空的对立中，看到了人犯错误的客观性。否认这一点，不承认人人都会犯错误，则是唯心主义地认识问题。承认错误，是认识错误、分析错误、改正错误的前提。

承认人们犯错误的客观性，对自己则不要当"玉皇大帝"，文过饰非，讳疾忌医，而要勇于认错，闻过则喜，知错必改；对别人则要热心帮助，允许其犯错误，也允许其改正错误，因为"无论在社会上不准人家革命，还是在党内不准犯错误的同志改正错误，都是不好的"。（《毛泽东著作选读》下册，第738—739页）

犹如玉皇大帝偶尔不下雨

毛泽东读《西游记》论玉帝，常把他作为统治阶级反派角色来征引，但有时也有例外。有一次，他竟把玉皇大帝与共产国际绾结在一起评论，令人拍案惊奇。

那是1945年4月20日在党的第七次代表大会上，毛泽东作报告讲历史问题。这时，共产国际（即第三国际）已经于两年前（1943年6月）解散。可是中国共产党作为共产国际的一个东方支部，从1921年建党直到1943年，与之联系真可谓千丝万缕，其间是是非非数不胜数。但是，共产国际毕竟解散不久，有些是非近距离看不清楚，有些问题马上解决很不策略，因此在《关于若干历史问题的决议》中，没有提中国共产党与共产国际的关系这个当时十分重大也十分敏感的问题。毛泽东在报告中解释说：

> 共产国际的问题为什么不提？共产国际现在不存在了，我们也不把责任推给共产国际。共产国际对中国革命总的来说是功大过小，犹如玉皇大帝经常下雨，偶尔不下雨还是功大过小。没有共产国际的成立和帮助，中国无产阶级的政党是不能有今天的。他们需要我们，我们也需要他们。（《毛泽东文集》第三卷，人民出版社1996年8月版，第283页）

共产国际是全世界共产党和共产主义者组织。第一次世界大战爆发后，第二国际蜕化变质了，列宁为团结各国的革命左派，为建立第三国际，进行了一系列的准备工作。十月革命的胜利使世界革命运动有了进一步的发展，各国共产党的相继建立，为共产国际的建立奠定了良好的基础，1919年3月2日，在莫斯科召开了共产国际代表会议，出席会议的有三十个国家的共产党代表，大会通过了列宁起草的相关文件，宣告共产国际的成立。

1922年7月，中国共产党决定参加共产国际，并成为它的一个支部。共产国际成立后，捍卫马克思主义，帮助殖民地附属国人民的民族解放运动，进行反法西斯的斗争。在中国共产党领导中国的民主革命时期，共产国际给予了积极的帮助和支持。

但是，共产国际在列宁逝世后发生过的一些严重偏差，曾给中国革命带来严重的后果。共产国际的错误，在一定程度上就是斯大林的错误。特别是斯大林的晚年，无论是共产国际解散前，还是共产国际解散后，他对中国革命都有一些错误的意见和造成很大损失的后果。1956年4月，毛泽东在《论十大关系》的文章中具体说到斯大林的这个错误：

"中央认为斯大林是三分错误，七分成绩，总起来还是一个伟大的马克思主义者，按照这个分寸，写了《关于无产阶级专政的历史经验》。三七开的评价比较合适。斯大林对中国做了一些错事。第二次国内革命战争后期的王明"左"倾冒险主义，抗日战争初期的王明右倾机会主义，都是从斯大林那里来的。解放战争时期，先是不准革命，说是如果打内战，中华民族有毁灭的危险。仗打起来，对我们半信半疑。仗打胜了，又怀疑我们是铁托式的胜利，1949、1950两年对我们的压力很大。可是，我们还认为他是三分错误，七分成绩。这是公正的。"（《毛泽东著作选读》下册，第741页）

大概是因为借共产国际的光,毛泽东这次提到玉皇大帝时,没有把他全部抹杀,说他工作干得还可以,"经常下雨",不下雨只是偶尔出现的情况。《西游记》小说第八十七回《凤仙郡冒天止雨　孙大圣劝善施霖》描写:大天竺国凤仙郡"连年亢旱,累岁干荒,民田龟而军地薄,河道浅而沟浍空。井中无水,泉底无津。富室聊以全生,穷民难以活命。斗粟百金之价,束薪五两之资。十岁女易米三升,五岁男随人带去。城中惧法,典衣当物以存身;乡下欺公,打劫吃人而顾命"。

被干旱困扰的凤仙郡一幅凄凄惨惨的灾难图。西行取经的唐生师徒途经此地,孙悟空决心救助百姓,唤来东海老龙王敖广,寻问干旱无雨的原因:

老龙道:"启上大圣得知,我虽能行雨,乃上天遣用之辈。上天不差,岂敢擅自来此行雨?"

行者道:"我因路过此方,见久旱民苦,特着你来此施雨救济,如何推托?"

龙王道:"岂敢推托?但大圣念真言呼唤,不敢不来。一则未奉上天御旨,二则未曾带得行雨神将,怎么动得雨部?大圣既有拔济之心,容小龙回海点兵,烦大圣到天宫奏准,请一道降雨的圣旨,请水官放出龙来,我却好照旨意数目下雨。"

说到底,干旱无雨的原因是玉皇大帝没下"降雨的圣旨"。孙悟空哪允许"玉帝老儿"犯这个过错,一个把式翻进天宫,调用手段迫使其立马传旨:"着风部、云部、雨部,各遵号令,去下方,按凤仙郡界,即于今日今时,声雷布云,降雨三尺零四十二点。"普降大雨,凤仙郡得救。但见:

东西河道条条满,南北溪湾处处通。槁苗得润,枯木回生。田畴麻麦盛,村堡豆粮升。客旅喜通贩卖,农夫爱尔耘耕。从今黍稷多条畅,自然稼穑得丰登。风调雨顺民安乐,海晏河清享太平。

把玉皇大帝和共产国际绾结在一起评论,并不是全面比较优劣,是仅就功过大小而言,在二者之间找到"共同点",那意思当然在于说明共产国际对中国革命功大过小,在党的历史问题决议中有意"不提"它是有利的,符合党的利益和策略。毛泽东的讲话无疑是十分艺术的,他把玉帝拉来一掺和,轻轻松松把一个十分棘手的问题讲清了,扯平了,解决了。

玉皇大帝不帮忙

在党的第七次全国代表大会上，毛泽东不止一次提到玉皇大帝。也许是因为那个大会是有名的"团结的大会，胜利的大会"的缘故吧，毛泽东每次提到玉帝，批评并不严厉，要求也不苛刻。相反，似乎把他也看作一位"功大过小"的联盟者。就在他讲玉帝"经常下雨，偶尔不下雨"之后一个多月的5月31日，他在作会议结论报告的时候，再次提到玉帝。在结论报告中，毛泽东提醒全党要"准备吃亏"，也就是预测了全党将遇到的困难。他一连列举了十七条，其中第十一条说：

> 天灾流行，赤地千里。天灾是天不下雨，玉皇大帝不帮忙。最近得到报告，华北、华中很多地方都天旱。古人说过："艰难困苦，玉汝于成"。艰难困苦给共产党以锻炼本领的机会，天灾是一件坏事，但是它里头含有好的因素，你要是没有碰到那个坏事，你就学不到对付那个坏事的本领，所以艰难困苦能使我们的事业成功。今年我们边区没有收成，这是一件大事。所以，我们要讲节省，从中央起都要讲节省，准备天灾流行，赤地千里。共产党有本领就是要在这种情况下打出一条生路来！华北、华中许多地方都要准备这一条。（《毛泽东文集》第三卷，人民出版社1996年8月版，第390页）

这是典型的毛式幽默。这里的玉皇大帝显然不是那个君临万物的主宰，而是当时人们还难以测知的自然天候。所谓玉帝帮忙，就是风调雨顺，五谷丰登；所谓玉帝不帮忙，就是天灾流行，赤地千里。

旧中国的农业，还是完全靠天吃饭的自然经济。战争环境下的农业生产，丰收更没有保障。即便在解放区，农业生产对自然天候、对"玉皇大帝帮忙"的依赖也是必然的、程度严重的。

如果遇上荒年灾月，问题更严重了。"民以食为天"，没有衣食的保障，革命和战争的胜利，是不可想象的。

但是，毛泽东是有辩证头脑的、久经锻炼的领袖。他在天灾这种坏事里面看出了"好的因素"——可以锻炼本领。你"玉皇大帝不帮忙"我们也不会趴下，革命者有能力在艰难困苦的荆棘丛中杀出一条生路来！

他的官僚主义很厉害

玉帝不给凤仙郡下雨,不帮革命战争的忙,这是正常的现象。因为从所处的地位来说,他不可能代表群众,他是上层统治者的总代表。他高居天宫,统驭各界,饱食终日,无所用心,是个典型神国官僚;他动辄调动天兵天将,抓这个,捕那个,哪里有反抗就到哪里镇压,是个表面仁德而实质专制的独裁者。这是他的本质方面,毛泽东解读《西游记》,对此有精辟的议论。

那是1957年5月12日,毛泽东在北京会见阿尔巴尼亚外宾。话题不知不觉转向有关上帝的问题,平时看《西游记》积淀的玉帝形象浮上脑际,毛泽东借题发挥说:

> 中国也有上帝,就是玉皇大帝。他的官僚主义很厉害。两千年前有个最革命的孙猴子反对过他专制。这个猴王虽发生不少困难,像列宁被抓去了一样被玉皇大帝抓了去,后来他又逃了出来,大闹一番。玉皇大帝是很专制的,像蒋介石一样……帝国主义一定会被打倒。孙行者很多的,就是人民。(陈晋:《毛泽东之魂》,中央文献出版社1997年9月版,第148页;屈小强:《〈西游记〉中的悬案》,四川人民出版社1994年6月版,第343—344页)

玉皇大帝是通过人间皇帝的力量,成为主宰天上人间的特级权力之主!他的产生和存在,说到底是封建皇权的神化反映。反过来他又为维护皇权起作用。这样,在他身上不能不映现封建帝王的某些特征。官僚和专制,恰恰是这种特征的主要之点。

《西游记》所塑造的玉帝形象威风得可以。他住在宏大而神秘的天宫。属下有太白金星、托塔天王等文武重臣,加上众多的天王、天官、天将,构成了等级森严、机构庞大的中央统治集团。掌握着天、地、神三界的全部命脉。他的地位是至高无上的,什么四大天王、二十八宿、九曜星官、十二元辰、五方揭谛、四值功曹、东西星斗、南北二神、五岳四渎、四海龙王、阴曹地府、土地城隍、六丁六甲,皆由其统率。不仅如此,就连人世间的芸芸众生,各国君主,也只能拜伏脚下,不得违抗。西天佛祖如来及南海观音菩萨,虽居佛界仙境,与之分庭抗礼,但在名义上仍以玉帝为尊。观音见玉帝要"启知宜入",合掌启奏,口称"陛下";如来遇玉帝则"回首瞻仰",合掌称谢,曰"老僧承大天尊宣命来此"。真乃权力赫赫,威风凛凛。

玉帝职位虽最高,却是个十足的官僚主义者。他贪图安乐,只图清静,昏庸无能。既不能防患于事发之先,又不能断然处理在事发之后。孙悟空闹天宫的事件本是可以避免的,但他失于明察,掉以轻心,贪图安宁,才造成天庭震动,大厦欲倾,几乎难以收场。当孙猴子出世时,就已显出"异端"之苗头,目运金光,惊动了玉帝。玉帝也派员调查,知是石猴所为,但他以"不足为异"搪塞,便将此事丢在了一边,等到石猴长成,尾大不掉,闹龙宫搅地府后,他手足无措,除了动用天兵天将加以围剿外,别无高招儿。一个猴子几乎闹塌了天,暴露出天庭的外强中干,也暴露出玉帝的大而无能。

说玉帝是官僚主义者,还在于他地位虽尊,本领却很糟糕。他不仅没有一般神人仙士的法力仙术,甚至连世上的凡夫俗子也不如,既不能文,又不能武,文章写不出半篇,小妖拿不住一个。他性格优柔,毫无主见。当得知孙猴子闹了阴曹地府,只会问:"那路神将下界收伏?"但是听了太白金星招抚的意见,便又改变主意。当弼马温一时怒发,反出天庭,树起"齐天大圣"的旗号,天兵天将出战不捷之时,又依太白金星所奏,照封一个"齐天大圣"的官号,建起齐天大圣府邸,让孙猴子"在天宫快乐"。朝令夕改,毫无定见。

说玉皇大帝专制,主要证据是他三番五次派遣大军围剿花果山,无能为力时又请如来佛祖收拾孙猴子,把他火炉烧,钢刀砍,压到五行山下五百年,其专政手段也够残酷野蛮的。

给天庭玉帝画张像,恐怕舍此官僚、独裁的脸谱,还真别无选择。

讲官僚和专制,毛泽东说玉皇大帝"像蒋介石一样",这是一种新解。玉帝官僚而脱离群众,专制而没有民主,是与蒋某人有某些相合之处。毛泽东与外宾谈话,把神话小说中的专制者与现实生活中的独裁者一起拉来互相照镜子,增强了谈话的生动性和感染力,使外宾易于认同。

就反对官僚主义来说,这在20世纪50年代,也是党和国家政治生活中的"热门话题"。毛泽东曾经指出:"要在我们各级领导机关和领导干部中反对官僚主义……如果领导机关和领导干部克服了官僚主义,下面那些命令主义和违法乱纪的坏现象,也一定会得到克服。这些毛病都去掉了,我们的国家计划建设就一定会成功,人民民主制度就一定会发展,帝国主义的阴谋就一定会失败,我们就一定能够取得完全的胜利!"

玉皇大帝管的范围

英国陆军元帅、二战期间的反法西斯名将蒙哥马利于1960年5月间第一次访问中国。5月27日，毛泽东在上海会见了他并共进午餐。两人在谈话中就广泛的国际问题交换了意见，尤其是热烈地讨论了大国、强国和侵略这个当时国际热点问题。当蒙哥马利说到"当一个国家非常强大的时候就倾向于侵略"时，两人是这样对话的：

毛：外国是外国人住的地方，别人不能去，没有权利也没有理由硬挤进去。

蒙：我同意。

毛：如果去，就要被赶走，这是历史教训。

蒙：五十年以后中国的命运怎么样？那时中国会是世界上最强大的国家了。

毛：那不一定。五十年以后，中国的命运还是九百六十万平方公里。中国没有上帝，有个玉皇大帝。五十年以后，玉皇大帝管的范围还是九百六十万平方公里。如果我们占人家一寸土地，我们就是侵略者。实际上，我们是被侵略者，美国还占着我们的台湾。可是联合国却给我们一个封号，叫我们是"侵略者"。你在同一个"侵略者"说话，你知道不知道？在你对面坐着一个"侵略者"，你怕不怕？

蒙：革命前，你们曾遭受过我们的侵略。

毛：过去有过，现在那种仇恨没有了，只留了一点尾巴了。你们的政府只要改善一点态度，我们就可以同你们建立正式外交关系，互派大使。

蒙：我希望如此。

（《毛泽东外交文选》，中央文献出版社、世界知识出版社1994年12月版，第430页）

尽人皆知，中国的国土面积为九百六十万平方公里。毛泽东明确表态：我们不占人家一寸土地。即使五十年后成为世界上最强大的国家，中国也不会成为侵略者。若干年后，毛泽东把这个信念概括为"深挖洞，广积粮，不称霸"的战略口号，意思是我国的战略是积极防御战略，绝不主动进攻当入侵者，绝不当超级大国，绝不搞霸权主义。

毛泽东向蒙哥马利元帅表达这个思想，话语是十分机巧灵动的。他把九百六十万平方公里国土面积，称之为玉皇大帝"管的范围"。说即使五十年后中国强大起来，玉皇大帝"管的范围"也不会增加一寸。他的意思是让二战英雄蒙哥马利这样的国际友人尽管放心，中国永远不会当侵略者。

据说，玉帝的法力和职能，就是管辖天神、地祇、人鬼，统御三界（就时间而言，分为无极界、太极界、现世界；就空间而言，分为天界、地界、水界；就道境而言，分为欲界、色界、无色界），十方（东、西、南、北、东南、东北、西南、西北、上、下），四生（胎生、卵生、湿生、化生），六道（由低到高包括地狱道、鬼道、畜生道、阿修罗道、人道、天道）。所以道门《皇经》称他为"金阙玄穹主，高上玉皇尊，诸佛圣师，万天帝主"。

玉皇大帝可谓"管得宽"。可是，无论在《西游记》小说中，还是在别的记载里，都不曾说他管理国土疆域。毛泽东谈话之时，顺水扬帆，"顺手牵羊"给玉帝加上这条管理范围，确是"神来之笔"。

我们国家的上帝

1961年8月到9月，中央在庐山召开调整工商业的工作会议。在这个会议期间，苏共中央发表了《苏共纲领草案》。这个纲领草案是苏共中央准备提到苏共二十二大讨论的，在苏共二十二大开会之前先在报上发表，供全党讨论。

9月5日，在毛泽东住处开政治局常委会的时候，周总理提出这个问题。他说，现在苏共发表了一个纲领草案，很长，现在忙不过来看，据北京的同志说，这个纲领草案不是个好纲领。

毛泽东说，苏共这个纲领草案很长，请大家抽空看看。在庐山会议后期抽点时间再来议一议。特别请秀才们好好看一看。

在这以后，在北京和在庐山的有关人员都看了《苏共纲领草案》，并作了研究，特别是理论工作者做了比较仔细的研究。理论界的意见由宣传部集中，陆定一综合；外交部的意见由章汉夫集中；联络部的意见由王稼祥集中，他们三位都参加了庐山会议。三个部门的意见汇总后，大家一致推定，毛泽东那里开会时，由陆定一把大家的意见综合汇报。

9月15日下午，毛泽东在他的住地召开常委会。会上，除了听陆定一汇报，各位与会者有不少插话。毛泽东说,这个《苏共纲领草案》是王大娘的裹脚布,又臭又长。我看了一遍没什么头绪,很难看,文理、逻辑都不通,结论在前,很多问题都是两面讲,有两重性。今天我们先不做结论,不妨大家各抒己见。

在批驳赫鲁晓夫把中国的自力更生说成是"民族共产主义"时,毛泽东说:"赫鲁晓夫说我们是民族共产主义,说我们单干,其实我们搞的是自力更生。这也不是我们自己发明的,而是学苏联的,首先是学列宁,其次是学斯大林,他们是搞自力更生的。那个时候只有一个社会主义国家,帝国主义四面包围,他不搞单干怎么办?只能单干。我们学的是他们,这有什么罪过?我们并没有要共苏联人的产,我们是自力更生。"

说到这里,毛泽东的思路又延伸向《西游记》,联想到那位众神之王玉皇大帝,被道教尊奉为至尊至高的神——

> 我们国家有我们国家的上帝,那就是玉皇大帝。他们是什么呢?是东正教,他们有他们的上帝。我们只能采取自力更生的方针把我们自己国家建设好。(吴冷西:《十年论战——1956—1966 中苏关系回忆录》上册,中央文献出版社1999年5月版,第464页)

东正教即正教,基督教的一派,与天主教、新教并称为基督教的三大派别。中世纪东正教传入俄国,开始仅为少数民族的宗教。988 年,基辅大公弗拉基米尔接受拜占庭的洗礼。16 世纪末,莫斯科大主教脱离君士坦丁堡后,在俄国逐渐形成使用古斯拉夫语的俄罗斯正教,并被沙皇俄国定为国教。

毛泽东这次把玉皇大帝搬出来,字面上的含义浅显明白:中国的道教有玉皇大帝,苏联的东正教有上帝。或者说,我有我的上帝,你有你的上帝。实际上,毛泽东话中有话,大有深意。他的这次谈话的方法,与上一节他和蒙哥马利元帅对话提到玉皇大帝的用意,有异曲同工之妙。举出两个民族文化传统方面的例子,在于说明各个民族、各个党派、各个国家,都有自己的"上帝"(不同的国情,不同的传统,不同的现实状况),完全可以走独立自主、自力更生道路,既不妄自菲薄仰人鼻息,也不盲目自大搞霸权主义。中国决心自力更生把国家建设好,正在于不依赖人家,"丢掉天条",挺起腰杆,走自己发展的道路。

雄辩的毛泽东"以子之矛,攻子之盾",用苏俄自身的例子说明,自力更生方针也不只是中国人的特立独行,列宁和斯大林在帝国主义的"四面包围"中,走的正是这个路子。能把列宁和斯大林的实践都称之为"民族共产主义"即狭隘的民族主义吗?

天堂也要划分势力范围

玉帝本是道教的神祇,道教尊老子李聃为教祖。唐朝时,李姓皇帝为提高自身神圣性,极力提高道教地位,水涨船高,玉帝也随之成为众神之王。到了《西游记》中,则更是天国之主。

据毛泽东的机要秘书高智回忆,20世纪60年代,有一次,毛泽东同一个来自阿拉伯国家的代表团谈话,从中东谈到东南亚,谈到全世界,谈到人世间纷争不断的问题,主人客人都感慨世界动荡,天下不宁,国家之间、民族之间纷争不休。

感叹之余,毛泽东忽然望着客人提出一个问题:"伊斯兰教说的真主是谁?"

在客人们满脸惊讶未定之际,他又连续发问:"你们知道谁是佛祖吗?""谁是基督教的上帝?"脸上露出机敏的笑容和哲学家思考的神情。

对方有礼貌地一一做了回答。

"噢,是这样。"毛泽东仍然带着哲学家的思考神色继续发挥说:

> 中国还有一个道教,按照中国道教的看法,天国还有位众神之王,他叫"玉皇大帝",是至尊至上了。……都说天上好,如此看来,天堂也不会那么安宁呢。真主、佛祖、上帝、玉皇大帝,他们也需要划分势力范围呀!(林木森:《咱们的领袖毛泽东》,解放军出版社1992年8月版,第321页)

毛泽东的谈话,机趣含蓄,充满想象力,透露出他那俯视人间天国、打通凡俗思路的巨人气概。地上人间不安宁,天堂神界也不安宁。无限美好的天堂尚且如此,何况凡凡庸庸的人世间了。其实,天堂是不存在的,真主、佛祖、上帝、玉帝也只存在于一部分人的意念之中,天堂的不安宁只不过是人世纷争的倒影折射罢了。毛泽东说天上"也需要划分势力范围",目的正在于揭示地上一些大国、强国争夺"势力范围"的事实,而这恰恰是世界局势动荡、天下不得安宁的主要原因。

当然,毛泽东在列举宗教教主的时候,提到了道教认可的"众神之王"玉皇大帝(他可不是教主),这只是想说明各个国家、各个民族、各个群体,都有各自崇拜的天国偶像,并为自己得出"天堂也需要划分势力范围"的结论作条件方面的铺垫而已。教主（假设玉皇大帝也算教主的话）中虽然有中国的成员，但中国绝不会参与世界的"势力范围"划分。如果得出相反的结论，不符合毛泽东谈话的本意。这样说，是有证据的。因为前面提到，正是毛泽东说过："五十年以后，玉皇大帝管的范围还是九百六十万平方公里。"玉皇大帝对中国疆土以外的"势力范围"，根本没有兴趣。

告"玉皇大帝"的状

"玉皇大帝"是"国产"的。毛泽东有时竟把他"输出"，把他与喜好称王称霸的"山姆大叔"等量齐观。那是在20世纪70年代之初——

1971年10月25日，第二十六届联合国大会在纽约召开，大会就中国代表权问题进行表决，以压倒多数通过了"恢复中华人民共和国在联合国一切合法权利和立即把国民党集团的代表从联合国及一切机构驱逐出去"的2758号决议。

这标志着从1949年就开始的关于中国在联合国席位的争论落下帷幕。

10月26日晚，周恩来总理，军委副主席叶剑英，外交部代部长姬鹏飞，副部长乔冠华，总理助理熊向晖及外交部有关人员，到中南海毛泽东住处，商议出席联大事宜。

周恩来说："……这次联大解决得干脆、彻底，没有留下后遗症。只是我们毫无准备，特别是安理会比较麻烦，现在就参加，不符合主席'不打无准备之仗'的教导。我临时想了个主意，让熊向晖带几个人先去联合国，作为先遣人员，就地了解情况，进行准备。"

这时，毛泽东拿起外交部国际司填写的联大对阿尔巴尼亚等国提案表决情况，一面看一面说："英国、法国、荷兰、比利时、加拿大、意大利，都当了'红卫兵'，造美国的反，在联合国投我们的票。葡萄牙也当上了'红卫兵'。欧洲国家当中，只有马耳他投反对票，希腊、卢森堡和佛朗哥的西班牙投弃权票。除了这四国，统统投赞成票。投赞成票的，亚洲国家十九个，非洲国家二十六个，拉丁美洲是美国的'后院'，只有古巴和智利同我们建交，这次居然有七个国家投我们的票。美国的'后院'起火，这可是一件大事。一百三十一个会员国，赞成票一共七十六票，十七票弃权，反对票只有三十五。表决结果一宣布，唱歌呀，欢呼呀，还有人拍桌子。拍桌子是什么意思？（周恩来总理解释说：在会场拍桌子，表示极为高兴）那么多国家欢迎我们，再不派代表团，那就没有道理了。不高兴的也有，'蒋委员长'就是头一个。美国国务院说要发表声明,还没有看到,不过是篇'吊丧文'。"

毛泽东兴致很高,滔滔不绝讲了将近三个小时。他说:

> 毫无准备怎么办?我讲过,不打无准备之仗。我也讲过,在战争中学习战争。现在请总理挂帅,抓紧准备。最重要的是准备在联合国大会的第一篇发言。1950年,我们还是'花果山时代',乔冠华跟伍修权去了趟联合国。伍修权在安理会讲话,题目叫做'控诉美国武装侵略中国领土台湾'。控诉就是告状,告'玉皇大帝'的状。那个时候'玉皇大帝'神气十足,不把我们放在眼里。现在不同了,'玉皇大帝'也要光临花果山了。这次你们去,不是去告状,是去伸张正义,长世界人民的志气,灭超级大国的威风。给反对外来干涉、侵略、控制的国家呐喊声援。第一篇发言就是要讲出这个气概。
> (李晓:《解密档案》,新疆人民出版社2005年1月版,第16页)

接着,毛泽东又谈了这篇发言应包括的内容。他说:

"第一要算账,这么多年不让我们进联合国,中国人民和世界人民都有一股子气。主要是美国,其次是日本,要点他们的名,不点不行。对提案国要一一列举。第二,要讲讲联合国成立以来世界形势的变化。就是这次同基辛格谈公报讲的,'国家要独立,民族要解放,人民要革命,已成为不可抗拒的历史潮流'。要讲点历史,要讲讲中国,自力更生,艰苦奋斗,推翻三座大山,取得国家独立、民族解放、新民主主义革命胜利。这不是吹牛,是事实。目的是给世界人民鼓劲。美国必须从台湾撤走它的武装力量,不论是谁,要把台湾从中国分割出去,都是痴心妄想。第三,要讲讲我们对国际问题的基本态度。这次同基辛格谈公报的许多话可以用。我们反对帝国主义的战争政策和侵略政策,反对超级大国的霸权主义,支持一切被压迫人民和被压迫民族的正义斗争。各国人民的斗争都是相互支持的。要宣传五项原则,大小国家一律平等,中国属于第三世界,永远不做超级大国,反对大国欺负小国,强国欺负弱国,不许任何国家操纵联合国。还要讲些什么,请总理考虑。总而言之,要旗帜鲜明,高屋建瓴,势如破竹。"

会后,按照毛泽东"派代表团去,乔老爷当团长"的指示,很快组成了中华人民共和国首次出席联大第二十六届代表团。

乔冠华受命后,十分欣喜,废寝忘食地准备在联大上的发言稿以及各种文件。他回首40年代，在香港、重庆撰写国际述评时是何等不易，他的文章有时不得已用"曲笔"，有的甚至开"天窗"。解放初期，他作为伍修权的副手，出席联大安理会，控诉美帝国主义侵占台湾，那是何等艰难；在抗美援朝战场上，作为李克农将军的助手，在炮火连天、边打边谈的日日夜夜里，最终目睹美帝国主义者在第一个没有取胜的协议书上签字，是何等开心。今天，自己又以中国出席二十六届联大代表团团长的身份，代表八亿中国人民登上联大讲台，面对全世界对国际局势发表意见，宣传中国独立自主的和平外交政策，是何等扬眉吐气啊！他连续几个晚上聚精会神赶写在联大的第一篇发言稿，送请毛泽东、周恩来审查。

11月9日上午，周恩来、叶剑英、李先念等党和国家领导人及北京各界群众，各国驻华使节四千多人前往机场为代表团送行。

11月15日，中华人民共和国代表团首次出席联合国大会。乔冠华在暴风雨般的掌声中登上联合国大会讲坛，发表了精心准备的长篇演说。他首先代表中国政府和中国人民，衷心感谢许多联合国会员国为坚持原则，主持正义，为恢复中国在联合国的合法席位作出了不懈的努力。然后他话锋突然一转，开始抨击美国和苏联的霸权主义政策，其言辞之激烈，表情之严峻，不仅使美、苏两国的代表感到十分难堪，而且使整个会场受到了震动。中国代表首次登台亮相就以这种在"国际讲台上非常少有的坦率和诚实"，毫不含糊地阐明了中国的立场，并引起了人们的极大注意。共同社记者称这篇讲话"是不折不扣地在联合国历史上最重要的演说之一"。

从此以后，中华人民共和国代表团出席了联合国的历届会议，并与其他会员国一道为实现《联合国宪章》的宗旨、贯彻《联合国宪章》的原则作出了积极的不懈的努力。

在毛泽东的思维结构中，把我国代表团两次到联合国划分为两个时代：一个是神气十足的"玉皇大帝"美国不把我们放在眼里的"花果山时代"，一个是"玉皇大帝"美国不得不放下架子"也要光临花果山了"的时代。前一个时代，我国代表团去联合国是告"玉皇大帝"的状，控诉美国武装侵略中国领土台湾；后一个时代，则是去伸张正义，长世界人民的志气，灭超级大国的威风，给反对外来干涉、侵略、控制的国家呐喊声援。这实质上是自比孙悟空，占据花果山，反抗侵略扩张的"玉皇大帝"美国等超级大国的霸权主义。当然，与"玉皇大帝"斗争的武器不是孙悟空的金箍棒，而是要"讲出气概"的发言稿。

乔冠华在联合国的首次发言确有此气概，震撼全球！

社会主义世界是这些人当阎王

> 说到老年人也要学习的时候,毛泽东又是笑话横生:"当马克思做阎王的时候,会要考共产党人的政治经济学的……"
>
> 林木森:《咱们的领袖毛泽东》,解放军出版社1992年8月版,第204页

《西游记》描写了多个空间:天上世界,人间世界,水里世界,洞穴世界,它还描写了一个阴间世界,就是鬼的王国,而阴世的主宰者即是令人不寒而栗、望而生畏的阎王。不过,掌握了唯物主义世界观的毛泽东对阎王并不敬畏,他对这个幽冥界的主宰常有一种妙趣横生的新解。

阴间和阎王是个什么样子?且看小说第三回描绘孙悟空来到阴世冥界的情景:

> 只见那美猴王睡里见两人拿一张批文,上有"孙悟空"三字,走近身,不容分说,套上绳,就把美猴王的魂灵儿索了去,跟跟跄跄,直带到一座城边。猴王渐觉酒醒,忽抬头观看,那城上有一铁牌,牌上有三个大字,乃"幽冥界"。美猴王顿然醒悟道:"幽冥界乃阎王所居,何为到此?"那两人道:"你今阳寿该终,我两人领批,勾你来也。"猴王听说,道:"我老孙超出三界外,不在五行中,已不伏他管辖,怎么朦胧又敢来勾我?"那两个勾死人只管扯扯拉拉,定要拖他进去。那猴王恼起性来,耳朵中掣出宝贝,幌一幌,碗来粗细,略举手,把两个勾死人打为肉酱。自解其索,丢开手,轮着棒,打入城中。唬得那牛头鬼东躲西藏,马面鬼南奔北跑,众鬼卒奔上森罗殿,报着:"大王!祸事!祸事!外面一个毛脸雷公,打将来了!"慌得那十代冥王急整衣来看,见他相貌凶恶,即排下班次,应声高叫道:"上仙留名!上仙留名!"猴王

道："你既认不得我，怎么差人来勾我？"十王道："不敢！不敢！想是差人差了。"猴王道："我本是花果山水帘洞天生圣人孙悟空。你等是甚么官位？"十王躬身道："我等是阴间天子十代冥王。"悟空道："快报名来免打！"十王道："我等是秦广王、初江王、宋帝王、仵官王、阎罗王、平等王、泰山王、都市王、卞城王、转轮王。"悟空道："汝等既登王位，乃灵显感应之类，为何不知好歹？我老孙修仙了道，与天齐寿，超升三界之外，跳出五行之中，为何着人拘我？"十王道："上仙息怒。普天下同名同姓者多，敢是那勾死人错走了也？"悟空道："胡说！胡说！常言道：'官差吏差，来人不差。'你快取生死簿子来我看！"十王闻言，即请上殿查看。

悟空执着如意棒，径登森罗殿上，正中间南面坐下，十王即命掌案的判官取出文簿来查。那判官不敢怠慢，便到司房里，捧出五六簿文书并十类簿子，逐一查看。裸虫、毛虫、羽虫、昆虫、鳞介之属，俱无他名。又看到猴属之类，原来这猴似人相，不入人名，似裸虫，不居国界，似走兽，不伏麒麟管，似飞禽，不受凤凰辖。另有个簿子，悟空亲自检阅，直到那魂字一千三百五十号上，方注着孙悟空名字，

游地府

乃天产石猴，该寿三百四十二岁，善终。悟空道："我也不记寿数几何,且只销了名字便罢！取笔过来！"那判官慌忙捧笔，饱揾浓墨。悟空拿过簿子，把猴属之类，但有名者，一概勾之。摔下簿子道："了账！了账！今番不伏你管了！"一路棒，打出幽冥界。

这段故事里，被拘了魂的孙悟空却是主角，十代阎王倒成了配角，因此他们的面目并不十分狰狞可怕，阴森恐怖。其实按小说的描写，下地狱见阎王是件痛苦异常的事情。所谓"十八层地狱"分为六等，每等三层，每层一狱，故号十八层。其中"吊筋狱、幽枉狱、火坑狱，寂寂寥寥，烦烦恼恼，尽皆是生前作下千般业，死后通来受罪名。鄷都狱、拔舌狱、剥皮狱，哭哭啼啼，凄凄惨惨，只因不忠不孝伤天理，佛口蛇心堕此门。磨挨狱、碓捣狱、车崩狱，皮开肉绽，抹嘴龇牙，乃是瞒心昧己不公道，巧语花言暗损人。宫冰狱、脱壳狱、抽肠狱，垢面蓬头，愁眉皱眼，都是大斗小秤欺痴蠢，至使灾屯累自身。油锅狱、黑暗狱、刀山狱，战战兢兢，悲悲切切，皆因强暴欺良善，藏头缩颈苦伶仃。血池狱、阿鼻狱、秤杆狱，脱皮露骨，折臂断筋，也只为谋财害命，宰畜屠生，堕落千年难解释，沉沦永世不翻身"。阎王的可怕，正在于十八层地狱的可怖。此说虽然有劝善惩恶的用意，但更多的是轮回报应的封建迷信说教。从统治方法上说，即是用死人吓活人、压活人。

毛泽东读《西游记》论阎王，恰恰是从揭露其封建统治者帮凶嘴脸这个角度入手的。

阎罗天子、阴间系统与神权

毛泽东在1927年写作的《湖南农民运动考察报告》中指出：政权、族权、神权和夫权，是封建统治的四大权力系统，而神权即鬼神权力系统又分为阴间系统和神仙系统。自然，阎王是阴间系统的最高统治者。毛泽东写道：

中国的男子，普通要受三种有系统的权力的支配，即：（一）由一国、一省、一县以至一乡的国家系统（政权）；（二）由宗祠、支祠以至家长的家族系统（族权）；（三）由阎罗天子、城隍庙王以至土地菩萨的阴间系统以及由玉皇上帝以至各种神怪的神仙系统——总称之为鬼神系统（神权）。至于女子，除受上述三种权力的支配以外,还受男子的支配(夫权)。这四种权力——政权、族权、神权、夫权,代表了全部封建宗法的思想和制度,是束缚中国人民特别是农民的四条极大的绳索。(《湖南农民运动考察报告》,《毛泽东选集》第一卷,人民出版社1991年6月版,第31页)

在毛泽东的论述中,以阎罗天子为统领的阴间系统和以玉皇大帝为首脑的神仙系统,是鬼神世界两个平行并列的系统,一个在天上,一个在地下。《西游记》中的阴曹地府十代阎王却臣属于玉帝,又归地藏王菩萨领导。这佛道双重管理体制,实为有趣。

阎罗天子又叫阎罗王,《西游记》中称为阎王。它最早见于文字记载的,是唐代魏徵等撰写的《隋书·韩擒虎传》。书中说韩擒虎"生为上柱国,死作阎罗王"。韩擒虎,东垣(今河南新安县)人,是隋朝的开国名将,率兵攻灭陈国,立有殊功。韩擒虎死做阎罗王,被堂而皇之地写进正史,不能不产生很大影响。当然,这仅仅是开始,随着神权统治的需要,阎罗王也在不断增加。《宋人轶事汇编》中,说北宋名相寇准"是阎罗王";《中吴纪闻》又称北宋名臣范仲淹"亦为阎罗王"。至于名闻遐迩的包青天,更是被称为"阎罗包老"。嗣后,一直增加为"十殿阎罗"(《西游记》中称"十代阎王"),让他们来管领幽冥世界。实际上,这些都是古代人间官府的翻版,是统治阶级的需要。

毛泽东把阎罗天子、城隍庙王、土地菩萨等概括为阴间系统,在于揭露统治阶级利用鬼神系统进行的"神权"统治,使人们认识到过去中国人民尤其是农民所遭受的思想奴役和精神压迫,以便唤起革命。他把阎王置于被批判、被革命的地位,是唯物史观的一大胜利,是思想觉醒、精神解放的一大进步。事实上农民运动的兴起,革命斗争的高涨,其打击的矛头也是针对着封建政权、族权和神权的,正如毛泽东在调查报告中所指出的那样:"地主政权既被打翻,族权、神权、夫权便一概跟着动摇起来……许多地方,农民协会占了神的庙宇做会所。一切地方的农民协会,都主张提取庙产办农民学校,做农会经费,名之曰'迷信公款'。"

"醴陵禁迷信、打菩萨之风颇盛行。北乡各区农民禁止家神老爷(傩神)游香……农民协会是青年和壮年农民当权,所以对于推翻神权,破除迷信,是各处都在进行中的。"

孙悟空造阴曹地府阎王爷的反,只不过是拿过生死簿子,强销名号,"寂灭轮回,各无生死";毛泽东和农民协会造阎罗天子的反,则是要从根本上铲除封建宗法制度和思想，把劳苦大众从其奴役压迫下彻底解救出来。

当马克思做阎王的时候

封建时代为了麻痹人民，统治者常常推出像韩擒虎、寇准、范仲淹和包拯这样的好官、清官做阎王，其实，阎王的扬善惩恶并不代表劳动人民的利益。所以，谈吐幽默的毛泽东也给无产阶级和广大劳动人民找来自己的"阎王"。

据毛泽东少年时代的同学、著名诗人萧三回忆：

> 1939年5月20日下午3时，延安党中央干部教育部在组织部大礼堂，召开延安在职干部教育动员大会，到会的有几百人。该部负责人请毛泽东讲话，毛泽东讲道：
>
> "……我们发起的生产运动和学习运动都是永久的……韩愈说：'人不通今古，马牛而襟裾'，所以只要是人而不愿做牛马，就要学习……"
>
> "……我们的党要由小到大，才能领导这样大的中国革命……要有大批有学问的干部……中国共产党素来号召学习，在过去中央苏区是如此，来延安三年了，也是如此。现在比较有组织，中央特别设干部教育部主持此事。军队中就由政治部主任兼作部长……"
>
> 说到老年人也要学习的时候，毛泽东又是笑话横生："当马克思做阎王的时候，会要考试共产党人的政治经济学的……'人到五十五，方是出山虎'……我们要办一个'无期大学'……人们都是出了学校才学到一些东西的……"
>
> 最后毛泽东说道："要学到底，不要半途而废，不要骄傲……学习课程应该加时事问题和党的政策两项……党、政、军、民（民众团体）、学各界都要学习。我们的同志都是同学……"（林木森：《咱们的领袖毛泽东》，解放军出版社1992年8月版，第204页）

大唯物者毛泽东，竟然说辩证唯物主义世界观的创立者马克思有"作阎王的时候"，这当然是一种调侃，一种幽默，一种毛泽东式的语言机智、宣传技巧和鼓动手段。他借用了《西游记》一类小说中的阎王形象，不失风趣地加在马克思的身上,创造了这样一种思路:共产党人和革命者,生前要活到老学到老,死后也要接受革命队伍的"阎王"马克思的考试。此时,在新的语言环境和思想氛围中,"阎王"形象已经失去了他本身固有的封建迷信、畏惧恐怖的含义,成为革命者学习成绩的最终检验者。

古人说,学无止境。又说,学不可已止。革命者的学习上的是"无期大学",是一种终身教育,是不能半途而废的。毛泽东通过"马克思作阎王"的联想,机巧地表达了这个思想,轻松地提出了此项要求。

现在分两个地狱

斗转星移,世事变迁。毛泽东讲"马克思做阎王"后十八年是1957年,这是个多事之年,这一年发生了史称"反右斗争"的政治事件。无论从哪个角度说,这个事件都对共和国的政治生活产生了巨大的、深远的影响。这年,面对渐次涌起的政治风波,毛泽东往来于京、津、沪地区,在干部会议上发表讲话,预测运动的发展方向,规定斗争的策略方针。这年7月9日,他第二次在上海干部会议上就"打退资产阶级右派的进攻"这个主题发表讲话,他先回顾说:

"三月间,我在这个地方同党内的一些干部讲过一次话。从那个时候到现在,一百天了。这一百天,时局有很大的变化。我们同资产阶级右派打了一仗,人民的觉悟有所提高,而且是相当大的提高。"

讲话临近结束,他在谈到对待"右派"的政策时这样说道:

> 对右派是不是要一棍子打死?打他几棍子是很有必要的。你不打他几棍子他就装死。对这种人,你不攻一下,不追一下?攻是必要的。但是我们的目的是攻得他回头。我们用各种方法切实攻,使他们完全孤立,那就有可能争取他们,不说全部,总是可以争取一些人变过来。他们是知识分子,有些是大知识分子,争取过来是有用的……我们并不准备把他们抛到黄浦江里头去,还是用治病救人这样的态度。

应该说,毛泽东此时准备采取斗争和争取两手政策,是辩证的有积极意义的。尤其他讲"攻"的目的还是为了争取知识分子"变过来",更是一种良好的动机。但是,毛泽东也注意到事物的另一面,就是有些人可能"不愿意过来"。因此，他不失风趣地警告说：

> 有那么一些人不肯改，那你就带到棺材里头去见阎王。你对阎王说，我是五张皮的维护者，我很有"骨气"，共产党、人民群众斗争我，我都不屈服，我都抵抗过来了。但是你晓得，现在的阎王也换了。这个阎王，第一是马克思，第二是恩格斯，第三是列宁。现在分两个地狱，资本主义世界的阎王大概还是老的，社会主义世界就是这些人当阎王。（1957年7月9日在上海干部会议上的讲话）

这本来是严肃的乃至严酷的话题，但毛泽东的话语实在令听众觉得有趣：现在，"阎王"也是划分为阶级的，有两个地狱、两种阎王——资本主义世界的老阎王，社会主义世界的新阎王。老阎王具体是谁他没有讲，新阎王则是马克思、恩格斯和列宁。至于《西游记》里讲的"十代阎王"，韩擒虎、范仲淹等辈，无疑是"封"字号的阎王，这次谈资产阶级右派进攻，与他们还联系不上，阶级属性、社会阶段相差太远。

其实，仅仅把上面这段话理解为笑谈，则又离毛泽东的主旨相去甚远。毛泽东这是将了右派中顽固者最后一军：你顽固下去，到棺材里头去见阎王，那阎王也换人了，现在是社会主义世界的新阎王在幽冥界主政，纵然到了地狱也找不到知音。背离社会历史的发展趋势，不与人民群众、不与共产党同步前进，不走社会主义道路，终究是没有出路的。光明之途只有一条，改正错误，改变立场，放下包袱，轻装前进。

这年10月13日，毛泽东在最高国务会议第十三次会议上作《坚定地相信群众的大多数》讲话。讲话的主调，仍然是反右与整风。他说：

> （右派分子）分两种人，一种是改正了以后，可以把右派分子帽子摘掉，归到人民的队伍；一种就是顽固到底，一直到见阎王。他说，我是不投降的，阎王老爷你看我多么有"骨气"呀！他是资产阶级的忠臣。

这里又提到"阎王老爷"，是顽固到底的右派分子在他面前表示"骨气"，大概阎王老子也不理他，因为现在的阎王是社会主义世界的新阎王，他们不接受顽固分子的表态，顽固是永远没有出路的。毛泽东给这样的人定性，说他是"资产阶级的忠臣"。在社会主义新时代,人们没有理由欢迎资产阶级的"忠臣"。

行文至此,需要说明一个问题:1957年的反右派运动犯了扩大化的错误这在改革开放以来纠正"左"的错误时,是已经弄清楚了的事情。我们所要说的,只是毛泽东活用"阎王"这个典故罢了。

阎王不叫自己去

一些人畏惧阴曹地府和阎罗天子,是因为接受了生死轮回的封建迷信思想。他们相信阎王主宰世人的生存与死亡,时刻怕"勾死鬼"把魂儿拘走。

这说到底是如何看待生死的问题。毛泽东不愧为虔诚的唯物论者,他从不相信人会长生不老,更不讳言自己的生死。晚年,他常向来访者或身边人说"上帝请我喝烧酒",或说"我快到马克思那里报到了",或说"阎王不叫自己去"。

关于他这方面的趣闻逸事是很多的,仅举几例:

1961年9月,毛泽东在武汉会见英国蒙哥马利元帅,气氛融洽而热烈。不是毛泽东把蒙哥马利逗得大笑,就是蒙哥马利把毛泽东引笑了。

毛泽东问:"元帅今年多大岁数?""七十四岁。""哦,过了七十三岁。"

蒙哥马利说:"主席先生,你的共和国成立了十二年,从战争的废墟上建立起了新的国家,你显然还有许多事情要做。你的人民需要你,你必须有健康的身体和充沛的精力来领导这个国家。"

毛泽东点燃一支烟,慢悠悠地吸着,说:

中国有句俗话:七十三,八十四,阎王不叫自己去。如果闯过了这两个年头,就可以活到一百岁。

蒙哥马利很是新奇,"七十三,八十四",为什么是这样两个数字?当时,不可能有人给他解释。这两个数字的来历,和两个"圣人"联系在一起——孔子活了七十三岁,孟子活了八十四岁。

我们说的阎王,就是你们说的上帝。我只有一个五年计划,到时候我就去见我的上帝了,我的上帝是马克思。(熊向晖:《关于接班人问题的一次谈话——毛泽东和蒙哥马利》,《毛泽东交往

录》，人民出版社1991年6月版，第440页）

蒙哥马利有点激动地说："经过这一段时间的访问，我感到中国人民需要你，你不能离他们而去，你至少应该活到八十四岁。"

毛泽东那改变中国命运的巨手一挥，说："不！我有很多事情要同马克思讨论。在这里再待四年已经足够了。"

蒙哥马利也同样用幽默的口吻说："要是我知道马克思在哪里，我要告诉他，中国人民需要你，你不能到他那里去。我得同他谈谈这个问题！"

在座的人笑了。毛泽东笑得最开心。

毛泽东和身边医护人员也说过类似的话。1963年12月16日罗荣桓元帅逝世。毛泽东到北京医院向罗荣桓的遗体告别。有一天，毛泽东睡不着觉，跟护士长吴旭君聊天。回首往事，谈起他母亲、父亲的死等问题。进而毛泽东谈到自己将来的死以及生、老、病、死的辩证法问题。他笑着说：

> 中央给我立了一条规矩，不许我坐飞机。我想，我以后还会坐。总之，七十三，八十四，阎王不请自己去。（吴旭君：《毛主席的心事》，《缅怀毛泽东（下）》，中央文献出版社1993年12月版，第665页）

说完，他开心地大笑起来。

即使在自己身体已经极度虚弱，生命接近尾声的时候，他谈到生死也十分平静。1975年12月26日这一天，毛泽东度过了他生命中的最后一个生日。他的精神比平时好一些，但一个八十多岁的老人，仿佛并不愿意过自己的生日，这和年轻人的心境迥然相异。这天，毛泽东又重复了他平时常说的一句话：

> 七十三、八十四，阎王不叫自己去。（郭金荣：《毛泽东的晚年生活》，教育科学出版社1993年2月版，第122页）

按照迷信的说法，阎王是主宰生死决定寿命的。晚年毛泽东几次引证阎王这个典故，也都是从谈生论死这个角度出发。"阎王不叫自己去"，说明了走向死亡的客观性和必然性。这句话所强调的侧重点，不是阎王是否真的存在，而在于死亡的不期而来。谁也不能避免它，谁也不能抗拒它。这样讲法，显示了对待死亡的一种豁然心态。

其实，"七十三，八十四"这两个人的死亡期限，像"六十六，不死也要掉块肉（指大病或灾难）"的判断一样，只是一种生命经验，是以经验推理来道出生命终结的质变点，但它们并不是几个绝对数字，更不是死亡的基本规律。

毛泽东引用"七十三，八十四，阎王不叫自己去"这句俗谚，充分展示了伟大的无产阶级革命家对于死的旷达胸怀，使他的谈话闪现着哲理。

毛泽东对待生死是很达观的，可谓乐天知命。他曾经说过："我随时准备见马克思。没有我，中国照样前进，地球照样转。"

他常常论及生死问题。在其名著《矛盾论》中，他曾经从哲学的高度论述道："……生命也是存在于物体和过程本身中的不断地自行产生并自行解决的矛盾；这一矛盾一停止，生命亦即停止，于是死就来到。""……没有生，死就不见；没有死，生也不见。"在其名篇《为人民服务》中，他还指出："人总是要死的，但死的意义有不同。"

"七十三、八十四，阎王不叫自己去"，这正是伟人对自己体弱多病、风烛残年的身体状况的客观认识，是借助俗谚典故对自己不久于人世的预感的一种轻松表述，亦是垂暮之年面对死亡所展现出的视死如归的坦然之态。当然，也隐含着他对人生"逝者如斯夫""毕竟东流去"的时光难以唤回的深切留恋和深沉感慨。总之，毛泽东所揭示的生死真谛，是足以给后人以深刻启迪和教育的。

用龙王桌上能抢到的东西来满足需要

> 前人所谓"战罢玉龙三百万,败鳞残甲满天飞",说的是飞雪。这里借用一句,说的是雪山。夏日登岷山远望,群山飞舞,一片皆白。
>
> 《毛泽东诗词集》,中央文献出版社 1996 年 9 月版,第 61 页

据《西游记》描写,在玉皇大帝统辖的天地间,江河湖海所有水域的辖区,有个首领是龙王敖广,其首府设在东海水晶宫。敖广的三个弟弟敖钦、敖顺、敖闰,分守南海、北海、西海,亦有龙王头衔。平日里巡海的是夜叉,守护水晶宫的是虾兵蟹将,龙宫之内还有鳜都司、鲠提督、鲤总兵和鳝力士等水族将领任其调遣。

敖氏龙王家族,人丁兴旺。龙子龙孙,各有性格,各有癖好,各有品德。故有"龙生九种,九种各别"之说。四海龙王以敖广为首,凡有紧急事,则鼍将撞钟,鳖帅擂鼓,其三个龙王弟弟顷刻即至,共同应对上命和事变。四海龙王均臣服玉帝,是玉帝麾下的水族统治集团。

在中华民族传统文化中,龙文化出现较早。四五千年前的龙形玉器,近些年偶尔出土,便是明证。有关龙的传说、龙的故事,车载斗量,为数众多。神话小说《西游记》《封神演义》就描写了不少龙王和龙子龙孙的故事。而孙悟空龙宫借宝则是其中的佼佼者。

话说孙悟空施法逞威来到东海龙府水晶宫,索兵器,要披挂,四海龙王又惊又怕,送了镇海神针"如意金箍棒",又送金冠、金甲、云履。送礼之后,又心不甘、意不平,上表启奏玉帝,要求"收此妖孽,使海岳清宁,下界安泰"。孙悟空大闹天宫后被收服压迫在五行山下,不料五百年后他又随唐僧西天取经,上天入地下海,自由出入,几位龙王再也没敢密奏天庭,而是对孙猴子恭敬有加,有求必应了。

毛泽东解读和引用《西游记》,常常提到海龙王和孙悟空龙宫借宝的故事。

国民党·国王·龙王

毛泽东上井冈山闹武装革命，条件很艰苦，既缺衣少粮，又缺枪少弹。如何克服此难？他联想到《西游记》中的孙悟空龙宫借宝，有了新的主意。

1928年5月中旬的一天，朱德、毛泽东率领的"朱毛红军"全歼敌军八十一团的战斗刚刚结束，毛泽东神奇地出现在朱德面前。

"老朱，永新又来了一批枪，蒋介石送来的，你要不要？"毛泽东含笑问道。

"来者不拒，还不打收条。"朱德也笑着回答。

"同志们，一鼓作气，趁势拿下永新城！"毛泽东习惯地将大手一挥。

战士们呼啸而上，几轮冲锋，攻入永新，击溃了一路进犯之敌。

毛泽东和朱德并肩走进永新城，迎面碰上红二十九团的娃娃兵王型。王型正扛着一支新缴来的枪，笑嘻嘻地和几个战友边走边聊着什么。

"王型啊。"毛泽东叫了一声。

"呀！毛委员……"王型猛地看到了毛委员和朱军长，啪地一个立正。

"唔，蛮精神嘛！"毛泽东帮王型正正军帽，其实他自己的军帽也有点歪呢。毛泽东问王型："自己缴来的？"

"可惜是条老套筒，不太管用。"

"以后啊，叫蒋介石再送你一支管用的，好不好？"

朱德拍拍王型脑袋，竟把他的八角帽又拍歪了。

"哈哈哈，"毛泽东大笑，见朱德又去帮王型正军帽，便说："歪一点就歪一点吧，娃娃兵嘛，哪吒还戏斗海龙王呢！"

"就你歪点子多。"王型等走后，朱德对毛泽东说。

"红军是要饭的，国民党不仅是国王，而且是龙王。红军就用龙王桌子上的能抢到的东西来满足自己的需要。"毛泽东诡谲地眨了眨眼睛。

"我们已经打退了国民党的进剿，蒋介石准会恼火万分，再派兵来。"朱德分析说。

"伤其十指不如断其一指，要打就打痛点，打得老蒋跳起来，这样，他就不会忘记给我们送家伙来了。"

朱德深以为然地点点头，他觉得毛泽东的想法太对了，井冈山根据地人不过两千,粮不足万担,怎么能承受千军万马的驻扎?他们只有靠吸引国民党军队进来打仗,以此得到武器、弹药、给养和兵源,才能减轻人民的负担。

朱毛两人正在商量着,红四军参谋长王尔琢来报告:"湘敌吴尚第八军已进驻茶陵、酃县一带。"

"好家伙,有大仗打啰!"毛泽东兴奋起来。

这虽然是井冈山斗争中夺取装备于敌军的一个小片断,但这个小故事却蕴含着大道理。

毛泽东戏称红军是"要饭的",并不是自惭形秽,无非是说红军一无粮食,二无枪弹,形同要饭的乞丐,是彻底的无产阶级,与掌握国家政权的"国王"国民党无法比拟。改变这种处境的办法只有一个——那就是向敌人手中夺取。

毛泽东从娃娃兵王型缴获了枪支,联想到《封神演义》中的哪吒闹海,再由此联想到《西游记》中的孙悟空龙宫借宝,因此他视国民党蒋介石为"海龙王",红军要用孙悟空的办法到"海龙王"那里抢到自己需要的武器装备。后来毛泽东等人戏称蒋介石为"运输大队长",是把"龙宫借宝"发展成"龙王送宝"了。

毛泽东的这个思想经过十年的土地战争(即第一次国内革命战争)锤炼,有了长足的发展。红军长征到达陕北后,毛泽东总结红军反"围剿"的战略战术,他在军事名篇《中国革命战争的战略问题》中写道:"我们建立军事工业,须使之不助长依赖性。我们的基本方针是依赖帝国主义和国内敌人的军事工业。伦敦和汉阳的兵工厂,我们是有权利的,并且经过敌人的运输队送来。这是真理,并不是笑话。"

东海龙王敖广把镇海之宝借给美猴王,"运输大队长"蒋介石把新枪"借"给红军,毛泽东从二者之中悟出了进行革命战争的真理。

龙这个东西是不存在的

《西游记》中描写了那么多龙王的故事,并非空穴来风。在中华民族传统文化中,"龙文化"可谓源远流长,这正是我们中国人自称"龙的传人"的原因所在。

1940年,在陕北延安。有一次,毛泽东与师哲谈话,不知不觉两个人谈起了"龙文化"。毛泽东说:

> 龙，这个东西是不存在的，它的形象是人们选择一些动物身上的某一特点拼凑起来的象征性的动物。把龙作为国旗上的徽号，标志这个帝国是由许多小国或部落、部族联合起来的一个强大的国家，以至后来统治阶级提出了一个所谓真龙天子，把龙更神圣化了。(《陕西文史资料选辑》第七辑，陕西人民出版社1980年版)

在动物世界中，是不存在龙这种生物的。在古生物中确实存在一些巨大的、有四肢有尾巴甚至有羽翼的爬虫，如恐龙、鱼龙、飞龙等，但与传说中有鳞有甲有须、会兴云作雨分水拍浪的神异动物龙完全不是一回事。与能够转世"真命天子"的上天之龙，更是风马牛不相及。但是，在浩如烟海的古籍中、无所不在的传统意识里，龙的观念可谓比比皆是。《西游记》作为神话小说，把敖氏龙王家族描写为水域统治集团，是天庭统治势力的一大组成部分，就是这种文化观念的产物。因此，怎样认识龙的产生，怎样认识龙文化的作用，则是历史唯物主义哲学必须给予科学回答的问题。

毛泽东通俗易懂地解释了龙现象。

第一，他指出世界上不存在龙这种动物。龙的出现，只是人们选择一些动物的某一特征，比如猪的嘴巴，牛的犄角，蟒的身体，鱼的鳞甲，鹰的爪牙，等等，通过想象的描摹，拼凑而成后世龙的模样。这一点已为地下考古发掘所证明，出土的上古时代的玉制品龙和铜制品龙，还比较原始粗糙，远不如近古书中描写绘画得那样细腻逼真，说明龙形象有一个从简单到复杂、由粗糙到细腻的形成发展过程。

第二，龙观念在远古图腾时代即在社会生活中发生作用。图腾崇拜是原始社会一种最早的宗教信仰。那时，部族、部落以及部族集团和部落联盟都有自己的崇拜图腾，如天上的飞禽，地上的走兽，或虎或兕，或鹿或鹰，等等。原始人相信每个氏族都与某种动物、植物或无生物有着亲属或其他特殊关系，此物（多为动物）即成为该氏族的图腾——保护者和象征。毛泽东讲把龙等动物符号做"徽号"标在旗帜上，表明部落联合体是个"强大的国家"，这种状况在原始社会晚期较为普遍。这种风气一直在发展，到了春秋战国之际，兵书上即有行军布阵"左青龙，右白虎"的记载，就是明证。

第三，龙文化为封建皇权服务。通观中国二千年封建时代，几乎所有的封建帝王都宣布自己是"真龙天子"，他们的子孙自然是"龙子龙孙"。这实质上是在宣扬"君权神授"的唯心史观，意在把封建政权神圣化，也就是把它与神权合二为一了，这也为皇权世袭打下了神学的思想基础。总之，龙文化发展到这一步，彻底变成了封建统治阶级手里的工具。

我们无法断定，毛泽东1940年在与师哲谈论龙文化时，是否包括对《西游记》中敖氏龙王集团的批判，但这段通俗易懂的话，却可看作对龙现象、龙文化言简意赅的哲学总结，它说清了这个命题中的大关键、大环节。

龙王菩萨是他们的"保险公司"

1944年3月22日，毛泽东在中共中央宣传委员会召开的宣传工作会议上作《关于陕甘宁边区的文化教育问题》讲话。在谈到破除迷信，使老百姓不敬菩萨时，他说：

> 从前我从长沙到上海，乘的船有两种，一种是洋船，一种是木船。洋船他们不敬龙王菩萨，坐洋船的人也没有关心敬龙王菩萨的。但是木船他们就要敬龙王菩萨，龙王菩萨是他们的"保险公司"，木船是容易翻船的，为了避免翻船，他们不得不投一笔钱到龙王菩萨这个"保险公司"里去。所以要老百姓不敬神，就要有科学的发展和普及。科学不发展、不普及，敬神在他们是完全需要的。(《毛泽东文集》第三卷，人民出版社1996年8月版，第120页)

毛泽东乘船从长沙到上海，走的是长江水路。《西游记》第四十三回说"青背龙占了江溲"，意即主宰长江水域的是青背龙。旧时代在水上行船的人，对主宰江河湖海水域的龙王菩萨，莫不怀着一种敬畏心理，因此虔诚地供奉和祭祀它就成了"必修课"，尤其是易翻易沉的木船主更是如此，毛泽东把龙王菩萨形象地比喻成他们的"保险公司"。但是，设备先进、技术精良的洋船却不是这个样子，他们对龙王菩萨是漠不关心的。

毛泽东比较驾木船、乘木船的人与驾洋船、乘洋船的人对待龙王菩萨的两种心态，得出一个正确的规律性的认识：迷信产生愚昧，不迷信来源于科学。要使人们不敬神，根本的办法是科学的发展和普及。

据研究毛泽东的专家陈晋介绍，1944年3月22日在延安关于边区文化教育问题的讲话中，毛泽东还说过另一个关系到龙王菩萨的事例：

枣园去年天旱，久不下雨，老百姓就许愿，请龙王菩萨，后来下了雨，他们就说这雨是他们请来的，于是就牵一条羊去还愿。可见神的社会和人的社会一样，他也需要吃，需要穿。研究财政经济问题时，发现迷信品的进口中，有一项是货币，神仙大概也要花钱，神心里有了气，送一点东西给他，就没有气了。（《毛泽东之魂》，吉林人民出版社1993年10月版，第87页）

陈晋就毛泽东的话题引申评论说：摆脱神的崇拜，并非一件易事。特别是那些不识几个大字、成日为衣食奔劳，不得不把美好的生活希望寄托在神的身上的老百姓。出身农民的毛泽东深知此点。

他说毛泽东说得平心静气，很幽默，但却充满科学理性和实践力量。神的偶像摇摇欲坠，使人们感到，自己才是命运的主宰者。高高在上的神们其实也是很"世俗"的，作为一种文化形态，它们只不过是现实人们出于生存需要所心造的一个幻影罢了。摧毁神权观的根本手段，在经济基础的变革。

深懂唯物史观的毛泽东并没有疾言厉色地去责备迷信龙王菩萨的老百姓，他以十分理解的心态对待群众的请雨和还愿。他进一步以调侃的语气，揭示神仙也需要吃、需要穿、需要花钱，也有生气和消气的情感体验，神的社会并不神秘，与人的社会一样，这实际上已经剥去了龙王菩萨等神仙的神圣外衣，还其世俗化的本来面目。事物认识到这种深度，道理讲到这种程度，人们对破除迷信的方向和方法，也就十分清楚了。

龙王对农民的关系密切

1948年4月12日，从陕北向河北进发的毛泽东途经五台山，一行人游览了各处庙宇，来到塔院寺的龙王殿。方丈介绍说，龙王殿建于清代，殿内供金脸龙王老五，俗称五爷。五龙王塑像背后，有大爷、二爷、龙母、三爷、四爷。传说五爷最爱看戏，所以在五龙王殿对面，还专门建了一座大戏台，供五龙王看戏用。每年六月庙会期间，一个月的庙会，就要唱一个月的戏。毛泽东听了风趣地说：

五龙王连着看一个月的戏，他不累吗？（阎长林：《警卫毛泽东纪事》，吉林人民出版社1992年3月版，第277页）

毛泽东的话，把大家都逗笑了。

可五龙王无论如何笑不出。龙王菩萨是可敬的，爱看戏就让你连续看一个月好了。但这犯了个常识性错误：连续看戏一个月，即使是龙王爷，也难免累得慌。毛泽东懂得事物都有个限度，绝则错，过则谬，他用归谬法轻轻反诘一句，五龙王的破绽就暴露出来了，这一默幽得五龙王好尴尬，大家都笑了，他却哭笑不得。毛泽东的语言是轻松的，然而毛泽东的思想却是犀利的，它一下子就把龙王爷的神圣性打得粉碎。

毛泽东如此调侃龙王爷，真有点《西游记》里孙悟空捉弄海龙王的流风遗韵。

这次顺路游览五台山，毛泽东在一座庙宇后面，看见一尊菩萨胸前被挖了一个洞，就问是怎么回事，导游者说，土改时翻身农民同寺庙清算，听人说神像胸腔里藏有金子，便挖开寻找。毛泽东听了，默默记在心里。下山时到了台怀镇附近的一座龙王庙前，却见灯火辉煌，香烟缭绕。庙里住持告诉说，这座庙不仅没受破坏，而且农民曾派来专人保护。于是，毛泽东借题发挥说：

> 你们看，从这里应得到的结论是多么明显，群众对山上的菩萨和山下的龙王的态度是多么不同。山上的那位菩萨同群众的利益距离太远了，而龙王管着下雨，对农民的关系太密切了。群众就是这样对待问题的。（董学文、魏国英：《毛泽东的文艺美学活动》，高等教育出版社1995年版，第123页）

群众观点和群众路线，在毛泽东思维的屏幕上永远是清晰的。他很懂得中国广大农民的文化心态心理。从群众对待山上菩萨和山下龙王的相反态度，他看出了群众对待问题的价值取向。进一步说，谁代表群众利益，群众就拥护谁；谁危害群众利益，群众就反对谁。这是个普遍的真理，在今天也极有意义。

群众就是这样，菩萨塑像里藏有不义之财，他们敢在胸前挖洞找寻；年景好一点，譬如风调雨顺吧，群众感到龙王有功劳，所以就派专人保护龙王庙。虽然，群众的行为里最终还没有摆脱封建迷信的影响——反对菩萨而信仰龙王，但他们判断是非的标准，决定去取的价值尺度，确实有启发人的地方，毛泽东敏锐地发现了这个闪光点。

无神论者是不相信龙王存在的。但毛泽东没有简单地去斥责群众"保护"

龙王庙的不对，而是由此深化了对群众立场和群众利益的认识。他的无神论哲学是生动的辩证的，他的否定不是一刀割断，而是辩证发展、螺旋上升的过程，他相信群众在逐渐掌握了科学之后，会一步一步走出迷信的阴影。

飞起玉龙三百万

1958年10月21日，毛泽东在文物出版社同年9月刻印的大字本《毛主席诗词十九首》的书眉上，作了一些自注。其中对《念奴娇·昆仑》"飞起玉龙三百万"一句的自注是：

> 前人所谓"战罢玉龙三百万，败鳞残甲满天飞"，说的是飞雪。这里借用一句，说的是雪山。夏日登岷山远望，群山飞舞，一片皆白。老百姓说，当年孙行者过此，都是火焰山，就是他借了芭蕉扇扇灭了火，所以变白了。（《毛泽东诗词集》，中央文献出版社1996年9月版，第61页）

毛泽东还写有另一条自注：

> 宋人咏雪诗云："战罢玉龙三百万，败鳞残甲满天飞。"昆仑各脉之雪，积世不灭，登高远望，白龙万千，纵横飞舞，并非败鳞残甲。夏日部分消溶，危害中国，好看不好吃，试为评之。（《毛泽东诗词集》，中央文献出版社1996年9月版，第63页）

"战罢玉龙三百万，败鳞残甲满天飞"这个成句，毛泽东自注出自"前人"或"宋人"的咏雪诗。为毛泽东诗词作注的专家们指出，宋人胡仔的《苕溪渔隐丛话》、南宋人吴曾的《能改斋漫录》、南宋人魏庆之所辑的《诗人玉屑·知音》等书中都有这两句诗。毛泽东自注中提到老百姓说的"当年孙行者过此"的《西游记》故事，其实，不知道毛泽东说的"前人"是否包括吴承恩，《西游记》中也有这两句话的出处。小说第四十八回《魔弄寒风飘大雪　僧思拜佛履层冰》就这样描写大雪：

> 彤云密布，惨雾重浸。彤云密布，朔风凛凛号空；惨雾重浸，大雪纷纷盖地。真个是：六出花，片片飞琼；千林树，株株玉带。

须臾积粉,顷刻成盐。白鹦歌失素,皓鹤羽毛同。平添吴楚千江水,压倒东南几树梅。却便是"战退玉龙三百万",果然如"败鳞残甲满天飞"。

毛泽东不用前人"战罢""战退"现成的词,将其巧易为"飞起"二字,化出"飞起玉龙三百万"的神来之笔,用来形容蜿蜒曲折、积雪满覆的昆仑群峰,可谓形神毕现,使银装素裹的冰峰雪岭更富于动态。他不同意前人的比喻描摹,独出机杼,昆仑山脉"白龙万千,纵横飞舞,并非败鳞残甲"。

莽莽昆仑是美妙的,然而这条玉龙"好看不好吃",因为它"搅得周天寒彻",到了夏天它部分消溶,使"江河横溢,人或为鱼鳖",洪水泛滥成灾。原来,它象征"危害中国"的帝国主义侵略者。对这条玉龙的千秋功罪,有谁给予过正确的评说呢?毛泽东登上一片皆白的岷山,放眼远眺,联想到纵横万里横亘亚洲的昆仑山脉,感慨万千,欣然填词,"试为评之!"他说:"昆仑,主题思想是反对帝国主义,不是别的。"(《毛泽东诗词集》,中央文献出版社1996年9月版,第62页)他对自己的英文秘书林克也说过类似的话。诗人愤怒了,他大声疾呼昆仑山"不要这高,不要这多雪"!他甚至要"倚天抽宝剑",把这条恶龙"裁为三截"!降服了孽龙,才能实现"太平世界,环球同此凉热"的社会理想。

细读全词,从毛泽东观龙、评龙、裁龙、遗龙一系列情感体验中,很容易深层体会到他的创作主旨,理解他那包容宇内囊括八荒的博大胸襟,品味他那充溢无限艺术活力的诗才。

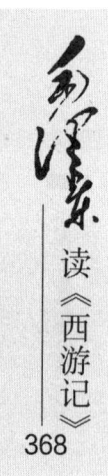

主要参考文献资料

毛泽东著作

《毛泽东选集》(一—四卷)，人民出版社1991年6月版。
《毛泽东文集》(一—八卷)，人民出版社1993年12月—1999年6月版。
《建国以来毛泽东文稿》(1—13卷)，中央文献出版社1987年11月—1998年1月版。
《毛泽东军事文集》(一—六卷)，军事科学出版社、中央文献出版社1993年12月版。
《毛泽东著作选读》(上、下册)，人民出版社1986年8月版。
《毛泽东西藏工作文选》，中央文献出版社、中国藏学出版社2001年5月版。
《毛泽东早期文稿》，湖南出版社1990年7月版。
《毛泽东外交文集》，中央文献出版社、世界知识出版社1994年12月版。
《毛泽东文艺论集》，中央文献出版社2002年4月版。
《毛泽东新闻工作文选》，新华出版社1983年12月版。
《毛泽东书信选集》，人民出版社1984年1月版。
《毛泽东读文史古籍批语集》，中央文献出版社1993年11月版。
《毛泽东哲学著作批注集》，中央文献出版社1988年3月版。
《毛泽东诗词集》，中央文献出版社1996年9月版。
《毛泽东在七大的报告和讲话集》，中央文献出版社1995年4月版。

研究毛泽东专著

《毛泽东传(1893—1949)》，金冲及主编，中央文献出版社1996年8月版。

《毛泽东传（1949—1976）》（上、下册），逢先知、金冲及主编，中央文献出版社2003年12月版。

《毛泽东年谱（1893—1949）》（上、中、下卷），逢先知主编，人民出版社、中央文献出版社1993年12月版。

《毛泽东读书笔记解析》，陈晋主编，广东人民出版社1996年7月版。

《文人毛泽东》，陈晋著，上海人民出版社1997年12月版。

《毛泽东之魂》，陈晋著，吉林人民出版社1993年10月版。

《说不尽的毛泽东》，张素华、边彦军、吴晓梅著，中央文献出版社、辽宁人民出版社1993年12月版。

《警卫毛泽东纪事》，阎长林著，吉林人民出版社1992年3月版。

《历史的真言——李银桥在毛泽东身边工作纪实》，邸延生著，新华出版社2000年7月版。

《缅怀毛泽东》，编辑组，中央文献出版社1993年7月版。

《毛泽东与佛学》，王兴国著，中国书籍出版社1996年1月版。

《毛泽东圈注史传诗文集成》，费振刚、董学文主编，吉林人民出版社1996年8月版。

《毛泽东评点古今诗书文章》，柳文郁、唐夫主编，红旗出版社1998年9月版。

《毛泽东妙用诗词》，吴直雄著，京华出版社1998年12月版。

《中国第一人——毛泽东》，胡真编，湖南人民出版社1999年1月版。

《毛泽东与中国史学》，王子今著，中共中央党校出版社1993年11月版。

《毛泽东和中国文学》，董学文著，春风文艺出版社1994年6月版。

《毛泽东与名人》，孙琴安、李师贞著，江苏人民出版社1993年2月版。

《毛泽东与中国文学》，孙琴安著，重庆出版社2000年6月版。

研究毛泽东读《西游记》论文

李 锐：《读〈西游记〉》，《毛泽东早年读书生活》，辽宁人民出版社1992年4月版，第28—32页。

徐中远：《读〈西游记〉，"要看到他们有个坚强的信仰"》，《毛泽东读评五部古典小说》，华文出版社，1997年1月版，第195—265页。

陈　晋：《为什么喜欢孙悟空和水浒传》，《毛泽东之魂》（修订本），中央文献出版社1997年9月版，第142—153页。

陈　晋：《幻想的同一性》，《毛泽东读书笔记解析》，广东人民出版社1996年7月版，第1401—1406页。

陈　晋：《孙悟空是反官僚主义的英雄》，《毛泽东读书笔记解析》，广东人民出版社1996年7月版，第1406—1412页。

陈　晋：《行善即除恶，除恶即行善》，《毛泽东读书笔记解析》，广东人民出版社1996年7月版，第1412—1415页。

陈　晋：《唐僧师徒的"个性"》，《毛泽东读书笔记解析》，广东人民出版社1996年7月版，第1415—1417页。

屈小强：《毛泽东喜欢孙悟空之谜》，《〈西游记〉中的悬案》，四川人民出版社1994年4月版，第340—353页。

陈锋、王翰：《才情并茂　锦绣文章——明代小说家吴承恩》，《毛泽东瞩目的文人骚客》，长江文艺出版社2000年5月版，第314—327页。

莫志斌、陈特水：《读西游记，要树立正确的善恶观》，《跟毛泽东学读书》，2003年3月版，第207—214页。

时　鑑：《读西游记，要看到他们有个坚强的信仰》，《听毛泽东讲中国》，2003年7月版，第337—342页。

赵以武：《关于西游记》，《毛泽东评说中国历史》，广东人民出版社2003年3月版，第503—508页。

柳文郁、唐夫：《西游记有永久的魅力》，《毛泽东评点古今诗书文章》，红旗出版社1998年9月版，第1221—1239页。

费振刚、董学文：《毛泽东圈注史传诗文集成·文赋卷·西游记》，吉林人民出版社1996年9月版，第645—654页。

成　林：《从西游记"永久的魅力"到"今日欢呼孙大圣"》，《毛泽东的智源》，海南出版社2001年10月版，第315—322页。

研究《西游记》专著

《新批本西游记》，吴承恩原著，苏兴批点，刘兴汉校点，江苏古籍出版社1992年6月版。

《鲁迅、胡适等解读〈西游记〉》，张庆善、唐风编，辽海出版社 2002 年 6 月版。

《名家解读〈西游记〉》，陆钦选编，山东人民出版社 1998 年 1 月版。

《西游记漫话》，林庚著，人民文学出版社 1990 年 8 月版。

《幻象世界中的文化与人生——〈西游记〉》，何西章著，云南人民出版社 1999 年 6 月版。

《〈西游记〉作者对我说》，余世谦著，上海人民出版社 2003 年 1 月版。

《〈西游记〉中的悬案》，屈小强著，四川人民出版社 1994 年 6 月版。

《经典丛话·西游故事》，老庵选编，江西教育出版社 1999 年 1 月版。

《无限风光话西游》，吴微著，安徽文艺出版社 2001 年 4 月版。

《〈西游记〉趣谈与索解》，宁稼雨、冯雅静著，春风文艺出版社 1997 年 10 月版。

《漫话西游记》，冯雅静著，河北人民出版社 2000 年 8 月版。

《漫说西游》，张锦池著，人民文学出版社 2000 年 1 月版。

《话说吴承恩——〈西游记〉作者问题揭秘》，沈承庆著，北京图书馆出版社 2000 年 7 月版。

《吴承恩和〈西游记〉》，王俊年著，北京人民出版社 1973 年 11 月版

《西游记迷境探幽》，刘耿大著，学林出版社 1998 年 5 月版。

《西游记之谜》，蔡铁鹰著，中州古籍出版社 1998 年 9 月版。

《神魔国探奇》，刘逸生著，江苏古籍出版社、中华书局（香港）1992 年 1 月版。

《西游记文化学刊》（1），《西游记文化学刊》编委会，东方出版社 1998 年 11 月版。

后 记

书稿杀青，动手写后记时翻阅自编的《四大名著剪报资料》，两条新闻闯入眼帘，读后感慨系之，有话如鲠在喉，不吐不快。于是先发浩叹，把要议之事放在后面。请读者诸君同来读读这两条新闻：

一些令人哭笑不得的"另类读物"，目前在学生中大行其道，比如说在一本被篡改的《西游记》里，孙猴子偷吃太上老君的仙丹，发现仙丹竟然是"伟哥"，而玉皇大帝居然用望远镜看人裸奔。（2006年1月7日《中国青年报》）

中国四大古典名著之一《西游记》历经20余年的日译之路，终成正果。长达10卷的日文版《西游记》最近由岩波书店出版。该书译者、北海道大学退休教授中野美代子感慨地称，自己终于完成了艰辛的翻译之旅，成功到达了"天竺"……中野美代子笑称，自己九年前从北海道大学退休时，就准备完成《西游记》的翻译工作，没想到又花费了那么长的时间。据史书记载。唐僧去西天取经前后共16年，自己的翻译之旅则历经了20余年。今年5月末，她完成了最后的校订，终于大大地松了一口气。"然而直到如今，头脑中还是不断有新的谜团出现，这正是《西游记》的魅力所在。"……为了解开这些谜团,她将着手撰写一部有关《西游记》的研究专著。（2005年7月27日《中华读书报》）

读第一条新闻，确实"令人哭笑不得"，心头的沉重难以抹去：读者人人喜欢的孙大圣被亵渎了，脍炙人口的杰作《西游记》被作践了，即使并不怎么喜欢的玉皇大帝被扭曲了也令人不快！不知吴承恩老夫子地下有知，面对吃"伟哥"的猴王、看裸奔的玉帝，将怎样的悲哀！他在穷困潦倒境况下苦心孤诣创作出来的千古绝伦的艺术形象，竟如此被糟蹋，岂能不痛心！这位老夫子会不会愤愤然地说：我种下的是"龙种"，而收获的是"跳蚤"。这些不肖子孙！

《西游记》产生以来经久不衰，受到历代读者的青睐，尤其受到少年儿童的喜爱与欢迎。它的神话色彩、幻想内容和浪漫手法，在广大少年儿童头脑中深深地打下烙印，其他作品难以替代其地位。所以，它是少年儿童的有益教科书，从中可以得到很多的教育与启发。可是，一经篡改，吃"伟哥"的猴王、看裸奔的玉帝能给少年儿童什么美的享受、思的启迪？可它却被冠名"另类读物"以示新潮时尚，还在学生中"大行其道"，这有没有为了赚黑钱而霉化精神食粮以荼毒少年儿童之嫌呢？

《西游记》问世之后，即令国人珍爱宝贵。明人袁于令说："至于文章之妙，《西游》《水浒》实并驰中原。"被称为我国明代的"四大奇书"之一。清人尤侗说："《西游记》其言虽幻，可以喻大；其事虽奇，可以证真；其意虽游戏三昧，而广大神通具焉。"当代人们又称《西游记》为古典小说"四大名著"之一。这些生动地说明了《西游记》的伟大文学价值，它不愧为我国文学史上的光辉著作。如此说来，《西游记》是国宝，国人怎能不倍加珍爱，反而去随意糟蹋呢！

读第二条新闻，则令人肃然起敬，心头洒满阳光。为华夏有《西游记》这样被世界认可的文学珍品而骄傲，对二十年苦心翻译名著、热心中日文化交流的中野女士表示由衷的敬意。《西游记》不仅是我国人民宝贵的精神财富，同样也是世界文学中的宝贵精神财富。《西游记》的英、俄、日、美、罗马尼亚、意大利等文的译本，受到外国朋友的喜爱。20世纪90年代后期，《西游记》电视连续剧被许多国家的电视台引进播放，在国外大大地"火"了一把。

研究中国古典小说东传西渐的王丽娜女士写道："由于《西游记》有多种外文译本，加上戏剧、电影大量改编和演出的西游故事，如《大闹天宫》《十八罗汉斗悟空》《铁扇公主》《孙悟空三打白骨精》《智激美猴王》等，孙悟空这个艺术形象现在已为全世界人民所熟知，我国人民能够通过这个与妖魔鬼怪势不两立的猴王，和世界人民交流感情，找到共同的语言。伟大的艺术典型所产生的感人力量是无穷的，创造了孙悟空这个伟大艺术典型的我国古典文学名著《西游记》，在世界人民心目中也将是万古长青的。"（《〈西游记〉在国外》，《名家解读西游记》，山东人民出版社1998年1月版，第468页）

孙悟空这个"东方的猴",国人和外人共同认为是"伟大的艺术典型",已成为我国人民与世界人民交流感情的媒介。外人珍爱他,国人岂能糟蹋他!说到对他的珍爱宝贵,应该首推本书传主毛泽东,他以天才的诗句——"金猴奋起千钧棒,玉宇澄清万里埃"——熔铸成孙大圣的崭新形象:除恶行善顶天立地的东方巨人的形象!

读这两条新闻,使人觉得更有必要学习毛泽东对待传统文化的态度和解读《西游记》的经验。"吸取精华,剔除糟粕"这八个字说清了许多问题。拿吴承恩的《西游记》来说,毛泽东认为其主导方面是精华,是封建专制时代产生的"民主文学",提倡把其中精彩篇章选入语文课本做教材。毛泽东解读《西游记》的经验是丰富多彩的,他把这部名著读透了,读活了,读出了新意,读出了效果,为后来者读这部小说指示了门径和坦途。本书的任务和目标,即在于把毛泽东读《西游记》的整个历史和全部经验介绍给读者。

能把这部书贡献给读者,我永远铭记那些给予我帮助的人们。首先要感谢研究毛泽东和《西游记》的专家们,他们的思想成果给予我重要的启示和莫大的帮助。

董志新

丙戌年春节于沈阳大西寓所

丛书后记

——我这样写毛泽东读"四大名著"

庄子曾经说过一句大实话:"其作始也简,其将毕也必巨。"(《庄子·人世间》)事情开始的时候比较简单,事情将要完毕的时候比较繁巨,这反映了一般事物的发展规律。我写作毛泽东读"四大名著"也是如此。二十年前,我只是积累了一些毛泽东谈关云长、诸葛亮、孙悟空和贾宝玉的资料,写了诸如《关云长不如彭老总》《关圣帝君一个土豪也不曾打倒》等几篇短文,那目的也只是写点随笔札记自我欣赏,并没有想到发表,更不用说要写成四大本书了。但从那时起,对此事就很留心,读书看报,每有所得,欣然忘食,不间断地积累材料,日渐丰饶。资料越来越多,思路越来越清,切块扒堆,条分缕析,渐渐地由写几篇文发展到写几部书了。

毛泽东是真正"读书破万卷"的人。有关他解读和运用"四大名著"的记载,我搜集和梳理到的就有数百处之多,这还仅仅是我目力所及的,没有披露的、我无缘见到的,还不知有多少。毛泽东解读和运用"四大名著"资料众多,经验丰富。那么,怎样把这些资料和经验梳理顺畅撰著成书呢?研究和写作中,我给自己树了标杆,想努力实现一些目标。

对于这个专题的资料占有,我的态度当然是"韩信将兵,多多益善",没有全面性是谈不上权威性的。我广泛搜求,查阅了数百种图书,翻阅了难以数计的报刊,日有所积,月有所累,共得毛泽东读"四大名著"资料八百余条,在同类著述中大约是占有资料最多的。可毛泽东政治活动时间之长,实践范围之广,决定了他与"四大名著"发生联系的资料之多,我相信还有相当部分资料没有披露,或披露出来不为笔者所知,"全面"也只能是相对的。随着时间的推移,肯定还会有新的资料披露出来,这方面的情形肯定是"譬如积薪，后来居上"。找到的资料，也并非"剜到筐里就是菜"，还要进行考据的工作。不用说，凡是从《毛泽东选集》《毛泽东文集》《建国以来毛泽东文稿》等公开出版的毛泽东著作中查到的资料是权威的；党史军史著作中的资料是权威的；严肃的回忆录、纪实文学之类，一般也是可信的；而有些报告文学、纪实文学乃至回忆录中的资料的可信度则要大打折扣，有些则明显让人信不过，笔者的办法是尽量查到资料的原始出处。有些资料是可信的，录自当事人的回忆，但传闻异辞，在这种情况下，优先采录较客观、准确、真实的。本书在介绍毛泽东运用"四大名著"情节、人物、典故的背景时，实际上涉及的是党史和军史的历史资料，为保证这些资料的准确性，凡是有可能的，我都与《毛泽东年谱》《毛泽东传》等权威性著作做了核校。这套丛书的资料，其实都是史料，都应该有信史的特征。这是上不辜伟人，中不欺今人，下不负后人的态度。

　　曾经有几位朋友与我侃过一个共同的话题：毛泽东解读古典小说"四大名著"，其他三种资料都很丰富，唯独《西游记》的资料没见多少，能写成一部书吗？内中透出些许的担忧。起初，我也有这样的顾虑。尽人皆知，研究得有丰富的文献资料，否则研究将是无源之水、无本之木。缺少资料的全面性谈不上结论的权威性。研究《西游记》当然也是这样。顾虑和担心也有好处，它促使我处处用心寻觅资料，扩大搜索范围，广泛寻求帮助。数年前，我弟弟志先也加盟到这项工作中来，他把我处自备的、外借的、友情赞助的有关毛泽东的全部文献资料重新梳理一遍，所获为数不少，专题资料越来越多了。为了节省我的时间，他录制了后两部书的大部分资料。毛泽东读《西游记》的资料重点挖掘，这个专题的资料虽然较之其他三大名著略逊，但也不失丰富，仅毛泽东谈孙悟空即达四五十次之多。那么，以前人们对专题资料的顾虑和担忧是怎样产生的呢？我分析原因大略有三点：当时这方面资料披露较少，不为人注意；以前没有关注这方面情况，印象浅淡；小说主要人物形象太少，毛泽东说来说去只有唐僧师徒四人，似乎形只影单。其实，毛泽东对"四大名著"都很热爱，解读和运用的实例都为数不少，只要用心搜集，较为全面地占有资料是办得到的。

　　占有了资料，怎样结构全书？这个问题解决不好，书稿很可能会杂乱无章。这里有两个时空系统，一个是毛泽东读"四大名著"历史过程的时空系统，一个是"四大名著"故事本身发展的时空系统。依据这两个时空系统可以有三种书稿结构：一种是按照毛泽东的实践经历，写出他在不同时期不同历史阶段读"四大名著"的情况；一种是按照四部小说故事的发展脉络，写出毛泽东读"四大名著"的各种情况；一种是把两个时空系统组合交叉在一起，以"四大名著"情节延伸、故事发展、人物形象为经，以毛泽东解读和运用"四大名著"的内容为纬，结构全书。本套书采用的基本上是第三种办法，但又不太拘泥于此。首先，笔者把要表达的内容分为若干单元。第一个单元是毛泽东对"四大名著"文本的阅读，对小说作者的评论；第二个单元是毛泽东对"四大名著"思想和艺术的借鉴；第三个单元是毛泽东对"四大名著"词语典故和故事典故的运用；第四个单元是毛泽东对"四大名著"人物形象的漫议、鉴赏和征引。《自序》是全景鸟瞰，各篇是个案透视。这样的谋篇布局使结构均衡些。但是，即使这样，有些同类内容，只能分散开讲。比如，毛泽东借鉴三国故事阐述人才思想的内容，在《三国都有知识分子》《群英会上的英雄大多年轻》《错用关羽马谡》《曹操懂用人之道》《刘备这个人会用人》《"青年团员"周瑜挂帅》等篇章中都涉及了。

毫无疑问，写作此套书是为了总结借鉴伟人的读书经验，弘扬优秀传统文化。作为大思想家、大文化人，毛泽东的思想无疑是敏锐深邃的，深挖细察他漫评漫议"四大名著"所包容的思想内涵和人生价值，既挖掘到位，解释透彻，亮出底牌，又不牵强附会，坐地拔高，胡乱引申，使读者有所思，有所悟，有所启迪。要爬上这个陡坡，确非易事，但没有理由不努力去做。当然，这不是要去玩弄谁也不懂的新名词新概念，故弄玄虚。真理是朴素的，深刻是易晓的。这就要求行文生动而不呆板，流畅而不晦涩。语言通俗，段落短小，乃至"背景"几近讲故事，尽量做到寓理于事，理从事出，追求深入浅出浑然天成的行文境界。虽然做起来十分不易，但努力为之。

毛泽东对"四大名著"的解读和运用，其特点如同冰山——据说冰山只有六分之一浮出水面，而六分之五是沉在水下的。毛泽东评说"四大名著"，往往言约旨丰，语言少少许而内涵多多许。在当时的历史背景、语言环境和接受对象面前，极易理解。而今天人们要明了全部内容，就要给予扩展，给予说明，给予阐发。有朋友说，这是"解释学"的治学方法，或许如此。比如，毛泽东在20世纪50年代问身边工作人员："刘姥姥是什么阶级出身？"毛泽东为什么这样发问，小说中对刘姥姥阶级属性如何描写，对人物做阶级分析是否属于文艺学范畴？涉及到不少社会背景和理论问题。再比如，20世纪60年代他在战备会议上问："刘备为什么能在这里（四川）立国？"只是一句以问代答的问话，但有些读者可能要问：刘备在四川立国是怎么回事？毛泽东为什么要这样讲？类似的情况还有许多。因此，对毛泽东的评说和征引，本套书力图做到讲清三个方面：讲清评说的具体历史背景，知晓事情的来龙去脉；介绍小说中相关的情节、人物、词语，使读者（尤其是不熟悉"四大名著"的读者）对毛泽东评说征引的小说内容有个完整的把握；在做到前两点的基础上，揭示毛泽东解读和运用的微妙之处，欣赏其智言睿语的丰富内涵和无限风光。至此，毛泽东的读书经验也就水到渠成、瓜熟蒂落地显现出来。当然，这种准确的介绍根基于实事求是的态度，没有客观的态度无所谓准确，更无所谓正确。这里有一个怎样对待毛泽东"讲错了""用错了"的问题。把小说的思想内容混淆了，把人物经历张冠李戴了，把故事情节记错了，这个问题并不难办，指出来恢复小说本来面貌也就罢了。毛泽东的评说不少是即兴之语，信手拈来，并没有核对原书，要求征引的内容百分之百的准确，是不实际的。对"用错了"的情况则要多费些笔墨，具体分析产生错误的背景和原因，指出错误的程度和影响，不"为尊者讳"。这种是其所是、非其所非的客观态度，是伟人生前所倡导的对待事物的科学态度；坚持这种态度，无损伟人的形象，只能增加伟人的光辉。道理很简单——他留给我们的宝贵遗训，还在生活中发挥积极作用。

毫无疑问，要实现上述写作目标，需要个人的艰辛付出，也需要各方面的鼎力支持。所谓"一个篱笆三个桩，一个好汉三个帮"。况且，在写作上我从来不是"好汉"，更需要帮助。爬格子的日日夜夜，我荣幸地得到了来自各个方面的鼓励和支持。我的直接领导孙大发中将曾经细心地指出我书稿中的笔误，使我下笔时更加谨慎和用心。战友、文友、朋友刘嘉恩、郭宝山、黄永贤、冯连旗、王群、贾凤山、杜传友、高潮、高光辉、王传荣、苏文愚、张景山、曾福林、韩宝琛、张巨德、张宝印、张传相、蔡书成、王玉华、胡世宗、姜宝才、胡承山、张昌富、白金华，对我的援助和支持，使我永难忘怀。我的同事多年来的理解、鼓励、支持，更使我如鱼得水，勤勉奋力，大得工作和研究的乐趣。

中国红学会副会长胡文彬先生、沈阳军区一级作家李占恒、政治部组织部部长刘伯和、技术侦察局副局长任志生、前进报社编辑王任飞、网上经营图书的"大银鱼家"的经理常红，把个人珍藏的或搜求到的红学、毛学和其他古代文学文献资料毫不吝惜地送给我（有的红学图书、红学资料珍藏几达半个世纪或几十年），以作研究之用，令我感动唏嘘，推动我脚步不停笔耕不辍。刊授党校杂志社的陈力、刘东来、张炜，早在《毛泽东读〈三国演义〉》没有全部完稿之际，即抽出毛泽东借三国故事谈哲学的篇章，连载达两年之久，对我的激励和鞭策，如同电池板遇上充电器，代步车出了加油站。辽宁省图书馆的姜猛、刘晓霞、余荣全，沈阳市图书馆的李冬红，沈阳市大东区图书馆的王文风、李天福，沈阳军区图书馆的邹亚琴、唐华，辽宁民族研究所图书室的李琳镐，有求必应，解决了许多资料难题。学校老师赵春阳，学生梁慧颖、董博文、张洁，帮我网上查找资料和扫描图片，出了不少力气。

为写这套书，我几乎投进去所有的业余时间，节假日和双休日更是在所不辞了。头几年，我还不会摆弄电脑，女儿文斐和女婿德龙，经常工作在电脑旁，前两部书稿都是他们打的。电脑的技术故障，一直是德龙在解决。四部书全部写完，又是女儿女婿选配制作了全部插图。我们都上班忙工作，下班忙书稿，家务活自然较多地推给了妻去做。她那时每天教学，学校离家远，很忙，很辛苦。但是，她保障家里的"后勤"，不以为苦，却常以为自豪。一家人为此同心协力，其乐融融。其间，央视数次重播"四大名著"的电视连续剧，漫议"四大名著"就成了家人闲聊时的话题，不用说这是一种很好的家庭文化氛围。亲人的支持，也是我持之以恒写作的动力。

此套书的出版，得到了辽宁出版集团万卷出版公司李英健社长、编辑室王会鹏主任悉心指导和全力帮助，在此致以衷心的感谢！

董志新　于沈城三八里凯旋楼
2009年3月20日

得力于万卷出版公司社长王维良、副总编辑王会鹏的大力支持和热情指导，得益于编辑朱婷婷、齐丽丽的精心地编辑和细心地校核，这套书获得重印机会。此次重印，按照出版要求，在保持原貌的情况下，对个别不准确的史实、错讹文字、技术性差错做了少许订正以负责于读者。

作者补记
2021年2月18日